La risa
en la Antigua Roma

Mary Beard

La risa
en la Antigua Roma

Sobre contar chistes,
hacer cosquillas
y reírse a carcajadas

Traducido del inglés por
Miguel Ángel Pérez Pérez

ALIANZA EDITORIAL

Título original: *Laughter in Ancient Rome. On Joking, Tickling, and Cracking Up*
Publicado por acuerdo con University of California Press.

Diseño de cubierta: Marta García
Ilustración de cubierta: © My Creative Studio/Shutterstock

PAPEL DE FIBRA
CERTIFICADA

© 2014 by The Regents of the University of California
© de la traducción: Miguel Ángel Pérez Pérez, 2022
© Alianza Editorial, S. A., Madrid, 2022, 2025
  Calle Valentín Beato, 21
  28037 Madrid
  www.alianzaeditorial.es

  ISBN: 978-84-1148-898-3
  Depósito legal: M. 128-2025
  Printed in Spain

SI QUIERE RECIBIR INFORMACIÓN PERIÓDICA SOBRE LAS NOVEDADES DE
ALIANZA EDITORIAL, ENVÍE UN CORREO ELECTRÓNICO A LA DIRECCIÓN:
alianzaeditorial@anaya.es

Prefacio

Cuando di las Conferencias Sather en Berkeley, en el otoño de 2008, me lo pasé estupendamente. Espero que en este libro haya conseguido plasmar algo de lo divertido que fue para todos los asistentes reflexionar sobre lo que hacía reír a los romanos: cómo, cuándo y por qué se morían los romanos de risa (o decían que lo hacían).

La risa en la Antigua Roma se ciñe en parte a las conferencias tal y como las di, pero también es en parte un libro muy distinto. Cada conferencia se centró en aspectos concretos de la risa romana: de los chistes del emperador a las travesuras de los escenarios, pasando por las especulaciones, a veces eruditas y otras absurdas, de los intelectuales romanos sobre por qué se ríe la gente cuando les hacen cosquillas. Intenté hilvanar la discusión teórica y metodológica en la estructura de los ejemplos tratados, sobre los que continuamos hablando de noche en los acogedores bares y cafés de Berkeley.

Todavía se puede reconocer (espero) que los análisis de la segunda parte se basan en las conferencias que di. Esos debates nocturnos, sin embargo, los he transformado en una serie de nuevos capítulos que componen la primera parte. En ellos me enfrento directamente a algunas de las grandes preguntas que se ciernen sobre cualquier historia de la risa en general, y de la risa de los romanos en particular. ¿Podemos llegar alguna vez a saber cómo o por qué se reía la gente del pasado? ¿Qué diferencia supone que apenas podamos explicar por qué nos reímos nosotros mismos?

¿Existe la risa «romana», en contraposición, por ejemplo, a la «griega»? Supongo que la mayoría de lectores del libro empezarán por la primera parte y continuarán por la segunda, pero tampoco pasa nada si se empieza por la segunda y luego se vuelve a los estudios más generales y diversos de la primera.

Mi intención es entender la esencia de la risa de Roma. Este libro no es un estudio exhaustivo de la risa de los romanos (de hecho, no estoy muy segura de cómo sería un estudio tal, y aún menos de si sería factible, interesante o útil). En su lugar, pretende ser una serie de encuentros con –por usar el memorable término del poeta ruso Velimir Khlebnikov– la «fraternidad de rientes» de Roma: los bromistas y los bufones, los de risita floja y los de carcajadas, los teóricos y los moralizadores[1]. Pone en primer plano algunos de los vericuetos menos apreciados de la literatura antigua (del *Philogelos,* el «libro de chistes romano», al erudito e ingenioso tratado de Macrobio, *Saturnales*), e intenta arrojar nueva luz sobre la cultura romana y algunas de sus obras clásicas más conocidas –las *Églogas* de Virgilio y la desconcertante novela de Apuleyo, *El asno de oro,* por citar dos–, al examinarlas a través del prisma de la risa.

Como es inevitable, *La risa en la Antigua Roma* es un reflejo de mis propios intereses y experiencias como historiadora social y cultural. Me centro en la risa como forma cultural cambiante y adaptable, cualesquiera que sean sus raíces fisiológicas humanas. No pretendo ser neuróloga, y, como varias notas a pie dejarán claro, sigo sin estar convencida de que la neurociencia sea de mucha ayuda a la hora de comprender la variabilidad cultural e histórica de la risa. Asimismo, como el título del libro pone de manifiesto, también me centro en la cultura romana más que en la griega.

---

[1] El poema se titula «Invocación de la risa» (1909): «[...] Oh, ríe risorio / Oh, risofradía enrisiente, la risa de risueños risientes [...]».

No obstante, como veremos, no es fácil dividir la antigüedad clásica en dos mitades bien diferenciadas, una griega y otra romana, así que constantemente entablo diálogo con el gran libro de Stephen Halliwell, *La risa griega* (2008), al que me refiero explícitamente sólo para indicar alguna discrepancia o para destacar determinados puntos que son especialmente relevantes para mi argumentación. También mantengo en buena medida una actitud resueltamente «pagana» en mi enfoque, por lo que me disculpo ante quienes querrían más información sobre los fértiles debates de los judíos y los primeros cristianos sobre la risa.

Mi objetivo es volver el tema de la risa romana un tanto más complicado, y de hecho un tanto más confuso, en lugar de clarificarlo. No me convencen nada los enfoques que piensan que pueden explicar y controlar el escurridizo fenómeno de la risa. A decir verdad, cada vez estoy más harta de oír que la risa es una cuestión de poder (cierto, pero ¿qué forma cultural no lo es?), o que es un producto de la incongruencia (a veces lo es, sin duda, pero la hilaridad de la sátira o de las bufonadas no queda fácilmente explicada de ese modo). Este libro es una respuesta a algunas de esas simplificaciones, así como una provocación largo tiempo meditada, para recordarnos la desconcertante centralidad que tenía la risa en Roma y retarnos a pensar sobre la cultura romana de un modo un tanto diferente por medio de la risa.

Empecemos con dos momentos en que quedó constancia escrita de la risa en la Antigua Roma: un encontronazo en el Coliseo y un chiste de la escena cómica.

Capítulo 1

UNA INTRODUCCIÓN A LA RISA ROMANA
La «risita» de Dion y las dos carcajadas de Gnatón

Coliseo, 192 d. C.

En el año 192 d. C., un joven senador romano, que estaba sentado en primera fila de un espectáculo del Coliseo de Roma, apenas podía contener la risa por lo que veía. Sin embargo, no era buen momento para que lo cogieran riéndose.

El propio emperador Cómodo patrocinaba el espectáculo, ante lo que tenemos que suponer que era un público abarrotado de unas cincuenta mil personas. Los senadores, como era la norma, ocupaban los asientos de las primeras filas, desde donde mejor se veía la arena, mientras que las mujeres y los esclavos se apretujaban justo al final, arriba del todo y sin apenas poder ver las sangrientas luchas que tenían lugar más de treinta metros abajo. Cabe la posibilidad de que algunos hubiesen decidido no asistir a este espectáculo en concreto, pues corría la voz de que el emperador –la estrella del espectáculo, además de presidirlo– tenía intención de vestirse de Hércules y disparar flechas mortíferas al público. Tal vez fuese una de esas ocasiones en que era más seguro ser esclavo, o mujer, y encontrarse en las últimas filas[1].

---

[1] Dion 73 (72).18-21 proporciona el relato completo de esos espectáculos (en 20.2 constata el plan de disparar flechas a la multitud, a imitación del ataque de Hércules a las aves del Estínfalo); Hopkins y Beard 2005, 106-118,

Ya fueran ricos o pobres, estuvieran asustados o no tuviesen miedo a nada, los espectadores necesitaban capacidad de resistencia. Las celebraciones se sucedieron de la mañana a la noche durante catorce días. Como los asientos eran duros, los que tenían dinero y sentido común debieron de llevar cojines, bebida y comida. Todos sabían que era imprescindible que aplaudiesen las ocurrencias del emperador, ya fuese como gladiador, cazador de bestias salvajes o dios. El primer día, mató cien osos «arrojándoles lanzas desde la balaustrada que rodeaba la arena» («una muestra de puntería más que de valor», como comentó un testigo con acritud)[2]. Otros días, sus víctimas animales le eran llevadas a la misma arena, pero para su seguridad iban atrapadas en redes, y después de comer continuaba esa caza de bestias con algún combate gladiatorio fingido (en el que, por supuesto, el emperador siempre resultaba victorioso) antes de que los luchadores habituales salieran a complacer a la multitud.

Fue durante esos festejos, que tuvieron lugar sólo un par de meses antes de que Cómodo fuese asesinado el 31 de diciembre del 192 d. C., cuando nuestro senador casi se echa a reír, pero consiguió disimular las reveladoras señales de hilaridad de su rostro arrancando algunas hojas de laurel de la corona que llevaba puesta y masticándolas con fuerza. O al menos eso es lo que nos cuenta en su relato[3].

El senador en cuestión era el historiador Casio Dion (o Dion Casio), cuya familia –originaria de Bitinia, en la actual Turquía– llevaba generaciones tomando parte activa en la política de la Roma imperial[4]. El propio Dion se con-

---

describen la forma en que estaba dispuesto el público asistente y las convenciones que regían el desarrollo de los juegos (incluido ése en concreto).
[2] Herodiano 1.15.
[3] Dion 73 (72).21.
[4] Para su nombre, véase Roxan 1985, n.º 133; Gowing 1990. Dion tendría por entonces algo menos de cuarenta años; de ahí que antes lo haya calificado de «joven».

virtió en miembro destacado de la vida política de principios del siglo III d. C.: fue cónsul por primera vez hacia el
205, durante el reinado del emperador Septimio Severo, y
de nuevo en el 229, como acompañante del emperador
Alejandro Severo; entre otros nombramientos fue gobernador de las provincias de África, Dalmacia y Panonia. Sin
embargo, ahora lo conocemos más como autor de una historia de Roma en ochenta volúmenes, escrita en griego,
que cubre el periodo que va desde la mítica llegada de
Eneas a Italia hasta sus propios días, más de un milenio
después, en el siglo III d. C., y es en uno de los últimos volúmenes de dicha historia donde nos enteramos de esa risa
contenida suya. Como explica el propio Dion, estuvo ocupado más de veinte años en el proyecto entero, que empezó a finales de la década del 190, dedicándose primero a la
investigación y luego a su redacción. Conservamos casi un
tercio del texto en su forma original; para buena parte del
resto (lo que incluye los sucesos del 192) dependemos
de resúmenes medievales más o menos precisos del texto de
Dion o de fragmentos de éste[5].

El hecho concreto que provocó la risa medio sofocada
de Dion fue un momento memorable de histrionismo imperial. Después de dejar constancia de las amenazas del
emperador de ejercer su violencia hercúlea contra el público en general, el relato de Dion pasa a ocuparse de la
amenaza intimidatoria de Cómodo a los senadores que estaban peligrosamente expuestos a sus ocurrencias en sus
asientos de primera fila:

> Hizo algo más en esa misma línea a nosotros, los senadores,
> que nos dio buenas razones para pensar que estábamos a
> punto de morir. Esto es, mató un avestruz, le cortó la cabeza
> y vino adonde nos sentábamos levantando la cabeza con la

---

[5] Dion 73 (72).23 (para el programa de redacción); Millar 1964, 1-40.

mano izquierda y blandiendo la sangrienta espada con la derecha. No dijo absolutamente nada, sino que con una sonrisa burlona negaba con la cabeza para dejar claro que nos iba a hacer lo mismo a nosotros. Y, de hecho, muchos habríamos sido ejecutados allí mismo con la espada por reírnos de él (pues lo que se apoderó de nosotros fue la risa, más que la angustia) de no haber cogido yo unas hojas de laurel de mi corona y haberme puesto a masticarlas, convenciendo a los que se sentaban cerca de mí para que masticasen también, de manera que, con el movimiento continuo de nuestras bocas, pudiésemos disimular el hecho de que nos estábamos riendo[6].

Ese atisbo de la vida en la peligrosa primera línea de la política de la Roma imperial es una de las escasas ocasiones en que, casi dos mil años atrás, la risa de los romanos parece cobrar verdadera vida. Reconocemos la sensación que describe Dion; casi podemos sentir lo mismo que él debió de experimentar. De hecho, su breve relato de cómo intentó desesperadamente ocultar su risa sin duda tendrá sentido para cualquiera que alguna vez se haya mordido el labio, el chicle o la goma de borrar para evitar un estallido de hilaridad peligroso o embarazoso en una situación nada apropiada, y así disimular o contener los reveladores temblores de cara y boca. Sustituyan las hojas de laurel por caramelos y es uno de esos momentos en que los romanos parecen idénticos a nosotros.

Algunos podrían decir ahora que Dion corría el peligro de que le «entrara la risita floja», que es como solemos concebir la lucha entre, por un lado, la discreción, la obediencia o la cortesía y, por otro, la risa que se niega tercamente a cesar. Sin embargo, en el lenguaje que emplea Dion no hay nada de las asociaciones de género que tiene el término «risita» (el sonido, como manifestó espléndidamente Angela Carter, que «expresa el inocente regocijo

---

[6] Dion 73 (72).21.

con el que las mujeres humillan a los hombres de la única forma de que disponen»)[7]. Tampoco usa Dion la palabra griega *kichlizein*, que a menudo se traduce como «risita» y que posee sus propias y elocuentes implicaciones eróticas; de hecho, en un caso se define explícitamente como «la risa de las prostitutas»[8]. Lo que Dion intentaba contener era el *gelōs* o *gelan*, la palabra griega clásica, de Homero a las postrimerías de la antigüedad romana y épocas posteriores, que significa «risa» o «reír» (y que es la raíz de parte de la terminología técnica moderna para la risa –el adjetivo inglés *gelastic* [«que da risa»] y el sustantivo *agelast* [«persona que nunca ríe»]–) que me temo que inevitablemente aparecerá con frecuencia en los siguientes capítulos)[9].

Por supuesto, una historia que muestra que los excesos del poder imperial romano podían ser objeto de risa tiene algo de curioso y gratificante. El relato de Dion de las amenazas de Cómodo en el anfiteatro, tan peligrosas como ridículas, indica que la risa podía ser una de las armas que empleaban los que se oponían a la autocracia romana y al

---

[7] Carter 1992, 190. Este ensayo es un intento extraordinario de redefinir la «risita» como mecanismo del poder femenino (en vez de ser la risa que trivializa a las «chicas» y es señal de su impotencia).

[8] *Anec. Graeca* I.271. La erótica de κιχλίζειν y su asociación con las prostitutas quedan claras en los numerosos ejemplos recopilados en Halliwell 2008, 491. Sin embargo, es una palabra (y sonido) más complicada de lo que a menudo se reconoce; véase, por ejemplo, Herodas 7.123, que la describe como «más fuerte que la de un caballo», lo cual no es una «risita» tal y como la entendemos (pese a la onomatopeya). Jeffrey Henderson 1991, 147, indica otras asociaciones (asimismo eróticas).

[9] El griego repite insistentemente las palabras: κἂν συχνοὶ παραχρῆμα ἐπ᾽ αὐτῷ γελάσαντες ἀπηλλάγησαν τῷ ξίφει (γέλως γὰρ ἡμᾶς ἀλλ᾽ ου λύπη ἔλαβεν), εἰ μὴ δάφνης φύλλα, ἃ ἐκ τοῦ στεφάνου εἶχον, αὐτός τε διέτραγον καὶ τοὺς ἄλλους τοὺς πλησίον μου καθημένους διατραγεῖν ἔπεισα, ἵν᾽ ἐν τῇ τοῦ στόματος συνεχεῖ κινήσει τὸν τοῦ γελᾶν ἔλεγχον ἀποκρυψώμεθα (Dion 73 [72].21.2). Al referirse (sin detalles) a una risa imposible de contener, Aristóteles (*Eth. Nic.* 7.7, 1150b11) escribe que la gente «estalló en un torrente de risas» (τὸν γέλωτα ἀθρόον ἐκκαγχάζουσιν).

abuso de poder: una respuesta de los desafectos era la violencia, la conspiración o la rebelión; otra era la negativa a tomárselo en serio.

No es éste el único momento en la *Historia* de Dion en que la risa juega un papel importante en el choque entre el poder romano y sus súbditos. Hay otra historia aún menos conocida en su relato de la expansión de Roma a principios del siglo III a. C., casi quinientos años antes, en la que los romanos entraron en conflicto con la ciudad griega de Tarento, al sur de Italia. Al comienzo de las hostilidades, los romanos enviaron emisarios a Tarento, los cuales vestían sus togas de etiqueta con la intención de impresionar a sus adversarios con tal atuendo. Cuando llegaron, al menos según lo que cuenta Dion (existen otras versiones), los tarentinos se rieron de las vestimentas de los romanos y un hombre se las arregló para manchar con sus excrementos toda la pulcra toga romana del emisario principal, Lucio Postumio Megelo. Eso hizo mucha gracia a los habitantes del lugar, pero también provocó una reacción previsible por parte de Postumio: «¡Reíd –dijo–, reíd mientras podáis! Pues lloraréis largo tiempo cuando lavéis estas ropas con vuestra sangre». La amenaza, por supuesto, se hizo realidad; la victoria romana tuvo como consecuencia que los tarentinos no tardaron en pagar con su sangre[10].

¿De qué se reían los tarentinos? Tal vez fuese en parte una risa de burla y desdén (ciertamente así es como se lo tomó Postumio cuando le ensuciaron la toga de esa forma tan asquerosa y agresiva, de acuerdo con el relato de Dion). No obstante, Dion también da a entender que el

---

[10] Dion 9.39. En el relato de Dionisio de Halicarnaso del mismo incidente (*Ant. Rom.* 19.5) también figuran la risa de los tarentinos y los excrementos, pero es el mal griego que hablan los embajadores lo que provoca la risa, más que su ridícula ropa. Para otro ejemplo de Dion, como testigo presencial, utilizando la risa como reacción a la trivialidad del poder imperial, véase 74 (73).16.

mero aspecto absurdo del traje romano de gala también fue un factor que intervino en el hecho de que los tarentinos se partieran de risa. Dicho de otro modo, esa combinación de risa, poder y amenaza concuerda con la historia muy posterior del Coliseo. Uno se enfrenta al poder, y lo desafía espontáneamente, por medio de la risa. En el caso de Tarento, tenemos un elemento añadido: una clara indicación de que la toga romana, pesada, incómoda y nada práctica, podía resultar tan ridícula a los no romanos del mundo antiguo como nos lo resulta a nosotros ahora.

La risa reprimida de Dion en el Coliseo plantea tres grupos importantes de preguntas, que son las que este libro quiere investigar. En primer lugar, ¿qué hacía reír a los romanos? O, para ser más realistas, ¿qué hacía reír a los romanos varones y urbanos de clase alta? Pues prácticamente no tenemos acceso a la risa de los pobres, de los campesinos, de los esclavos o de las mujeres, excepto en las descripciones que nos dan los propios varones urbanos de clase alta[11]. En el mundo antiguo, como a menudo ocurre ahora, una forma de marcar diferencias entre distintos grupos sociales estribaba en dejar constancia de que se reían de forma distinta de cosas distintas. En segundo lugar, ¿cómo funcionaba la risa en la cultura de las élites romanas, y cuáles eran sus efectos? ¿Qué cometidos políticos, intelectuales o ideológicos tenía? ¿Cómo se controlaba y vigilaba? ¿Y qué nos dice eso sobre el modo en que funcionaba la sociedad romana de forma más general? Y, en tercer lugar, ¿hasta qué punto podemos ahora entender o compartir la cultura romana de la risa? ¿Había aspectos de ella en que los romanos verdaderamente eran «igual que nosotros»? ¿O los historiadores modernos de la risa roma-

---

[11] Pese al valeroso optimismo de J. R. Clarke (2003; 2007, 109-132), que intenta aprovechar imágenes visuales para acceder al mundo de la risa de la gente «corriente», como se verá más adelante.

na siempre serán como invitados deseosos de agradar en una fiesta de extranjeros, que se suman a las sonoras risas cuando parece que es lo correcto y educado, pero sin estar del todo seguros de haber entendido el chiste?

Son preguntas importantes que espero que abran nuevas perspectivas sobre la vida social y cultural de la Antigua Roma, además de aportar algunas percepciones de los clásicos sobre la historia intercultural de la risa humana; y me refiero primordialmente a la risa en sí, no al humor, el ingenio, la emoción, la sátira, los epigramas o la comedia, si bien todos esos temas relacionados harán apariciones esporádicas en las páginas siguientes. Un segundo vistazo a la descripción de Dion de la escena del Coliseo muestra lo complicadas, intrigantes y reveladoras (a veces de forma inesperada) que pueden llegar a ser esas preguntas. Por sencillo que pueda parecer a primera vista, el relato de la risa de Dion contiene más que la mera narración directa y en persona de un joven que disponía de suficiente ingenio para, dentro del marco de la mortífera política del poder de la Roma del siglo II, contener la risa, y así salvar el pellejo, masticando unas hojas de laurel. Para empezar, en el relato de Dion la estrategia empleada es la de masticar, y no la de morder, lo que a nosotros nos sería más familiar. Claro está que sería tentador contar la historia como si encajara perfectamente con el tópico moderno del riente desesperado que masca algo adecuado con tal de reprimir la risa («Dion escribió que *se contuvo* la risa [...] masticando desesperadamente una hoja de laurel», es como resumió un historiador moderno el suceso)[12]. Sin embargo, Dion deja claro que no es que estuviera intentando no reírse, sino más bien aprovechando el movimiento de sus mandíbulas con las hojas para disimular –o

---

[12] Hopkins 1983, 17 (el subrayado es mío).

incluso tener como coartada– el movimiento que le producía la risa.

¿Por qué se reía Dion?

Una cuestión peliaguda es la del funcionamiento del poder en distintos aspectos de esa risa. Una forma convincente de entenderla, por supuesto, es la idea de que el estallido en parte disimulado de Dion venía a ser un acto de subversión o de resistencia a la tiranía de Cómodo. Y eso encaja con el punto de vista de muchos teóricos y críticos modernos que caracterizan la risa como una «fuerza rebelde» y «un lugar de resistencia popular al totalitarismo»[13]. Según esos términos, la risa de Dion fue un arma espontánea y poderosa en el enfrentamiento entre un autócrata sanguinario y un Senado aparentemente abúlico: no sólo porque fue una expresión de oposición senatorial, sino también porque, de forma más positiva, servía para ridiculizar a Cómodo y ponerlo en su sitio. Como en la historia de los tarentinos, es imposible excluir el elemento de desdén y burla: una persona que nos da risa es, por definición, risible (pero recordemos que el término también significa «capaz de reírse», y esa ambigüedad será un tema recurrente de este libro)[14].

Sin embargo, eso sólo es una parte del cuadro completo. Pues la risa, en sus distintas guisas, puede ser un arma *del* poder dominante, además de usarse contra él. Y, en ese incidente, el propio emperador (tal y como lo he traducido) tenía una sonrisa burlona mientras negaba con la ca-

---

[13] Critchley 2005, 79.
[14] Cuesta reflejar con elegancia la diferencia entre algo o alguien que es risible en el sentido de «ser capaz de provocar risa» y algo o alguien que es risible en el sentido de «ridículo». La ambigüedad más acusada del término latino *ridiculus* se tratará más adelante.

beza y blandía la del avestruz ante los senadores asustados y desconcertados (o divertidos). La palabra que Dion emplea es *sesērōs* (del verbo *sesērenai*), que significa literalmente «separar los labios» (también se usa para las heridas abiertas), y que se puede utilizar en un sentido cordial o, con mayor frecuencia, como se supone que es aquí el caso, amenazador[15]. Sin duda el gesto del emperador ha de distinguirse de la sencilla «risa» de Dion (que es lo que pretende mi traducción, aunque posiblemente esté introduciendo asociaciones modernas con el término *sonrisa burlona* que pueden inducir a error). No obstante, es otra de las palabras –referidas al movimiento de labios y boca– que componen el extenso vocabulario sobre la risa y sus cognados del griego antiguo.

Las relaciones de poder de todo tipo de los romanos se demostraban, negociaban, manipulaban o refutaban por medio de la risa. Para cada risa a la autocracia, había otra de los poderosos a expensas de los débiles, o incluso risas que imponían los fuertes a los débiles. Eso, en un sentido, es uno de los mensajes de la expresión desdeñosa de Postumio a los tarentinos («Reíd, reíd...»), y de forma más obvia es la moraleja de una escalofriante anécdota sobre uno de los predecesores de Cómodo, el emperador Calígula, que por la mañana obligó a un hombre a presenciar la ejecución de su propio hijo y luego lo invitó a comer por la tarde y lo obligó a reír y bromear[16]. La risa, en otras palabras, florecía entre las desigualdades del orden social y geopolítico de los romanos[17].

---

[15] τὴν δὲ κεφαλὴν τὴν ἑαυτοῦ σεσηρὼς ἐκίνησεν (Dion 73 [72].21.2). La palabra se analiza en Halliwell 2008, 521, 533 nn. 12-13.

[16] Suetonio, *Calig.* 27; Séneca, *De ira* 2.33; se tratará más adelante.

[17] Estos párrafos inciden en una visión de la risa que por lo general se asocia con Mikhail Bakhtin, como veremos más adelante. Critchley 2005 ofrece una enérgica crítica de Bakhtin, en la que me baso aquí, y al hacerlo destaca de modo muy útil la crítica de Slavoj Žižek de *El nombre de*

Aún más peliaguda es la cuestión sobre de qué se reía Dion exactamente. ¿Por qué el alarde del emperador blandiendo la cabeza del avestruz hizo que el senador tuviera que recurrir a toda prisa a su corona de laurel? No se trata de ningún chiste. Aunque el estudio de la risa y el de los chistes suelen ir de la mano (y la segunda parte de este capítulo examina la relación entre algunas risas romanas y algunos chistes verbales latinos), la mayor parte de la risa de buena parte de culturas no tiene absolutamente nada que ver con los chistes. Entonces ¿se trataba, como el propio Dion parece indicar, de que ver al emperador vestido con ropas de gladiador (o poco vestido, ya que iba descalzo y sólo llevaba una túnica), y decapitando a una desgarbada ave que tiene el cuello más largo y más absurdo del mundo, era inevitablemente una visión ridícula, independientemente de la amenaza que le pudiese subyacer? ¿Era como si el emperador se hubiera convertido en una parodia del heroico y mítico Perseo, que después de decapitar a la Medusa Gorgona también blandió su espada y la cabeza de aquella?[18] ¿O, como suponen la mayoría de comentaristas recientes, la risa estaba provocada por el terror del momento y era lo que llamaríamos una risa nerviosa

---

la rosa, de Umberto Eco (y su estridente afirmación de que el totalitarismo no deja lugar para la risa), y la argumentación (no totalmente en serio) de Žižek de que, de todos modos, el totalitarismo del bloque del Este siempre fue «una broma»; véase especialmente Žižek 1989, 28-30. Aunque no lo diga del todo en serio, Žižek nos insta a pensar en una relación mucho más diversa entre la risa y el poder político.

[18] En un mural de la Villa San Marco de Estabia se representa esa escena (Barbet y Miniero 1999, vol. 1, 211-212; vol. 2, ilustración 12.4), y la alusión de Dion a Hércules y las aves del Estínfalo parece indicar que las ocurrencias del emperador se entendían en términos mitológicos. Sin embargo, tal vez tampoco debamos llegar demasiado lejos, pues lo cierto es que la imagen canónica de Perseo levantando la cabeza de la Medusa con una mano y la espada con la otra es en buena parte una creación del Renacimiento (que tiene a la estatua de Benvenuto Cellini de la Piazza della Signoria de Florencia como inspiración principal).

que no tenía nada que ver con los aspectos potencialmente cómicos del alarde del emperador?[19]

A menudo la risa provoca estos dilemas interpretativos. La reacción más habitual a cualquier arranque de risa es la pregunta: «¿De qué te ríes (o se ríen)?», o, más bien, «¿Por qué te ríes (o se ríen)?» (pues, pese a algunas teorías convincentes en sentido contrario, la risa no consiste siempre en reírse *de*)[20]. No hay, por supuesto, ninguna respuesta definitiva ni correcta, y menos aún si procede del propio riente. De hecho, cualquier respuesta que se dé rara vez es una explicación independiente u objetiva, sino que casi siempre forma parte de los debates, enfrentamientos, miedos, paradojas, hilaridades, transgresiones o preocupaciones que produjeron la risa en primer lugar. En este caso, imaginemos que Dion no hubiera conseguido controlarse y hubiese sido cogido riéndose abiertamente por uno de los esbirros de Cómodo, que procedería entonces a desafiarlo a que dijese de qué se reía. No cuesta imaginar a grandes rasgos lo que podría haber contestado: tal vez de un chiste que el que tenía sentado al lado le había susurrado al oído, o de ese calvo de la fila de detrás (y desde luego en ningún caso de las hazañas del emperador)[21]. Tampoco es difícil figurarse cómo podría haber descrito esa noche la escena en la seguridad de su hogar: «Me reía de él, por supuesto». Pues si la risa tiene, o puede tener, carácter político, también lo tienen todas las afirmaciones que hace la gente sobre el hecho de haberse reído, así

---

[19] Por ejemplo, Hopkins 1983, 16-17; Dunkle 2008, 241.

[20] Debemos ser conscientes de los dos sentidos (al menos) de la locución *reírse de*. En el sentido más débil, «¿De qué te ríes?» es más o menos sinónimo de «¿Por qué te ríes?» («Me río de los chistes»). En el más fuerte, representa algo más agresivo («Me río de Cómodo»). No se diferencia mucho del registro del latín «Quid rides?» (como en el pasaje de Terencio que se tratará más adelante).

[21] Veremos ejemplos de romanos riéndose de calvos.

como las razones que dan (sean verdad o mentira) para hacerlo.

Éstos son sin duda algunos de los factores que intervienen en el relato que hace Dion de ese incidente en su *Historia*. Es una descripción tan atrayente, y nos resulta tan fácil empatizar con lo que parece estar cercano a una lucha muy moderna para contener la «risita», que es probable que pasemos por alto su artificio literario y político y creamos que somos testigos presenciales (aun de forma muy remota) de una muestra de risa romana. Sin embargo, no lo somos, por supuesto. Es el de Dion un análisis cuidadosamente elaborado que fue seleccionado para un compendio medieval (pues sin duda al recopilador le resultaría un relato vívido y mordaz de transgresión imperial) y que se escribió unas dos décadas después de los hechos que se narran, un momento en que debía de parecer sensato que un escritor se distanciara lo más posible del emperador tirano Cómodo. Y distanciarse es justo lo que hace Dion cuando afirma que no se rio de sus payasadas por miedo, sino por la ridiculez de la escena («lo que se apoderó de nosotros fue la risa, más que la angustia», insiste contra los que podrían acusarlo de ser víctima de una risita nerviosa). El punto esencial de su relato radica en la interpretación retrospectiva, y posiblemente tendenciosa, que ofrece. Decir «me hizo gracia» o, aún mejor, «tuve que disimular la risa o me habrían matado» a la vez acusa y ridiculiza al tirano, al tiempo que presenta al escritor como un observador realista y simpático al que no engañó la pose tan cruel como vacua del gobernante[22], lo cual es sin duda lo que pretendía Dion.

---

[22] La complejidad del texto de Dion está bien comentada en Hekster 2002, 154-155.

Hahahae, 161 a. C.

Nuestro segundo ejemplo de risa se oyó a menos de kilómetro y medio del Coliseo, pero más de cuatrocientos años antes, en el 161 a. C. Es una risa muy distinta que tuvo lugar en el escenario en que se representaba una comedia romana; no en un espectáculo circense interpretado ante un peligroso emperador, sino en el transcurso de uno de esos festivales de diversión, juegos y adoración de los dioses que, de una forma u otra, formaban parte de la cultura urbana de Roma desde que tenemos constancia de ella[23]. No era teatro como lo conocemos ahora, y ni siquiera ocurrió en un «escenario» tal y como lo entendemos. En el siglo II a. C. todavía no había teatros estables en Roma; las representaciones se hacían al aire libre, en estructuras provisionales de madera que a veces se levantaban alrededor de los escalones de un templo (muy posiblemente para contar con asientos apropiados para el público, que no debía de ascender a más de unos pocos miles de personas). En el ejemplo que vamos a analizar, el teatro probablemente estuviera montado en la Colina Capitolina, alrededor del Templo de la Gran Madre (Magna Mater)[24].

Debía de ser un ambiente alegre y desenfadado, quizá incluso escandaloso. Era habitual que en las comedias romanas se mostraran enredadas intrigas del tema chico-quiere-chica y hubiese una serie de personajes más o me-

---

[23] Los detalles precisos de la historia de los juegos romanos *(ludi)* y el desarrollo de representaciones teatrales dentro de ellos son complejos y en parte poco conocidos; véanse F. H. Bernstein 1998 y 2011; Beard, North y Price 1998, vol. 1, 40-41, 66-67; vol. 2, 137-144. Manuwald 2011, 41-55, estudia las representaciones teatrales dentro del contexto de los festivales.

[24] Beacham 1991, 56-85 (para los escenarios y las puestas en escena); Manuwald 2011, 55-68 (el Templo de la Gran Madre, 57); Goldberg 1998 (específicamente para el Templo de la Gran Madre y las representaciones cómicas del siglo II a. C.).

nos típicos (el esclavo listo, el dueño ruin de burdel, el soldado fanfarrón pero bastante estúpido, etc.), cada uno reconocible por la máscara teatral distintiva que llevaba. Como los especialistas llevan mucho tiempo sosteniendo, la mayor parte de las comedias romanas que han llegado hasta nosotros tienen fuertes vínculos con sus predecesoras griegas[25]. Volveremos a ellas en el capítulo 4; de momento nos vamos a concentrar en el contexto romano. Cualesquiera que fuesen las risas que surgieran del público, primero vamos a analizar un par de ejemplos de risas entre los actores que estaban en escena y que aparecen escritas en el texto cómico. Nos presentan un relato aún más sutil de la risa que el de Dion sobre su risita en el Coliseo y muestran la habilidad de un escritor romano para aprovechar los peliagudos dilemas referidos al posible significado de una risa.

Estos dos casos de risas escritas en el texto provienen de *El eunuco*, de Publio Terencio Africano (ahora conocido como Terencio), que se representó por primera vez en el 161 a. C. La que siempre ha sido la obra más popular de Terencio tuvo de inmediato una segunda representación y, según se cree, le reportó al autor la suma sin precedentes de ocho mil sestercios que le pagaron los patrocinadores oficiales[26]. En su memorable trama –que incluye todas las habituales intrigas románticas, pero debe su fuerza adicional al divertidísimo uso que hace de los disfraces y el travestismo–, un joven lujurioso y perdidamente enamorado (Querea) se hace pasar por eunuco para conseguir estar cerca de la joven (esclava) a la que quiere (Pánfila), la cual

---

[25] Hunter 1985 es una juiciosa introducción; Marshall 2006 incluye una argumentación actualizada sobre las máscaras (126-158); en Manuwald 2011, 79-80.

[26] Nos tenemos que fiar del que posiblemente sea el relato poco fidedigno de Suetonio, *Poet., Terencio* 2 (y hemos de suponer que la «representación repetida» se refiere al primer montaje de la obra).

pertenece a una cortesana llamada Tais. Es un indicador del abismo casi insalvable que existe entre la política sexual de los antiguos y la nuestra el hecho de que el «final feliz» llegue después de que Querea aproveche su supuesta condición de eunuco para violar a Pánfila, como preludio de las campanas de boda que suenan por ellos al final de la obra[27]. Según una versión de las notas o acotaciones del montaje original, la obra se representó por primera vez con motivo del festival romano de las Megalesias, que se celebraba en honor de la Gran Madre (y de ahí la posibilidad de que la representación tuviera lugar alrededor de los escalones de su templo). De ser así, entonces el propio contexto en que se representó la obra le conferiría un curioso interés añadido, pues los sacerdotes de la Gran Madre, los llamados galos, que vivían en el recinto del templo, eran eunucos que, al parecer, se castraban a sí mismos con un pedernal bien afilado (cuestión que a los escritores romanos les encantaba destacar y condenar). En otras palabras, los eunucos y sus dobles habrían estado presentes tanto dentro como fuera de la obra[28].

En dos momentos de ésta, uno de los personajes, Gnatón («al que le rechinan los dientes»), una típica combinación cómica de la antigüedad de bromista, gorrón y adulador, rompe a reír a carcajadas: *hahahae*. Son dos de la escasa docena o así de ocasiones en que en la literatura latina clásica se reproduce el sonido de la risa, y ya sólo por

---

[27] Barsby 1999 y Brothers 2000 aportan útiles análisis de la obra en su conjunto.

[28] Otra versión manuscrita de la *didascalia* (las notas o acotaciones de la obra) atribuye la primera representación a la celebración de los *Ludi Romani* (Barsby 1999, 78), lo que (tristemente) descartaría cualquier relación directa entre la presencia del eunuco en la obra y el contexto en que se representó por primera vez. El culto de la *Magna Mater* era una amalgama compleja que incluía elementos tanto romanos como otros extranjeros que resultan desconcertantes (como puede ser la castración); para esas y otras complejidades, véase Beard 1996.

eso vale la pena examinarlas detenidamente; en estos casos no necesitamos, como solemos hacer, *inferir* que la risa forma parte de un intercambio cómico, puesto que se nos dice explícitamente cuándo y dónde tiene lugar. Por ser otro relato procedente de la mismísima primera línea de la risa romana, bien vale la pena hacer el esfuerzo de descifrarlo. En él confluyen su complejidad, las múltiples perspectivas, los giros entre quien hace la broma, el destinatario y los observadores (tanto dentro como fuera del escenario) y la mera dificultad de entender el chiste.

Esa risa transcrita forma parte de una serie de intercambios de palabras entre el gorrón Gnatón y Trasón, un soldado bravucón al servicio de algún monarca oriental al que no se identifica, y que intervienen en una de las intrincadas tramas secundarias de la obra (que tal vez fueran tan difíciles de seguir en detalle para parte del público de la antigüedad como lo son para nosotros, si bien es cierto que un poco de desconcierto contribuía a la diversión en conjunto). El soldado no sólo es la fuente de ingresos de Gnatón, sino que también fue el dueño de Pánfila y está enamorado de Tais (de hecho, dio a la joven Pánfila a Tais como regalo de amor). En las escenas en cuestión, Trasón está alardeando de sus diversas hazañas ante Gnatón, el cual, como exige su papel de gorrón profesional, lo adula y le ríe las gracias con la esperanza de conseguir comidas gratis a cambio, al tiempo que el dramaturgo va indicando lo falso que es[29]. Su conversación es oída por Parmenón, un esclavo torpe cuyo amo, cómo no, también está enamorado de Tais y es el rival de Trasón en la lucha por conseguir el amor de ella. Sin que lo vean ni oigan los otros, va haciendo sus ocasionales apartes.

---

[29] El propio Gnatón ya ha hecho gala de esa falsedad unas doscientas líneas antes (249-250), por medio de un doble sentido sobre su vida de gorrón que trataremos más adelante.

El soldado fanfarrón empieza jactándose de la estrecha relación que tiene con su jefe el monarca, el cual «me confió todo su ejército y todos sus planes». «Increíble» es la respuesta a la vez lisonjera y mordaz de Gnatón a eso (402-403). Entonces Trasón pasa a alardear de que humilló a otro oficial, el coronel de los elefantes, que le tenía envidia por su influencia sobre el rey: «Dime, Estratón –afirma haberle dicho en tono de broma–, ¿te haces tanto el bravo porque tienes mando sobre las bestias?». «Gracioso y sabiamente dicho en verdad», apunta Gnatón con evidente falsedad (414-416). A eso le sigue otra historia de enaltecimiento propio, sobre «de qué modo en un banquete le di una estocada a uno de Rodas», que es la que provoca la risa:

> TRASÓN: En un convite estaba junto conmigo ese de Rodas que te decía, un mozalbete. Yo tenía allí a una mujer de vida alegre. Él empezó a bromear con ella y a burlarse de mí. Y yo salté: «¿Dime una cosa, sabiondo, ¿intentas coger los mejores trozos cuando tú mismo eres un bocado tan delicioso?».
>
> GNATÓN: *Hahahae.*
>
> TRASÓN: ¿Qué pasa?
>
> GNATÓN: ¡Ah, qué ingenioso! ¡Qué inteligente! ¡Qué chispa! ¡Insuperable! Pero, espera, ¿ese chiste es tuyo? Creía que era antiguo.
>
> TRASÓN: ¿Ya lo habías oído?
>
> GNATÓN: Muchas veces, y siempre tiene mucho éxito.
>
> TRASÓN: Pues es mío.
>
> GNATÓN: La verdad es que me da pena el tonto de ese joven réprobo porque le dijeras eso[30].
>
> PARMENÓN (aparte): ¡Por los dioses que no te mereces salir impune de eso!

---

[30] En la traducción de esa línea («Dolet dictum inprudenti adulescenti et libero», 430) sigo el comentario de Donato y los de críticos y traductores más recientes (como Barsby 1999, 164) que ven a Gnatón adulando a Trasón al compadecerse (fingidamente) del joven de Rodas.

GNATÓN: Dime, ¿y qué hizo él?

TRASÓN: Quedó acabado, y todos los presentes, muertos de risa. Y desde entonces todos me tienen mucho respeto.

GNATÓN: Y bien que hacen (422-433)[31].

Menos de cien líneas después, hay otro estallido de risa. Trasón se cansa de aguardar a que Tais salga de su casa y decide marcharse y dejar allí a Gnatón esperándola. Esa vez, cuando Parmenón habla, sí es oído:

TRASÓN: Yo me voy. (A Gnatón) Tú quédate a esperarla.

PARMENÓN: Claro, no conviene nada que por la calle ande el general en compañía de su amiga.

TRASÓN: ¿Para qué voy a malgastar palabras contigo? ¡Eres igual que tu amo!

GNATÓN: *Hahahae.*

TRASÓN: ¿De qué te ríes?

GNATÓN: De lo que acabas de decir, y de la historia del chico de Rodas siempre que me acuerdo (494-498)[32].

No hay duda alguna de que con ese *hahahae* repetido se pretende indicar que Gnatón se está riendo. Para empezar, nos lo dice el propio Terencio con ese «¿De qué te ríes?» («Quid rides?», 497). Y, lo que es más, los comentaristas antiguos de la obra lo reiteran («Aquí el gorrón también

---

[31] TR. una in convivio / erat hic, quem dico, Rhodius adulescentulus. / forte habui scortum: coepit ad id adludere / et me inridere. «quid ais» inquam homini «impudens? / lepu' tute's, pulpamentum quaeris?». GN. hahahae. TR. quid est? GN. facete lepide laute nil supra. / tuonme, obsecro te, hoc dictum erat? vetu' credti. TR. audieras? GN. saepe, et fertur in primis. TR. meumst. GN. dolet dictum inprudenti adulescenti et libero. PA. at te di perdant! GN. quid ille quaeso? TR. perditus: / risu omnes qui aderant emoriri, denique / metuebant omnes iam me. GN. haud iniuria.

[32] TR. ego hinc abeo: tu istanc opperire. PA. haud convenit / una ire cum amica imperatorem in via. TR. quid tibi ego multa dicam? domini similis es. GN. hahahae. TR. quid rides? GN. istuc quod dixti modo; / et illud de Rhodio dictum quom in mentem venit.

inserta el sonido de la risa *[risus]*»[33]), y en varias ocasiones los estudiosos romanos de la antigüedad tardía se refieren a esa forma de representar la risa por escrito («*Hahahae* es el sonido del júbilo y la risa *[risus]*»[34]). No obstante, aunque no contásemos con esos indicadores directos, no confundiríamos el sonido. A diferencia del ladrido de los perros, del gruñido de los cerdos o del croar de las ranas, que distintas lenguas transcriben de formas sorprendentemente distintas («oink oink» dice el cerdo anglo-americano, «röf röf röf» o «uí uí» el húngaro, «soch soch» el galés), en casi todas las lenguas del mundo, y en familias lingüísticas totalmente diferentes, la risa se transcribe como alguna variante de *ha ha*, *hi hi* o *ti hi* (o al menos lo incluye dentro de su repertorio)[35]. O, por citar a Samuel Johnson y sus habituales exageraciones mordaces, «los hombres son sabios de modos muy diversos, pero siempre se han reído de la misma forma»[36].

---

[33] Donato sobre *Eun.* 426; véase también Eugrafio sobre *Eun.* 497.

[34] *GLK* 6.447.7 (Mario Plocio Sacerdote); véase también 1.419.7 (Diomedes, «hahahe»), 3.91.3-4 (Prisciano, «ha ha hae»), 4.255.31 ([Probo], «hahahae»), 6.204.23 (Máximo Victorino, «haha»). Las pequeñas variantes textuales de la tradición manuscrita no alteran el punto (o sonido) principal. La identificación de sonidos de la risa en los textos griegos se ve complicada por el hecho de que la simple sustitución de una aspiración suave por otra áspera transforma *ha ha ha* en *ah ah ah*. Posibles ejemplos de risa transcrita en la comedia griega son analizados (y en su mayor parte rechazados) por Kidd 2011, con referencias exhaustivas a una bibliografía anterior que se remonta a críticos de la antigüedad tardía y medievales que ya vieron los problemas que provocaba la presencia o ausencia de aspiración.

[35] Un sistematizador lleno de arrojo del siglo XVII, «un astrologue Italien, nommé l'Abbé Damascene», intentó clasificar las variantes de estos sonidos y relacionarlas con los distintos humores: *hi hi hi* indicaba el melancólico, *he he he* el colérico, *ha ha ha* el flemático y *ho ho ho* el sanguíneo; citado en *Dictionnaire universel françois et latin*, vol. 5 (París, 1743), 1081. Kidd 2011, aunque reconoce que alguna versión de *ha ha ha* puede ser una forma de representar la risa en griego, también señala variantes como αἰβοιβοῖ y ἰηῦ.

[36] De *La vida de Cowley*, de Johnson, que se publicó por primera vez en una edición de las obras completas de 1779-1781 (véase Londsdale 2009, 33).

Pero ¿por qué se ríe Gnatón? Una cosa es identificar el sonido de su risa y otra bien distinta entender lo que la provoca, como en el caso de la anécdota de Dion.

Las primeras carcajadas siguen a la historia de Trasón del muchacho de Rodas, cuyo chiste he traducido como: «Dime una cosa, sabiondo, ¿intentas coger los mejores trozos cuando tú mismo eres un bocado tan delicioso?». Es un intento de dar al chiste cierto sentido en términos modernos. El texto latino significa literalmente: «Eres una liebre: ¿vas detrás de manjares?» («Lepu' tute's, pulpamentum quaeris?», 426). Entonces ¿qué había en esas palabras para hacer que Gnatón se ría? Los comentaristas tanto antiguos como modernos nunca se han puesto de acuerdo en eso (basándose a veces en distintas interpretaciones del texto latino)[37]. Sin embargo, los críticos recientes suelen seguir la línea establecida por el comentario del siglo IV de Elio Donato al referirse al papel de la liebre como manjar de la mesa romana: «Una liebre, que es de por sí un manjar, no debería ir buscando *pulpamenta*, que son sabrosos bocados de carne que se servían de entremeses»; o, como lo glosa el texto de Donato de forma más resuelta (*Eun.* 426): «Estás buscando en otro lo que tienes en ti mismo»[38]. Las implicaciones son de carácter erótico, por supuesto, como el contexto deja claro: el joven de Ro-

---

Es una exageración porque Johnson no sólo se refiere al sonido, sino también a la causa de la risa (una universalización que este libro cuestiona).

[37] Fraenkel 1922, 43-45 (2007, 32-35), ofrece la variación más relevante: «Eres una liebre: vas a por comida sabrosa» (o, en su forma más débil, «Du suchst dir *pulpamentum* wie ein Hase», «Buscas *pulpamentum* como una liebre»), que Fantham 1972, 80, sigue, pero que Wright 1974, 25-27, rechaza convincentemente.

[38] Barsby 1999, 163. Destaco lo del «texto de Donato» ya que la versión de su comentario que ha llegado hasta nosotros pertenece a una tradición muy diversa, que incluye la propia argumentación de Donato y su compendio de estudios anteriores de la obra, así como añadidos posteriores y glosas incorporadas durante el proceso de transmisión (Barsby 2000; Victor 2013, 353-358).

das está flirteando con la mujer de Trasón cuando es él el que tendría que ser objeto de atenciones sexuales. Hallamos más respaldo a esta idea en otra parte de la larga nota de Donato (que se cita mucho menos en los estudios modernos), la cual proporciona pruebas del deje sexual de la liebre; incluye la afirmación –de lo más apropiada para el argumento de *El eunuco*– de que la liebre es un animal «de sexo indefinido, a veces macho, otras hembra»[39].

Al examinarla de esta forma aséptica, la agudeza de Trasón parece perder cualquier capacidad de provocar la risa que pudo dar en su momento (siguiendo la férrea norma, que se remonta a la propia antigüedad, de que el chiste que se explica se echa a perder)[40]. No obstante, lo fundamental del chiste que queda así revelado encaja bastante bien con varias teorías modernas sobre la técnica de los chistes, de *El chiste y su relación con lo inconsciente*, de Sigmund Freud, a las numerosas argumentaciones modernas y antiguas que ven la incongruencia (y / o su resolución) en la misma esencia de lo que nos hace reír. Así pues, aquí la incongruencia imposible y absurda que da origen al chiste (el joven de Rodas no es una liebre) se resuelve de forma sucinta cuando nos damos cuenta de que la «liebre» y los «manjares» pueden tener referentes muy distintos en el encontronazo de tintes eróticos que tiene lugar en esa cena, o, por expresarlo en términos de una de las teorías actuales más destacadas, el conflicto entre lo culinario y el «texto» erótico se va resolviendo en favor del segundo[41].

---

[39] «Vel quod a physicis dicatur incerti sexus esse», Donato, *Eun.* 426. Frangoulidis 1994 muestra de forma más general que los temas de los intercambios entre Trasón y Gnatón anticipan escenas posteriores de la obra.

[40] Cicerón, *De or.* 2.217.

[41] Freud 1960 [1905]; su análisis en términos de la «sublimación» (86-93) parece especialmente relevante en este caso. La idea de la incongruencia es característica (entre otros) de la «Teoría general del humor verbal» (TGHV), tal y como la desarrollan Attardo y Raskin 1991 y Attar-

Por qué diantre la resolución de la incongruencia, o de lo que se suponga que pueda estar pasando dentro del inconsciente freudiano, provoca esa reacción vocal y fisiológica distintiva que conocemos como risa es una pregunta a la que ninguna teoría moderna –ni siquiera la de Freud– contesta satisfactoriamente. No obstante, en este caso concreto podemos eludir ese problema, ya que enseguida dudamos de que sea el chiste en sí lo que haga reír a Gnatón. Gnatón se ríe porque es un gorrón, y, según el tópico antiguo, los gorrones adulaban a sus protectores riéndoles los chistes, fuesen graciosos o –lo que es más probable– no lo fuesen. Ese *hahahae* no es una reacción espontánea a una frase ingeniosa e hilarante, sino una respuesta muy estudiada a la afectación verbal de su protector que disfraza de reacción espontánea. Gnatón se ríe para agradar al otro. Es otro aspecto de esa compleja relación entre la risa y el poder que ya he subrayado.

La súbita réplica de Trasón –«¿Qué pasa?» («Quid est?», 427)– tal vez indique que ni siquiera a él lo engaña. Donato pensaba que, al hacer esa pregunta, el estúpido soldado estaba simplemente intentando conseguir halagos gracias a su agudeza (halagos que ciertamente recibe, aunque poco sinceros: «¡Ah, qué ingenioso!»). Sin embargo, la pregunta de Trasón también podría indicar que esa seudoespontaneidad de Gnatón no le ha hecho morder el anzuelo. Su risa no convence a nadie, ni siquiera al personaje crédulo al que pretende engañar.

Como si quisiera evitar un enfrentamiento incómodo, Gnatón rápidamente cambia de tema y pasa al ataque. ¿Es de Trasón el chiste? ¿No está reciclando uno antiguo como si fuese suyo propio? En otras palabras, ¿tuvo de espontá-

---

do 1994. Destacan, de un modo mucho más matizado de lo que indica mi rudimentario resumen, la forma en que la *secuencia* de dilemas interpretativos y su resolución construyen un chiste.

neo lo mismo que la entusiasta reacción de Gnatón a él? El gorrón afirma que ya lo había oído «muchas veces», y tal vez debamos suponer que así es, pues es un chiste que también encontramos citado en un texto de la antigüedad latina tardía, pero atribuido a un escritor anterior a Terencio.

Casi al final de esa extraña recopilación de biografías imperiales que se conoce como *Historia augusta*, que se pergeñó empleando diversos seudónimos probablemente a finales del siglo IV d. C., el autor hace una pausa para sorprenderse de que, en el 284, el nuevo emperador Diocleciano citara un verso de Virgilio justo después de haber matado a Arrio Aper, prefecto pretoriano y su posible rival, ante todo el ejército. ¿No fue un gesto literario impropio de un militar como Diocleciano? Tal vez no fuese tan impropio como pudiera parecer, reconoce el biógrafo, pues, al fin y al cabo, los soldados tenían la costumbre de citar fragmentos famosos de poesía, y en las obras cómicas se les mostraba haciéndolo: «Pues, de hecho, "¿Intentas coger los mejores trozos cuando tú mismo eres un bocado tan delicioso?" es un dicho de Livio Andrónico». Si nos creemos esto, resulta que el chiste de Trasón era una cita clásica del primer dramaturgo latino de Roma, en activo setenta años antes que Terencio[42].

Por supuesto, cabe la posibilidad de que el biógrafo se equivocara: desde la perspectiva de finales del siglo IV d. C., no sería difícil confundir a dos venerables escritores latinos tempranos y atribuir un verso de Terencio a su predecesor Livio Andrónico. Sin embargo, si tenía razón, entonces Terencio estaba haciendo que Trasón quisiera hacer pasar por propio un chiste que en el 161 a. C. ya tenía décadas[43]. Sin

---

[42] SHA, *Carus, Carinus, Numerianus* 13.3-5.
[43] Más adelante veremos otros posibles antecedentes griegos más antiguos.

duda para el público parte de la gracia radicaba en eso: en que el prepotente soldado afirmara que era suya una ocurrencia que la mayoría de ellos ya conocían.

Fuera nuevo o viejo, el chiste consigue humillar al joven de Rodas en el banquete; o al menos eso es lo que dice Trasón, lo cual nos lleva a otro tema habitual de la teoría antigua y moderna de la risa que ya hemos apuntado en la *Historia* de Dion: la risa como escarnio. Trasón se burló del chico con tanta agresividad que Gnatón finge sentir compasión por la víctima (lo cual es un halago ambiguo a la fuerza del ingenio de Trasón, que, como indica su aparte al oírlo, es más de lo que Parmenón puede soportar). El efecto en los otros invitados a la cena fue espectacular: «Se murieron de risa». Reírse a carcajadas, como todos sabemos, puede ser doloroso; puede llegar a dejarte imposibilitado temporalmente. «Morirse de risa» es una imagen tan antigua como moderna. De hecho, se plasmó de forma literal en una serie de historias sobre hombres que de verdad se murieron de risa: la del pintor Zeuxis, del siglo v a. C., que según un escritor romano expiró mientras se reía contemplando su propia pintura de una vieja, por ejemplo, o la del filósofo Crisipo, que a finales del siglo iii a. C., como escribiría siglos después el historiador griego Diógenes Laercio durante el Imperio Romano, halló su fin de un ataque de risa que le entró al ver a un asno comer higos y beber vino sin diluir[44]. La «muerte» del resto de comensales de Trasón formaba parte de una tradición antigua de mucho arraigo.

El siguiente estallido de *hahahae* da lugar a más cuestiones. Harto de aguardar que vuelva Tais, Trasón le dice a Gnatón que la espere él. Eso provoca una salida irónica de Parmenón, que ya participa de lleno en la conversación: claro que Trasón no debería quedarse por allí, parece asen-

---

[44] Festus, p. 228L; Diógenes Laercio 7.185.

tir, pues, al fin y al cabo, un general no debe ser visto en la calle con su amante. Trasón, que está muy por debajo del grado de general, se da cuenta de que el esclavo se está burlando y la emprende contra él («¿Para qué voy a malgastar palabras contigo? ¡Eres igual que tu amo!») antes de que Gnatón se vuelva a reír.

¿Qué es lo que provoca la risa esa vez, como pregunta el propio Trasón? ¿Es la réplica de Trasón a Parmenón? ¿O también es, como afirma Gnatón, el recuerdo de «la historia del chico de Rodas»? (Es de suponer que Gnatón estima que ni siquiera el crédulo Trasón se va a creer que la pobre réplica de «¡eres igual que tu amo!» es capaz de dar mucha risa.) ¿O no es más probable que sea la ironía de Parmenón sobre el «general», lo cual Gnatón no puede reconocer ante Trasón, que es a quien va dirigida, lo que lo hace echarse a reír a carcajadas, y de ahí que recurra de nuevo a la cortina de humo del «chico de Rodas»? En definitiva, tenemos un solo *hahahae* y al menos tres causas posibles de la risa que indica. Parte de la diversión interpretativa para el público o el lector (y ciertamente para los propios personajes) deriva de contraponer una posible causa a otra y resolver cuál es la mejor forma de explicar esa risa[45].

La reacción del público

De forma más general, ¿cómo podemos abordar la risa de la gente del público, en lugar de la de los del escenario? A diferencia de lo que le ocurrió a Dion en el Coliseo, a los

---

[45] Resulta interesante que Donato (*Eun.* 497) entienda la pregunta de Trasón («¿De qué te ríes?») y todo el intercambio en términos del deseo del soldado de obtener los halagos del gorrón por su ingenio (como en 427). Aunque el comentario incide en la ocurrencia de Parmenón y su exageración del grado militar de Trasón, no la presenta como una posible causa del *hahahae* de Gnatón.

que acudían a ver *El eunuco* se les animaba a reír, e incluso eso es lo que se esperaba que hicieran. Pero ¿de qué, y por qué?

Por supuesto, no podemos saber con total certeza cómo reaccionaba el público de una comedia romana; si se reían, en qué momentos y con qué grado de entusiasmo. Si los asistentes a las representaciones teatrales de la antigüedad eran como sus equivalentes modernos en ese sentido (y eso ya es mucho decir), parte de su experiencia sería compartida. Muchos se reirían de las mismas cosas. Vitorearían, gritarían, se reirían y aplaudirían a la vez; al fin y al cabo, eso forma parte del vínculo teatral. Sin embargo, al mismo tiempo algunas reacciones serían forzosamente más personales e idiosincrásicas. Determinados miembros del público se reirían de cosas distintas, o de las mismas pero por razones distintas. Y algunos no se reirían en absoluto. Casi todos hemos pasado por la incómoda experiencia de estar en un teatro (o delante de una televisión, ya puestos) sin que los labios apenas se nos movieran mientras los que nos rodeaban se reían con ganas; cuanto más se ríen, menos sentimos que nos podamos unir a ellos y más pétreas se nos quedan las caras. Hemos de suponer que algo parecido ocurriría en el teatro romano. La risa tanto incorpora como aísla. La historia de la risa, como veremos, trata tanto de aquellos que no cogen (o no quieren coger) el chiste como de los que sí[46].

Aun así, ya llevamos visto lo suficiente para lanzarnos a suponer cuáles serían probablemente las diversas reacciones de los antiguos romanos a esos episodios de *El eunuco*. Ya he indicado que puede que la ocurrencia de

---

[46] Goldhill 2006 trata muy bien el tema; Bakhtin 1986, 135, en cambio, afirma (al menos por lo que respecta a la risa carnavalesca) que «la risa sólo une». El énfasis de Billig en la risa y «la no risa» (2005, 175-199) también puede ser de utilidad a este respecto.

Trasón a costa del joven de Rodas provocara risas precisamente porque el soldado intentaba, de forma muy poco convincente, hacer pasar por suyo un viejo chiste (como si hoy alguien afirmara que acababa de inventarse lo de «Camarero, camarero, hay una mosca en mi sopa...»). Pero había algo más. Tal vez parte del público se negara a reír (o se rieran con poco entusiasmo) por la sencilla razón de que era un chiste muy viejo, lo habían oído muchas veces y ya no tenían muchas ganas de volverlo a escuchar. Otros quizá se rieran por estar familiarizados con esa ocurrencia. Dice el tópico que los viejos chistes son los mejores, en el sentido de que no nos hacen reír por los trastornos que provoca la incongruencia o el placer que nos proporciona el escarnio, como afirman muchas teorías modernas, sino por el agradable recuerdo de todas las ocasiones anteriores en que el mismo chiste ha funcionado como se pretendía. La risa tiene tanto que ver con el recuerdo, y con las formas en que aprendemos a reírnos de ciertos pies, como con una espontaneidad incontrolable[47].

Lo que provoca la risa y es su objeto también es más amplio y variado de lo que a menudo reconocemos. Aquí, por ejemplo, tal vez algunos se rieran porque el «chiste» de Trasón no era divertido, y porque la risa claramente forzada de Gnatón pone en evidencia con tan sólo esas tres sílabas *(hahahae)* los mecanismos de la adulación, la vulnerabilidad de protector y servidor y lo elusiva que es la risa como significante. El público, en otras palabras, se reía de los componentes, causas y dinámica social de la propia risa. La risa –junto con sus distintas interpretaciones, sean

---

[47] Sharrock 2009, 163-249, trata de otros aspectos de los «chistes manidos» y hace un buen análisis de este intercambio concreto en 164-165. En general, los debates recientes sobre la risa, ya sea antigua o moderna, tienden a minimizar sus aspectos aprendidos, producto de la práctica y habituales.

acertadas o no, y sus usos correctos o incorrectos dentro de estas escenas– forma parte del chiste[48].

Esta autorreferencialidad queda subrayada por el simple hecho de que, en esos dos fragmentos de *El eunuco*, la risa está escrita explícitamente en el texto. Ciertamente en las comedias romanas debía de haber muchas risas tanto dentro como fuera del escenario. Los traductores modernos de Plauto y Terencio acostumbran a introducir indicaciones de «risas» en las acotaciones de las obras para dar más vida a éstas: frases entre paréntesis como *se ríe a carcajadas, con una risa, todavía riendo, riendo incontrolablemente, riendo, intentando disimular la risa* y *se ríe aún más* aparecen en abundancia en las versiones inglesas de estas comedias, por más que no hay nada que se les parezca en los originales latinos[49]. Sin embargo, la insistencia de Terencio por dos veces en el *hahahae* de Gnatón, su introducción explícita de la risa en el diálogo de la obra, hace que sea éste un momento especialmente intenso, en el que los personajes, el público y los lectores no pueden eludir la cuestión de cuál es el significado de esa risa (o de la risa más en general).

Lo mismo ocurre con la otra docena más o menos de risas escritas de la literatura latina clásica. Todas las encontramos en comedias de Plauto y Terencio, salvo una posible excepción: un breve y desconcertante fragmento del poeta Ennio («*hahae*, hasta el escudo se ha caído»), que podría proceder perfectamente tanto de una comedia como de una tragedia[50]. Consideradas en conjunto, amplían la va-

---

[48] Esta idea de la autorreferencialidad de la risa es uno de los temas principales de Halliwell 2008.

[49] He sacado todos estos ejemplos de buenas traducciones recientes de *El eunuco*: Radice 1976, Brothers 2000 y Barsby 2001. Una fecunda variedad de añadidos para indicar risas (de *con una sonrisa* a *dándole un codazo en las costillas*) se puede encontrar en la traducción de Plauto de Loeb, Nixon 1916-1938.

[50] Hablo de una vaga «docena más o menos» porque las enmiendas pueden aumentar el total: Plauto, *Poen.* 768, *Pseud.* 946, 1052, *Truculentus*

riedad de circunstancias en que podía surgir la risa de los romanos y la variedad de emociones que podían reflejar, pues, como ya hemos visto, tanto en el anfiteatro como en los intercambios entre Gnatón y el soldado, la idea de que la risa la provocan los chistes, o el ingenio, sólo es una parte de la historia total. Así, por ejemplo, en uno de esos fragmentos reconocemos la risa que es producto de la satisfacción (propia): el *hahae* de Balión, el proxeneta, en el *Pséudolo* de Plauto (1052), cuando se congratula de haber sido más ingenioso que el inteligente esclavo que da título a la obra. En otros casos apreciamos risitas de puro placer: en *Heauton Timorumenus*, o *El verdugo de sí mismo* (886), de Terencio, cuando el anciano Cremes se ríe encantado por las bromas que ha gastado otro esclavo también ingenioso[51].

No obstante, al mismo tiempo estos ejemplos de risa cómica, transcrita de forma explícita, no dejan de indicar al espectador y al lector muchos de los dilemas interpretativos de índole escurridiza que suscita la risa. ¿Podemos llegar a precisar con exactitud qué es lo que hace que alguien se ría (o incluso nosotros mismos)? ¿De qué modo se puede malinterpretar o confundir la risa? ¿Una persona

---

209, y una conjetura en *Mil.* 1073; Terencio, *An.* 754, *Haut.* 886, *Hec.* 862, *Phorm.* 411, así como *Eun.* 426, 497. El fragmento de Ennio aparece citado en Varrón, *Ling.* 7.93 (= Ennio, frag. 370 Jocelyn; *ROL* 1, Ennio, fragmentos sin atribuir 399); la mención de un escudo ha fomentado la (innecesaria) suposición de que el contexto original era trágico. No incluyo en el total nueve casos de risas escritas *(hahahe)* en el *Querolus*, una versión anónima de la *Aulularia* de Plauto que probablemente se escribiese a principios del siglo v d. C., ni las glosas de los gramáticos. No obstante, no apuntarían hacia ninguna conclusión distinta de importancia.
[51] Otros ejemplos implican unas emociones distintas: por ejemplo, incredulidad en *Pseud.* 946, de Plauto, o alivio en *Truculentus* 209, lo cual, junto con *Pseud.* 1052, hizo que Enk (1953, vol. 2, 57-58) y otros reinterpretaran el *(ha)hahae* como una mera exhalación, el equivalente latino al «¡uf!», en lo que es un intento de los estudiosos clásicos de normalizar la risa romana.

que se ríe es tan vulnerable en potencia al poder de la risa como una persona de la que se ríen? No pasa inadvertido para los espectadores o lectores de las obras que, cuando se ríen, ni Balión ni Cremes se están enterando bien de las cosas. Pese a toda su risa de satisfacción personal, Balión no ha conseguido en absoluto ser más listo que Pséudolo, sino que en realidad se ha tragado una broma que le gasta el esclavo que es incluso más inteligente de lo que el proxeneta pueda llegar a imaginarse. Asimismo, Cremes no es tal y como cree el beneficiario de las tretas de su esclavo, sino su víctima.

Entender la risa romana

En este capítulo hemos analizado en detalle la coreografía de dos momentos concretos de risas romanas escritas, procedentes de un par de autores que vivieron con cuatro siglos de diferencia, uno de los cuales escribía en griego y el otro en latín; uno era un historiador que tenía un interés personal en la risa que consiguió sofocar en el Coliseo, mientras que el otro estaba representando y provocando risas en el teatro cómico. Nos sirven como marco útil de lo que queda de libro, pues, aunque en ocasiones estudiaremos materiales posteriores a Dion, y otras nos centraremos en imágenes visuales, en su mayor parte nos basaremos en textos latinos y griegos escritos entre el siglo II a. C. y el siglo II d. C.

Estos ejemplos también han presentado algunas de las cuestiones fundamentales del resto de mi argumentación. Más allá de los dilemas de interpretación y comprensión que he subrayado, nos han hecho reflexionar sobre el límite incierto y polémico que existe entre la risa «fingida» y la «real». (Cuando nos unimos a las risotadas que provoca un chiste que no hemos terminado de entender, ¿estamos fingiendo reírnos o simplemente riéndonos de un modo diferente?) Nos han mostrado que la risa podía servir para excluir tanto como para incluir, tanto para ofrecer apoyo amistoso como para mostrar escarnio hostil, para reafirmar tanto como para refutar las jerarquías y el poder. Y la ocurrencia de Trasón sobre la liebre ha resultado ser un recordatorio de que los chistes romanos podían esconder historias complejas que abarcaban muchos siglos. De hecho, en los siguientes capítulos vamos a conocer otros cuyas historias abarcan miles de años hasta llegar a nuestros días.

Como ya he indicado, una pregunta fundamental que se cierne sobre todo el libro es: ¿Hasta qué punto puede llegar a ser comprensible hoy en día, en los términos que sea, la risa de los romanos? ¿Cómo podemos llegar a entender lo que hacía reír a los romanos sin caer en la trampa de convertirlos en una versión de nosotros mismos? Puede que a algunos lectores no les hayan convencido algunos de mis procedimientos a la hora de analizar esos fragmentos de *El eunuco*. No se trata tan sólo de que el proceso de disección estropee el chiste sobre el joven de Rodas; lo que viene aún más al caso es que la disección se basa en la suposición de que, si nos esforzamos lo bastante, el chiste terminará teniendo sentido también para nosotros, de que se puede traducir a términos que entendamos. Eso a veces tiene que ser así, por supuesto (de lo contrario, toda la cultura de la risa romana se perdería para nosotros y mi proyecto no habría llegado a ver la luz). Sin embargo, no debemos suponer que en todos los casos concretos se puede lograr una translación satisfactoria del mundo romano al nuestro. Corremos el peligro de que la pregunta «¿Qué hacía reír a los romanos?» se convierta, por un acto de empatía espuria, en la pregunta «¿Qué creo que me habría hecho reír de ser romano?».

Eso lo podemos ver de forma más vívida al reflexionar sobre cómo y por qué los espectadores modernos se ríen en representaciones de comedias romanas. En parte es porque los chistes siguen teniendo vigencia a lo largo de los siglos, pero en parte también es porque el traductor, el director y los actores se esfuerzan en conseguir que las obras resulten divertidas en términos modernos, usando un lenguaje, matices, expresiones, gestos, vestuario y escenografía con los que se quiere provocar nuestra risa (pero que se parecen muy poco a los de los romanos). Y, lo que es más, al menos parte del público habrá ido a ver la obra comprometido con el espíritu de la empresa y decidido a que una comedia romana le resulte divertida, al tiempo que se ríe de sí mismo por hacer eso. Seguramente sea esa combinación de factores la que explica el éxito que tuvo en 2008 el cómico monologuista Jim Bowen con su nueva forma de contar una selección de chistes del único libro de ese tipo de la antigüedad que ha llegado hasta nosotros, el *Philogelos* (o «El amante de la risa»), que probablemente se recopilara en el Imperio Romano tardío (como trataremos en detalle en el capítulo 8). Algunos de esos chistes todavía son capaces de dar risa (de hecho, algunos son los antepasados directos de nuestros chistes). No obstante, hubo otras razones para el éxito de Bowen: usó una traducción que era un fiel reflejo del lenguaje moderno y los ritmos de los monólogos cómicos; el público acudía al espectáculo (o lo veía *online*) decidido a reírse, y Bowen enfatizaba lo absurdo de la situación, hasta el punto de que muchos de los rientes más entusiastas también se estaban riendo de sí mismos por reírse de esos antiquísimos chistes romanos.

Así pues, ¿a quién le salió el tiro por la culata, si es que fue así? Es una cuestión a la que volveremos en los siguientes tres capítulos, en los que reflexionaremos sobre la teoría e historia de la risa romana (y de otras) antes de centrarnos, en la segunda parte del libro, en figuras y temas concretos y fundamentales de la evolución de la risa de los romanos, que van del orador bromista al mono ridículo.

PRIMERA PARTE

Capítulo 2

ALGUNAS PREGUNTAS ANTIGUAS Y MODERNAS SOBRE LA RISA

Teorías y teoría

Marco Tulio Cicerón, el orador de más renombre del mundo romano (y también uno de sus bromistas más notorios), sentía curiosidad acerca de la naturaleza de la risa. «¿Qué es? –se preguntó–. ¿Qué la provoca? ¿Por qué afecta a tantas partes distintas del cuerpo a la vez? ¿Por qué no la podemos controlar?» Pero sabía que las respuestas eran escurridizas y no tuvo problemas en reconocer su absoluta ignorancia sobre el tema. «No hay que avergonzarse –explicó en su tratado *Sobre el orador,* de mediados del siglo I a. C.– de no saber nada sobre algo que ni siquiera los que se proclaman expertos en la materia en realidad entienden.»[1]

---

[1] *De or.* 2.235; pone las palabras en boca del principal personaje de esa parte del diálogo, Julio César Estrabón. Estoy haciendo una sucinta paráfrasis de la lista de preguntas de Estrabón: «Quid sit ipse risus, quo pacto cincitetur, ubi sit, quo modo exsistat atque ita repente erumpat, ut eum cupientes tenere nequeamus, et quo modo simul latera, os, venas, oculos, vultum occupet?». (El téxto plantea dudas: ¿se imaginaba Cicerón que la risa se apoderaba de los vasos sanguíneos, *venas,* o de las mejillas, *genas*?) Quintiliano (*Inst.* 6.3.7) abunda en la misma negativa de Cicerón: «No creo que nadie haya conseguido explicar satisfactoriamente el origen de la risa, por más que muchos lo hayan intentado» («Neque enim ab ullo satis explicari puto, licet multi temptaverint, unde risus»). La faceta de Cicerón como bromista se verá más adelante.

No era el único. Un par de siglos más tarde, Galeno, el prolífico escritor sobre cuestiones de medicina, y médico personal de (entre otros) los emperadores Marco Aurelio y Cómodo, reconoció que la causa fisiológica de la risa lo tenía perplejo. En su ensayo *De los movimientos problemáticos* dijo que podía explicar otros tipos de movimientos corporales involuntarios. La imaginación, por ejemplo, podía ser la causa de que un hombre tuviese una erección al ver a su amante (o incluso sólo al pensar en ella). Sin embargo, admitía sin ambages que la risa escapaba a su comprensión[2].

Durante más de dos mil años, la risa ha desconcertado e intrigado. Las teorías ambiciosas y las especulaciones ingeniosas sobre su naturaleza y causas han ido de la mano de manifestaciones sinceras acerca de la imposibilidad de llegar jamás a resolver el misterio. Más allá del motivo específico de cualquier carcajada («¿De qué te ríes?» o «Quid rides?»), el fenómeno de la risa exige una explicación, pero siempre parece frustrar cualquiera que se ofrezca. De hecho, cuanto más ambiciosas son las teorías, más apabullante parece ser la victoria de la risa sobre los que quieren controlarla, sistematizarla y explicarla.

Estudiar la «fraternidad de rientes» de la Antigua Roma implica reflexionar sobre cuándo, por qué y cómo se reían los romanos, pero también sobre cómo intentaban entender la risa, lo que pensaban que era –o al menos lo que pensaban que era aquellos que disponían de tiempo para pensar y escribir– y lo que podía provocarla. Así pues, este capítulo va a empezar analizando algunas de las múltiples teorías de los romanos sobre la cuestión y algunas de las fuentes para sus ideas. ¿Adónde acudían cuando querían explicar por qué se reían? ¿Fue de verdad Aristóteles (y en particular su estudio sobre la comedia del segundo libro –perdido– de la *Poética*) el origen de la mayor parte del

---

[2] *De motibus dubiis* 4 (erecciones), 10.4-5 (risa), con Nutton 2011, 349.

pensamiento de la antigüedad sobre el tema? ¿Existió, como a menudo se ha afirmado, la «teoría clásica de la risa»?

A continuación, en este capítulo tomaremos en consideración las teorías modernas sobre la risa, en parte para señalar su relación con sus predecesoras antiguas, pues casi todas las teorías sociales o psicológicas modernas sobre la cuestión –y ahora no me estoy refiriendo a la neurociencia– tienen algún precedente en el mundo grecorromano. No obstante, hemos de abordar algunas cuestiones aún más fundamentales. ¿De qué recursos disponemos cuando intentamos entender la risa, ya sea ahora o en el pasado, en nuestro país o en el extranjero? ¿A qué propósitos culturales más amplios sirven las teorías de la risa? Cuando preguntamos, por ejemplo, «¿Se ríen los perros?», ¿sobre qué es la pregunta? Creo que podemos afirmar que por lo general no es sobre los perros.

Pero, en primer lugar, hagámonos una idea de las especulaciones de los romanos sobre la risa, y de su diversidad, empezando con algunas de las teorías y observaciones que se hallan diseminadas por toda la vasta enciclopedia (su *Historia natural*) de ese obsesivo erudito que fue Cayo Plinio Segundo, más conocido ahora como Plinio el Viejo.

Preguntas de los romanos y preguntas nuestras

Plinio era muy inquisitivo sobre la risa, como lo era sobre casi todo lo demás de su mundo. (En cierto modo fue su curiosidad científica la que lo mató, al acercarse demasiado a los gases que emitió el Vesubio en la erupción del 79 d. C. con consecuencias funestas.) En los treinta y siete libros de la *Historia natural*, de la que se jactó que contenía «veinte mil hechos que vale la pena conocer», volvió al tema varias veces. ¿A qué edad empiezan a reír los niños pequeños?, se preguntó. ¿En qué parte del cuerpo se origina la risa? ¿Por qué se ríe la gente si les haces cosquillas en los sobacos?[3]

Son éstas unas preguntas bastante conocidas que aun ahora continúan interesando a los estudiosos modernos de la risa. Lo son menos algunas de las respuestas de Plinio. Los niños pequeños, asegura convencido a sus lectores, no se ríen hasta que tienen cuarenta días, a excepción de Zoroastro, el antiguo profeta iraní, que se rio el mismo día que nació, lo que supuestamente era una indicación de sus dotes sobrehumanas[4]. Plinio también identifica varios órganos del cuerpo humano que son responsables de la risa. Uno es el diafragma, «la sede principal de la hilaridad» («praecipua hilaritatis sedes»), como lo llama. Su importancia a la hora de provocar risa la demuestran, explica Plinio, las cosquillas de las axilas. Pues, en la versión de Plinio de la anatomía humana, el diafragma se extiende hasta los brazos, y rascar las axilas, donde «la piel es más fina que en cualquier otra parte del cuerpo», estimula directamente al diafragma y, por tanto, provoca la risa[5]. No obstante, el bazo también interviene. O, al menos, «hay quienes piensan que si se extirpa el bazo [o se reduce], la capacidad de una persona para reír se extirpa también, y que la risa excesiva es el resultado de un bazo grande»[6].

En otras partes de la enciclopedia de Plinio encontramos todo tipo de historias descabelladas sobre la risa, que

---

[3] Plinio, *HN*, praef. 17, proclama el despliegue de hechos; para su proyecto enciclopédico en general, véanse Murphy 2004 y Doody 2010.
[4] 7.2, 7.72.
[5] 11.198.
[6] 11.205 («sunt qui putent adimi simul risum homini intemperantiamque eius constare lienis magnitudine»). Tal vez Plinio se esté refiriendo a extirpaciones (ya que observa que un animal puede seguir viviendo si se le extrae el bazo a causa de una herida), pero en otras partes del texto (2.3.27) habla de fármacos que reducen el tamaño del bazo. Sereno Samónico (*PLM* 21.426-430) e Isidoro de Sevilla (*Etym.* 11.1.127) estuvieron de acuerdo con Plinio, o lo secundaron, acerca del papel del bazo en la risa.

él narra con todo convencimiento pese a lo increíbles que nos puedan resultar. Tenemos, por ejemplo, el curioso hecho de que Craso (el abuelo del más famoso Marco Licinio Craso, que murió en la batalla de Carras en el 53 a. C.), «según dicen», no se rio ni una sola vez en toda su vida. Su historia da pie a una larga consideración de personas con extrañas peculiaridades corporales: de Sócrates, que siempre tenía la misma expresión facial y nunca parecía feliz o triste, a Antonia (la hija de Marco Antonio), que nunca escupía, y un tal Pomponio, «poeta y cónsul», que nunca eructaba[7].

Las plantas y una variedad de otros elementos naturales también intervenían. Plinio habla de las maravillosas *gelotophyllis* (hojas de la risa) que crecían en Bactria, una región de lo que ahora es Afganistán y Uzbekistán, que se extendía por las orillas del río Borístenes (el actual Dniéper). Si se consumían con una mezcla de mirra y vino, producían alucinaciones y risas que sólo se podían controlar con un antídoto de «piñones con pimienta y miel en vino de palma (o tuba)». ¿Era una planta de cannabis, como esperan algunos lectores modernos de Plinio? ¿O era, de forma más prosaica y como lo expresa un diccionario, «probablemente un tipo de ranúnculo»?[8]

Asimismo, en el Imperio Romano oriental, en lo que ahora es el centro de Turquía, Plinio habla de la existencia de dos manantiales insólitos, Claeon (Llanto) y Gelon (Risa), así llamados, según explica, a partir de esas palabras griegas para referirse al efecto que tenía beber de cada uno de ellos. Los manantiales guardan una estrecha relación con la risa antigua. Pomponio Mela, por ejemplo, geógrafo

---

[7] 7.79-80.
[8] 24.164. Para la identificación con el cannabis, véase André 1972, 150: «Très certainement le chanvre indien (*Cannabis indica*, variété de C. *sativa* L)»; «ranúnculo» es lo que propone *L&S*, mientras que *OLD* es más cauteloso y habla de «una planta que produce una droga alucinógena».

romano y contemporáneo de Plinio, hace referencia a otros dos manantiales de «las Islas Afortunadas» (probablemente las Canarias): el agua de uno te hacía reír hasta morir, mientras que la del otro era, afortunadamente, un eficaz antídoto. Pero fue la historia de Plinio la que causó honda impresión en sir William Ramsay, un intrépido escocés de Aberdeen que a finales del siglo xix exploró el Asia Menor y que se lo tomó tan en serio que intentó localizar esos manantiales en la Frigia rural. Después de decidir en 1891, como escribió, «probar en todos los manantiales de Apameia», encontró dos que reunían las condiciones, aunque lo extraño es que parece que los identificó a partir del sonido que hacía su agua («Oímos el sonido claro y alegre con que brota y susurra el "Agua de la risa" [...]. Nadie que vaya a estas dos fuentes y las oiga podrá tener la menor duda de que son "el Llanto" y "la Risa"»). Plinio, en cambio, se refería al poder de esas aguas: un manantial te hacía reír y el otro llorar[9].

No está siempre claro de dónde sacaba Plinio su información. En ocasiones (y quizá con mayor frecuencia de lo que los críticos modernos suelen reconocer) la obtenía de su propia observación o investigación. Ése es casi con toda seguridad el caso en una parte de su estudio sobre el papel que juega el diafragma en la producción de la risa, que termina dejando constancia de una versión mucho más macabra del fenómeno de las cosquillas de las axilas. Afirma que se puede observar, tanto en el campo de batalla como en los espectáculos de gladiadores, que cuando el diafragma es pinchado, en vez de meramente rascado, el resultado puede ser la muerte, la cual va acompañada de risas. La idea de que las heridas del diafragma podían producir risa en los heridos militares tenía una larga historia en la lite-

---

[9] 31.19; Ramsay 1897, 407-408. Para los manantiales de las Islas Afortunadas, véase Pomponio Mela 3.102.

ratura científica griega, remontándose al menos al siglo IV a. C. Pero bien pudo ser el propio Plinio, a partir de su experiencia como espectador en la arena romana, el que lo relacionó con la muerte de los gladiadores[10].

Sin embargo, en general Plinio se enorgullecía de haber recogido la información de escritores anteriores; tanto se enorgullecía que, al comienzo de la *Historia natural*, insiste en que ha empleado unos dos mil volúmenes de cien autores distintos para recopilar sus veinte mil hechos, y de forma sistemática hace una lista de los que ha usado para cada libro de su enciclopedia[11]. En muy pocos casos podemos más o menos determinar las fuentes de su material sobre la risa. Por ejemplo, la historia de esos dos manantiales, «Llanto» y «Risa», con casi toda seguridad provenía de la obra del científico y filósofo griego del siglo IV, y pupilo de Aristóteles, Teofrasto, o al menos guarda relación directa con la historia de otro manantial extraordinario de la misma región (uno que «arrojaba grandes cantidades de piedras»), para el que Plinio hace referencia explícita a Teofrasto[12]. En su mayor parte, sin embargo, sólo podemos hacer conjeturas sobre de cuál de sus fuentes nombradas, o de qué parte exacta de la fecunda tradición especulativa de griegos y romanos sobre la risa, Plinio extrae alguna teoría o información concretas. Se trata de identificar las similitudes y proponer conexiones. Así, por ejemplo,

---

[10] Para la tradición griega sobre esa risa, véanse Aristóteles, *Part. an.* 3.10, 637ª10-12, e Hipócrates, *Epid.* 5.95. Hasta qué punto se distinguía de forma clara o sistemática de la tradición, atestiguada incluso antes, de la «sonrisa sardónica» o mueca de dolor, es un punto discutible; véase Halliwell 2008, 93 n. 100, 315.

[11] *Praef.* 17; el primer libro de la *HN* consiste en su totalidad en un índice del libro 2 al 37, junto con las autoridades consultadas para cada uno.

[12] 31.19 («Theophrastus Marsyae fontem in Phrygia ad Celaenarum oppiodum saxa egerere»). Por lo general se supone que deriva de la obra perdida de Teofrasto *De aquis*; véase Fortenbaugh *et al.* 1992, 394-395 (= *Physics*, n.º 219).

a juzgar por su parecido con la argumentación de Aristóteles en su tratado *De las partes de los animales*, del siglo IV, muchas de las observaciones de Plinio –dejando a los gladiadores aparte– sobre la importancia del diafragma en la producción de la risa casi con toda seguridad se remontan en última instancia al propio Aristóteles o a alguno de sus seguidores[13].

Ciertamente se dio una fecunda y variada tradición especulativa, y especialmente en Roma, ya que los escritores romanos bebían de sus predecesores griegos, tanto del periodo clásico como del helenístico, perfeccionando y adaptando sus teorías e incorporando algunas aportaciones propias de carácter claramente romano. Aun dejando de lado, de momento, sus debates sobre la ética de las bromas y de la risa (cuándo es apropiado reír, de qué y con qué motivo), los comentarios de Plinio sólo son una breve muestra de las opiniones de los romanos sobre las causas y características de la risa, que van de las sinceras manifestaciones de desconcierto de las que ya hemos dejado constancia a unas teorías aún más ingeniosas y eruditas.

Aunque Galeno perdiera la esperanza de ser capaz de desvelar las raíces fisiológicas de la risa, desarrolló teorías en abundancia sobre la naturaleza cómica de los simios y monos. Estos animales, como veremos en el capítulo 7, eran por lo general garantía segura de provocar las risas de los romanos, y Galeno los conocía muy bien por la sencilla razón de que, habida cuenta de la imposibilidad o inaceptabilidad de practicar disecciones en humanos en ese periodo, basó buena parte de su teoría anatómica y fisiológica en la disección de simios. Para él, la risa que provocaban era una cuestión de imitación o, como diríamos nosotros, caricatura. «Nos reímos especialmente –escribió– de esas imitaciones que conservan un parecido fiel en la mayoría de sus partes, pero son completamente erróneas en las más

---

[13] Aristóteles, *Part. an.* 3.10, 673a1-12.

importantes.» Así pues, nos reímos de los simios, argumenta Galeno, por ser una caricatura de los seres humanos: sus «manos», por ejemplo, son muy parecidas a las nuestras en todos los aspectos salvo en el más importante, que es que los pulgares de los simios no están en oposición a los demás dedos y, por lo tanto, no sirven para nada, lo que los vuelve «totalmente risibles» *(pantē geloios)*. Es ésta una de las pocas reflexiones de la antigüedad sobre lo que hace que algo sea visualmente risible[14].

Otros hicieron observaciones distintas. Al escribir a principios del siglo II d. C. sobre el papel de la risa y de las bromas en las cenas, Plutarco destaca lo que ahora llamaríamos los determinantes sociales de la risa. De qué se ríe la gente, insiste Plutarco, depende de la compañía en que se encuentren (te puedes reír con tus amigos de un chiste que no soportarías oír en compañía de tu padre o de tu mujer). Y señala que la jerarquía social tiene su impacto en la risa. El éxito de un chiste depende de quién lo cuente: la gente se reirá si un hombre de origen humilde se burla de alguien que también es de clase baja, mientras que si es un aristócrata el que hace la misma gracia, se tomará como un insulto[15].

La pregunta de por qué se ríe la gente de los chistes también fue planteada, y contestada, por los teóricos romanos de retórica, Cicerón incluido. Después de eludir los problemas generales de la naturaleza de la risa en *Sobre el orador*, Cicerón se ocupa –en la voz de Julio César Estrabón, el principal personaje de esa parte del largo diálogo– de las formas específicas en que un orador puede aprovechar la risa en su beneficio, y de qué provoca la risa y por

---

[14] *De usu part.* 1.22 (Helmreich) = 1, pp. 80-81 (Kuhn). Para las disecciones de Galeno y sus puntos de vista sobre la homología entre animales y humanos, véase Hankinson 1997.
[15] *Mor.* 634 a-b (= *Quaest. conviv.* 2.1.11-12).

qué. «Lo que principalmente provoca la risa, si bien no lo único –afirma–, son las chanzas que destacan y señalan algo indecoroso, pero dichas de un modo nada indecoroso.» O, como diría Quintiliano de forma más concisa justo un siglo después, «la risa no está muy lejos del escarnio» (queda mejor en latín: «a derisu non procul abest risus»)[16]. No obstante, el estudio que sigue en el diálogo de Cicerón (y también en el manual de oratoria de Quintiliano) es más variado y matizado de lo que podría dar a entender ese resumen. Al analizar la retórica de los chistes, Cicerón identifica todo tipo de cosas que pueden provocar risa, de las imitaciones y las muecas a lo inesperado y lo «incongruente» *(discrepantia)*[17]. Y es Cicerón la fuente más antigua de las que han llegado hasta nosotros que plantea algo cercano al tópico moderno del estudio de la risa sobre que no hay nada menos divertido que analizar un chiste: «Mi punto de vista –dice César– es que un hombre, aunque no se trate de alguien con poca gracia, puede debatir más afablemente sobre cualquier cosa del mundo que del ingenio en sí»[18].

Estas teorías y observaciones de los romanos nos llevan a esa intrigante tierra de nadie intelectual entre lo que es totalmente conocido y lo que es desconcertante y extraño; entre, por ejemplo, esa sencilla pregunta de «¿qué hace

---

[16] *De or.* 2.236 («Haec enim ridentur vel sola vel maxime, quae notant et designant turpitudinem aliquam non turpiter»), Quintiliano, *Inst.* 6.3.7.
[17] *De or.* 2.242 (imitaciones), 2.252 (muecas, *oris depravatio*), 2.255 (lo inesperado), 2.281 (lo «incongruente»); trataremos más sobre Cicerón y la incongruencia más adelante. Véase también Quintiliano, *Inst.* 6.3.6-112; al igual que Cicerón, Quintiliano (6.3.7) destaca las distintas maneras en que se estimula la risa, de las palabras a la acción y el contacto.
[18] *De or.* 2.217: «Ego vero –inquit– omni de re facilius puto esse ab homine non inurbano, quam de ipsis facetiis disputari». Se aproxima aún más al tópico moderno si enmendamos el texto (como han hecho muchos) y cambiamos *facilius* por *facetius* («más ingeniosamente que del ingenio en sí»).

reír a la gente?» (¿y quién no se ha preguntado eso alguna vez?) y los increíbles cuentos sobre manantiales mágicos y bazos hiperactivos. No obstante, hasta esa dicotomía resulta ser menos estable de lo que nos podría parecer a primera vista. Es en parte el problema de lo escurridizas y engañosas que pueden ser las ideas que se supone que nos son familiares. Cuando Cicerón escribió que la «incongruencia», como he traducido la *discrepantia* del latín, provocaba risa, ¿cuánto se aproximaba a las «teorías de la incongruencia» modernas sobre la risa? O, si identificamos la *gelotophyllis* de Plinio como cannabis, que ahora pensamos que es una buena fuente química para las risitas, ¿vuelve eso a Plinio un testigo de más confianza y fiable que si optamos por la definición del diccionario de «ranúnculo», del que por lo general no se cree que tenga en absoluto propiedades que provoquen la risa?[19]. Pero lo que quizá sea aún más desestabilizador es que esas ideas extravagantes e inverosímiles de los antiguos pueden llegar a inducirnos a revisar algunas de nuestras «verdades» científicas sobre el tema. Después de todo, ¿qué es lo que cuenta como una explicación verosímil de por qué nos reímos? Al final, ¿es una teoría de la neurociencia moderna, según la cual el punto en que se localiza la risa es en «la parte anterior del área motora suplementaria de los humanos» en el lóbulo frontal izquierdo del cerebro, más creíble, o al menos más útil para la mayoría de nosotros en nuestra vida cotidiana, que las locas ideas de Plinio sobre el diafragma y el bazo?[20].

---

[19] Aunque también es posible que, al optar por «ranúnculo», *L&S* tuvieran en mente el *Ranunculus sardous* (el «ranúnculo sardo»), miembro de la familia de los ranúnculos del que se dice (por ejemplo en Pausanias 10.17.13, aunque no en Plinio, *HN* 25.172-174) que produce una mueca sardónica parecida a la risa.

[20] Fried et al. 1998.

Aristóteles y la «teoría clásica de la risa»

Resulta sorprendente, habida cuenta de la extraordinaria diversidad de especulaciones romanas sobre la risa y sus causas, que los estudios modernos se refieran tan a menudo en singular a «la teoría clásica de la risa». Esta teoría ha quedado definitivamente asociada a Aristóteles, el cual ejerce una fuerte influencia en los estudios modernos sobre la risa por ser el primer analista sistemático del tema en conjunto, como se recuerda con tanta frecuencia, así como el que formuló de forma canónica dos afirmaciones fundamentales (si bien no fue él quien las inició)[21]. La primera es que el hombre es el único animal que ríe, o, por expresarlo de modo más contundente, que la risa es una propiedad del ser humano (así pues, al hombre se le puede definir como «el animal que ríe»). La segunda es que la risa es fundamentalmente desdeñosa y burlona, o es la expresión de la superioridad y el desdén de quien ríe sobre el blanco de su risa. Los estudiosos de periodos posteriores asumen todos con excesiva frecuencia que las especulaciones de la antigüedad sobre la risa se ceñían básicamente a una única tradición más o menos definida por Aristóteles y sus seguidores, dentro de la llamada Escuela Peripatética que él inició[22]. De hecho, con bastante frecuencia, incluso

---

[21] Platón (*Resp.* 5.452d-e y *Phlb.* 49b-50e) manifiesta su concepto de la risa como reacción desdeñosa y burlona a algo irrisorio; en general, como deja claro Halliwell 2008, 276-302, Platón tiene mucho más que decir de la risa de lo que se le suele reconocer.

[22] Una fuente reciente e influyente para esto es Skinner 2004, que, como su título indica, equipara explícitamente a Aristóteles con «la teoría clásica de la risa» y de modo elocuente se refiere a «la teoría de Aristóteles» (141) o incluso a «la teoría aristotélica en su forma más limitada». Véase también Skinner 2001 y 2002 para versiones similares, aunque no idénticas, de esta argumentación. Otras referencias a Aristóteles como teórico sistemático, o a una o ambas de sus dos principales «teorías» sobre la risa, incluyen a Morreall 1983, 5; Le Goff 1997, 43; Critchley 2002, 25, y Taylor 2005, 1. Billig 2005, 38-39, presenta una opinión discordante poco

entre los clasicistas, se intenta identificar una fuente directa de la mayor parte de los escritos de los romanos sobre la risa en las obras de Aristóteles o de autores posteriores de su escuela (siendo Teofrasto y Demetrio de Falero dos de los candidatos más habituales)[23].

Entonces ¿era todo el análisis de la risa por parte de los antiguos realmente sólo una serie de «comentarios a Aristóteles»?[24]. Antes de avanzar mucho más en el estudio de lo que los autores romanos tenían que decir sobre el tema, hemos de examinar con ojo crítico, y con cierto detalle, las contribuciones de Aristóteles a las teorías de (y sobre) la risa y considerar su posible grado de claridad y sistematización. Esto significa hacer mención de algunas de las argumentaciones que rodean a la que quizá sea la «obra perdida» más famosa de la antigüedad: el segundo libro de su *Poética*, que en su momento fue la continuación de su análisis de la naturaleza de la tragedia, con sus conocidas ideas sobre la catarsis, la compasión y el miedo. Se suele suponer que fue ahí donde Aristóteles abordó el tema de la comedia.

No estoy diciendo que la obra de Aristóteles sobre la risa no ejerciera ninguna influencia en los enfoques de los romanos. Los autores romanos que escribieron sobre cien-

---

habitual, pues afirma que Platón y Aristóteles ofrecen «observaciones desperdigadas» más que «teorías».

[23] El intento clásico de encontrar las fuentes griegas de la explicación de Cicerón de la risa en *De or.* 2 lo tenemos en Arndt 1904, esp. 25-40, que identifica a Demetrio de Falero como su principal influencia. Las fuentes griegas también juegan un papel fundamental en el estudio de Cicerón que hace Grant 1924, 71-158. Más recientemente, y en una línea similar, Freudenburg afirmó que «está bien claro que los escritores de manuales helenísticos de retórica, en los que se basa Cicerón, no supusieron ningún avance significativo a la teoría de Aristóteles sobre los graciosos» (1993, 58). La característica de «gracioso» es el sello distintivo del caballero que hace gala de su ingenio *(eutrapelos)*.

[24] Por remedar a Whitehead 1979 [1929], 39, y su famosa afirmación de que «la tradición filosófica europea [...] consiste en una serie de comentarios a Platón».

cia, retórica y cultura sin duda debían mucho a sus predecesores aristotélicos y bebían constantemente de ellos; de hecho, ya he dejado constancia de que Plinio cita a Teofrasto como una de sus autoridades de referencia en la *Historia natural* y de que parece basarse en algunas observaciones aristotélicas en su estudio del papel que desempeña el diafragma en la risa. No obstante, la idea generalizada de que la obra de Aristóteles sobre el tema –hasta donde la conocemos– supuso un posicionamiento teórico sistemático que venía a ser algo que podría llamarse «la teoría clásica de la risa» es, cuando menos, una simplificación excesiva o, por decirlo claramente, errónea. Lo cierto es que muchos de los comentarios «clásicos» de Aristóteles, tan a menudo citados, y por muy interesantes e inteligentes que puedan resultar por separado, no son más que apartes que no constituyen una teoría bien desarrollada en absoluto. Ni siquiera ese segundo libro perdido de la *Poética*, con lo que dijese sobre la naturaleza, causas y ética de la risa tal y como se daba en el teatro cómico, justifica la exagerada importancia que con frecuencia se le atribuye, pecando de un exceso de optimismo.

Ese libro siempre ha sido una de las grandes controversias (y uno de los más buscados) de los estudios clásicos, hasta el punto de convertirse en un enorme mito. Unos cuantos disidentes han negado que llegara jamás a existir[25], mientras que a muchos otros más los ha cautivado el atractivo de algo perdido y han debatido sobre cómo se deberían reconstruir sus contenidos. Y, lo que es lo más conocido de todo, se le dio un papel protagonista en una novela moderna de gran éxito. En su inteligente fantasía. *El nombre de la rosa*, Umberto Eco recreó la destrucción del escurridizo texto. En el momento culminante de su historia de misterio (que también defiende el poder «liberador y antito-

---

[25] Por ejemplo, McMahon 1917 y Cantarella 1975.

talitario» de la risa como un arma contra la autoridad represiva), el último ejemplar manuscrito del preciado tratado de Aristóteles, que se conserva en un monasterio medieval en el que se suceden los asesinatos, es literalmente consumido por un bibliotecario que odia la risa antes de que todo el lugar arda en llamas[26].

La novela de Eco no sólo es una recreación ficticia de la oposición a la risa de las autoridades de la Iglesia medieval, sino también de la creencia, que sostienen muchos estudiantes de la cultura tanto antigua como moderna, de que el segundo libro de la *Poética* de Aristóteles habría ofrecido el vínculo perdido con «el concepto clásico de la risa». Como Quentin Skinner observó en una ocasión, al intentar contestar la pregunta de por qué las estatuas de la antigüedad griega tan pocas veces parecen sonreír, «resulta extraño que el fenómeno que llamaríamos "risa afable" parezca haber sido una noción totalmente ajena a los antiguos griegos. Es una terrible lástima que el tratado de Aristóteles sobre la comedia se perdiese, pues *sin duda él lo habría explicado*»[27].

Otros han intentado mostrar que no está tan perdido como por lo general se supone. Se pueden extraer algunas indicaciones de lo que contenía de otras obras de Aristóteles. De forma más radical, hace un cuarto de siglo, Richard Janko hizo el audaz intento de reavivar la idea, mucho más antigua, de que un breve tratado conocido como el *Tractatus Coislinianus*, que se conserva en un manuscrito del siglo x

---

[26] Eco 1983. No todos los críticos han admirado *El nombre de la rosa*. Para Žižek (1989, 27-28), «hay algo que no funciona en este libro» («estructuralismo espagueti» lo llama con maldad) y su idea de la risa. Ésta, en la cosmovisión de Žižek, no es simplemente «liberadora» o «antitotalitaria» (por usar sus propias palabras), sino que, por el contrario, a menudo forma «parte del juego» del totalitarismo.

[27] Skinner 2008 (el énfasis es mío). Los clasicistas se han manifestado en términos similares, aunque con algo menos de seguridad; véase, por ejemplo, Freudenburg 1993, 56.

que ahora se encuentra en París, es un resumen escueto del segundo libro de la *Poética*. De ser así, confirmaría que el libro es tanto un análisis literario de la comedia como un estudio de las fuentes de la risa (cómica), que van de las palabras a las acciones; por ejemplo, «el uso del baile vulgar» o «cuando alguien que tiene la capacidad [de elegir] deja pasar lo más importante y se queda con lo de menos valor»[28].

Esta idea nunca ha conseguido mucho apoyo: el punto de vista mayoritario es que el *Tractatus* es una creación bastante confusa y mediocre, posiblemente bizantina, que a lo sumo recoge unos pocos vestigios de tercera mano de reflexiones aristotélicas[29]. En cualquier caso, la cuestión más fundamental es si ese libro perdido de verdad contenía las claves para el análisis antiguo de la comedia y si, como escribió Skinner, «sin duda habría explicado» lo que queremos saber sobre la risa de los griegos y sus teorías. No hay ninguna señal clara de que lo habría hecho, y sí algunas indicaciones reveladoras de que no. Pues ¿por qué –por usar las mordaces palabras de Michael Silk, que ha hecho más que la mayoría para disipar la sombra de Aristóteles de la risa antigua–, para empezar, se perdieron esas

---

[28] Janko 1984, retomado por Janko 2001. El *Tractatus*, ahora en la colección de Coislin de la Bibliothèque Nationale (de ahí su nombre moderno), formaba antes parte de la biblioteca de un monasterio del Monte Athos. Las secciones que más directamente se ocupan de la risa son 5-6; algunas de sus observaciones son muy similares a las que se encuentran en un prefacio a unos manuscritos de Aristófanes, y claramente pertenecen a la misma tradición, sea la que sea.

[29] Son elocuentes, por ejemplo, Arnott 1985 (que resume bien, en 305, la conclusión muy anterior de Bernays 1853 de que el *Tractatus* era «una pobre recopilación hecha por un pedante ignorante») y Silk 2000, 44 («el gratificante estudio de Janko [...] tiende a eludir su aplastante mediocridad»). Nesselrath (1990, 102-161) presenta una cuidadosa argumentación en contra de que exista una relación directa con Aristóteles, pero se saca a Teofrasto de la manga. Halliwell 2013 (reseñando a Watson 2012) es una sucinta denuncia del *Tractatus*.

«perlas de sabiduría aristotélica sobre la comedia» y «fueron dejadas de lado por toda la antigüedad posterior»? Por desconcertante que eso pueda parecer, la suposición de Silk es que «todo o casi todo lo que de hecho dijo Aristóteles sobre el tema era superficial –y tal vez el *Tractatus Coislinianus* lo refleje–, y, de todas formas, no había grandes perlas de sabiduría que dejar de lado»[30].

¿Cómo saberlo? Tal vez ese enérgico rechazo sea injusto con Aristóteles. No obstante, cuesta resistirse a la conclusión de que la pérdida del segundo libro de la *Poética* (partiendo del supuesto, claro está, de que de verdad existiera) ha contribuido a incrementar su fama en tiempos modernos y a exagerar su importancia en los antiguos. Lo que tenemos aquí es una poderosa combinación de nuestra propia implicación emocional en esos tentadores libros que se nos han escapado y –seamos honestos– lo conveniente (ante la ausencia de ninguna evidencia firme) de que podamos ser capaces de reconstruir un punto de vista de Aristóteles que encaje con nuestros diversos propósitos. De hecho, bien podría ser, como de nuevo ha indicado Silk, que la «teoría de la comedia» de la *Poética* deba mucho más al inventivo celo de los aristotélicos modernos que a la mezcla variada de comentarios y observaciones perspicaces que ofreció el propio Aristóteles. Lo único totalmente cierto es que no han llegado hasta nosotros[31].

---

[30] Silk 2000, 44.
[31] En esto estoy muy en deuda con la idea de la teoría de la tragedia de Aristóteles de Silk 2001. Obsérvese en especial 176: «La teoría de Aristóteles (de hecho, su tratado [la *Poética*] en conjunto) goza, no obstante, de la reputación de ser una argumentación coherente, y no una mera serie de observaciones perspicaces que, aunque brillantes, no guardan mucha relación entre sí. ¿Quién es responsable de esto? La respuesta, creo, no está en las conclusiones de los estudiosos que interpretan a Aristóteles (cuyos desacuerdos públicos sobre este, ese y aquel punto de la doctrina son elocuentes de por sí), sino más bien en el uso que se hace de Aristóteles por parte de las teorías post-aristotélicas de la tragedia (y / o de cual-

Si nos centramos en su lugar en los comentarios de Aristóteles sobre la risa que sí han llegado hasta nosotros, obtenemos una impresión muy distinta a la que a menudo se presenta, y que de nuevo se trata de una mezcla variada. Pues incluyen muchas ideas *sobre* la risa, pero nada que ni remotamente se aproxime a ser una teoría *de* la risa, en el sentido de un modelo explicativo coherente, una metodología definida y una colección de argumentaciones referidas directamente al tema en cuestión. Sin duda Aristóteles tenía teorías contundentes y sistemáticas sobre otras cuestiones, pero no hay el menor indicio de eso en el caso de la risa[32]. Su análisis más largo del tema sólo ocupa un par de páginas modernas de la *Ética nicomáquea*, en las que aboga, como tan a menudo, por elegir el virtuoso camino intermedio entre dos extremos. Ser «elegante» o «ingenioso» *(eutrapelos)* es una característica muy apropiada para un «caballero» (como se suele traducir convencionalmen-

---

quier obra de corte serio), para las que la teoría de la tragedia de Aristóteles es un hecho dado que se acostumbra a construir como algo *coherente*». Aunque probablemente yo atribuiría mayor responsabilidad a los estudiosos modernos que interpretan a Aristóteles (como hace el propio Silk en la nota a este fragmento), el papel de los historiadores renacentistas y de los «teóricos de la risa» modernos (del Renacimiento en adelante) también me parece crucial para la construcción en retrospectiva de «la teoría aristotélica de la risa». Para un punto de vista aún más mordaz sobre la incoherencia general de la *Poética*, véase Steiner 1996: «Cuando escucho los incesantes debates sobre la *Poética* [...] me dan ganas de apostarme lo que sea a que el joven que tomaba apuntes mientras Aristóteles daba su clase estaba sentado muy cerca de la puerta un día en que había mucho ruido» (545 n. 5).

[32] Una «teoría de la risa» también implicaría la definición de la risa como un campo de investigación independiente. Pese a una variedad de tratados (perdidos) «sobre lo risible», y pese a las intensas especulaciones de los antiguos sobre muchos aspectos de la risa, no está claro que la risa llegara jamás a definirse de ese modo en la antigüedad; véase Billig 2005, 38-39. La distinción que se plantea entre «ideas (o incluso teorías) sobre» y una «teoría de» es fundamental, y mi forma de expresarme a ese respecto en todo este libro es un reflejo de esa importancia.

te el griego *eleutheros*, por torpe que resulte). El exceso de bromas es propio de un «bufón» *(bōmolochos)*, y la escasez lo es de un «zafio» *(agroikos)*, y ambos extremos deben evitarse[33]. No obstante, los dos elementos principales de lo que ha llegado a conocerse como «la teoría clásica de la risa» no se encuentran ahí.

La aseveración de que los seres humanos son los únicos animales que ríen es un argumento secundario en el estudio de Aristóteles del cuerpo humano, en concreto del papel del diafragma. En lo que es una explicación peligrosamente circular, afirma que el hecho de que «sólo los humanos son propensos a tener cosquillas se debe (a) a lo fino de su piel y (b) a que son los únicos seres vivos que ríen». No hay aquí ninguna indicación de que la risa sea una propiedad distintiva del ser humano. Pese a la suposición extendida sobre este aspecto de su «teoría», ciertamente no está definiendo al hombre como «el animal que ríe»[34].

La otra afirmación, la de que la risa es una forma de escarnio y una muestra de superioridad, es más complicada. Deriva en parte de la argumentación en la *Ética nicomáquea* en la que Aristóteles se refiere a algunos tipos de bromas *(skōmma)* como «una especie de insulto» o «un reproche» *(loidorēma ti)*[35]. Pero, en su forma más conocida, se basa

---

[33] *Eth. Nic.* 4.8, 1127b34-1128b9, un pasaje que ha provocado reacciones muy distintas de los críticos: sutil y sofisticado para Halliwell 2008, esp. 307-322; confuso («va de tautología en tautología») para Goldhill 1995, 19. Halliwell 2008, 307-331, proporciona un útil punto de partida, con bibliografía, para todos los pasajes de los que me ocupo.

[34] *Part. An.* 3.10, 673ª6-8: τοῦ δὲ γαργαλίζεσθαι μόνον ἄνθρωπον αἴτιον ἥ τε λεπτότης τοῦ δέρματος καὶ τὸ μόνον γελᾶν τῶν ζῴων ἄνθρωπον (no *De Anima* 3.10, como dice Bakhtin 1968, 68). Véase Labarrière 2000 (que, para mí, no consigue salvar al pasaje de la acusación de circularidad).

[35] *Eth. Nic.* 4.8, 1128ª30; en un momento anterior del pasaje (1128ª4-7), Aristóteles caracteriza a los «bufones» como aquellos que no evitan hacer sufrir a los blancos de sus chistes (τὸν σκωπτόμενον). Buena parte de la crítica moderna de las ideas de Aristóteles sobre la comedia se ha centra-

principalmente en dos pasajes de dos tratados distintos. En el primer libro de la *Poética*, y el único que ha llegado a nosotros, dice un poco de pasada sobre el tema de la comedia: «Una representación de gente peor que nosotros, no en el pleno sentido de que sean malos, sino de que nos reímos de ellos, es una subdivisión de lo feo / vergonzoso *[tou aischrou]*. Lo risible es alguna clase de defecto y de fealdad / vergüenza *[aischos]* que no implica ningún sufrimiento ni dolor, como, obviamente, es el caso de una máscara cómica [literalmente una "cara risible", *geloion prosōpon*], que es fea *[aischron]* y deforme, pero está libre de dolor»[36]. Esto se une con frecuencia a un segundo pasaje, de la *Retórica* de Aristóteles, en el que trata del carácter de distintos grupos del público potencial de un orador (pues, si no sabe cómo son sus oyentes, el orador nunca conseguirá convencerlos). Los jóvenes, explica Aristóteles, son veleidosos, apasionados, discutidores e imbuidos de muchos principios; también «son aficionados a la risa, y por lo tanto son ingeniosos *[eutrapeloi]*. Pues el ingenio es una forma de insolencia culta *[pepaidumē hubris]*»[37].

Cuesta decidir la manera exacta de traducir estos pasajes, así como saber lo que intentaba decir Aristóteles. El fragmento clave de la *Poética* suscita todo tipo de preguntas.

---

do en su actitud hacia la Comedia Antigua de Aristófanes y los ataques personales a individuos concretos que contiene (véanse, por ejemplo, Halliwell 1986, 266-276, esp. 273, que critica ese enfoque, y M. Heath 1989); puede que eso guarde relación con sus ideas sobre la risa, pero no es lo que me interesa aquí.

[36] *Poet.* 5, 1449a32-37: μίμησις φαυλοτέρων μέν, οὐ μέντοι κατὰ πᾶσαν κακίαν, ἀλλὰ τοῦ αἰσχροῦ ἐστι τὸ γελοῖον μόριον. τὸ γὰρ γελοῖον ἐστιν ἁμάρτημά τι καὶ αἶσχος ἀνώδυνον καὶ οὐ φθαρτικόν, οἷον εὐθὺς τὸ γελοῖον πρόσωπον αἰσχρόν τι καὶ διεστραμμένον ἄνευ ὀδύνης.

[37] *Rh.* 2.12, 1389b10-12: καὶ φιλογέλωτες, διὸ καὶ φιλευτράπελοι· ἡ γὰρ εὐτραπελία πεπαιδευμένη ὕβρις ἐστίν. Obsérvese que Aristóteles no dice que el «ingenio» sea la *única* forma en que aquellos que son aficionados a la risa demuestran esa afición, sino más bien que los que son aficionados a la risa también serán ingeniosos.

¿Qué clase de defecto –moral o físico (¿vergüenza o fealdad?)– subyace a lo risible? ¿De quién es el dolor, o la falta de él, que Aristóteles tiene en mente? ¿Qué implicaciones tiene este análisis del teatro cómico para la risa de fuera de los escenarios?[38] El otro pasaje, de la *Retórica*, es aún más desconcertante, en buena medida por el extraño oxímoron, o incluso «broma», de la frase «insolencia culta» *(pepaidumē hubris)*. Pues, como han señalado con frecuencia los críticos, la *hubris* (que puede significar de «exceso» a «violencia» o «violación» pasando por «ultraje») no puede ser «culta», y esa misma palabra *pepaidumē* tiene, además, una raíz ambigua, *paid-*, que significa tanto «educación» e «infantilismo» como «juego»[39]. ¿Qué está intentando decir Aristóteles sobre el ingenio, aparte de que él mismo es ingenioso?

Está más claro lo que no dice. En primer lugar, hay bastante menos sobre el escarnio y burla de lo que se suele suponer. Cierto es que una traducción creativa puede transformar su definición del ingenio en «*insulto* culto», pero las famosas líneas de la *Poética* –si bien se refieren al tema de la risa como «alguna clase de defecto» y, por tanto, indican cierto componente de escarnio y burla– rechazan explícitamente la idea de dolor; no hay ningún motivo para ver «mofas» en ellas[40].

---

[38] La misma naturaleza del teatro plantea un problema sobre la localización del dolor potencial. La suposición tácita parece ser que el dolor sería el de los actores que llevan sus máscaras cómicas, y de quienes el público se ríe. Pero ¿por qué habrían de ser ellos propensos al *dolor*, siendo su trabajo el de provocar risas? Sommerstein 2009, 112, hace una consideración similar con respecto a Aristófanes.

[39] Goldhill 1995, 19; la cuestión se vuelve aún más tendenciosa cuando tenemos en cuenta que la *Ética nicomáquea* va dirigida a los πεπαιδευμένος (*Eth. Nich.* 1.3, 1094b22-25).

[40] Es discutible hasta qué punto Aristóteles presenta la risa como un elemento de desdén y burla en este pasaje. Depende en parte de hasta qué punto supongamos que su τὸ γελοῖον tiene el sentido burlón de la palabra griega καταγελᾶν («reírse de» o «mofarse de»). Sin duda es cierto que, en

En segundo lugar, aunque algunos de los pasajes sí comparten su interés por la risa que es provocada por algo ridículo (o la risa a costa de otra persona), Aristóteles no indica en absoluto que ésa sea la única causa, función o registro estilístico de la risa. De estar indicando eso, habría sido un intérprete muy pobre de la cultura y la literatura griegas, en las que (pese a la afirmación de Skinner de que era un concepto que les era totalmente «ajeno») había gran cantidad de «risas afables»[41]. De hecho, el propio Aristóteles, en otro pasaje de la *Retórica*, coloca explícitamente a la risa y lo risible en la categoría de «cosas agradables». Fuera lo que fuese lo que quisiera decir exactamente con eso, parece tan incompatible con la idea de escarnio y burla que varios editores del texto lo rechazan alegando que es un añadido posterior que no pertenece a Aristóteles[42].

El hecho es que las ideas de Aristóteles sobre la risa fueron numerosas y no necesariamente compatibles entre sí. Un comentario del siglo VI de un libro de texto de filosofía (*La introducción*, de Porfirio) llega a afirmar que, en su *Historia de los animales*, Aristóteles afirmó que el hombre no era el único animal que reía, pues las garzas también lo

la *Poética*, Aristóteles parece ofrecer una genealogía de la comedia a partir de la sátira agresiva, pero las implicaciones de esto para la risa en conjunto están menos claras. Malcolm Schofield me hizo la útil indicación de que podríamos entender al caballero ingenioso aristotélico como un «bromista» que con cierto tacto se burla de los defectos de alguien, de un modo que produce más placer que dolor, lo cual se complica por el hecho (como observa Aristóteles en *Eth. Nic.* 4.8, 1128ª27-8) de que varía lo que a la gente le resulta agradable o bien doloroso.

[41] Como es bien conocido, la representación de la risa en la literatura griega es mucho más variada, matizada y (a veces) amable que la del escarnio y burla. Un ejemplo clásico es la risa de padres de Héctor y Andrómaca (Homero, *Il.* 6.471) cuando el pequeño Astianacte se asusta al ver el penacho del casco de su padre.

[42] *Rh.* 1.11, 1371b34-35; las palabras aparecen entre corchetes, por ejemplo, en Kassel 1976, que sigue a Spengel 1867, una exclusión apoyada con ciertas dudas por Fortenbaugh 2000, 340. Fortenbaugh 2000 y 2002, 120-126, proporciona un útil análisis de esta cuestión.

hacían. Sea cierto o no (y la risa de la garza no figura en ningún texto de Aristóteles de los que poseemos), abordó el tema desde una variedad de ángulos, y sus ideas no se pueden reducir, o elevar, a una única «teoría clásica de la risa» de carácter sistemático[43].

También es importante que subrayemos que existió con casi toda seguridad un vínculo mucho más vago de lo que por lo general se supone entre esas variadas teorías aristotélicas y los posteriores escritos romanos sobre la risa. Los teóricos romanos no dependían por completo de lo que Aristóteles había dicho antes que ellos, ni tampoco de las obras de sus inmediatos seguidores. Con éstos nos enfrentamos al problema de la pérdida de sus obras a escala aún mayor que con el segundo libro de la *Poética*. Casi ninguno de los textos clave de los sucesores peripatéticos de Aristóteles entre los siglos IV y II a. C. ha llegado hasta nosotros, más allá de unas pocas frases y algunos títulos controvertidos. Esto impide demostrar que no son la fuente de ninguna afirmación individual que podamos encontrar en las argumentaciones romanas. No obstante, todo parece indicar que hubo importantes aportaciones de los romanos al pensamiento griego precedente, tanto en lo referido a la risa como en tantas otras áreas. Incluso el razonamiento de que la risa es una propiedad característica del hombre puede que fuese una innovación de los escritores del periodo romano al desarrollar la observación casi fortuita de Aristóteles de que (dejando aparte el posible despiste o error de la garza) el hombre es el único animal que ríe. Cuando menos, encontramos esa teoría con frecuencia en

---

[43] David, *In Isagogen* 204.15-16: «Otros animales también son capaces de reír, como dice Aristóteles en la *Historia de los animales* de la garza» (ἔστι καὶ ἄλλα ζῷα γελαστικά, ὥσπερ ἱστορεῖ ὁ Ἀριστοτέλης ἐν τῇ Περὶ ζῴων περὶ τοῦ ἐρῳδιοῦ). No está claro con qué exactitud podemos explicar esta afirmación (si es fruto de un error, de un recuerdo incorrecto o de la posterior pérdida del pasaje pertinente de Aristóteles).

los escritores romanos del periodo imperial, y nunca en la literatura previa de la que disponemos.

En palabras de Porfirio, por ejemplo, escritas en griego en el siglo III d. C.: «Aunque un hombre no siempre se ría, se dice de él que ríe no porque siempre lo haga, sino porque está en su naturaleza el reír, y eso siempre le es válido por serle algo innato, como los relinchos de los caballos. Y dicen que eso son propiedades *stricto sensu* por ser conversas: si se es caballo, se relincha, y si se relincha, se es caballo». O, como da a entender Porfirio: si se es hombre, se ríe, y si se ríe, se es hombre[44]. Por razones obvias, esto se convirtió en un conjunto de ideas muy importantes en las polémicas de la teología cristiana temprana, pues, si se supiera que Jesús se reía, tendría implicaciones fundamentales en los debates cruciales sobre cómo definir su condición: si era divino o humano. De hecho, esa cuestión divide y hace entrar en acción a los monjes ficticios de Eco de *El nombre de la rosa*: ¿reía Jesús o no?[45].

De forma más general, los análisis romanos de la risa en raras ocasiones son exactamente similares a las teorías aristotélicas que nos han llegado en las obras del propio

---

[44] Porfirio, *Isagoge* 4 (κἂν γὰρ μὴ γελᾷ ἀεί, ἀλλὰ γελαστικὸν λέγεται οὐ τῷ ἀεὶ γελᾶν ἀλλὰ τῷ πεφυκέναι). Otros escritores del periodo del Imperio Romano que afirmaron esto mismo son, entre otros, Quintiliano, *Inst.* 5.10.58, y Clemente de Alejandría, *Paedagogus* 2.5. El que en el siglo II d. C. Luciano de Samósata (*Vit auct.* 26) relacionara explícitamente esa afirmación con un personaje que representaba a la filosofía peripatética puede significar, pero tampoco necesariamente, que tuvo su origen en Aristóteles o en sus sucesores inmediatos (hubo muchos «filósofos peripatéticos» en el Imperio Romano). Para más información, véase Barnes 2003, 208-209 n. 22.

[45] Ménager 1995, 7-41 (para la historia de esta idea desde la antigüedad hasta el Renacimiento); Screech 1997, 1-5. Para Jesús, véase Le Goff 1992. En los evangélicos canónicos del Nuevo Testamento, Jesús nunca se ríe; en cambio, lo hace en repetidas ocasiones en el incompleto «Evangelio de Judas» gnóstico (véase Pagels y King 2007, 128, que arguyen que su risa siempre precede a la corrección de un error).

Aristóteles. Está bastante claro, por ejemplo, que las ideas de Plinio sobre las cosquillas son aristotélicas en líneas generales al centrarse en el papel del diafragma en la producción de la risa. Sin embargo, también está claro que la explicación de Plinio difiere considerablemente de la versión de las cosquillas que se da en *De las partes de los animales*: para Plinio es la irritación directa del diafragma lo que provoca una risa, mientras que Aristóteles había argumentado que era el calor generado por la irritación lo que la provocaba. Plinio también tiene un punto de vista diferente al de Aristóteles por lo que respecta a la primera vez que ríe un recién nacido (los niños pequeños de Plinio no se ríen en absoluto hasta que tienen cuarenta días, mientras que los de Aristóteles ríen y lloran mientras duermen), y seguramente Plinio sacó de algún otro lado esa historia sobre Zoroastro, que también se encuentra en fuentes iraníes. Afirmar que todas las variantes de Plinio derivan de algún seguidor peripatético perdido de Aristóteles no sería más que un acto de fe[46].

Lo mismo ocurre con el análisis que hace Cicerón de la risa en *Sobre el orador*, que contiene algún material que con casi toda seguridad deriva de la tradición aristotélica (Aristóteles, por ejemplo, ya había destacado la «incongruencia» como una causa de risa)[47]. Sin embargo, las investigaciones más recientes sobre este diálogo han identificado muchos menos elementos procedentes de Demetrio de Falero (y su escurridizo tratado *De lo risible*, que posiblemente no llegara a existir nunca) y muchos más elementos, temas y teorías romanos de lo que antes se pensaba. De

---

[46] Fisiología de la risa: Plinio, *HN* 11.198; Aristóteles, *Part. an.* 3.10, 673ª1-12; recién nacidos: Plinio, *HN* 7.2, 7.72; Aristóteles, *Hist. an.* 9.10, 587b5-7. Para Zoroastro, véanse Herrenschmidt 2000 y Hambartsumian 2001.

[47] Dentro del contexto de su análisis de la metáfora en *Rh.* 3.11, 1412a19-b32 (que a menudo se cita incorrectamente, por razones obvias, como *Rh.* 3.2; véase, por ejemplo, Morreall 1983, 131).

hecho, una de las principales distinciones que estructura la argumentación de Cicerón –la distinción entre *cavillatio* (tener gracia, o humor largo) y *didacitas* (ser agudo, o humor breve)– no parece tener mucho que ver con nada de lo que podemos encontrar (o reconstruir) en obras griegas anteriores sobre el tema: eran, en palabras de Elaine Fantham, «términos romanos anticuados», con lo que se establecía «una distinción romana»[48].

Volveremos a la relación entre la risa griega y la romana, tanto en la teoría como en la práctica, en el capítulo 4. Llegados a este punto, permítanme que resalte dos principios importantes que sostienen el resto de este libro. El primero es que no existe «la teoría aristotélica de la risa», o al menos no existe en esos términos exactos. Aristóteles planteó todo tipo de ideas sobre la risa, una variedad de especulaciones y observaciones perspicaces sobre aspectos de la cuestión tan diversos como las cosquillas, los mecanismos de los chistes, la comedia, el escarnio, el papel de la risa en la vida social y la importancia del juego. Sin embargo, no hay motivos para suponer que Aristóteles desarrollara una teoría sistemática de la risa, o ni siquiera que considerase la risa un fenómeno unitario y un campo de estudio.

El segundo principio es que, por muy influyentes que fueran algunas de las ideas de Aristóteles (y ciertamente lo fueron), no delimitaron los enfoques antiguos sobre la risa, y menos aún constituyen nada que pueda llamarse «*el* enfoque clásico de la risa». Tanto en Grecia como en Roma las ideas sobre la risa se multiplicaron y arraigaron –algunas con más fuerza que otras– en muchos contextos distintos, de las escuelas filosóficas (pues no sólo los peri-

---

[48] Leeman, Pinkster y Rabbie 1989, 190-204, ofrecen el análisis minucioso más reciente de las posibles fuentes (abogando por una mezcla de fuentes griegas y romanas); 188-189 trata sobre *cavillatio, dicacitas* y *facetiae*. Fantham 2004, 186-208 (cita en 189), con Corbeill 1996, 21-22 nn. 13-14, ofrecen una explicación perspicaz y actualizada.

patéticos tenían cosas que decir sobre la risa)[49] al banquete del emperador, de la clase de retórica al bar y el burdel. Dicho de forma sencilla, hubo –como ya hemos atisbado– gran cantidad de debates muy variados sobre la risa en la antigüedad.

Igual que los hay en el mundo moderno, y de eso nos vamos a ocupar ahora, así como de otra sombra que pende con fuerza sobre los estudios recientes de la risa: las llamadas tres teorías de la risa. Son, en cierto sentido, las hermanas pequeñas de «la teoría clásica», y también necesitan ser destronadas con suavidad antes de que continuemos.

«Las tres teorías de la risa»

La variedad de escritos modernos sobre la risa es verdaderamente sobrecogedora. En la biblioteca de mi universidad hay unos 150 libros en los que la palabra «risa» forma parte de su título publicados en inglés en la primera década del siglo XXI. Dejando aparte las memorias, novelas y colecciones de poesía que consiguieron meter de algún modo la palabra en su título (*Amor, risa y llanto en la escuela de cocina más famosa del mundo* y similares), estos libros abarcan desde la psicología popular y los manuales de autoayuda, pasando por la filosofía del humor y la anatomía de los chistes, hasta la historia de la risita entre dientes, la carcajada, la risilla burlona y la risita floja en casi cualquier periodo o lugar que se pueda imaginar (hasta remontarse a los orígenes de la risa en las cuevas de los humanos primitivos).

Tras estas monografías, tan sustanciales como populares, hay toda una serie incluso más amplia de artículos y

---

[49] Halliwell 2008 es una fuente especialmente buena para las ideas filosóficas sobre la risa: esp. 271-276 (pitagorismo), 276-302 (Sócrates platónico), 302-307 (estoicismo), 343-371 (Demócrito), 372-387 (cinismo).

trabajos especializados que investigan aún más aspectos de la cuestión en mayor detalle: del uso de la risa en películas educativas sobre higiene en la Java colonial holandesa, o del sonido de la risa en las novelas de James Joyce, a los patrones de las risas que intercambian entrevistador y entrevistado en encuestas telefónicas y la vieja cuestión de cuándo y cómo empiezan los recién nacidos a reír o sonreír[50]. Por no mencionar todas las celebraciones radicales de la risa de la filosofía, la política y el feminismo, que sin duda habrían confirmado los peores miedos del almidonado lord Chesterfield cuando dio en la década de 1740 el famoso consejo a su hijo de que un caballero debía evitar a toda costa reírse a carcajadas[51]. Wyndham Lewis y otros, por ejemplo, alentaron a tener risas «como bombas» en su manifiesto vorticista de 1914. Y el feminismo francés moderno a menudo ha colocado la risa en primer plano, rescatando a la monstruosa Gorgona de cabeza de serpientes y risa socarrona de la mitología clásica de la repulsión de Sigmund Freud para hacer alarde en su lugar de su belleza y risa y convertir la risa en una característica definitoria de esa compleja amalgama de cuerpo femenino y texto que se conoce como *l'écriture féminine*. El texto es «el ritmo que te ríe» («le rythme qui te rit»), como escribió Hélène Cixous de forma tan memorable como un tanto mística[52].

---

[50] Me estoy refiriendo a Stein 2006 (el uso de las payasadas en una campaña de erradicación de la anquilostomiasis); Janus 2009 (la risa transcrita en las novelas de Joyce interrumpe la tradicional «lectura silenciosa» de las novelas); Lavin y Maynard 2001 (donde se comparan los centros de sondeos en que se «prohíbe» a los entrevistadores que se rían en el transcurso de una entrevista con aquellos en los que no ocurre eso), y Kawakami *et al.* 2007 (en que se establecen distinciones entre la risa espontánea y la social de los niños pequeños y se determina cuándo ocurren).

[51] Chesterfield 1774, vol. 1, 326-332, esp. 328 (carta del 9 de marzo de 1748), reimpresa en D. Roberts 1992, 70-74, esp. 72.

[52] W. Lewis *et al.* 1914, 31 («Sólo queremos Tragedia si es capaz de agarrarse los músculos laterales como una mano al vientre y sacar a la superficie una risa como una bomba»); Cixous 1976 («Ella es hermosa y se ríe», 885;

Se ha escrito tanto –y se sigue escribiendo– sobre el tema de la risa que es imposible llegar a dominarlo todo; y, francamente, tampoco valdría la pena intentarlo. No obstante, cuando nos enfrentamos al producto de siglos de análisis e investigación, que se remonta como hemos visto a la propia antigüedad clásica, resulta tentador proponer que no es la risa en sí lo que constituye la propiedad definitoria de la especie humana, sino que lo es el impulso a debatir y teorizar sobre ella.

En parte en respuesta a la enorme profusión de ideas y especulaciones sobre la risa, que abarcan diversos campos de investigación, se ha desarrollado un nivel de teorización de «segundo orden», el cual divide las teorías de la risa en tres corrientes principales en las que algunos teóricos clave representan a cada una. Pocos libros hay sobre la risa que no ofrezcan hacia el principio, como estoy a punto de hacer, una breve explicación de estas teorías sobre lo que es la risa, lo que significa y lo que la causa. Desconfío más que otros comentaristas de la simplificación excesiva que esta metateorización a menudo supone, pero no deja de sorprenderme que cada una de esas tres corrientes, de forma más o menos clara, se haga eco de alguna otra corriente de teorización antigua (y de ahí que los haya llamado «hermanos pequeños»). Seguimos debatiendo sobre la risa de formas que están estrechamente relacionadas con los antiguos griegos y romanos[53].

«el ritmo que te ríe», 882). Los ensayos de Baudelaire 1981 [1885] y Bataille 1997 [1944] han influido en muchos de los enfoques más radicales sobre la risa. La rica tradición de la risa en la literatura feminista, de la ficción al psicoanálisis, es un tema principal de Parvulescu 2010, esp. 101-118, al que Lessing 1962 (una novela feminista en la que la risa es un actor principal) sería un añadido importante (véase, brevemente, Scurr 2003). Una corriente distinta del uso de la risa por parte del feminismo moderno (en relación con un texto latino) se verá más adelante.

[53] Morreall 1983, 4-37; Critchley 2002, 2-3; de manera más escéptica, Halliwell 2008, 11. Lippitt 1994, 1995a, igual que 1995b, justo después y 1995b ofrecen una clara introducción crítica a cada teoría.

La primera teoría ya la hemos mencionado al hablar de Aristóteles. Es la llamada «teoría de la superioridad», que afirma que la risa es una forma de escarnio o burla. La risa, en otras palabras, siempre tiene una víctima: siempre nos reímos, con mayor o menor agresividad, del blanco de nuestros chistes o del objeto de nuestro regocijo, y durante ese proceso reafirmamos nuestra superioridad sobre ellos. Además de algunos escritores antiguos (entre ellos Quintiliano y su eslogan con gancho al efecto de que *risus* está muy próximo al escarnio, *derisus*), el teórico más célebre de la teoría de la superioridad es el filósofo del siglo XVII Thomas Hobbes. «La vehemencia de la risa –escribió en *Elementos de la ley natural y política*– no es más que una gloria repentina que surge de alguna noción súbita de que existe alguna eminencia en nosotros mismos, en contraste con las debilidades de otros». Es una oración muy citada, de la que la expresión «gloria repentina» se ha usado a menudo, e incluso recientemente para dar título a un libro sobre la historia de la risa[54]. Sin embargo, la teoría de la superioridad no sólo es un aspecto de la filosofía y ética de la risa. La biología evolutiva también interviene con algunas reconstrucciones de los orígenes de la risa entre los primeros humanos: la idea, por ejemplo, de que la risa deriva directamente del «rugido de triunfo en un antiguo duelo en la selva», o de que la risa (o la sonrisa) se originó al enseñar los dientes con intención agresiva[55].

Para la segunda, conocida como la «teoría de la incongruencia», la risa es una reacción a lo ilógico o lo inesperado. Aristóteles da un ejemplo muy sencillo: «Y llegó él, calzado con sus... sabañones». Eso provoca risa, explica Aristóteles, porque el oyente espera oír la palabra «sanda-

[54] Hobbes 1969 [1640], 42; *Gloria repentina* es el título de Sanders 1995.
[55] Ludovici 1932, 98-103; Gruner 1978, 43; R. A. Martin 2007, 44-47 (un resumen muy útil). Cita: Rapp 1951, 21.

lias», no «sabañones»[56]. En cualquier caso, podríamos reunir un equipo mucho más grande de filósofos y críticos modernos que apoyan esta teoría, aunque con una amplia variedad de matizaciones y énfasis. Immanuel Kant, por ejemplo, afirmó que «la risa es una emoción que surge de la súbita transformación de una ansiosa espera en nada» (otro de los eslóganes más famosos de la historia de la risa). Henri Bergson arguyó que la risa la provocan los seres vivos que actúan como si fuesen máquinas: de forma mecánica, repetitiva y rígida. Más recientemente, las teorías lingüísticas de Salvatore Attardo y Victor Raskin sitúan la resolución de la incongruencia en la esencia de los chistes verbales, como en «Me gusta relajarme con un té y un buen libro». «¿Y si no tienes té?» «Poleo.»[57]

La ciencia experimental también desempeña su papel. Uno de los experimentos más famosos de la historia de los estudios de laboratorio de la risa es el test de diferencia de peso. Se pide a los sujetos que levanten una serie de pesas, de tamaño y aspecto similares, que sólo difieren ligeramente en lo que pesan, y que las coloquen de la más pesada a la más ligera. Luego se añade otra pesa, de aspecto similar pero mucho más pesada o ligera que las demás. Los sujetos acostumbran a reír cuando levantan la nueva pesa, a causa, según se argumenta, de la incongruencia existente entre ella y las otras. De hecho, cuanto más pesada o más ligera es la nueva pesa, más fuerte ríen: cuanto mayor es la incongruencia, en otras palabras, más intensa es la risa[58].

---

[56] *Rh.* 3.11, 1412a31.
[57] Kant 1952 [1790], 196-203, cita en 199; Bergson 1911, esp. 12-38; Raskin 1985; Attardo y Raskin 1991; Attardo 1994 (considerado desde una perspectiva clásica en N. Lowe 2007, 1-12).
[58] Deckers y Kizer 1974; Deckers y Kizer 1975; Nerhardt 1976; Deckers 1993; con una útil perspectiva general en R. A. Martin 2007, 68-70. La cuestión de si los sujetos de ese caso (también) puedan estar riéndose de los experimentadores rara vez se plantea.

La última del trío es la «teoría del alivio», a la que se conoce especialmente por la obra de Sigmund Freud, pero que él no inventó. En su forma más sencilla y prefreudiana, esta teoría considera que la risa es la señal física de la liberación de energía nerviosa o de emociones reprimidas. Es el equivalente emocional de una válvula de escape. Al igual que la presión del vapor en un motor que funciona con éste, «soltamos» nuestra ansiedad contenida sobre la muerte, por ejemplo, cuando nos reímos de un chiste sobre un enterrador[59]. (Tal vez Cicerón esté indicando algo en ese sentido cuando defiende sus controvertidos chistes en plena guerra civil entre César y Pompeyo.)[60] La versión de Freud de esta idea es considerablemente más complicada. En *El chiste y su relación con lo inconsciente*, argumenta que la energía que se libera al reír no es la energía de la emoción reprimida en sí (según el modelo de la válvula de escape), sino la energía psíquica que se habría usado para reprimir los pensamientos o sentimientos si el chiste no les hubiera permitido entrar en nuestras mentes conscientes. Un chiste sobre un enterrador, en otras palabras, permite que manifestemos nuestro miedo a la muerte, y la risa es la «liberación» del excedente de energía psíquica que, de otro modo, habríamos usado para reprimirla. Cuanta más energía hubiera hecho falta para reprimir el miedo, mayor sería la risa[61].

---

[59] Spencer 1860.

[60] *Phil.* 2.39: al explicar que, como el campamento del ejército estaba «lleno de preocupación» *(plena curae)*, los chistes servían «para relajar sus mentes» *(animis relaxantur*, y el verbo puede indicar una liberación de presión), pero tal vez yo esté intentando llevar esto demasiado lejos y Cicerón esté pensando de forma mucho más general en el papel de los chistes como un descanso de las preocupaciones de la guerra. Corbeill 1996, 185-189, analiza los chistes hechos en esa ocasión.

[61] Freud 1960 [1905] («Quien oye el chiste se ríe con la cuota de energía psíquica que queda libre al levantar la catexis inhibitoria», 201). La psicología experimental no confirma lo que el razonamiento de Freud pa-

Estas tres teorías pueden ser un patrón conveniente, pues aportan algo de orden a la complicada historia de la especulación sobre la risa, además de poner de manifiesto algunas similitudes notables en la forma en que se ha entendido a lo largo de los siglos. Pero, más allá de eso, incurren en serios problemas, tanto en términos de las propias teorías individuales de la risa como de un plan general para clasificar el campo de estudio en conjunto. Para empezar, ninguna de estas teorías se ocupa de la risa en su sentido más amplio. Puede que intenten explicar por qué nos reímos de los chistes, pero no abordan la cuestión de por qué nos reímos cuando nos hacen cosquillas. Tampoco investigan la risa social, convencional y domesticada que está presente en buena parte de la interacción humana; están mucho más interesadas en el tipo aparentemente espontáneo o incontrolable[62]. Por expresarlo de otra forma, les interesa más la risa de Dion que la de Gnatón, y en su mayor parte ni siquiera les interesa el acto de reírse en sí[63]. Las dos primeras teorías no llegan a intentar explicar por qué la reacción física que conocemos como risa (el sonido, la mueca facial, la agitación del pecho) es provocada por el

rece implicar: que cuanto más reprimido estés, más te reirás de un chiste verde (Morreall 1983, 32).

[62] M. Smith critica acertadamente el interés de la mayoría de teóricos de la risa por la risa incontrolable. Ruch y Eckman 2001 es típico en su clasificación de los estallidos de risa en «espontáneos», por un lado, y «afectados» o «falsos» por el otro (los propios términos ya los delatan de por sí). El reciente trabajo neurológico de Sophie Scott y sus colegas se ha interesado mucho más por la risa «social», así como por la incontrolable, y ha hallado diferencias y similitudes en la reacción del cerebro a la risa de distintos tipos. Véanse, por ejemplo, McGettigan *et al.* 2013 y S. Scott 2013.

[63] Scruton, en Scruton y Jones 1982, ofrece unas útiles observaciones sobre la variedad de exclusiones de los estudios modernos de la risa («No es la risa, sino la risa de o sobre algo, lo que interesa al filósofo», 198); asimismo Parvulescu 2010, 3-4 («A la mayoría de las "teorías de la risa" no les interesa la risa»).

reconocimiento de una superioridad o de una incongruencia. La teoría del alivio se enfrenta directamente a la cuestión, pero la explicación de Freud –que la energía psíquica que se habría empleado para reprimir la emoción se convierte de algún modo en movimiento corporal– es de por sí muy problemática[64].

En la práctica, la mayoría de estos intentos de teorizar sobre la risa se centran de forma más restringida en las categorías relacionadas, y un tanto más manejables, de «lo cómico», «los chistes» o «el humor». Los títulos de algunos de los libros más famosos sobre el tema dejan claro ese centro de atención: Freud escribió explícitamente sobre chistes; el título completo del tratado de Bergson es *La risa: un estudio sobre el significado de lo cómico*; el excelente y reciente estudio de Simon Critchley, que incluye mucho acerca de la risa, se titula *Sobre el humor*.

Incluso dentro de esos límites, la norma general es que, cuantos más rasgos y variedades de risas se plantee explicar una teoría, menos convincente resultará. No es muy probable que una afirmación que comience diciendo «todas las risas...» sea cierta (o, en cualquier caso, de ser cierta,

---

[64] Morreall 1983, 30, señala la dificultad que plantea la idea de Freud de la conversión de energía psíquica en física, como también hace de forma más elegante Cioffi 1998, 264-304, en su análisis de la crítica de Wittgenstein de Freud («Imaginemos un mundo en que, como en el nuestro, la gente se riera de los chistes, pero, a diferencia del nuestro, no supiera de qué se reía hasta que descubriese los procesos de energía inconsciente que Freud planteó como hipótesis», 277). Richlin 1992a, 72, resume de manera sucinta algunos de los problemas fundamentales de la explicación freudiana: «El que el placer consista en alivio, en la presión liberada de una inhibición, no describe muy bien lo que se siente al reír». Generaciones anteriores de teóricos modernos de la risa estuvieron más interesadas en vincular los «síntomas» físicos de la risa con su causa: Laurence Joubert, por ejemplo, atribuye la risa a una reacción física del corazón, que se contrae y expande en respuesta a unas emociones encontradas de alegría y pena (Joubert 1980 [1579], 44-45). Gatrell 2006, 162-167, examina las reacciones que hubo en el siglo xviii contra tales explicaciones físicas.

será tan evidente que no tendrá interés). La teoría de la superioridad, por ejemplo, arroja mucha luz sobre algunas clases de chistes y risas, pero cuanto más aspira a ser una teoría total y totalizadora, menos luz arroja. Se necesita un enorme ingenio para explicar a partir de la superioridad por qué nos reímos de los juegos de palabras. ¿Será cierto que la justa verbal que implican nos devuelve a las contiendas ritualizadas con que los hombres primitivos querían conseguir la supremacía del mundo? ¿O puede tratarse de una cuestión de demostrar la superioridad humana sobre el propio lenguaje? Francamente, lo dudo mucho[65].

Y, cualesquiera que sean las conclusiones a las que lleguemos del intento de Freud de describir el mecanismo de la risa que provoca un chiste verde, cuando los mismos principios se extienden a la cuestión de por qué nos reímos de, por ejemplo, los movimientos exagerados de los payasos, el resultado es de por sí casi irrisorio. Siguiendo con su argumentación de que tiene que haber un ahorro de energía psíquica, Freud afirma que al ver al payaso compararemos sus movimientos con los que nosotros haríamos para lograr los mismos objetivos (tal vez al caminar por una habitación). Tenemos que generar energía psíquica para imaginarnos haciendo sus movimientos, y cuanto más grandes sean los movimientos que haya que imaginar, más energía psíquica generaremos. Pero cuando finalmente queda claro que se produce un excedente de la que requerimos –en comparación con la que necesitamos para

---

[65] Véase, por ejemplo, Gruner 1997, 131-146 (donde un gruñido en reacción a un juego de palabras es un reconocimiento de derrota). Obsérvese el mordaz rechazo de Baudelaire a la teoría en conjunto: «La risa, según dicen, procede de la superioridad. No me sorprendería que, a la vista de ese descubrimiento, el propio fisiólogo se echara a reír ante la idea de su propia superioridad» (1981 [1855], 145). Para los problemas generales de las teorías que quieren abarcar toda la «diversión», véase Scruton en Scruton y Jones 1982, 202.

imaginar nuestros movimientos más económicos–, descargamos esa energía extra por medio de la risa[66]. Se trata, sin duda, de un valiente intento de imponer alguna consistencia sistemática y científica a toda una gama de distintos tipos de risas. Sin embargo, su mera inverosimilitud nos lleva a preguntarnos qué es lo que de verdad podemos esperar de una teoría general de cómo y por qué se ríe la gente. Pues al igual que Aristóteles, los teóricos modernos –sean cuales sean sus objetivos más grandiosos– siempre resultan más reveladores y estimulantes en sus especulaciones, observaciones perspicaces y teorías *sobre* la risa que en cualquier teoría global *de* la risa.

No obstante, también hay un problema con el esquema de tripartito en sí. Puede que sea un patrón conveniente, pero también es peligrosamente simplificador y nos obliga a meter con calzador argumentaciones largas, complicadas, matizadas y no siempre consistentes en su marco tan pulcro como también rígido. Por supuesto, lo cierto es que el panorama teórico de esta área es mucho más confuso y desaliñado de lo que «la teoría de las tres teorías» parece indicar. Eso se ve claramente en el hecho de que los mismos teóricos aparecen en resúmenes sinópticos modernos como representantes principales de teorías distintas. A Bergson, por ejemplo, se le incluye tanto en la de la incongruencia como en la de la superioridad: en la de la incongruencia porque arguyó que la risa surge cuando se percibe que los seres humanos están actuando «mecánicamente» –cuando, en otras palabras, un humano se comporta como una máquina–; en la de la superioridad porque para Bergson la función social de la risa era burlarse, y por lo tanto disuadir, de tal falta de elas-

---

[66] Freud 1960 [1905], 248-254. Quizá el aspecto más problemático de este razonamiento muy problemático sea la afirmación de Freud de que *en el proceso de ideación* se gasta más energía en un movimiento grande que en uno pequeño.

ticidad («La rigidez es lo cómico, y la risa es su *correctivo*»)[67].
Incluso se puede catalogar a Aristóteles de modos distintos.
Ciertamente su escurridiza «teoría de la risa» (o comedia)
se suele considerar un ejemplo clásico de la teoría de la superioridad, pero también aparece como defensor de la de
la incongruencia y, de forma bastante menos verosímil,
de la del alivio[68].

De hecho, a menudo en el transcurso de la larga historia de los estudios de la risa, las obras de los «padres fundadores» han sido más atracadas que leídas; se han resumido de forma selectiva para proporcionar una genealogía
intelectual a muchas argumentaciones distintas; y se han
extraído lemas que rara vez reflejan su complejidad original embrionaria, incierta y a veces contradictoria. A menudo es todo un susto volver a los textos originales y descubrir lo que se escribió exactamente y en qué contexto.
La famosa cita de Hobbes, por ejemplo, al efecto de que la
risa «surge de alguna noción súbita de que existe alguna
eminencia en nosotros, en comparación con las debilidades
de otros», tiene una lectura bastante distinta cuando nos
damos cuenta de que continúa con la frase «o con las de
nosotros mismos en el pasado»; sigue siendo una teoría de
la superioridad, pero que se refiere a la crítica de uno mismo además de a burlarse de los demás. Y Quentin Skinner
ha destacado que Hobbes, al tratar sobre la risa en *Leviatán*
en términos aparentemente similares, indica que en realidad revela cierta sensación de inferioridad por parte del
que ríe. La risa, escribió Hobbes en esa obra, «se da sobre
todo en aquellos que son conscientes de las pocas capaci-

---

[67] Berger 1997, 29-30 (incongruencia); Sanders 1995, 249. Cita: Bergson
1911, 18.
[68] Morreall 1983, 16 (incongruencia), aunque Morreall añade: «Como
[la teoría de la incongruencia] no encajaba con la de la superioridad de
la *Poética* y la *Ética nicomáquea*, nunca llegó a desarrollarla»; Atkinson
1993, 17-18 (alivio).

dades que tienen; que se ven obligados a seguir teniendo buena opinión de sí mismos fijándose en las imperfecciones de otros hombres. Y, por lo tanto, reírse mucho de los defectos de los demás es una señal de pusilanimidad». Es una idea bien distinta de lo que subyace a esa Gloria Repentina de lo que cualquier versión sencilla de la teoría de la superioridad podría indicar[69].

Los cientos de páginas que escribió Freud sobre los chistes, el humor y lo cómico (que también comprenden mucho sobre la risa) probablemente hayan sido víctimas de más apropiaciones selectivas y citas tendenciosas que ninguna otra obra sobre el tema. La «teoría» de Freud es una mezcla tan deslumbrante como confusa: un intento de conseguir un enfoque consistente y científico (de lo más inverosímil, como hemos visto, en los bordes) que se nos presenta junto con una variedad de especulaciones, algunas de las cuales guardan poca relación con su argumentación principal, mientras que otras parecen totalmente contradictorias. Probablemente Freud sea el ejemplo más extremo del caso en que críticos y teóricos explotan una obra para extraer de ella diversos «puntos clave» que respalden sus propios razonamientos. Así, además de la «teoría del alivio» de la risa, un estudioso reciente de la sátira romana ha destacado la observación de Freud sobre la compleja dinámica psicosocial del chiste (entre quien lo cuenta, quien lo oye y quien es su víctima); otro, al escribir sobre la risa teatral en Grecia, ha enfatizado en su lugar la insistencia de Freud en que «apenas llegamos a saber jamás de qué nos estamos riendo»; otro, interesado en las invectivas romanas, invoca la distinción de Freud entre chistes tendenciosos e inocentes y su análisis del papel del humor en la humillación; y así muchos

[69] Hobbes 1996 [1651], 43; Skinner 2001, 445-446; Skinner 2002, 175-176; Skinner 2004, 162-164.

más[70]. Todos esos aspectos están incluidos en sus escritos, pero creo que sería beneficioso que nos preguntáramos, de perderse algún día el libro del *Chiste* de Freud al igual que el segundo libro de la *Poética* de Aristóteles, qué clase de reconstrucción se podría hacer a partir de los diversos resúmenes y citas que existen. Me da la impresión de que sería muy distinta al original.

Uno de los objetivos de este libro es preservar parte de ese desorden que se da en el estudio de la risa y volverlo un tema aún más desaliñado y confuso, en lugar de pulcro y claro. Vamos a tratar mucho menos sobre las tres teorías de lo que se pueda suponer.

¿Naturaleza y cultura?

Espero que ya haya quedado claro que lo que ha hecho de la risa un tema de investigación tan intrigante y cautivador a lo largo de más de dos mil años es también lo que lo hace tan peliagudo y a veces tan inextricable. Una de las cuestiones más difíciles es si debe considerarse la risa un fenómeno unitario: si debemos buscar una teoría que aglutine bajo la misma explicación las causas fundamentales (o los efectos sociales) de las risas que producen unas cosquillas, un buen chiste o un emperador loco que blande la cabeza de un avestruz en el Coliseo, y no digamos ya esa otra versión contenida que con regularidad puntúa y refuerza las conversaciones de los seres humanos. La precaución escrupulosa parece indicar que son señales muy distintas que tienen diferentes causas y efectos. Sin embargo, de todo tipo de formas, la risa como reacción parece muy similar

---

[70] Richlin 1992a, 60 (dinámica psicosocial); Goldhill 2006, 84 (no saber de qué nos reímos); Corbeill 1996, 4-5 (lo tendencioso frente a lo inocente).

en todas sus distintas manifestaciones, tanto para el que ríe como para el que lo oye[71]. Además, con frecuencia es imposible establecer límites definidos entre sus diversos tipos. La risa de la puntuación cortés puede transformarse imperceptiblemente en algo mucho más estrepitoso; la mayoría de nosotros, de estar en la situación de Dion, no sabríamos con seguridad si estábamos riéndonos por los nervios o de las ridículas payasadas del emperador; y cuando a alguien le hacen cosquillas, es habitual que incluso los que lo observan se rían, pese a que a ellos no se les están haciendo.

Pero aún más fundamental es la cuestión de hasta qué punto la risa es un fenómeno «natural» o «cultural», o quizá sea mejor preguntarnos hasta qué punto la risa cuestiona de un modo muy directo la simplicidad de esa división binaria. Tal y como lo sintetizó Mary Douglas, «la risa es un estallido corporal único que siempre se toma por una forma de comunicación». A diferencia de los estornudos o los pedos, siempre se supone que significa algo. Es una distinción que se le escapó a Plinio en una de sus observaciones sobre la risa que ya he citado; pues, por mucho que juntara a Craso, «que nunca se reía», y a Pomponio, «que nunca eructaba», en el mismo grupo, lo cierto es que son un emparejamiento extraño. Incluso con ese sentido negativo, «no reír» tiene unas indicaciones sociales de las que (probablemente) «no eructar» carezca[72].

---

[71] Le Goff 1997, 46-47, analiza brevemente hasta qué punto la risa se puede reducir «a un único fenómeno».

[72] Douglas 1971, 389. Sus comentarios llevan también implícita la suposición, que es la norma al menos desde Bergson (1911, 12), de que la risa es ante todo social, de que uno no se puede reír solo (y de ahí las risas enlatadas de los programas de televisión). Digo «probablemente» porque, en ciertas circunstancias y ciertas culturas, eructar también puede estar a medio camino entre lo natural y lo cultural y considerarse algo significativo. La otra acción a la que Plinio se refiere en ese pasaje, escupir, de

Esta ambigüedad de la risa, entre lo natural y lo cultural, tiene un impacto enorme en nuestros intentos de entender cómo la risa en general opera en la sociedad humana, y más específicamente hasta qué punto está bajo nuestro control consciente. «No podía dejar de reírme», solemos decir. ¿Es eso cierto?

Sin duda, algunas risas de verdad parecen ser incontrolables, y no sólo las que se producen al hacer cosquillas. Ya sea Dion masticando la hoja de laurel en la arena del Coliseo o una locutora de la BBC que no puede parar de reírse cuando está en antena, a veces la risa surge (o casi lo hace) lo queramos o no, escapando por completo a nuestra intención o control conscientes. Tales incidentes son supuestamente los casos más claros de lo que Douglas tenía en mente al hablar de un «estallido corporal» que también «se toma por una forma de comunicación». Por muy involuntarios que sean esos estallidos, los observadores u oyentes seguirán preguntándose de qué se ríe el riente y qué mensaje está transmitiendo.

Pero la idea de lo incontrolable que puede ser la risa es mucho más complicada de lo que estos sencillos ejemplos parecen indicar. Ya hemos visto varios ejemplos de la Roma Antigua en los que la risa no se pudo contener o emitir más o menos al gusto de la persona, y hemos comentado lo difusa que está la línea divisoria entre la risa espontánea y la que no lo es. De hecho, como vimos en el capítulo anterior, incluso la narración de Dion en el Coliseo tiene unos matices más sutiles de lo que pudiera parecer a primera vista. Lo cierto es que la mayoría de risas de este mundo son relativamente fáciles de controlar por el que ríe. Incluso los efectos de hacer cosquillas están más sujetos a condiciones sociales de lo que suponemos: no podemos, por

---

nuevo es diferente: siempre es un acto comunicativo, y no un estallido corporal de índole natural.

ejemplo, provocar risa haciéndonos cosquillas a nosotros mismos (pruébenlo), y si las cosquillas tienen lugar en un entorno más hostil que juguetón, no causan ninguna risa. Además, hasta las partes del cuerpo más susceptibles a las cosquillas se identifican de forma diferente en culturas y épocas distintas. Las axilas son más o menos un lugar común, pero, mientras que nosotros destacaríamos las plantas de los pies, un miembro de la escuela de Aristóteles, responsable de una sección relevante del largo compendio científico conocido como los *Problemas*, tenía ideas bien distintas: donde más cosquillas tenemos, afirmó, es «en los labios» (porque, procedía a explicar, los labios están cerca del «órgano de los sentidos»)[73]. Dicho de otro modo: las cosquillas no provocan una reacción totalmente espontánea y refleja, como a veces suponemos[74].

No obstante, el mito predominante de la imposibilidad de controlar la risa tiene una función importante en nuestra idea de la risa y en su regulación social, pues la larga tradición de vigilar y controlar la risa, que se remonta a la propia antigüedad, se basa con frecuencia en la imagen de un estallido natural que es desenfrenado, incontrolable y potencialmente peligroso, con el fin de justificar todas las meticulosas normas y regulaciones que tan a menudo se proponen. Por medio de una sutil paradoja, los mecanis-

---

[73] Aristóteles, [*Pr.*] 35.7, 965ª18-22, aunque en el siguiente pasaje de esa compilación (que casi con toda certeza se realizó en círculos peripatéticos a lo largo de un extenso periodo de tiempo, a partir del siglo III a. C. en adelante) se afirma que la gente sólo tiene cosquillas en las axilas. Joubert 1980 [1579], 86, identifica la piel de entre los dedos de los pies como uno de los lugares en que más cosquillas se tienen.

[74] Provine 2000, 99-127; R. A. Martin 2007, 173-176. Según una teoría muy controvertida de las cosquillas –la llamada hipótesis de Darwin-Hecker–, las cosquillas y el humor tienen mucho más en común de lo que por lo general se concede: los dos provocan risa por medio de procesos neurales muy similares en los que interviene la misma región del cerebro (Darwin 1872, 201-202; Panksepp 2000, pero véanse C. R. Harris y Christenfeld 1997 y C. R. Harris y Alvarado 2005).

mos más estrictos de control cultural se ven sustentados por el poderoso mito de que la risa es una fuerza incontrolable y negativa que hace contorsionarse al cuerpo civilizado y subvierte la mente racional.

En la práctica, casi todo el mundo consigue la mayor parte del tiempo manipular dos visiones llamativamente incompatibles de la risa: el mito de que es incontrolable, por un lado, y la experiencia cotidiana de la risa como una reacción aprendida y cultural, por otro. Cualquiera que haya criado niños pequeños recordará todo el tiempo y esfuerzo que hacen falta para enseñarles las normas convencionales de la risa: en los términos más sencillos, de qué reírse y de qué no (de los payasos del circo, sí; de gente que va en silla de ruedas, no; de *Los Simpson*, sí; de la señora gorda del autobús, no). Y parte de los mal tratos que los niños se infligen entre sí se centran en los usos apropiados e inapropiados de la risa[75]. También es un tema tratado por la literatura. Por ejemplo, en su estrafalario poema en prosa *Los cantos de Maldoror*, el conde de Lautréamont ofrece una imagen muy vívida e inquietante de las normas de la risa, o más bien de lo que significaría entenderlas mal. En el primer canto, el personaje que da título al libro, el abatido misántropo Maldoror, apenas humano, se fija en una gente que ríe y quiere hacer lo mismo, aunque no comprende el significado del gesto. Así pues, a modo de perpleja imitación, se saca una navaja y se corta las comisuras de los labios para crear «una risa» antes de darse cuenta de que no la ha creado en absoluto, sino tan sólo una carnicería. Es una inteligente reflexión sobre nuestra capacidad de aprender a reír y sobre

---

[75] Hablando por experiencia, una versión especialmente sádica consiste en inventarse una excusa para sacar a un niño de la habitación y que, cuando regrese, todos los demás estén riéndose a carcajadas. Enseguida el que ha vuelto se unirá a las risas, momento en que se tendrá que enfrentar a preguntas cada vez más agresivas de los otros acerca de de qué se está riendo, hasta que termina llorando.

la idea de la risa como propiedad del ser humano (al fin y al cabo, ¿es Maldoror humano?). Y, como ocurre siempre con tales historias, nos queda la acuciante duda de que tal vez la primera reacción de Maldoror fuese más correcta que errónea: de que quizá la risa no es más que una navaja (metafórica) que se aplica a los labios[76].

Reírse distinto

Otro aspecto de aprender a reír lo encontramos en la especificidad cultural de los objetos, estilo y retórica de la risa. Cualesquiera que sean los universales fisiológicos implicados, la gente de diferentes comunidades, o partes del mundo, aprende a reírse de cosas distintas, en ocasiones distintas y en contextos distintos (como cualquiera que haya intentado hacer gracia al dar una conferencia en el extranjero puede atestiguar). Pero también se trata de *cómo* se ríe la gente y los gestos que acompañan a la risa. De hecho, forma parte de nuestras expectativas y estereotipos de otras culturas el que se ríen distinto. Incluso los teóricos más sofisticados pueden llegar a tener sorprendentes ideas improvisadas sobre esas diferencias étnicas. Para Nietzsche, la oposición de Hobbes a la risa (al darle «mala reputación» o «desacreditarla», como dice otra traducción) era justo lo que cabía esperar de un inglés[77].

El ejemplo antropológico clásico de que la gente se ríe de forma diferente es el de los pigmeos del bosque de Ituri, en lo que ahora es la República Democrática del Congo. En palabras de Mary Douglas, no sólo los pigmeos «ríen fácilmente» en comparación con otras tribus más adustas y solemnes, sino que se ríen de una forma característica: «Se

---

[76] Lautréamont 1965 [1869], 5.
[77] Nietzsche 2002 [1886], 174-175; 1990 [1886], 218.

tumban en el suelo y agitan las piernas en el aire mientras jadean y se agitan por los ataques de risa»[78]. A nosotros nos podría parecer una exhibición extravagante y artificiosa, pero los pigmeos tienen tan interiorizadas las convenciones de su cultura que para ellos es algo totalmente «natural».

Sin embargo, la cuestión no es tan sencilla. Esta descripción de los pigmeos suscita algunas preguntas peliagudas sobre la naturaleza y cultura de la risa y vuelve a introducir algunas de las cuestiones literarias, discursivas y de segundo orden que ya he mencionado en el capítulo 1. La risa de los pigmeos, y los paroxismos que la acompañan, constituyen uno de los casos favoritos de los estudiosos de la materia, y un ejemplo conveniente de la diversidad cultural de las formas en que se ríe la gente. Pero ¿con qué pruebas contamos? Que yo sepa, la información procede de una única fuente, un libro que fue un éxito de ventas titulado *La gente de la selva*, del famoso antropólogo Colin Turnbull. Su narración deriva de la idea romántica de Turnbull de que los pigmeos son gente feliz, abierta y amable que lleva una existencia idílica y en absoluta armonía con el exótico mundo de su selva ecuatorial (en marcado contraste, como afirmó en un libro posterior, con la desagradable y adusta gente de la montaña del centro de Uganda). La risa exuberante sólo era una de las señales del alegre estilo de vida de los pigmeos: como escribió Turnbull, «cuando se ríen los pigmeos, cuesta que no le afecte también a uno; se sujetan entre sí como buscando apoyo, se pegan en los costados, chasquean los dedos y hacen todo tipo de contorsiones físicas. Si algo les resulta especialmente divertido, hasta se tiran al suelo y ruedan por él». Turnbull era «subjetivo, sentencioso e ingenuo», y con casi toda seguridad un testigo poco fidedigno de la cultura de los pigmeos. Hasta qué punto era poco fidedigno probablemente nunca

---

[78] Douglas 1971, 387.

lo sepamos, pero, en cualquier caso, la cuestión más interesante es por qué su testimonio sobre la risa de los pigmeos se ha repetido tanto, incluso por estudiosos como Douglas, que en otros sentidos no tendría interés en la rama antropológica de Turnbull[79].

Sin duda se debe en parte a que hasta los más realistas de nosotros nos resistimos a desechar esa imagen feliz y vistosa del pequeño pigmeo que agita las piernas en el aire, pese a las reservas que podamos tener con respecto a la observación etnográfica de Turnbull (y pese a que, de hecho, su descripción no menciona lo de las piernas). Pero hay otras cuestiones discursivas que también intervienen aquí. Pues el comportamiento de los pigmeos, como tantas veces se dice y se vuelve a decir, ya no guarda mucha relación directa con lo que hace la gente real del bosque de Ituri o hizo en su momento, y aún menos con lo que los hacía reír de ese modo y con sus consecuencias. Su historia se ha convertido en un tópico literario, en un ejemplo útil que –en nuestras reflexiones de segundo orden sobre la risa– representa un caso extremo de un pueblo extranjero que se ríe de forma distinta. En nuestro calibrado cultural de la risa, los pigmeos se encuentran en un extremo del espectro, mientras que el no menos citado hasta la saciedad lord Chesterfield representa en el otro el control o represión absolutos. El concepto de Nietzsche sobre los ingleses, en el sentido de que todos tienden hacia lo que podríamos llamar el extremo Chesterfield del espectro de la risa, es una indicación de lo relativo que puede ser ese calibrado desde un punto de vista cultural. Cuesta no preguntarse cómo habrían descrito los pigmeos la forma de reírse de Turnbull.

---

[79] Turnbull 1961 (cita en 45); la gente de la montaña (los Ik) es el tema de Turnbull 1973. Ballard 2006 y Boyer 1989 ofrecen críticas del enfoque general de Turnbull sobre los pigmeos. «Subjetivo, sentencioso e ingenuo» son las palabras que le dedica Fox 2001 (refiriéndose específicamente al tratamiento que hace Turnbull de los Ik).

«¿Se ríen los perros?»: retórica y representación

El estudio de la risa, tanto en el presente como en el pasado, siempre va ligado a la representación literaria, la práctica discursiva, la imaginería y la metáfora. Y repetidamente se enfrenta a la cuestión de dónde están los límites entre la risa literal y la metafórica y cuál es la relación entre ellas. A veces no nos resulta muy problemático abrazar las lecturas metafóricas. Si un poeta romano, por ejemplo, escribe sobre agua centelleante o una casa llena de flores «que ríen» *(ridere)*, lo tomamos como una metáfora de la chispeante alegría de la escena (en lugar de como una indicación erudita de la etimología del verbo o de su equivalente griego)[80]. Pero los usos metafóricos de «reírse» también acechan justo por debajo de la superficie de algunos de los análisis en apariencia más científicos y experimentales de la risa. Donde más destaca eso (o más se deja a menudo de lado) es en la antigua pregunta aristotélica de si los seres humanos son los únicos animales que ríen.

Ése ha sido el tema de mucha investigación científica no concluyente que se remonta al menos hasta Charles Darwin, el cual, por razones obvias, tenía mucho interés en destacar que los chimpancés parecían reír cuando se les hacía cosquillas. Observadores científicos más recientes han identificado una «exhibición de boca abierta» o «juego facial» característicos en los primates que se dedican a actividades distendidas, y en ocasiones han afirmado detectar que algunos chimpancés y gorilas hacen bromas y juegos de palabras con su rudimentario lenguaje de signos. Algu-

---

[80] Por ejemplo, Catulo 64.284; Lucrecio 1.8. La etimología de *ridere* no está clara, pero el γελᾶν griego (risa) puede que tenga su raíz en la idea de luminosidad y brillo, y no es inconcebible (aunque sí improbable) que los poetas estén haciendo una alusión erudita a eso al usar la palabra. Para γελᾶν, véase Halliwell 2008, 13 n. 33, 523, en lo que es un análisis razonable con bibliografía.

nos biólogos, por no mencionar a los devotos dueños de perros, han llegado a la conclusión de que también existe la risa canina (una conclusión que dio pie al famoso artículo de Mary Douglas «¿Se ríen los perros?»), mientras que unos pocos incluso han interpretado que los agudos chillidos de las ratas cuando les hacen cosquillas constituyen una forma de protorrisa (se dice que la nuca es una de las zonas en que tienen más cosquillas, si bien también chillan con entusiasmo cuando se las hacen por todo el cuerpo)[81].

Como no es de extrañar, estas interpretaciones han sido refutadas desde muchos ángulos distintos. La «risa» de los primates, por ejemplo, se articula de forma diferente a la de los humanos. El patrón universal para los humanos es que el característico *ha-ha-ha* se produzca en una única exhalación, seguida por un silencio durante la inhalación. No es el caso de los primates. Estos vocalizan su risa jadeante mientras inhalan y exhalan. ¿Se trata, como dicen algunos, de tan sólo una variante del mismo espectro de risa? ¿O indica, como piensan otros, que se trata de un tipo significativamente distinto de reacción, y que los primates no están, según nuestros términos, riéndose en absoluto? Los chillidos de las ratas (cuya frecuencia, por cierto, es tan alta que son inaudibles para el oído humano) siguen siendo aún más controvertidos, y muchos científicos se resisten a encontrarles ninguna relación con la risa humana[82]. No obstante, aun en el caso de que concediésemos que en todos estos fenómenos intervienen caminos neurales similares, y que al menos existen algunos vínculos evolutivos entre los chillidos de las ratas y las carcajadas de los hu-

---

[81] Darwin 1872, 120-121, 132-137, 198-212; con Davila-Ross *et al.* 2011 (en lo que es un único ejemplo de las investigaciones actualizadas sobre la risa de los simios). Para los perros: Douglas 1971. Para las ratas: Panksepp y Burgdorf 1999 y Panksepp 2000.

[82] Panksepp y Burgdorf 1999, 231, se ocupa brevemente de esa resistencia.

manos, sigue estando presente una pregunta mucho más apremiante que casi siempre se elude: ¿A qué nos estaríamos refiriendo si dijésemos que los perros, los simios o las ratas «se ríen»?

La mayoría de la gente estaría de acuerdo en que los devotos dueños de perros, al detectar risas en sus mascotas, lo hacen llevados por el deseo de antropomorfizar e incorporar a los animales al mundo de la socialización humana, al proyectar en ellos esa característica humana fundamental que es la risa. O, como observó Roger Scruton poniendo el acento en una cuestión ligeramente distinta, cuando, por ejemplo, oímos a unas hienas «riéndose» entre sí, eso no es la expresión de *su* diversión, sino de la *nuestra*[83]. Pero, incluso en el que parece ser el discurso más riguroso de la ciencia experimental, los límites entre la risa como metonimia de la humanidad y la risa como reacción física o biológica no están claros. De nuevo nos encontramos con que se desdibuja de forma significativa la sencilla distinción entre naturaleza y cultura, pues la afirmación de que una rata puede «reír» siempre es susceptible de implicar algo más sobre esa especie en general y sobre nuestra relación con ella, y no sólo que las neuronas de su cerebro funcionan de determinado modo. A cualquier estudio de la risa no le queda más remedio que plantear preguntas sobre el lenguaje de la risa y el ordenamiento de nuestro mundo cultural y social, en los que la risa es un significante tan fundamental.

Éstos son tan sólo algunos de los enigmas que, para mí, hacen que en general el estudio de la risa sea tan atrayente: a la vez enriquecedor y frustrante, revelador y opaco. Y, por supuesto, cuando nos ocupamos del estudio de la risa del pasado –cuyas risitas y carcajadas se volvieron hace mucho inaudibles–, los enigmas se vuelven aún más intri-

---

[83] Scruton en Scruton y Jones 1982, 199.

gantes. ¿Qué impacto tienen esos límites controvertidos entre naturaleza y cultura, entre las manifestaciones retóricas y las físicas de la risa, en el modo en que entendemos la risa en la historia? Y, en cualquier caso, ¿en qué estamos interesados exactamente? ¿En lo que hacía reír a la gente? ¿En los efectos sociales, culturales y políticos de la risa? ¿En su función? ¿O en cómo se trataba, debatía y explicaba?

En el siguiente capítulo vamos a examinar brevemente algunas de las cuestiones que rigen cualquier estudio histórico de la risa, ya sea de los romanos o no, y haré una reflexión (crítica) sobre un último teórico al que ningún libro que trate de la risa del pasado puede permitirse dejar de lado: Mikhail Bakhtin, tras cuya obra se encuentran numerosos intentos de relatar la historia de los patrones cambiantes de la risa de la Edad Media en adelante (y que también ha influenciado diversos estudios sobre la antigüedad). En el capítulo 4, seguiremos abordando algunas de las directrices básicas para meditar sobre las cuestiones a las que nos enfrentamos al estudiar la risa de los romanos, en concreto cómo podemos gestionar ese límite forzosamente frágil entre lo que consideramos griego y lo que consideramos romano: entre, en otras palabras, *risus* y *gelōs*.

Capítulo 3

LA HISTORIA DE LA RISA

¿Existe una historia de la risa?

Podemos decir sin temor a equivocarnos que los seres humanos siempre han reído. Pero ¿se reía la gente del pasado de modo distinto a nosotros? Y, de ser así, ¿cómo lo hacían, y, lo que es igual de importante, cómo podemos llegar a saberlo? Ya hemos visto en el capítulo 1 el atractivo y las frustraciones de intentar entender un par de brotes de risas romanas. En este capítulo quiero examinar más detenidamente esas cuestiones haciendo uso de una variedad más amplia de materiales de los romanos antiguos. Descubriremos que los estudiosos han reescrito con ingenio los textos de los chistes romanos tal y como han llegado hasta nosotros para volverlos más divertidos (de acuerdo con nuestros términos). Y haremos una breve reflexión sobre la cuestión especialmente peliaguda de las imágenes visuales. ¿Cómo podemos identificar las representaciones visuales de un rostro riente? (No es tan fácil como se creen.) ¿Y cómo decidimos qué imágenes pudieron hacer que los romanos –o qué romanos– se partieran de risa?

También vamos a salir del mundo antiguo para adentrarnos en cuestiones más generales, relativas a cómo podemos relatar desde una perspectiva histórica las risitas y carcajadas de nuestros antepasados. De hecho, la historia de la risa tiene una larga historia. Ya en 1858 Alexander Herzen comentó –en lo que se ha convertido en buena medida en el lema de estudiosos más recientes– que «sería muy interesante escribir una historia de la risa»[1]. Ciertamente sería interesante; sin embargo, el terreno exacto que cubriría esa historia es difícil de definir. ¿Se trata de una historia de la teoría de la risa, y de sus protocolos y normas (ya se infrinjan u obedezcan)? ¿O nos centramos en la cuestión mucho menos manejable y mucho más escurridiza de la práctica de la risa en el pasado? ¿O es una combinación inextricable de las dos?[2]

¿Y qué clase de cambios podemos aspirar a rastrear a lo largo del tiempo? Llegados a este punto, hemos de tener en cuenta la obra de otro analista moderno de la cultura de la risa, el crítico ruso Mikhail Bakhtin. Éste, pese a ser en muchos aspectos tan importante e innovador como Sigmund Freud en el estudio de la risa, ha incorporado algunos mitos engañosos al tema de la risa de los antiguos romanos que me temo que debo disipar. No obstante, su obra también plantea preguntas de mayor alcance sobre el modo en que describimos y entendemos los desarrollos a largo plazo en un área como ésta. ¿Qué es exactamente lo que cambia cuando decimos que la risa cambia con el paso de los siglos? Mi idea es que podemos destacar de forma útil el foco histórico que se ha puesto sobre la risa, que podemos enfocar el tema *desde una perspectiva histórica* (¿qué otra cosa si no intenta hacer este libro?), pero no podemos contar una historia lineal de la risa, del mismo modo que no podemos concebir una teoría universal de ella. De hecho, me atrevería a decir que muchas de las llamadas his-

---

[1] El comentario de Herzen (2012 [1858], 68) lo citan entre otros Bakhtin 1968, 59; Halliwell 2008, vii, y Le Goff 1998, 41.
[2] Le Goff 1997, 41, destaca de forma útil esta distinción entre protocolo y práctica.

torias de la risa resultan ser relatos tendenciosos sobre el progreso y refinamiento humanos. Cuando los romanos reflexionaban sobre la risa del pasado (y nosotros mismos no somos muy distintos en ese sentido), lo que querían en parte era demostrar que sus predecesores se habían reído de un modo más basto, o más lujurioso, que ellos: construir una versión de la historia en que la risa funcionaba de indicador de una sofisticación cada vez mayor.

Pero empecemos en diciembre de 1976, con una famosa conferencia que dio el historiador Keith Thomas sobre el papel de la risa en la Inglaterra de los Tudor y los Estuardo. Esta conferencia, aunque sólo se publicó en una revista, era programática, además de muy influyente en los enfoques sobre la historia de la risa, especialmente en el mundo de habla inglesa[3].

La risa del pasado

Thomas planteó la pregunta fundamental: «¿Por qué –preguntó a su público– debería interesar la risa al historiador» en vez de meramente al antropólogo social, al crítico literario o al psicólogo? Porque, insistió, «estudiar la risa de

---

[3] Publicada como Thomas 1977. En francés, la obra de Jacques Le Goff también ha sido programática; véase Le Goff 1989. Thomas dio la charla dentro de las Conferencias Neale de Historia inglesa del University College de Londres el 3 de diciembre de 1976. La empezó planteando la hipótesis de que sir John Neale, en cuyo honor se había instaurado el ciclo, habría pensado que la risa era «un tema de investigación mal definido e incluso impropio de la historia». La idea de que los predecesores de uno o sus colegas de rango superior no tendrían buen concepto del tema se ha convertido en buena medida en un tópico entre los historiadores de la risa. Saint-Denis (1965, 9) se quejó de que a las autoridades de su universidad les resultaba tan desagradable el tema que hasta se negaron a publicar un resumen del curso que dio –«Le rire des Latins»– en su *Revue des Cours et Conférences*; incluso en la década de 1990, Verberckmoes 1999, ix, vino a decir lo mismo.

nuestros antepasados, seguir leyendo hasta que no sólo oigamos a la gente hablar, sino también reír, significa llegar a entender en parte la evolución de la sensibilidad humana».

El programa que Thomas esbozó era tan importante como imposible. Y digo imposible porque, por supuesto, por mucho que leamos, no podemos «oír a la gente reír» (ni hablar, ya puestos) de ningún periodo histórico anterior a finales del siglo XIX, y corremos el riesgo de estar engañándonos a nosotros mismos de un modo peligroso si damos a entender, aunque sea metafóricamente, que sí podemos. No obstante, su proyecto sigue siendo importante por razones asimismo obvias. Casi huelga decir que podríamos escribir una descripción mejor y «más densa» de cualquier sociedad de la historia si entendiésemos los protocolos y práctica de su risa. ¿Quién se reía, de qué y cuándo? ¿Cuándo estaba la risa fuera de lugar? ¿Cuáles eran los temas u ocasiones apropiados para reírse?

Tomemos un par de ejemplos del mundo romano. Al menos un escritor del periodo imperial, al tratar sobre los buenos modales en la cena, aceptó que los calvos o aquellos con narices con formas raras eran blanco legítimo de las risas de los demás, pero negó categóricamente que los ciegos lo fueran, mientras que los que tenían mal aliento o aquellos a los que les goteaba y moqueaba la nariz estaban más o menos a mitad de camino. Tampoco es que esto nos diga necesariamente mucho sobre la risa de la vida real, ni siquiera entre la élite, en el Imperio Romano. Las prohibiciones de esa índole a menudo son una guía peligrosa a lo que era la práctica popular, pues, como sabemos por nuestra propia experiencia, las prohibiciones más estrictas a veces van dirigidas contra las cosas más habituales de la vida cotidiana (y equivalentes modernos como «No decir tacos» o «No tirar basura» no son indicadores fiables de la preponderancia o no de las palabrotas y de la basura en las calles). No obstante, estas normas sobre la risa nos ofrecen un atisbo muy valioso de una versión de determinada jerarquía romana sobre transgresiones y anomalías corporales; dan a entender una forma en que se calibraban el comportamiento y aspecto aceptables –es decir, evaluados dentro de un espectro que iba de lo que era legítimamente risible a lo que no lo era en absoluto[4].

Del mismo modo, la «geografía» imaginada de la risa romana ofrece una intrigante mirada de soslayo a las representaciones antiguas de la diferencia cultural. Del mismo modo que los antropólogos modernos se han imaginado a los histéricos pigmeos, los escritores romanos se imaginaron un mundo en que diferentes pueblos, países o ciudades podían ser caracterizados por sus distintos estilos de risa, por los distintos objetos de su gozo o por los distintos grados en que ellos mismos eran risibles. Por un lado estaban los que en repetidas ocasiones se convertían en blanco de las risas (como los pobres habitantes de la antigua Abdera, en el norte de Grecia, cuya supuesta estupidez –como veremos en el capítulo 8– se prestaba a menudo a ser objeto de chistes); por otro, gente que simplemente se reía demasiado y estaba demasiado interesada, como se decía, en los placeres frívolos de la risa y los chistes.

La población de la ciudad egipcia de Alejandría –en su mayor parte griega por origen étnico– es un buen ejemplo. En un sorprendente discurso a los alejandrinos que dio a finales del siglo I d. C. o principios del II, el orador e inte-

---

[4] Plutarco, *Mor* 633c (= *Quaest. conviv.* 2.1.9). Cicerón, *De or.* 2.246, asimismo sitúa un chiste contra un *luscus* (un hombre ciego de un ojo) en la categoría de lo «difamatorio»; como era de esperar, al emperador Heliogábalo (SHA, *Heliog.* 29.3) le gustaba burlarse de todo tipo de gente con «peculiaridades» corporales, de gordos a calvos y *lusci*. Los protocolos de Plutarco parecen indicar que debería considerarse que las canciones humorísticas de los soldados de César (Suet., *Iul.* 51) no tenían mucha mala intención.

lectual Dion Crisóstomo atacó la que al parecer era su conocida pasión por lo jocoso. «Por favor, sed serios, sólo por un momento, y prestad atención –empieza–. Porque siempre estáis llenos de diversión y frivolidad; de hecho, podría decirse que jamás sois remisos a divertiros, gozar y reír.» A continuación, compara la risa de «ciertos bárbaros» con la de los alejandrinos. Esos bárbaros, afirma, se provocan una risa etílica al inhalar el humo del incienso (otro candidato de la antigüedad a referirse al cannabis); los alejandrinos, en cambio, alcanzan ese estado sin necesitar ayuda química, sino únicamente por medio de sus bromas y chistes frívolos, «a través de los oídos y la voz», como dice Dion. Y los reprende afirmando que «hacéis el payaso aún más que los bárbaros, y os tambaleáis como si le hubieseis estado dando a la botella»[5].

En su disección de la cultura de los germanos, el historiador romano Tácito ofrece una visión más sombría de las diferencias étnicas e indica algunas ausencias significativas de risas entre los bárbaros. Observa que en Germanía, a diferencia de lo que ocurre en Roma, «nemo [...] vitia ridet»; es decir, «nadie se ríe de los vicios», o «nadie [meramente] se toma a broma los vicios». Sin embargo, se trata, por supuesto, de una observación que es un reflejo de la moral y prácticas de los propios romanos. La implicación es que, en su primitivo estado de simpleza, los germanos se toman los vicios en serio, y no como un simple objeto de risas o burla[6].

---

[5] Dion Crisóstomo, *Or.* 3.2.1 (ἐπειδὴ παίζοντες ἀεὶ διατελεῖτε καὶ οὐ προσέχοντες καὶ παιδιᾶς μὲν καὶ ἡδονῆς καὶ γέλωτος, ὡς εἰπεῖν, οὐδέποτε ἀπορεῖτε), 32.56 («como si le hubieseis estado dando a la botella», ἐοίκατε κραιπαλῶσιν).

[6] Tácito, *Germ.* 19. Este pasaje ya apunta algunas de las complejidades a la hora de entender el sentido de la palabra aparentemente sencilla *ridet*, que analizaré en más detalle. «Reírse de», en el sentido de «tomarse a broma», resulta aquí interesante y concuerda con la frase que sigue (*nec corrumpere et corrumpi saeculum vocatur*, «y corromper o ser corrompido no

No pretendo sugerir en absoluto que la élite cultural romana tuviese un patrón fijo de los distintos modos en que funcionaba la risa en el Imperio y más allá de él, ni que sea posible trazar el mapa de las variedades de risas que se daban entre los diferentes pueblos que componían el mundo romano. Aun así, está claro que la risa era una de las coordenadas –sin duda cambiante e inestable– que los romanos usaban para caracterizar las diferencias culturales, así como para definirse (y de vez en cuando criticarse) a sí mismos.

No obstante, estos ejemplos de la forma de entenderla de los romanos podrían hacer que la historia de la risa nos pareciese un tema más sencillo de lo que es en realidad. Pues cuanto más nos alejamos de las normas, protocolos y exhortaciones morales relacionados con la risa, y más nos acercamos a lo que se refería Thomas al hablar de «oír» las risas del pasado, más turbias se vuelven las aguas. Es decir –y como han puesto de manifiesto los dos ejemplos con los que he empezado este libro–, intentar reconocer las situaciones, chistes, emociones o palabras que de verdad provocaron (o podrían haber provocado) risas en el pasado nos lleva al meollo de los dilemas clásicos de todo intento de comprensión histórica. ¿Hasta qué punto nos es familiar o extraño el mundo del pasado? ¿Hasta qué punto nos es comprensible? ¿Hasta qué punto el proceso de los estudios históricos forzosamente domestica (o vuelve más familiar)

---

se achaca a "los tiempos en que vivimos"»). Sin embargo, como muchos críticos recientes han destacado (por ejemplo, Richlin, 1992a), la «burla» en la cultura romana tradicional podía ser un arma poderosa contra las desviaciones. Tengo la impresión de que Tácito está siendo (como tantas veces) más inteligente de lo que parece, y no sólo está poniendo en tela de juicio la corrupción romana de su tiempo, sino algunos de los mecanismos más tradicionales (de ahí la burla) por medio de los cuales Roma había vigilado su moralidad. (No obstante, a continuación veremos la tendencia de los estudios modernos a exagerar las agresivas funciones de vigilancia de la risa romana.)

un material que tal vez nos sea mucho más extraño de lo que dejamos que parezca? Las preguntas relacionadas con la risa plantean estas cuestiones de un modo especialmente agudo, pues, si ya nos es difícil acceder hoy en día a la cultura cotidiana de la risa de nuestros vecinos que apenas están al otro lado de una frontera nacional o cultural, cuánto más no lo será acceder a la de pueblos de los que nos separan siglos.

No hace falta que retrocedamos dos milenios para darnos cuenta de esos problemas. A quien haya hojeado alguna vez esos esmerados informes periodísticos del siglo XIX de reuniones o debates, los cuales dejan a lo largo del texto constancia sistemática de los momentos en que hubo risas –«(risas)», «(risas prolongadas)», «(risas contenidas)»–, a menudo le habrá desconcertado qué era lo que provocaba ese alborozo, o por qué ciertas cosas provocaban una hilaridad más estrepitosa que otras. No se trata simplemente de que desconozcamos las referencias, ya olvidadas, que intervenían en ese momento, ni de que no tengamos acceso a los gestos y efectos visuales que tal vez contribuyesen a dar risa. También nos enfrentamos a una serie de convenciones sociales que nos son muy ajenas, y a veces bastante misteriosas por lo que respecta a lo que provocaba risa y a cuándo hacía falta reírse.

Pero lo que lo vuelve más complicado es que no se trata siempre de algo tan misterioso. Mientras que algunas risas del pasado son desconcertantes, otras parecen relativamente fáciles de entender. Como hemos visto, no cuesta empatizar (de forma correcta o no) con el ataque de risa medio reprimido de Dion en el Coliseo. También los chistes pueden funcionar a veces a lo largo de los siglos. Mark Twain se burló muy bien de la persistencia de chistes muy antiguos en su sátira de 1889 *Un yanqui en la corte del rey Arturo* (que, irónicamente, más de cien años después de su publicación, se ha convertido en un ejemplo del tipo de continuidad a la que se refería). En un momento de su estancia en Camelot, el protagonista de Twain, que ha viajado en el tiempo hasta llegar al reino artúrico, asiste a la actuación del ingenio de la corte, sir Dinadan, y expresa su opinión: «Creo que no he oído en toda mi vida tantos chistes viejos ya sin gracia contados uno detrás de otro [...]. Me resultó muy triste estar ahí sentado, mil trescientos años antes de nacer, y volver a oír los mismos chistes malos, sin gracia y carcomidos, que me habían dado retortijones cuando era joven mil trescientos años después. Eso prácticamente me convenció de que no es posible hacer nuevos chistes. Todo el mundo se reía de esas antiguallas, que es lo que hacen siempre, como me había dado cuenta siglos después»[7]. Al final de este libro reflexionaremos más sobre la capacidad de algunos chistes romanos, escritos hace más de dos mil años, para todavía causar risa (o no). ¿Deberíamos pensar en alguna psicología humana universal de la risa? ¿O hemos conseguido aprender a que esos chistes nos hagan gracia –o hemos heredado, sin duda de forma inconsciente, algunas de las normas y convenciones de la risa de la antigüedad–?

Así pues, el problema no estriba en si la risa de épocas históricas anteriores nos es familiar o ajena (que es ambas cosas), sino en cómo distinguir los elementos familiares de los ajenos y cómo establecer el límite entre los dos. Siempre corremos dos riesgos distintos y opuestos: tanto el de exagerar la extrañeza de la risa del pasado como el de volverla, para nuestra comodidad, demasiado parecida a la nuestra.

En general, los clasicistas han pecado del lado de la familiaridad al querer en la medida de lo posible unirse a las risas de griegos y romanos, y a menudo se han esforzado mucho intentando encontrar y explicar los momentos di-

---

[7] Twain 1889, 28-29.

vertidos de las comedias antiguas y las ocurrencias, chistes y otras clases de intercambios ingeniosos de la literatura romana. A veces han tenido que «enmendar» –o incluso, de hecho, reescribir– los textos antiguos tal y como han llegado hasta nosotros para rescatar los chistes que en su momento contenían. Tales medidas drásticas no son forzosamente tan ilegítimas como pudieran parecer a primera vista. Existe en potencia una gran brecha inevitable entre aquello que cualquier autor antiguo escribió originalmente y la versión de sus obras, copiadas una y otra vez, que ha llegado al lector moderno. Los monjes medievales que transcribieron a mano tantas obras de la literatura clásica podían ser muy inexactos, sobre todo cuando no entendían del todo lo que estaban copiando o no eran conscientes de su importancia. De modo parecido a lo que pasaba con el complicado sistema de números romanos, cuyos detalles eran casi siempre confundidos en el proceso de escribanía, los chistes eran lugar común de errores. Algunos de esos errores eran mayúsculos. Un copista especialmente obtuso, por ejemplo, al transcribir el estudio de la risa del segundo libro de *Sobre el orador*, de Cicerón, sustituyó sistemáticamente la palabra *iocus* («chiste») por *locus* («lugar», en el sentido de «pasaje de un libro»). Eliminó toda la risa de un plumazo, pero su error se ha corregido fácilmente y sin controversias[8].

Sin embargo, a veces se ha precisado de un ingenio más radical. En el sexto libro de su *Manual de oratoria*, Quintiliano (escribiendo en el siglo II d. C.) también se ocupó del papel de la risa en el repertorio del orador. En el texto que tenemos, una amalgama de copias manuscritas y las indicaciones de siglos de editores académicos, muchos de sus ejemplos de lo que podía provocar risa al hacer un discurso parecen, en el mejor de los casos, sin gracia, y, en el

---

[8] Leeman, Pinkster y Rabbie 1989, 259.

peor, incomprensibles o cercanos a lo absurdo, sin similitud apenas con las agudezas que Quintiliano pretendía que fuesen. En un notable estudio, Charles Murgia afirmó haber restaurado en parte una serie de pasajes clave. Gracias a su inteligente reconstrucción del latín original de Quintiliano, varios de los chistes y juegos de palabras parecen haber vuelto a la vida. Pero la pregunta persistente es: ¿de quién es el chiste? ¿Nos ha devuelto Murgia de verdad al mundo de las ocurrencias romanas, o en realidad ha adaptado el latín para producir un chiste moderno que resulte satisfactorio?[9]

Un fragmento de conversación, que Quintiliano cita con aprobación, nos da una buena idea de la complejidad técnica y la profunda incertidumbre que rodean todo el proceso de obtener y reconstruir esos chistes antiguos. Merece la pena que lo examinemos con cierto detalle. El pasaje en cuestión es un intercambio en un juicio entre el acusador y el demandado, llamado Hispo, cuya broma se supone que hemos de admirar. El texto en la edición impresa más reciente de Quintiliano dice así: «Cuando Hispo estaba siendo acusado de delitos muy atroces, dijo a su acusador, "¿Me estás midiendo según tus propios principios?"». O, en latín: «Ut Hispo obicienti atrociora crimina accusatori, "me ex te metiris"?»[10]. Este texto es el resultado de mucho trabajo por parte de los estudiosos modernos para «mejorar» lo que se conserva en los manuscritos. *Atrociora* (muy atroces) ha sustituido al prácticamente ininteligible *arbore* (árbol) de las versiones manuscritas. *Metiris* («estás midiendo», del verbo *metiri*) ha reemplazado a la palabra *mentis* (que parece como si pudiese proceder del verbo *mentiri*, con n, que significa «mentir», pero sería una

---

[9] Murgia 1991, esp. 184-193.
[10] *Inst.* 6.3.100, el texto latino de D. A. Russell en Loeb Classical Library (similar al del texto de Teubner, ed. L. Radermacher).

forma totalmente agramatical). Y *me ex te* (a mí según tus propios principios) se ha añadido para completar el sentido[11]. No obstante, incluso con estas enmiendas el intercambio queda pobre y no parece el tipo de cosa que pudiese provocar mucha risa.

Entonces intervino Murgia, para lo que en parte volvió a la versión manuscrita y en parte fue más allá de ella. Según su interpretación, el acusador llevaba el caso «con un lenguaje estropeado por los barbarismos» (*obicienti barbare crimina accusatori*, sustituyendo *arbore* por *barbare* en vez de por *atrociora*). Hispo se defiende al instante, y con ingenio consigue provocar risas, al responder, tal y como recogen los manuscritos, con un barbarismo mayúsculo. «Mentis», dice, o «Tú *está* mintiendo», como lo traduce Murgia, con lo que intenta reproducir algo de la nota discordante de ese latín gramaticalmente incorrecto (pues *mentis*, tal y como él lo interpreta, es una forma activa intencionadamente incorrecta de un verbo que se tendría que usar en forma pasiva, *mentiris*). Ciertamente así parece más divertido: Hispo replica a un acusador que lo está atacando haciendo uso de un mal latín con barbarismos con otro mal latín con barbarismos y gramaticalmente incorrecto[12].

Pero ¿es eso lo que escribió Quintiliano? Cuesta desestimar por completo la sospecha de que Murgia pudo enmendar inteligentemente la versión habitual del texto de Quintiliano para que nos resultase más divertido. «Mentis», o «Tú *está* mintiendo» ciertamente se ciñe bastante a

---

[11] «Totalmente agramatical» porque *mentiri* es un verbo deponente, que se usa en pasiva, mientras que *mentis* es una forma activa. Tal vez algunos de estos cambios tengan un poco más de lógica de lo que pueda parecer tal y como lo planteo: *mentis*, por ejemplo, podría ser una refundición del manuscrito (lo cual tiene sus precedentes) del *me[n] ex te metiris* del original.

[12] Murgia 1991, 184-187, incluye otras explicaciones más completas de sus cambios.

los manuscritos, estén bien o mal, pero «con un lenguaje estropeado por los barbarismos» tiene poco en lo que sustentarse más allá del hecho de que contribuye a obtener una broma que suena bastante convincente para los oídos modernos[13]. Y tal vez sea demasiado convincente. Tal vez la broma de Hispo fuese de verdad bastante mala para nuestros parámetros, aun en el caso de que provocara la risa de los romanos por razones que ahora ya no podemos recuperar. O tal vez, pese al primer plano que Quintiliano le da, también fuese bastante mala para los parámetros de la mayoría de romanos.

Lo cierto es que una de las categorías a las que los historiadores y teóricos de la risa menos atención han prestado es a la del «chiste malo» (en latín por lo general *frigidus*, un «chiste frío»), aunque, como Twain expresó tan bien, en el mundo cotidiano de las risas y las bromas, los chistes malos están omnipresentes, pueden jugar un papel importante a la hora de definir lo que se considera que es digno de dar risa y pueden contarnos tanto sobre la historia y cultura de la risa como los «buenos».

Recientemente, en su variado estudio de las «palabras divertidas» de las comedias latinas de Plauto (el principal predecesor de Terencio, que escribió a finales del siglo III o principios del II a. C.), Michael Fontaine ha sido incluso

---

[13] Ese *obicientibus arbore* tan imposible necesita cambios. Murgia afirma con razón que es más fácil ver que su versión (*barbare*), en lugar del más habitual *obicienti atrociora*, podría ser una deformación del confuso texto del manuscrito *(arbore)*. Sin embargo, no ha convencido a otros críticos textuales (por ejemplo a Russell, cuyo texto para Loeb de 2001 cita a Murgia, pero no lo sigue). La enmienda de Murgia a la broma principal implica hacer otros cambios a oraciones anteriores. La frase «Umis quoque uti belle datur» introduce la historia en los manuscritos de Quintiliano. *Umis* no tiene el menor sentido. Se suele enmendar por «Contumeliis quoque...» («También los insultos se pueden usar ingeniosamente»: «Supongo que esta enmienda debe de ser correcta», Winterbottom 1970, 112); Murgia propone «Verbis quoque...» («Las palabras / ocurrencias también se pueden usar ingeniosamente»).

más ambicioso que Murgia[14]. Su proyecto consistía en rescatar los juegos de palabras de todas las obras; no sólo los que los laboriosos pero a veces obtusos monjes medievales pasaron por alto, sino también los que, según Fontaine, se perdieron en la propia antigüedad, casi en cuanto las obras recibieron forma escrita[15]. Evoca algunos momentos exuberantes –y ciertamente risibles– de las comedias de Plauto. Por coger uno de los ejemplos más sencillos, en *La soga*, de Plauto, un personaje que ha conseguido llegar a tierra firme tras un naufragio afirma que «se está helando», *algeo*. Fontaine propone que se trata de un juego de palabras con la palabra latina *alga* (alga), como si lo que quisiera decir es que «está cubierto de algas», y luego supone que parte del chiste consiste en que el personaje en cuestión iba vestido con un traje de algas[16].

Vaya usted a saber. Al igual que otras muchas conjeturas del libro, ésta es erudita, ingeniosa e incluso bastante divertida. Pero sigue siendo discutible si Fontaine está revelando (en palabras de un comentarista) chistes que «han estado aletargados durante siglos»[17] o está ofreciendo unas agradables invenciones modernas que rescatan los chistes

---

[14] Fontaine 2010.

[15] En determinado momento, por ejemplo, afirma que Varrón (*Ling*. 9.106), ya en el siglo I a. C., estaba trabajando a partir de un texto defectuoso de Plauto en el que no se había entendido el verdadero significado del chiste (Fontaine 2010, 29); de ser así, plantea interesantes implicaciones en la transmisión de chistes dentro del propio mundo romano. Sin embargo, tal vez no sea así. Aun asumiendo que la interpretación de Fontaine sea la versión correcta de lo que escribió Plauto, el texto de Varrón –como reconoce Fontaine– pudo ser «arreglado» por un editor posterior para ajustarlo a lo que para entonces ya era su interpretación habitual.

[16] *Rud*. 527-528; Fontaine 2010, 121-123. A continuación, propone un juego de palabras en otra parte de la obra con la palabra *algor* (frío), como si fuese una forma verbal que significa «recoger algas». Sharrock 2011 trata de esa propuesta concreta y del enfoque en conjunto de Fontaine.

[17] Es la elocuente frase de C. W. Marshall en la sobrecubierta de Fontaine 2010.

para nosotros. De hecho, este tipo de enfoque debiera animarnos a pensar más seriamente en los criterios de que disponemos para poder discernir con exactitud qué frases de una comedia antigua era probable que dieran risa en la Antigua Roma. Cuántas risas habríamos oído en el teatro cómico romano, y en qué momentos determinados del texto, es una cuestión más peliaguda de lo que parece.

La risa visual

Un ejemplo aún más descarnado de los dilemas modernos a la hora de recuperar la risa de los romanos se encuentra en las imágenes visuales de la antigüedad. El primer problema radica en decidir si las pinturas o esculturas antiguas intentan representar risas o sonrisas (o, para ser más precisos, cuesta decidir lo que verdaderamente se puede considerar una representación visual antigua de risas o sonrisas). Hay muy poco que sea tan directo como el *hahahae* de Terencio, que se reconoce al instante[18].

---

[18] Al razonar de este modo, no es que desconozca la corriente de investigación, que se remonta a Darwin 1872, que afirma que hay expresiones faciales de emoción que son fisiológicas y naturales, una corriente de la que se han aprovechado en los últimos años algunos historiadores del arte. David Freedberg, por ejemplo, se basa en la investigación de Paul Ekman y otros para sostener que hay expresiones claramente identificables en las obras de arte (véase Freedberg 2007), si bien, como él mismo reconoce, sigue habiendo problemas y controversias, y ciertamente no basta con afirmar, como hace él (33-34), que «al comparar las terribles imágenes que mostró Al-Jazeera de Margaret Hassan justo antes de ser ejecutada en 2004 y otras fotografías anteriores en las que está sonriendo, no nos queda ninguna duda de que cabe la posibilidad de identificar las constantes de la expresión emocional. El miedo y la alegría se identifican como tales de forma tan instantánea como indiscutible». En ese sentido, sólo quiero destacar que, aun en el caso de que aceptásemos que existe una relación «natural» entre expresión y emoción, una representación artística es una cuestión bien distinta, a la vez que, en cualquier caso, la risa no es de por sí una emoción o ni siquiera necesariamente un resul-

Para nosotros, las risas que podemos considerar evidentes parecen ser pocas y poco frecuentes en el repertorio de
arte grecorromano que ha llegado hasta nuestros días, aunque no está tan claro por qué es así. Centrándonos sólo en
la escultura, en una encuesta reciente entre estudiosos de
ese campo éstos dieron respuestas bastante decepcionantes
a la pregunta de por qué hay tan pocas risas reflejadas en
las obras en mármol o bronce de la antigüedad clásica: «La
principal razón es de género. La escultura griega es en general de carácter religioso», se aventuró a contestar uno;
«Porque la risa deforma el cuerpo» o «Tiene que ver con
el tema del decoro», propusieron otros; «Por limitaciones
técnicas del escultor», contestó otro bastante a la desesperada[19]. Como es bien conocido, la expresión facial de muchas estatuas griegas de la época temprana (sobre todo de
las llamadas *kouroi* y *korai*, que van del siglo VII a principios
del V a. C.) se acostumbra a denominar la «sonrisa arcai-
ca», pero lejos estamos de saber con seguridad si representaban una sonrisa en nuestro sentido del término en lugar
de, por poner sólo un par de sugerencias modernas, una
sensación de animación o de satisfacción aristocrática[20]. Y
no son menos ambivalentes esas Gorgonas que parecen
reír (¿o son muecas?), las máscaras cómicas (¿no pretenden ser más grotescas que una muestra de risa?) y los sá-
tiros (que quizá luzcan un rictus animal incontrolable en
vez de una sonrisa)[21].

tado de la emoción (o, como dice Parvulescu 2010, esp. 6-9, «una
pasión»).

[19] Citas de Stewart 2008; Goldhill 2008; Cohen 2008, y R. D. Griffith 2008.

[20] Por ejemplo, M. Robertson 1975, vol. I, 101-102, y Trumble 2004, 14-
15, lo consideran una forma de animación; Giuliani 1986, 105-106, combina la animación y la belleza (al principio de un análisis más complejo
que incluye la «mueca» de la Gorgona, 105-112); Yalouris 1986 propone
la idea de la satisfacción aristocrática.

[21] La mejor visión de conjunto de estos debates es Halliwell 2008, 530-
532, que también se ocupa de las descripciones artísticas de la antigüedad

De hecho, estas dudas no se limitan al arte del mundo clásico. Por sorprendente que ahora nos pueda resultar, fue sólo a finales del siglo xix cuando una de las pinturas más famosas de alguien que ríe –*El caballero sonriente* de Franz Hals, del siglo xvii (véase ilustración 1)– recibió ese título, o incluso se habló de ella como una imagen de dicha. Es difícil determinar qué es lo que dio pie a esa nueva descripción, o por qué ésta caló con tanta fuerza. En cualquier caso, es en buena medida gracias a ese título ahora tan familiar por lo que consideramos que ese cuadro es incuestionablemente una representación visual de una risa en vez de la de un hombre con «una media sonrisa desdeñosa y aire provocador», o, ya puestos, un hombre de expresión incierta que tiene el bigote hacia arriba[22].

Pero si la identificación de risas en el arte es difícil, aún lo es más identificar las imágenes que podrían haber provocado la risa del romano que las contemplara. En su importante libro *Looking at Laughter (Mirando la risa)*, John Clarke intentó hacer precisamente eso. Reunió una extraordinaria variedad de arte romano, de personajes grotescos a caricaturas, de parodias a los equivalentes antiguos

---

(entre ellas algunas del periodo romano) que hacen referencia a risas y sonrisas (en especial varias de las écfrasis de pintura de Filóstrato [el viejo y el joven]: por ejemplo, Filóstrato mai., *Imag.* 1.19.6, 2.2.2, 2.2.5; Filóstrato min., *Imag.* 2.2, 2.3). Las implicaciones teóricas de la expresión de la Gorgona son fundamentales en Cixous 1976.

[22] Trumble 2004, l-liii; cita de Colección Wallace 1928, 128. Schneider 2004 estudia las imágenes medievales de la risa, que incluyen la famosa escultura del Juicio Final de la catedral de Bamberg en la que Jesús se encuentra entre los bienaventurados y los condenados. Su análisis deja clara la fina línea divisoria que hay entre las sonrisas extasiadas de los bienaventurados y las muecas de los condenados. La *Mona Lisa* nos presenta otro enigma del que se ocuparon Freud, John Ruskin, Bernard Berenson y muchos otros; resumido por Trumble 2004, 22-29. Lo mismo ocurre, como indica Le Goff (1977, 48-49), con imágenes de la historia de Isaac. Aunque la risa es fundamental en esa historia (y el nombre *Isaac* significa «risa»), «si nos fijamos en las imágenes [...] no hallamos intentos de representar la risa».

de las tiras cómicas, y quiso usarla para abrir el mundo de la risa romana, popular, lujuriosa, estentórea y a veces grosera. Es un estudio muy interesante que, lo que es más, nos presenta algunas imágenes romanas intrigantes y en su mayor parte olvidadas. Pero, al mismo tiempo, nos hace enfrentarnos a otra versión del problema sobre el que acabo de estar reflexionando. ¿Cómo sabemos que los romanos, o algunos de ellos, se reían de esas imágenes? Dicho de otro modo, ¿quién se ríe aquí? ¿Los romanos o nosotros? ¿O somos nosotros intentando imaginarnos a los romanos, o incluso haciéndonos pasar por ellos?[23]

Cojamos uno de los ejemplos principales de Clarke: no se trata en este caso de una imagen olvidada, sino del famoso mosaico que se encuentra en el suelo del vestíbulo de la llamada «Casa del Poeta Trágico», el cual muestra a un perro feroz saludando al visitante con las palabras *CAVE CANEM* («Cuidado con el perro») debajo (véase ilustración 2). Es uno de un grupo de tres mosaicos que se encuentran en las entradas de Pompeya y que al parecer representan al perro guardián doméstico de la casa para que el visitante pase por encima (y que ahora decoran miles de recuerdos turísticos modernos, que van de postales a imanes de nevera). Para Clarke, todos habrían provocado la risa de los antiguos por el juego con la ilusión y la realidad, pero es el ejemplo de la Casa del Poeta Trágico el que habría suscitado más risitas que los otros por el texto que lleva asociado. Ese *CAVE CANEM* servía para llamar la atención hacia el hecho de que el perro en cuestión no era más que una ilusión, para «desenmascarar el humor del artificio» y de ese modo provocar la risa[24].

---

[23] J. R. Clarke 2007.
[24] J. R. Clarke 2007, 53-57. Resulta tentador vincular esto (como hace Clarke) con la risa que destaca Petronio, *Sat.* 29, aunque las coordenadas sean bastante distintas. En el texto un hombre se cae al suelo del susto al ver una pintura muy real de un perro en la entrada de la casa de Trimal-

Comparto la idea de Clarke de la importancia de la ilusión y la imitación a la hora de provocar la risa de los romanos. Menos convincente es su intento de explicar la función social de las risas que tal vez surgieran en las entradas de esas casas, en el que Clarke llega con demasiada facilidad a ese término del que tanto se abusa que es «apotropaico». Las entradas, propone, eran peligrosos espacios liminares para los romanos; unas carcajadas en el vestíbulo eran una buena defensa contra el mal de ojo[25]. Pero, apotropaico o no, nada de eso convenció mucho a otro historiador del arte, Roger Ling. En su reseña del libro de Clarke, que por lo demás era muy favorable, Ling insistió en que el mosaico no pretendía ser gracioso en absoluto, sino que iba muy en serio. Su intención era alertar a los visitantes, por medio tanto de las palabras como de la imagen, del «animal que aguardaba a los intrusos inoportunos». Es decir, «¡no era ninguna broma!»[26].

No hay ninguna forma segura de decidir entre estas alternativas: entre lo que podría ser por parte de Clarke (o yo misma) un exceso de entusiasmo a la hora de sacar a la luz posibles risas donde tal vez nunca las haya habido y el sentido común práctico, que casi roza la falta de imaginación, por parte de Ling. No obstante, esta oposición nos recuerda otro aspecto de la complejidad discursiva de la

ción y sus amigos se ríen de él (no del perro); el pasaje es analizado detenidamente en Plaza 2000, 94-103. Como otro ejemplo de juego divertido, Clarke ofrece (52) la historia de la competición de ilusionismo entre los pintores Zeuxis y Parrasio (Plinio, *HN* 35.65-66); aunque no se menciona la risa explícitamente, guarda relación con otra historia sobre Zeuxis que veremos a continuación.

[25] La idea de que la risa sea apotropaica es un tema central del libro de Clarke (esp. 63-81). Desde mi punto de vista (véase, por ejemplo, Beard 2007, 248), este término explica mucho menos de lo que a muchos estudiosos les gusta pensar, y provoca más problemas de los que soluciona. ¿De verdad nos creemos que la entrada a la preciosa Casa del poeta trágico era un lugar liminar en el que acechaba el mal de ojo?

[26] Ling 2009, 510.

risa que es tan desconcertante como intrigante. Pese a lo que puedan decir todas esas grandiosas teorías de la risa, no hay nada que, intrínsecamente, haga que los humanos empiecen a reírse; no hay nada que de forma sistemática e indefectible garantice que la reacción va a ser la risa, ni siquiera dentro de las normas y convenciones de una cultura concreta. La incongruencia, como afirma una de las teorías, puede a menudo provocar risas, pero no todos los ejemplos de incongruencia lo hacen, ni tampoco a todo el mundo. Un chiste que hace reír a carcajadas en una boda no lo hará con casi toda seguridad en un funeral, o, como observó Plutarco, lo que te hace reír cuando estás en compañía de amigos no lo hará cuando estés con tu padre o con tu mujer.

Por encima de cualquier determinante psicológico o evolutivo, lo que hace que las palabras, los gestos o los hechos parezcan risibles es que, por la razón que sea, la cultura en cuestión los ha definido como tales (o al menos como tales en potencia), ha animado a sus miembros a reírse de ellos en ciertos contextos y, a través de procesos que sospecho que ya son del todo irrecuperables, ha hecho que la risa parezca «natural». Así pues, el que *CAVE CANEM* hiciese reír a los romanos que iban de visita a la Casa del Poeta Trágico depende del grado en que hubiesen aprendido a ver, en palabras de Clarke, el desenmascaramiento del artificio visual como algo risible, o el grado en que vieran la imagen, como quiere Ling, como un cartel informativo de que había de verdad un perro peligroso, o en qué grado ambas interpretaciones eran posibles, según las distintas circunstancias, estados de ánimo o personas que lo veían.

Es por estas razones, pese a todos los posibles peligros de estudiar la «risa escrita», por lo que este libro se concentra en esos casos, más numerosos de lo que se imaginan, en que la literatura romana explicita la risa –en que se indica, estudia o debate– en lugar de centrarse en imágenes o textos con los que se pueda (o no) haber tenido la intención de hacer reír. Por lo tanto, en las páginas siguientes hay menos sobre la risa que podrían haber provocado pinturas o esculturas o las que se podrían haber oído en el teatro cómico, y mucho más sobre las historias que contaban los romanos acerca de ejemplos concretos de risas de todo tipo, y sobre los estudios que llevaron a cabo de sus funciones, efectos y consecuencias.

Entra Bakhtin

Al elaborar su manifiesto en favor de una historia de la risa, Keith Thomas tenía mucho más en mente que la cuestión de cómo localizar el chiste en cualquier periodo concreto del pasado. Lo que le interesaba era seguir el rastro a los cambios históricos de los principios y práctica de la risa, así como pensar en la mejor forma de poder explicarlos. Tal y como lo expresó, al abordar el tema tenía como objetivo «llegar a comprender en parte las sensibilidades humanas *cambiantes*»[27].

Así pues, en su estudio de la risa en los periodos Tudor y Estuardo, indicó que se había dado un cambio general en ese tiempo, de las formas de risa sinceras, populares, bastas y a menudo escatológicas (lo que incluye todas las formas carnavalescas de inversión: «el "humor festivo" que acompañaba a esas ocasiones de parodias y desorden autorizados que eran una característica anual de la mayoría

---

[27] Thomas 1977, 77 (el énfasis es mío). Asimismo, Le Goff 1997, 40 («Las actitudes hacia la risa, las formas en que se practicaba, sus objetivos y sus formas no son constantes, sino cambiantes [...]. Como fenómeno cultural y social, la risa debe tener su historia»); Gatrell 2006, 5 («El estudio de la risa nos puede llevar al meollo de las actitudes, sensibilidades y preocupaciones cambiantes de una generación»).

de instituciones del periodo Tudor»–) a un ambiente mucho más controlado y «vigilado». Los «ritos de desgobierno» fueron eliminados gradualmente, observa Thomas, y se redujeron los temas que se consideraba que era apropiado ridiculizar: hubo muchas menos bromas sobre deformidades corporales, una aversión cada vez mayor a la escatología más burda y una marcada atemperación de las procacidades a expensas de los clérigos y la jerarquía social. Con el modelo de Thomas no estamos lejos del mundo de decoro, opuesto a la risa, que de forma célebre resumió lord Chesterfield en los consejos que dio a su hijo a mediados del siglo XVIII, y que tan citados han sido en la historia de la risa (así como sus carencias): «La risa frecuente y estruendosa es propia de la insensatez y de los malos modales [...]. Para mí no hay nada más intransigente y maleducado que una risa audible»[28].

¿Qué es lo que provocó ese cambio? Thomas propuso una variedad de factores. Constató, por ejemplo, que en ese periodo se puso mayor énfasis general en el control corporal como indicador de una jerarquía social, en el que la risa, y los trastornos corporales que lleva parejos, sólo era uno de los aspectos[29]. Resaltó la importancia cultural cada vez mayor de la clase media, para la que los antiguos rituales inversores de la risa (dando por sentada, como hacían, una división binaria de la sociedad inglesa en alta y baja) ya no parecían tan significativos ni relevantes: «Lores y sirvientes podían intercambiar sus puestos, pero para las clases medias, que no tenían ningún polo opuesto, la inversión de

---

[28] Chesterfield 1774, vol. 1, 328 (carta del 9 de marzo de 1748); reproducido en D. Roberts 1992, 72.

[29] Hace referencia en concreto a la versión francesa de Elias 1978, cuyo texto original en alemán, *Über den Prozess der Zivilisation* (1939), aún no se había traducido al inglés. No es ninguna coincidencia que uno de los ensayos que Elias dejó sin terminar y sin publicar en el momento de su muerte fuese sobre la risa; se habla de él en Parvulescu 2010, 24-26.

papeles era imposible». También reflexionó sobre la situación cada vez más «precaria» de algunas instituciones que habían sido fundamentales en los siglos XVI y XVII, lo cual contribuyó a desalentar la risa en vez de animar a ella. «Cuando hubo desaparecido la seguridad que sustentaba a la religión medieval, se tuvo que mantener a la risa alejada de las iglesias. Cuando la jerarquía social se puso en entredicho, la risa de los carnavales y las inversiones festivas parecieron una amenaza más que un apoyo. Cuando la aristocracia fue destronada temporalmente, durante la Commonwealth, pareció imperativo levantar un muro de decoro que salvaguardara su posición de ahí en adelante.»[30]

Resulta un tanto sorprendente que Thomas no mencionase a Mikhail Bakhtin, teórico ruso que escribió *La cultura popular en la Edad Media y el Renacimiento: El contexto de François Rabelais*, un estudio muy influyente del controvertido clásico de Rabelais de mediados del siglo XVI, su novela satírica en varios volúmenes *Gargantúa y Pantagruel*[31]. Pues la caracterización de Thomas de las festividades de desgobierno y de otras formas de celebraciones carnavalescas inversoras tiene mucho en común con la explicación que hace Bakhtin de la risa en *El contexto de François Rabelais*, que ha inspirado, o sustentado, muchos intentos recientes de estudiar los desarrollos históricos de (por traducir a Bakhtin literalmente) la «cultura de la risa» europea. De hecho, tras Aristóteles y las tres teorías, Bakhtin representa la sombra más reciente que pende con mayor fuerza sobre los análisis modernos de la risa y su historia. Sin embargo, a diferencia de los teóricos de los que hemos tratado en el capítulo 2, a él no le interesaban las causas de la risa, sino los patrones universales del modo en que opera la risa (entre lo alto y lo bajo) y, en particular, su funcionamien-

---

[30] Todas las citas son de Thomas 1977.
[31] Bakhtin 1968.

to social y político en la cultura medieval y renacentista, así como el relato (al igual que Thomas) de la evolución de ese funcionamiento.

El libro se desarrolló a partir de la tesis doctoral de Bakhtin. Escrita en los años treinta y defendida entre ciertas controversias a finales de los años cuarenta (varios de los miembros del tribunal no querían aprobársela[32]), se publicó por primera vez en ruso en 1965 y en inglés en 1968. Aunque Bakhtin era constantemente marginado por las autoridades soviéticas (o quizá fuera por eso), *Rabelais* se convirtió rápidamente en una obra muy influyente entre los historiadores y críticos de Occidente[33]. Lo cierto es que se trata de un libro complicado y en ciertas partes lleno de referencias, epigramático y podría decirse que contradictorio –a menos que sea la traducción al inglés, que es la que más conocen los lectores occidentales, la que pueda inducir a error–[34]. También es muy variado y aporta contribuciones teóricas a diversos campos muy distintos entre sí. No obstante, los historiadores han extraído de él una idea convincente sobre el desarrollo de los usos de la risa en Occidente que constituye la base fundamental del estudio de Bakhtin de la extravagante sátira de Rabelais y de su recepción posterior. De forma muy general, se desarrolla de acuerdo con las siguientes líneas.

Bakhtin identificó una clara distinción en la Alta Edad Media entre la cultura popular del carnaval –con su énfa-

---

[32] Pankov 2001.

[33] Le Goff 1997, 51, destaca con razón que Bakhtin sólo era uno de los más famosos de un grupo de eruditos soviéticos que estudiaban la risa a mediados del siglo xx; véase también (en traducción al alemán) Lichacev y Pancenko 1991.

[34] Incluso algunos de los admiradores más fervientes de Bakhtin lo reconocen. Véase, por ejemplo, Stallybrass y White 1986, 10: «Cuesta desenmarañar el idealismo generoso pero obstinado de lo que es una descripción precisa en pasajes como éste. Bakhtin oscila constantemente entre categorías prescriptivas y descriptivas en su obra».

sis en la fuerza de la risa desenfrenada, aglutinadora y vivificadora, a menudo transmitida a través del «estrato corporal más bajo» (o «culos, pedos y otras transgresiones», como lo glosó Vic Gatrell)[35]– y la cultura decididamente opuesta a la risa del Estado y la Iglesia. Estas dos esferas se vieron unidas por Rabelais y otros escritores del siglo XVI cuando, durante un breve periodo de tiempo, la alta cultura literaria abrazó el humor vernáculo y popular: «La risa en su forma más radical, universal y, a la vez, alegre surgió de las profundidades de la cultura popular» para ocupar su lugar en la «esfera de la gran literatura y la alta ideología». Sin embargo, a partir del siglo XVII la «risa festiva del pueblo» quedó aminorada. En parte por la influencia de las primeras monarquías absolutistas modernas, la auténtica cultura del carnaval se desintegró y fue sustituida por la mera farsa, la «frivolidad erótica» y una versión burguesa, atenuada e irónica, de las anteriores festividades lujuriosas. Se convirtió, en otras palabras, en entretenimiento ligero, y no en liberación[36].

Estas ideas han inspirado y ejercido una fuerte influencia en muchos críticos e historiadores de primer orden. «Los conceptos de Bakhtin de "carnavalización" [...] "realismo grotesco" y otros se emplean con tanta frecuencia que cuesta recordar cómo nos las arreglábamos sin ellos.»[37] Sin embargo, al mismo tiempo –en su totalidad o en parte– plantean una serie de problemas bien conocidos y muy debatidos. Su caracterización de la risa sincera, desenfada-

---

[35] Gatrell 2006, 178 (título del capítulo).
[36] Esta cronología está esbozada en el primer capítulo de Bakhtin 1968, 59-144; citas en 72, 107, 119.
[37] Burke 1988, 85 (al reseñar cuatro libros que dependen considerablemente del análisis de Bakhtin, entre ellos Stallybrass y White 1986, además de analizar brevemente la recepción de Bakhtin en Occidente). Para la entusiasta adopción del enfoque de Bakhtin por parte de algunos críticos de la literatura y el arte clásicos, véanse, por ejemplo, Moellendorff 1995, Branham 2002 y J. R. Clarke 2007, 7-9.

da y aglutinadora del carnaval ha atraído sin duda la nostalgia y los sueños de muchos estudiosos sedentarios que no tienen nada de desenfadados, pero en su forma más sencilla apenas resiste el examen histórico. De hecho, por mucho que fueran burócratas del Estado comunista, varios de los miembros del tribunal de la tesis de Bakhtin hicieron bien en tener sus dudas sobre esa idea radical del carácter popular de la risa medieval («Me temo que, cuando evaluamos la naturaleza popular o no popular de un movimiento sólo desde la perspectiva de la risa, estamos reduciendo cualquier noción sobre el carácter popular», dijo uno de ellos con bastante razón)[38].

Muchos críticos posteriores también han mostrado sus fuertes reservas acerca de la idea de Bakhtin de que la risa carnavalesca era una fuerza totalmente positiva y liberadora, ya que, por supuesto, el carnaval también podía ser un lugar de conflicto, miedo, competición y violencia. O, de forma alternativa, la transgresión temporal y permitida del carnaval podía entenderse como una defensa de la jerarquía social y política ortodoxa en vez de un reto a ella (el precio que pagaba el pueblo por tener unos cuantos días de risa en los que se permitía la inversión de roles era saber cuál era su lugar los restantes trescientos sesenta y tantos días del año)[39]. También está la cuestión de si la cultura de la Iglesia

---

[38] Pankov 2001, 47.

[39] Las críticas (o desarrollos críticos) de algunos aspectos del tratamiento que hace Bakhtin del carnaval se elevan a miles. Encuentro especialmente útiles Davis 1975, 97-123, y Stallybrass y White 1986, esp. 6-19 (sobre los aspectos a la vez radicales y conservadores del carnaval), con Chartier 1987 (sobre el discurso nostálgico en la cultura del carnaval); Le Roy Ladurie 1997 (sobre la violencia en el carnaval); M. A. Bernstein 1992, 34-58 (sobre su potencial salvajismo, con importantes reflexiones sobre modelos anteriores y nietzscheanos de carnaval y su ambivalencia); J. C. Scott 1990, 72, 172-182 (donde destaca la *aparente* aquiescencia del pueblo ante la reescritura del carnaval por parte de la élite); Greenblatt 2007, 77-104 (sobre la relación entre el texto de Rabelais y la risa «real»), y Silk, Gildenhard y Barrow 2014, 121-124 (desde un punto de partida clásico).

y el Estado era tan contraria a la risa como afirma Bakhtin (los cortesanos y clérigos también reían), o si la risa asociada al estrato corporal más bajo se limitaba en general al pueblo llano. Por muchas que sean sus expresiones de desaprobación, la élite también ha comprobado a menudo (y sigue haciéndolo) que los pedos y los falos dan risa. En el siglo XVIII, por ejemplo, como destaca Gatrell, los picantes grabados cómicos eran con frecuencia «absolutamente "bajos" de acuerdo con los principios corteses», pero de todos modos iban dirigidos a un público elitista («Las muestras de malos modales en lugares distinguidos irán multiplicándose conforme avance este libro», observa con acritud)[40].

Hay, no obstante, otros dos problemas en el enfoque de Bakhtin que guardan especial relación con mi proyecto.

La diversión en las Saturnales

El primer problema es específicamente clásico: a saber, la reconstrucción que hace Bakhtin del festival romano de las Saturnales como antiguo antecesor del carnaval, y por lo tanto un componente principal de la «fraternidad de la risa» de la Antigua Roma. Esta idea bastante endeble es, para los clasicistas, uno de los legados más engañosos de Bakhtin que se merece mayor cuestionamiento del que suele recibir. Y ahora tengo que explicar por qué la diversión, los juegos y las risas de las Saturnales no ocupan un primer plano en este libro.

La festividad religiosa romana en honor del dios Saturno tenía lugar a lo largo de varios días de diciembre[41]. Incluía

---

[40] Gatrell 2006, 161.
[41] Para una breve introducción a la festividad y un repaso de las muestras literarias, véanse D'Agostino 1969, Scullard 1981 y Graf 1992, 14-21 (para la etiología y los rituales).

celebraciones tanto públicas como privadas y es uno de los rituales romanos menos entendidos, pero de los que se habla con mayor seguridad, en parte por la poco exigente suposición de que representa el origen romano de «nuestras» Navidades (fiestas y regalos en pleno invierno), y en parte porque se ha presentado como un ritual popular que permitía la inversión de roles y que es el precursor, al menos conceptualmente, de toda la tradición occidental carnavalesca (un mundo temporalmente patas arriba, lleno de risas populares y de estratos corporales bajos). Este modelo de la festividad no es del todo creación de Bakhtin. Podemos encontrar enfoques superficiales similares en *La rama dorada*, de James Frazer, así como en Nietzsche[42], y, de todos modos, puede que muchos especialistas modernos en rituales antiguos nunca hayan leído *El contexto de Rabelais*. Pero el efecto de goteo ha sido fuerte, y la continua popularidad de este enfoque debe de ser en buena medida consecuencia del poderoso impacto (directo o indirecto) de Bakhtin, que escribió que «la esencia del carnaval [...] se manifestaba y experimentaba con toda claridad en las Saturnales romanas», así como del carácter de inversión de «la coronación y destitución de un payaso» y la «tradición de libertad de risa» que se daban durante el festival, del que todavía se podían detectar «ecos lejanos» en posteriores ceremonias carnavalescas[43].

---

[42] Fraser 1913, 306-411, y Nietzsche 1986 [1878], 213, y 2002 [1886], 114. M. A. Bernstein 1992, 34-35, destaca el pesimismo que subyace a la explicación de Nietzsche. Como era de esperar, a Fraser le interesaba más establecer la conexión entre el «rey de las Saturnales» y su variopinto equipo de reyes muertos, divinos y sacerdotales. Él creía que esa conexión quedaba confirmada por el desconcertante *Actas de San Dasio*, que afirma (en lo que probablemente sea una fantasía cristiana) que el rey de las Saturnales que se celebraron en una guarnición militar del Danubio, C. 300 d. C., fue asesinado al final de su «reinado» de treinta días. Véanse Cumont 1897, Musurillo 1972, 272-275, y Versnel 1993, 210-227.

[43] Bakhtin 1968, citas en 7, 138, 70, 14. La afirmación más contundente de Bakhtin de que hubo literalmente una continuidad ininterrumpida

Lo cierto es que los clasicistas a menudo presentan el propio festival, junto con una variedad de «literatura saturnal» que le va unida, en términos carnavalescos aún más contundentes. Se suele decir, por ejemplo, que toda una serie de reversiones de los papeles jerárquicos caracterizaban a las Saturnales: que los amos servían a sus esclavos en la cena; que cualquiera, de esclavo a payaso, podía ser elegido a suertes para ser el maestro de ceremonias, o «rey», del festival; que el atuendo festivo de la población libre era el *pilleus*, el tocado que distinguía a los que habían sido esclavos, e incluso que los esclavos se hacían con el mando de sus casas durante el tiempo que se prolongaban las festividades. Lo que es más, se supone que se daban la clase de «desaforados atracones de comida y aún mayores borracheras» que asociamos con el carnaval, así como el permiso generalizado para entregarse a los juegos de azar (lo cual estaba estrictamente controlado el resto del año), ir de juerga, decir lo que uno pensara (sin importar cuál fuese la condición social de uno) y también reírse[44]. Dentro de ese contexto se han situado todo tipo de manifestaciones literarias bien conocidas de ese desmadrado espíritu saturnal: del discurso sin cortapisas de la sátira de Séneca con motivo de la deificación del emperador Claudio, el *Apocolocyntosis* (que a menudo se cree que fue escrita para las Saturnales del año 54 d. C.)[45], a la

---

entre las Saturnales y los carnavales medievales (8) se ha tomado por lo general con mayor recelo (Nauta 2002, 180).

[44] Versnel 1993, 136-227, se hace eco de muchas de estas afirmaciones (desde una perspectiva parcialmente bakhtiniana); «desaforados atracones...» es una frase suya (147), que tiene su reflejo en Minois 2000 («les orgies des saturnales», 65). Véanse también Bettini 1991, 99-115, Champlin 2003, 150-151 (en las Saturnales «dentro de la república en miniatura del hogar, los esclavos podían actuar de magistrados y jueces», 150), y Dolansky 2011, 495: «Se revertían las normas de conducta y los amos servían a sus esclavos, los cuales tenían derecho a beber en exceso y a reprender a aquellos».

[45] No hay pruebas firmes que permitan datar con precisión el *Apocolocyntosis*. Nauta (1987, 78-84) expone los argumentos e inferencias (tal y

inteligente caracterización por parte de Horacio de su esclavo Davo (a quien da la oportunidad de poner en evidencia los vicios de su amo en un poema que explícitamente sitúa en las Saturnales)[46], por no hablar de todo el mundo de la comedia romana, en la que las victorias (temporales) del esclavo listo sobre el amo tonto, y la risa que provocan, pueden parecer reminiscentes del mundo (temporal) de inversiones del carnaval saturnal[47].

El problema es que hay muchas menos pruebas antiguas de ese protocarnaval de lo que por lo general se cree. Cierto es que los romanos escribieron sobre las Saturnales en términos lúdicos: sin duda tenemos pruebas de su sentido de ser un juego, de su alarde de libertad (que se su-

---

como son) que podrían indicar una fecha saturnal concreta como excusa para la lectura del texto (centrándose en la risa y la inversión de normas). Branham 2005 analiza en profundidad el énfasis de Bakhtin en la «sátira menipea», que es el género del *Apocolocyntosis*.

[46] Gowers 2005, 60, sitúa tanto la *Sat.* 2.3 (Damasipo) como la *Sat.* 2.7 (Davo) en el marco de las Saturnales («El desmadrado festival de las Saturnales [...] permite a dos oradores [...] libertad de habla [...] para quitar la máscara de petulancia que Horacio se confecciona en el Libro I»). Sharland 2010, 261-316, es una interpretación especialmente radical de las Saturnales dentro de la línea de Bakhtin, así como una radical interpretación saturnal de *Sat.* 2.7. Véase, por ejemplo, 266: «Fiel a las costumbres del carnaval, y a las de su predecesor, las Saturnales, un personaje humilde (en ese caso Davo) es elevado a la posición de "rey" y se le permite "reinar" temporalmente»; 268: «Por medio de sus inversiones de papeles, el carnaval (y las Saturnales) yuxtaponían de modo característico opuestos, unían a incompatibles y formaban extrañas parejas».

[47] El estudio clásico de la comedia como género saturnal de inversión es Segal 1968 (por ejemplo, 8-9, 32-33), aunque su inspiración esté más en Frazer (8) que en Bakhtin; reitera su posición en Segal 2001, 149. Para otras interpretaciones carnavalescas, véanse, por ejemplo, Bettini 1981, 9-24, y Gowers 1993, 69-74 (una relación más sutil entre los banquetes de las comedias de Plauto, el consumo excesivo carnavalesco y las Saturnales). Otros estudiosos de la comedia romana tienen sus reservas sobre la interpretación carnavalesca o bakhtiniana, o sobre algunos aspectos de ella: por ejemplo, Manuwald 2011, 149, y McCarthy 2000, 17-18, esp. n. 26 (que emplea la teoría de Bakhtin pero cuestiona su «optimismo» social).

pone que el Davo de Horacio aprovecha para señalar los defectos de su amo) y de su suspensión de las normas sociales habituales (fuera las togas y dentro los tableros de juego)[48]. Sin embargo, algunos de los rasgos más distintivos del carnaval de Bakhtin –los bastos excesos con la bebida y la comida, el énfasis en la inversión y en los estratos corporales bajos, e incluso la risa– son mucho más difíciles de documentar. Las referencias que tenemos a un mayor consumo de vino o de manjares especiales no se restringen a las Saturnales, ni son tratadas por los escritores romanos como algo especialmente basto[49]. Y más allá de la fantasía del pobre emperador Claudio defecán-

---

[48] Parte del espíritu de las Saturnales queda reflejado en la ilustración que acompaña al mes de diciembre en el Calendario de Filócalo, del siglo IV d. C., la cual muestra a un hombre, que lleva túnica y capa, de pie junto a una mesa de juego con algo de caza (de la comestible) colgando detrás de él. Stern 1953, 283-286, con *planches* 13 y 19.2.

[49] Había festines y bebida, sí, pero no hay pruebas de bastas comilonas y borracheras al estilo del carnaval. Como no es de extrañar, resulta difícil hacerse una idea clara, a partir del escaso material del que disponemos, de los niveles de consumo de comida y bebida: Séneca, *Ep.* 18 (una carta propia de un viejo cascarrabias sobre hasta qué punto la élite filosófica debería participar en las Saturnales), habla vagamente de *luxuria* y de cenas *hilarius* (de un modo más alegre); Aulo Gelio 2.24.3 se refiere a las leyes suntuarias que se aplicaban a la ocasión (pero una legislación suntuaria no nos da idea del verdadero nivel de excesos); SHA, *Alex. Sev.* 37.6 sugiere que este emperador especialmente tacaño se dio el lujo de tomarse un único faisán con motivo de las Saturnales. Gowers 1993, 69-74, destaca el consumo de cerdo como plato de carnaval. Y vaya usted a saber hasta qué punto se emborracharían exactamente los esclavos de Catón con las raciones que prescribió para las Saturnales (*Agr.* 57). Suponiendo que el texto sea correcto, parece indicar que la ración mensual más generosa de vino sólo ascendía a poco menos de un litro al día por cabeza. Además había que dar a los esclavos diez litros adicionales en las Saturnales y las Compitales (no está claro si diez en cada una o diez en total). Diez litros de vino de la graduación del que tomamos ahora, consumidos en un solo día, ciertamente parecen indicar un exceso bakhtiniano, pero probablemente se tratara de vino de menor graduación, y apenas habría supuesto una ración doble si se tomaba a lo largo de la duración de ambas festividades.

dose encima en el *Apocolocyntosis*[50] (que puede ser o no una obra estrictamente saturnal), hay pocas indicaciones de escatología carnavalesca: la mayor parte del ingenio saturnal da la impresión de ser bastante refinado, o al menos verbal, e incluso el papel de la risa queda relativamente atenuado. De hecho, las bromas literarias entre la élite que presenciamos en la celebración literaria de la antigüedad tardía que es las *Saturnales*, de Macrobio, puede que no sean tan atípicas (o tan «tardías») como se acostumbra a suponer[51].

Más importante es que la idea de la reversión de papeles, tan característica del carnaval, es una interpretación mucho más endeble de lo que se suele conceder. Cierto es que hay un par de referencias (tardías) en la literatura antigua a esclavos que son servidos por sus amos en la cena de las Saturnales[52]. Aun así, algunos de los que en apariencia son los pasajes clave desaparecen al examinarlos más detenidamente: la idea, por ejemplo, de que los esclavos gobernaban la casa durante las Saturnales resulta de un imaginativo cambio de puntuación de una oración del filósofo Séneca, mientras que otros pasajes también han sido (mal) traducidos de forma excesivamente imaginativa[53]. Y, estuviese amañado el sorteo o no, el «rey de las Saturnales» más famoso del que tenemos constancia, y de hecho

---

[50] *Apoc.* 4.3; las últimas palabras del emperador antes de morir son: «Vaya, creo que me he cagado *[concacavi]* encima».

[51] Claro está que las *Saturnales* es una obra conscientemente elitista, llena de ingenio, chistes de la clase alta y erudición lúdica, arraigada en una versión de la cultura académica del siglo v d. C. Sin embargo, su ingenio no difiere tanto del tipo de ingenio saturnal que encontramos en otros textos. Para referencias a acertijos y juegos de palabras, véanse *AL* 286 y Aulo Gelio 18.2, 18.13.

[52] Macrobio, *Sat.* 1.12.7, 1.24.23.

[53] Séneca, *Ep.* 47.14, frente a Champlin 2003, 150, que se basa en la que es con casi toda certeza una puntuación moderna defectuosa. Frente a Versnel 1993, 149, Dion 60.19 no habla de que los esclavos adoptaran los «papeles de sus amos», sino «las *ropas* de sus amos».

el único cuyo nombre conocemos, resulta ser el emperador Nerón[54].

De hecho, lo que destacan la mayoría de escritos antiguos no es tanto la reversión en sí como la igualdad social que al parecer regía durante las festividades. Como reconoció el propio Bakhtin, los relatos antiguos subrayan que las Saturnales, más que representar un vuelco de las distinciones sociales, eran un retorno a un mundo primitivo en el que tales distinciones aún no existían. En la misma línea, encontramos que se enfatiza repetidas veces el hecho de que amos y esclavos se sentaban juntos a cenar y que cualquiera podía hablar libremente a quien quisiera, saltándose los límites sociales. También es significativo que, al ponerse el *pillei*, los romanos libres no llevaran el atuendo de los esclavos, sino el de los que habían sido esclavos: una categoría mediadora que, más que revertir, igualaba las distinciones sociales[55].

Por supuesto, las Saturnales de la vida real debieron de adoptar muchas formas diferentes, y difícilmente las opiniones al respecto de los esclavos y los pobres (que no tenemos) serían las mismas que las de los ricos (que sí tenemos). Aun así, cuesta resistirse a la conclusión de que, al definir el festival de acuerdo con el patrón de un carnaval en el que se fomenta la inversión de roles, Bakhtin y otros

---

[54] Tácito, *Ann.* 13.15; analizado por Champlin (2003, 150-153) en el contexto de su afirmación más amplia de que hubo un «estilo saturnal» en el conjunto de su reinado. Ciertamente Tácito está sugiriendo que tener a Nerón en el trono fue como ser gobernados por un *saturnalicius rex*.

[55] Acio *apud* Macrobio, *Sat.* 1.7.36-37 (= *ROL2*, Acio, *Annales* 2-7): los amos preparan la comida, pero se la toman juntos; Macrobio, *Sat.* 1.11.1; SHA, *Verus* 7.5 (los esclavos y los amos comiendo juntos, en las Saturnales y otras festividades); Macrobio, *Sat.* 1.7.26 *(licentia)*. Obsérvese también el lema del Calendario de Filócalo: «Ahora, esclavo, puedes jugar con tu amo». Bakhtin y muchas explicaciones modernas tienden a usar las ideas de inversión e igualdad de forma intercambiable, pero de hecho representan dos formas cruciales y distintas de transgresión festiva.

han tergiversado, o presentado de forma demasiado selectiva, lo que era en su mayor parte una celebración bastante remilgada –o al menos paternalista[56]–, y lo han transformado en un festival escandaloso de carcajadas y estratos corporales inferiores. Por dicha razón, por mucho que la risa pudiera ser uno de los elementos de unas buenas Saturnales, no vamos a dedicarle mayor atención a esa celebración.

Narrativas de cambio

El segundo problema del enfoque de Bakhtin –que también plantea el ensayo de Thomas– es mucho más amplio. Es la cuestión de la naturaleza misma y estatus de una explicación histórica de la risa. ¿Qué clase de historia estamos narrando cuando intentamos relatar «la historia de la risa»? ¿*De* qué es una historia?

Independientemente de que queramos rebatir muchos de los detalles de la versión de Bakhtin, de su interpretación de una festividad antigua a su lectura de Rabelais, hay un principio subyacente que guía su obra y que comparte con Thomas y otros muchos estudiosos (o que ha legado a éstos): se trata de la idea de que es posible, y no meramente que «sería *interesante*», por usar la famosa frase de Herzen, escribir una historia diacrónica de la risa como fenómeno social. Eso no deja de tener su lógica convincente. Si la risa –su práctica, costumbres y objetos– se encuentra en distintas formas, según el contexto, lugar o periodo,

---

[56] La famosa explicación de Plinio de que no quería estropear la diversión de los de su casa en las Saturnales (*Ep.* 2.17.24) rezuma paternalismo. (Una referencia casual que hace a las Saturnales en *Ep.* 8.7 sin duda refleja la tradición de tener libertad de palabra durante la festividad, pero no me convence que haya que entenderlo en los términos de inversión que Marchesi 2008, 102-117, supone.)

podemos deducir que la risa debe de ser por fuerza capaz de cambiar. Si puede cambiar, entonces sin duda podríamos escribir una historia de su desarrollo que delinee e incluso intente explicar su transformación.

Cierto. Pero el proceso es mucho más complejo, tanto en la teoría como en la práctica, de lo que cualquier razonamiento lógico como éste pueda dar a entender. Pues el intento de escribir una historia diacrónica plantea una vez más, y de forma aún más intensa, todas esas preguntas sobre la relación entre la risa y el discurso cultural de ésta que ya hemos abordado. Por plantearlo del modo más sencillo, ¿qué es lo que cambia con el paso del tiempo? ¿Es la práctica de la risa tal y como se veía y oía? ¿O son las normas, protocolos y convenciones discursivas que la rodeaban? ¿O se trata en parte de ambas cosas? En cuyo caso, ¿cómo podemos ahora distinguir esos dos aspectos?

No podemos dar por sentado que se contuviera más la risa en un periodo en que las normas que la regían eran más insistentes. Cabe perfectamente la posibilidad de que las carcajadas siguieran resonando igual que antes (aunque tal vez en otros lugares, por cuestiones tácticas) pese a las nuevas prohibiciones. Recientemente un crítico ha descrito acertadamente el siglo XVIII inglés como «un mundo maleducado en que se hablaba mucho de buena educación»[57]. Y bien pudo ocurrir que el comportamiento del pobre hijo de Chesterfield no se viese muy afectado por las restricciones a la «risa audible» que le quería imponer su obsesionado padre, cuyo consejo fue considerado heterodoxo en diversos círculos en cuanto se publicó (y ciertamente nada ortodoxo, que es como se suele presentar hoy en día)[58].

---

[57] Fairer 2003, 2.
[58] A menudo se supone (por, por ejemplo, Moreall 1983, 87) que el consejo de Chesterfield es totalmente típico del interés del siglo XVIII por con-

Del mismo modo, en su conferencia Thomas indicó en repetidas ocasiones la existencia de áreas de continuidad incluso cuando quería mostrar cambios drásticos: las fiestas de desgobierno, con sus escandalosas obras burlescas, fueron desapareciendo a lo largo del siglo XVII (aunque, como reconoce Thomas, «aún perduraron celebraciones anuales en las que había obras burlescas y desgobierno en muchas pequeñas comunidades hasta el siglo XIX»); las muestras más bastas de burlas se suavizaron (si bien «entre el pueblo llano esas nuevas actitudes tardaron más en arraigar [...]. Siguió en los pueblos pequeños habiendo música y serenatas burlonas y toscas»); en general, los chistes se volvieron más discretos a partir del siglo XVIII (pero «la delicadeza de la clase media tardó en imperar [...]. En realidad los libros de chistes no se depuraron hasta principios del siglo XIX»)[59].

Aun así, ésa sólo es una parte de la historia, pues también hemos de suponer que con el paso del tiempo las nuevas normas y protocolos pudieron tener un fuerte impacto en el dónde, cuándo y de qué se reía. O bien podríamos deducir que algunos de esos nuevos protocolos se desarrollaron precisamente para que reflejaran «el cambio de sensibilidad» en la práctica de la risa. Al fin y al cabo, ahora

---

trolar la risa. Cierto es que no es único en su género; véase, por ejemplo, el consejo de Pitt, padre, a su hijo (W. S. Taylor y Pringle, 1838-1840, vol. I, 79). Pero como Gatrell (2006, 163-165, 170, 176) deja claro, las ideas de Chesterfield, de las que hay constancia escrita, eran radicales y, en cualquier caso, representaban una insistencia en el control de la risa que asimismo se puede encontrar en otros periodos. Chesterfield también era más complejo de lo que se le suele reconocer: un ingenio de renombre, de aspecto grotesco (para los patrones de su época), y un célebre bromista (véase Dickie 2011, 87).

[59] Thomas 1977. Su táctica (como indica su elección de vocablos: «aún perduraron», «entre el pueblo llano», «siguió en los pueblos pequeños habiendo», etc.) es conciliar esas diferencias, dando a entender que las regiones más aisladas o la gente por debajo de la élite tardaron más en adoptar los nuevos protocolos.

ya no nos reímos de los cornudos, uno de los principales ejemplos que pone Thomas de procacidades del periodo Tudor (¿o sí lo hacemos?).

Estos problemas son bastante peliagudos, pero sólo son el principio de los intrigantes dilemas metodológicos y heurísticos que implica la historia de la risa. Podríamos querer alegar, por ejemplo, que las normas de su padre hicieron que Chesterfield, hijo, se riese de modo distinto, por mucho que en apariencia continuara siendo la misma risa (reírse cuando está prohibido nunca es lo mismo que reírse cuando está permitido). También podríamos querer indicar que el intento de separar la práctica de la risa del discurso de ésta no sirve de mucho o incluso puede inducir a error: «la risa» como objeto de estudio es una combinación inextricable de trastornos corporales e interrogantes, explicaciones y protocolos discursivos. ¿O es esa combinación una mera excusa para nuestra incapacidad de «oír», como dice Thomas, la risa de épocas pasadas y sus registros cambiantes?

La comparación que conozco que más se aproxima –y que nos ayuda a entender los peligros y recompensas de la historia de la risa– es la historia del sexo y la sexualidad. Podemos encontrar cambios importantes en las prácticas discursivas que rodean al sexo y en los sistemas de vigilancia y control con los que se pretendía regir la conducta sexual en el pasado. Pero sigue estando mucho menos clara la relación de eso con los cambios en lo que de verdad hacía la gente en la cama y con quién, o el placer que obtenían: las palabras restrictivas no guardan necesariamente correlación con los comportamientos restrictivos, aunque puede que sí ocurra. También es bien conocido, por supuesto, que la historia que decidamos contar sobre la conducta sexual de nuestros predecesores casi siempre es profundamente tendenciosa e ideológica, y a menudo es tanto un juicio implícito de nosotros mismos como un examen del pasado (ya sea para celebrar nuestra propia «tolerancia» o lamentar nuestra «mojigatería»).

Lo mismo pasa en buena medida con las historias de la risa, que muestran un patrón de repetición sin que prácticamente importe el periodo o la cultura de que se trate. Por un lado tenemos comentaristas y críticos que se centran en personas contrarias a la risa de forma radical o en momentos concretos sin risas del pasado, y a los que de hecho ridiculizan. A esa tendencia debe lord Chesterfield su fama, y asimismo ese tópico sobre la falta de sentido del humor de los victorianos: «No nos hace gracia»[60]. Las personas contrarias a la risa o que nunca ríen, como también comprobaron los propios romanos, pueden ser muy risibles. Por otro lado, la historia global del desarrollo es casi invariablemente similar a la descrita por Thomas y, con algunos matices distintos que son significativos, por Bakhtin: una versión (como vio el mismo Thomas) del «proceso civilizador».

Las historias diacrónicas de la risa acostumbran a narrar el proceso de domado de lo grosero, lo subido de tono, lo cruel y lo lujurioso. Pueden rememorar con nostalgia alguna época en que la risa era más sincera y directa (como observó Roger Chartier de los debates contemporáneos sobre los carnavales medievales, éstos siempre situaban lo verdaderamente carnavalesco en algún momento del pasado)[61], o bien pueden enorgullecerse del refinamiento

---

[60] Una frase que se supone que se pronunció la reina Victoria pero que es tan peligrosa desde el punto de vista histórico como el consejo de lord Chesterfield, e incluso por más motivos: no está claro que Victoria llegara jamás a decir eso, o, si lo hizo, en respuesta a qué. Vasey 1875 es un tratado verdaderamente concienzudo, mucho menos conocido y a veces muy divertido, en contra de la risa: «La conclusión, inevitable, es que la absurda costumbre de la risa está provocada por completo por las asociaciones antinaturales y falsas que se nos imponen en la infancia» (58) es un buen ejemplo.

[61] Es un tema que se analiza a lo largo de todo Chartier 1987.

cada vez mayor que ha prohibido la ordinariez de formas anteriores de risas o ha librado a algunas víctimas inocentes de ser blanco de burlas. Hasta donde he podido averiguar, no hay ninguna cultura del mundo que afirme reírse de forma más ordinaria o cruel que sus predecesores. «Llano», «campechano», «directo» ya sólo son denominaciones retrospectivas. La historia moderna de la risa, en otras palabras, siempre va unida a las opiniones (ya sean positivas o negativas) sobre los avances sociales y culturales[62].

Lo mismo ocurría en buena medida en la Antigua Roma. Cierto es que no contamos con narraciones de entonces de la historia de la risa romana, pero el contraste entre la risa controlada, sofisticada o leve de *ahora* y la risa desenfadada, audaz u ordinaria del pasado sí es un tema destacado de los escritos romanos. Los detalles difieren según el autor, la argumentación precisa (y moral) de algunos de los pasajes en cuestión es difícil de seguir, por no decir muy controvertida, y la idea de un desarrollo cronológico guarda relación, en lo que a veces son formas complicadas y contradictorias, con ideas de influencia extranjera. Aun así, el mensaje que los escritores antiguos intentaron transmitir está claro: si retrocedemos lo bastante en la historia de Roma, encontramos una cultura de risas procaces y jocosas que, para bien o para mal, ya se ha perdido o está a punto de perderse.

---

[62] Muchos trabajos recientes sobre la risa del siglo XVIII y otras formas de «sensibilidad» tienen en cuenta esta red de complejidades. Además de Gatrell 2006 y Dickie 2011, Klein 1994 es un estudio esclarecedor. Hay, por supuesto, sutiles variaciones sobre estas generalizaciones. Ruth Scurr me puso sobre aviso de que la risa de los revolucionarios franceses fue definida como más inocente que la afectada y maliciosa de la corte real (véase, por ejemplo, Leon 2009, 74-99). Podría parecer que algunas celebraciones modernas de la relajación de la censura de lo cómico en publicaciones y escenarios apuntan en la dirección opuesta, pero la celebración de la libertad de expresión pública de la ordinariez es distinta a la celebración de un aumento de la ordinariez en sí.

Cicerón, por ejemplo, escribía con nostalgia en una carta del 46 a. C. sobre el cariño que le tenía a las «agudezas autóctonas», para entonces tan entremezcladas con tradiciones extranjeras que «apenas queda rastro del ingenio a la antigua usanza». Sólo en su amigo Peto (a quien va dirigida la carta en tono muy halagador) puede aún «detectar algún parecido con nuestra antigua jocosidad *[festivitas]* propia»[63]. Tanto Livio como Horacio hacen referencia a la antigua tradición latina rústica de hacer bromas, tan tosca como cáustica, así como a los insultantes y procaces –además de francamente misteriosos– «versos fesceninos», o *Fescennina licentia,* con los que tanto disfrutaban, afirma Horacio, «los campesinos de antaño» *(agricolae prisci)*[64]. De hecho, como indica Emily Gowers, el famoso «Viaje a Bríndisi» de Horacio, en *Sátiras* 1.5, no sólo puede interpretarse simplemente como el relato de un incómodo viaje desde Roma en dirección sur, ni como un mordaz comentario sobre la política de los años treinta del siglo I a. C., sino

---

[63] *Fam.* 9.15. Se trata, de hecho, de un pasaje más desconcertante de lo que mis citas indican. Si el texto tal y como nos ha llegado es en líneas generales correcto (que bien pudiera no serlo), Cicerón incluye su región natal de Latium entre las influencias extranjeras. Sin embargo, como pregunta Shackleton Bailey (1977, 350): «¿Cómo puede Cicerón de Arpino equiparar Latium con *peregrinitas*?». El sentido general está claro, aunque los detalles sean irrecuperables. Como veremos en el siguiente capítulo, los tratados de retórica de Cicerón son más ambiguos por lo que respecta a la corrección de la *festivitas* a la antigua usanza.

[64] Livio 7.2; Horacio, *Epist.* 2.1.139-155. Sobre el pasaje de Livio –que ofrece un breve panorama en varias fases de los orígenes y desarrollo de los festivales teatrales de Roma– se ha debatido mucho, por lo que respecta a su significado, fuentes y fiabilidad; véase Oakley 1997, 40-58. Dice que en la tercera fase los actores dejaron de pronunciar composiciones groseras similares a los versos fesceninos (supuestamente las bromas características de la segunda fase de la que habla Livio). La genealogía de Horacio presenta a los pueblerinos haciendo bromas hasta que los *Fescennina licentia* se volvieron tan desagradables que hubo que controlarlos por ley. Para la controvertida etimología de *Fescennine* –que procede del nombre de una ciudad etrusca o bien de *fascinum*–, véase Oakley 1997, 59-60.

como un viaje a la historia de la risa y la sátira romanas: el episodio central nos devuelve a sus raíces más profundas, al montar un duelo cómico entre un par de bufones insidiosos, grotescos y bromistas, Sarmiento y Mesio Cicirro. El estilo humorístico del propio Horacio está mucho más actualizado y refinado que el de ellos, pues el poeta, como destaca Ellen Oliensis con razón, «se sitúa a sí mismo con toda intención y claridad entre el público, muy por encima del cuadrilátero satírico»[65].

La idea de la existencia de una tradición itálica de jocosidad –«la causticité des vieux Latins»[66]– es muy atrayente para los estudiosos modernos, que la ven como un factor poderoso en el desarrollo de la tradición distintiva de la sátira latina, y han buscado los rastros que puedan quedar del «espíritu fescenino» en todo tipo de lugares en los que a veces corresponde buscarlos y otras veces no[67]. En cualquier caso, el que esta reconstrucción romana refleje fielmente la realidad histórica de los cambios y evoluciones de su risa (sea lo que sea lo que queramos decir exactamente con ese término) es tan difícil de desentrañar como todo relato de toda historia de la risa de cualquier lugar o época. En parte es de suponer que sea un fiel reflejo, y en parte no puede serlo. Pero ¿de qué partes se trata?

---

[65] Gowers 2005 y 2012, 182-186, 199-204 (con resumen de trabajos anteriores); Oliensis 1998, 29.

[66] Es el título del segundo capítulo de Saint-Denis 1965; el primero es de un estilo similar: «Jovialité rustique et vinaigre italien». Véase también Minois 2000, 71: «Le Latin, paysan caustique».

[67] Macrobio atribuye algunos fesceninos al emperador Augusto (*Sat.* 2.4.21); por lo demás, como Oakley (1997, 60) subraya acertadamente, el único contexto institucional que se pueda atestiguar a finales de la República y principios del Imperio es el del ritual matrimonial (Hersch 2010, 151-156): el que el término deba o no aplicarse también a los versos procaces y burlones que se cantaban en las celebraciones de victorias romanas –como Graf (2005, 201-202), junto con muchos otros, da a entender– está mucho menos claro.

Al analizar los ejemplos que son el centro de la segunda mitad de este libro, estaremos atentos a la posible presencia de señales de cambio histórico, así como a la perspectiva de los propios autores antiguos sobre la historia de la risa romana. Pero por lo que a estas alturas confío en que ya deben de ser razones obvias, no vamos a relatar una historia diacrónica del modo en que la risa fue cambiando en Roma a lo largo de los siglos. No tengo la menor duda de que hubo todo tipo de diferencias en la «fraternidad de rientes» de Roma entre el mundo que se reunía alrededor de la hoguera del pequeño asentamiento junto al Tíber en, pongamos, el siglo VII a. C. y la metrópoli multicultural de la Roma augusta del siglo I. Y, de nuevo, estoy segura de que la cultura de la risa del Imperio «pagano» era diferente, en aspectos fundamentales, a la de su sucesor cristiano. Sin embargo, no estoy tan segura de que podamos describir con confianza (y menos aún explicar) esos cambios, ni si contamos con suficientes pruebas, sobre todo del periodo temprano, para hacer un intento que sea de utilidad. En las páginas siguientes nos centraremos de forma general, intencionada y sincrónica en buena medida en el mundo romano que va del siglo II a. C. al siglo II d. C.[68].

Pero primero tenemos que preguntarnos qué significa exactamente la cultura de la risa romana, cuáles son sus coordenadas básicas y hasta qué punto se puede diferenciar de la griega.

---

[68] Conybeare 2013 es un estudio importante de la risa que se centra en textos bíblicos y teológicos, judíos y cristianos, al que animo encarecidamente a que acudan los lectores que se sientan frustrados por mis limitaciones.

Capítulo 4

LA RISA ROMANA EN LATÍN Y GRIEGO

Reírse en latín

El estudio de la risa romana es en ciertos sentidos un proyecto imposible. Eso es en parte lo que lo vuelve tan intrigante, especial, esclarecedor y digno de interés. Como espero haber dejado ya claro (tal vez demasiado claro para el gusto de algunos lectores), siempre es probable que la risa del pasado frustre nuestros intentos más decididos de sistematizarla y controlarla. Cualquiera que, con rostro serio, afirme que es capaz de ofrecer una explicación nítida de por qué, cómo o cuándo se reían los romanos tiene por fuerza que estar haciendo una simplificación excesiva. Aun así, en medio de la inevitable confusión (en medio del lío que deja la risa a su paso), seguimos aprendiendo mucho sobre la Antigua Roma y sobre la posibilidad de que en el pasado la risa funcionase de modo distinto. Es éste un tema (como, para ser sinceros, muchos de la historia de la antigüedad) en que el proceso de intentar entenderlo puede ser tan importante y esclarecedor como el resultado final.

Pero el proceso no lo es todo, ni deberíamos aceptar por completo la derrota antes de empezar. Pese a todos los problemas peliagudos de los que hemos disfrutado hasta ahora, hay también algunas observaciones sorprendentes y relativamente sencillas que podemos hacer sobre cómo funciona la risa en la lengua y literatura latinas. De hecho, investigar la risa romana implica ocuparse de algunas de las palabras más básicas y familiares del latín (las que es posible que hasta el estudiante más principiante ya conozca), así como de otro vocabulario algo más abstruso. También implica analizar algunos de los vericuetos menos hollados de la literatura latina, además de arrojar nueva luz sobre algunos de los textos latinos más canónicos de que disponemos.

Una de las observaciones más importantes se refiere al vocabulario del latín para la risa. Únicamente estaremos exagerando ligeramente si decimos que sólo hay una palabra en latín para «reír». En inglés moderno, por ejemplo, estamos acostumbrados a una variedad de términos con sutiles matices entre sí (aunque a veces sean esquivos) para denominar a la risa. Podemos enumerar siete distintos, además de otras cuatro o cinco palabras relacionadas. El griego antiguo también tiene una amplia variedad de vocabulario para la risa, del habitual *gelan* y sus compuestos, pasando por variantes como *kanchazein* (una forma más vigorosa) y *sairein* (por ejemplo, la sonrisa burlona de Cómodo), hasta el deliciosamente onomatopéyico *kichlizein* (parecido a nuestra *risita*) o *meidian* (que a menudo se traduce como «sonreír»). En latín, en su mayor parte, se trata tan sólo de la palabra *ridere*, sus compuestos (*adridere, deridere, irridere*, etc.) y sus diversos cognados, que son adjetivos o sustantivos (*risus*, «risa»; *ridiculus*, «risible»). Todos ellos indican alguna clase de reacción física y audible o gesto que en líneas generales es similar a la risa tal y como la conocemos. Las definiciones de los diccionarios y de algunos críticos modernos intentan calibrar estas variantes con precisión, de *deridere*, por ejemplo, que indica desdén y burla, a *irridere*, burlarse o reírse de algo o alguien. No obstante, los términos están con casi toda seguridad mucho menos fijados referencialmente de lo que tales definiciones dan a entender[1].

La seguridad con que a menudo se supone, por ejemplo, que *adridere* siempre se refiere a una risa de apoyo o, de forma peyorativa, a la adulación está bastante fuera de lugar. Cierto es que a veces es así: Ovidio le dice a su aprendiz de amante que cause buena impresión uniéndose a la risa *(adride)* siempre que la que quiere que sea su novia se ría; el sello distintivo de los aduladores de las comedias es «no ofender a nadie y decir siempre sí a todo» *(adridere omnibus)*, y Horacio usa la palabra dentro del contexto de una risa de apoyo y comprensión[2]. Sin embargo, no siempre es tan de apoyo, como frases del tipo «riendo salvajemente» *(saevum adridens)* dejan bien claro[3]. De hecho, en otro pasaje de *El eunuco*, de Terencio, Gnatón aprovecha el potencial doble sentido de la palabra cuando reflexiona sobre su vida de gorrón y su relación con los tipos (bastante cortos de luces) de los que obtiene el sustento: «No es mi intención hacer que se rían de mí, sino que *eis adrideo* y los felicito por su ingenio a la vez». La gracia gira en torno al posible significado de la frase *eis adrideo*, que oscila entre «los halago» y «me río de ellos». ¿Está Gnatón meramente acatando su papel servil o está indicando al público que es él el que lleva las riendas cuando trata con gente como Trasón? ¿Quién, en otras palabras, se ríe de quién? Tal ambivalencia es en parte entrevista, y en parte

---

[1] El *OLD*, por ejemplo, traduce *arridere / adridere* como «sonreír por algo o en reacción a algo», e *irridere* como «reírse o burlarse»; *ridere* con un dativo indica «reír como señal de buena voluntad». La etimología de *ridere* es confusa, pese a algunos intentos de relacionarlo con la palabra del sánscrito para «ser tímido» o con la forma beocia κριδδέμεν (una variante de γελᾶν, «reír»).

[2] Ovidio, *Ars am.* 2.201; Terencio, *Ad.* 864; Horacio, *Ars P.* 101.

[3] Silio Itálico 1.398; otro uso decididamente siniestro de *arridere* (Séneca, *Controv.* 9.2.6) lo trataremos más adelante. Lo más probable es que indique risa burlona en Cicerón, *De or.* 2.262.

no, por un comentarista de la antigüedad tardía, que se limitó a escribir que Terencio había usado «*arrideo* en lugar de *irrideo*»[4].

Algunos críticos modernos se han mostrado aún más seguros al proponer qué palabra latina habría que usar en determinados lugares, e incluso añadiendo el término «correcto» donde lo consideran necesario. Un ejemplo destacado es el del texto de un epigrama de Marcial. El poema es una sátira dirigida a un tal Caliodoro, el cual se cree un gran bufón y por lo tanto un buen invitado a cenas, y que de acuerdo con la tradición manuscrita incluye la frase *omnibus adrides*. El editor más reciente, con asombrosa seguridad, simplemente lo sustituyó por *omnis irrides*. ¿Por qué? Pues porque, según explica, «*adrides* tiene que significar "sonríes con aprobación" [...] o bien "complaces" [...] Ninguna de las dos opciones encaja con Caliodoro [...] La palabra que designe lo que hace *sólo* puede ser *irrides*»[5]. Tales reescrituras son el precio que hay que pagar si se quieren conservar unos límites lingüísticos nítidos.

Más allá de *ridere* y su familia lingüística, el latín ofrece pocas alternativas. De vez en cuando palabras como *renidere* («brillar») cumplen una función metafórica para des-

---

[4] *Eun.* 249-250; Prisciano en *GLK* 3.351.11 (= *Inst.* 18.274). A la mayoría de traductores y críticos modernos que se han centrado con razón en este pasaje (por ejemplo, Damon 1997, 81; Fontaine 2010, 13-14) también se les escapa el matiz completo, independientemente del modo en que decidan traducir *adridere*.

[5] Marcial, *Epigram.* 6.44: «omnibus adrides, dicteria dicis in omnis: / sic te convivam posses placere putas» (II. 3-4, según los manuscritos); el típico desenlace inesperado resulta ser la afición de ese hombre al sexo oral. Para la enmienda, véase Shackleton Bailey 1978 (cita en 279, el énfasis es mío, tras lo que añade: «Como ese compuesto no tiene dativo en latín clásico, *omnibus* tiene que convertirse en *omnis*»); esta interpretación está ahora incorporada en su edición para Teuber de 1990, y se repite en la edición de la Loeb Classical Library de 1993. Para un análisis crítico de la enmienda y de la interpretación de Shackleton Bailey del poema, véanse Grewing 1997, 314, y Nauta 2002, 176-177.

cribir algunos matices de risas o de expresiones faciales (*renidere* viene a ser, más o menos, «sonreír abiertamente»)[6]. *Rictus* puede referirse (de modo poco halagüeño) a la boca o mandíbulas abiertas que forman parte inevitablemente del proceso de reírse, así como a cuando un animal enseña los dientes[7]. También tenemos que *cachinnare* o, lo que es más habitual, el sustantivo *cachinnus* se pueden usar para describir un tipo de risa especialmente estentórea, o para lo que llamaríamos «risa socarrona». Como dijo un gramático romano del periodo tardío, Nonio Marcelo, se había usado para referirse «no sólo a la risa *[risus]*, sino a un sonido más fuerte»[8]. Las palabras tienen un pegadizo tono onomatopéyico, pero de nuevo son más difíciles de precisar de lo que indican las definiciones de los diccionarios, y se resisten a la clasificación muy específica que nos gustaría imponerles.

Es cierto que el contraste entre *cachinnare* y (el mero) *ridere* a veces se explica más o menos en detalle. Cicerón, por ejemplo, en un momento de su invectiva contra Verres, el gobernador de Sicilia de triste fama, ataca al desagradable adlátere de Verres, Apronio, por humillar al que supuestamente era un miembro cabal de la élite siciliana; Cicerón presenta un banquete en el que «los otros invitados rieron *[ridere]*, Apronio se rio socarronamente *[cachinnare]*»[9]. Asimismo, en lo que de hecho era su manifiesto en forma de poema, el escritor satírico Persio estaba intentando claramente superar a su predecesor Ho-

---

[6] Catulo 39, *passim;* Tácito, *Ann.* 4.60 (un contexto más siniestro).

[7] Ovid. *Ars am.* 3.283 (donde aconseja a las chicas que no muestren *immodici rictus* al reír); Lucrecio 5.1064 (sobre los perros).

[8] Nonio Marcelo 742 (Lindsay): «non risu tantum sed et de sono vehementiore vetustas dici voluit».

[9] *Verr.* 2.3.62. Ése es al menos el modo muy exento de imparcialidad en que Cicerón presenta la escena (pues reconoce que el estrépito de Apronio lo ha extrapolado de su risa en el juicio).

racio al describir su propia reacción a la locura del mundo como *cachinnare*, en vez de usar el *ridere* más suave de Horacio[10].

Sin embargo, ese término no siempre es tan tendencioso, tan agresivo ni tan estruendoso. También es el agradable sonido de la risa *(cachinni)*, que, junto con el vino, el ingenio y una chica guapa, sintetiza el ambiente de una fiesta amigable en casa del poeta Catulo; es la risa de incredulidad *(cachinnasse)* con que, en la biografía de Suetonio, la abuela de Vespasiano reacciona al augurio para ella improbable de que su nieto llegue a ser emperador, y es la risita furtiva de unas sirvientas *(furtim cachinnant)* que se ríen de su señora a sus espaldas[11]. Y, lo que es más, el uso metafórico también refleja esa variedad. *Cachinnare* y *cachinni*, tanto el verbo como el sustantivo, se usan para evocar el sonido del agua, que va del embate del océano al suave murmullo del lago Garda[12]. ¿Risa socarrona, risita nerviosa o murmullo? Siempre deberíamos dudar antes de asignar un valor demasiado rígido o preciso a los términos del latín para «reír» o «risa».

---

[10] Persio 1.12; véase 1.116-118 para una comparación explícita con Horacio.

[11] Catulo 13.5; Suetonio, *Vesp.* 5.2; Lucrecio 4.1176.

[12] Nonio Marcelo 742 (Lindsay) citando a Acio (= *ROL* 2, Acio, *Tragoediae* 577) para el embate del océano (el texto no es seguro del todo, y según otra interpretación *cachinnare* podría referirse a los chillidos de un ave marina); Catulo 31.14 (para el murmullo del lago Garda), 64.273 («leviter sonant plangore cachinni»). Aquí hay un curioso grupo de relaciones con aspectos del léxico griego referido a la risa. Γελᾶν, en griego, se suele usar para describir el comportamiento del mar. *Cachinnare* concuerda (aunque no derive directamente de ella) con la palabra griega καχάζειν, que no parece que se usara metafóricamente para referirse al sonido del agua, si bien la palabra griega muy similar καχλάζειν (con una lambda) es un término habitual para «chapotear». Resulta tentador pensar que esa pareja esté de algún modo detrás del juego que hace Catulo con *cachinnare* (o quizá καχάζειν y καχλάζειν no sean términos tan distintos como le gusta determinar a la lexicografía moderna).

¿Sonrisas en latín?

Hasta el momento no he indicado ninguna palabra que se corresponda con nuestro «sonreír». Me refiero a esa curvatura de los labios que puede, o no, ser el preliminar de una risa plenamente vocalizada pero que, independientemente, es uno de los gestos que están cargados de mayor significado en el mundo occidental moderno. Del «sonría, por favor», a los emoticonos *smiley* o sonrientes, representa para nosotros todo tipo de interacciones humanas, indicando cariño, saludo, diversión sardónica, desdén, afecto, confianza, ambivalencia y muchas otras cosas más. Nos cuesta imaginar una vida social en la que no hubiera sonrisas, y, sin embargo, más cuesta encontrar un equivalente en latín.

En griego antiguo la situación parece algo más sencilla. El verbo *meidiaō* puede que esté mucho más alejado de nuestro *sonreír* de lo que la traducción habitual indica. En Homero y otros escritores tempranos, *meidiaō* también puede ser señal de hostilidad, agresión o superioridad, y en general parece tratarse más de un gesto de toda la cara que sólo de los labios[13]. Pero, como muestra Halliwell, sí coincide en parte con nuestro uso, en particular porque a diferencia de la risa, y al igual que nuestro «sonreír», no se produce ningún ruido (o, como él lo plantea de modo más cuidadoso, «es imposible [...] demostrar que los términos en *meid-* impliquen una vocalización»)[14]. En latín no hay

---

[13] M. Clarke 2005 es un útil análisis reciente de material relevante en el que subraya lo desconocida que es la semántica del griego para «sonreír»; véanse también Lateiner 1995, 193-195, Levine 1982 y 1984. Para el énfasis en la cara: Safo 1.14; *Hom. Hymn* 10.2-3 (obsérvese que, de forma muy inusual, Homero, *Il.* 15.101-102, presenta a Hera riendo «con los labios»).

[14] Halliwell 2008, 524, como parte de un análisis más largo y meticuloso (520-529) de la terminología griega para la risa y sus referentes físicos, aunque, aparte de este apéndice, μειδιῶ apenas tiene mención en el libro.

ningún término específico de esa índole. Cuando Virgilio evoca a los dioses «sonrientes» de Homero, recurre a menudo a otro compuesto de *ridere*, que es *subridere*, que técnicamente significa una «risa contenida o amortiguada» o incluso una «risa pequeña»[15].

Renidere (sonreír abiertamente) también puede indicar metafóricamente una expresión facial silenciosa que parece similar a una sonrisa. Así es como, en un famoso pasaje, el poeta Catulo hace que Egnacio muestre sus dientes lavados con orines: «Egnatius [...] renidet». Y Robert Kaster, al estudiar el mundo y el texto de las *Saturnales* de Macrobio, no sólo traduce la palabra como «sonrisa», sino que también propone que estas «sonrisas» juegan un papel determinado a la hora de articular el debate erudito que se representa en el diálogo. Con frases como «Pretextato sonrió» *(Praetextatus renidens)* se tiende a recibir un comentario ignorante y fuera de lugar por parte de algún participante (por lo general inferior) en el debate, e invariablemente anuncian una declaración a cargo de un experto «que no admite ninguna contradicción». Kaster es un agudo observador de la estructura de este debate de la antigüedad tardía y de las jerarquías que encierra. No obstante, está mucho menos claro de lo que él propone que ese «sonreír abiertamente» concuerde estrechamente con nuestra categoría de una sonrisa altanera (esos «gestos de espléndida condescendencia» en palabras de él)[16].

---

[15] Por ejemplo, Virgilio, *Aen.* 1.254 (véase también Homero, *Il.* 15.47); Servio Auct. *(ad loc.)* cita un pasaje paralelo de Ennio, el cual usa *ridere* en vez de *subridere*: Ennio, *Ann.* 450-51 *(ROL)* = 457-458 (Vahlen).

[16] Catulo 39. En Kaster 1980, 238-240, los ejemplos principales son *Sat.* 1.4.4, 1.11.2 (citado), 3.10.5, 7.7.8, 7.9.10 y 7.14.5 (traducido en consecuencia en su edición de Macrobio para Loeb Classical Library), pero obsérvese también 1.2.10 (sobre toda la cara) y 7.3.15 (acompañando a un supuesto insulto), ninguno de los cuales encajan del todo. Me da la impresión de que Kaster está excesivamente interesado en encontrar sonrisas tanto en Macrobio como en los textos que usa para comparar. Se

Otros usos metafóricos más discursivos de la palabra fuera de los textos de Macrobio –y que hay que reconocer que a menudo preceden en varios siglos a las *Saturnales*– son tan variados como reveladores. Catulo ciertamente equipara la expresión *(renidet)* con reír, pero la decidida exhibición de Egnacio de sus dientes blancos es una forma absurda de risa *(risus ineptus)* y, por tanto, es de por sí risible. En Ovidio, *renidens* es en dos ocasiones la expresión de un optimismo estúpido ante el joven Ícaro, en Livio es la del embaucador fanfarrón, y Quintiliano también la usa como señal de una satisfacción que no viene al caso *(intempestive renidentis)*[17]. De forma repetida, como con el *meidiaō* del griego, lo que se destaca es la expresión facial en conjunto *(hilaro vultu renidens, renidente vultu, renidens vultu)*[18], y no específicamente los labios, como también hace explícito Macrobio en una ocasión: *vultu renidens*[19]. En la mayor parte de los casos, el rasgo común y definitorio de ese gesto parece ser el «brillo» facial (de seguridad en uno mismo, venga al caso o no), más que la curvatura de la boca que llamamos «sonrisa»[20].

Entonces ¿sonreían los romanos? Aunque corro el riesgo de caer en la trampa de una clasificación basada en un exceso de confianza, mi hipótesis de trabajo es «en líneas generales, según nuestros términos, no». Pero eso no es

refiere, por ejemplo, a las sonrisas de los diálogos de Cicerón «como un instrumento para el debate y las réplicas divertidos», pero los pasajes de Cicerón que cita hablan explícitamente de variedades de «reír» (*ridens, adridens*, etc.). Es un alivio que König 2012, 215-226, tenga (por su cuenta) unas reservas similares acerca de algunos detalles de la argumentación de Kaster sobre las sonrisas, aunque por razones distintas.

[17] Catulo 39.16; Ovidio, *Ars am.* 2.49; Ovidio, *Met.* 8.197; Livio 35.49.7; Quintiliano, *Inst.* 6.1.38 (*renidentis* es una enmienda convincente del *residentis* del manuscrito).

[18] Apuleyo, *Met.* 3.12; Valerio Flaco 4.359; Tácito, *Ann.* 4.60.2.

[19] 1.2.10.

[20] Obviamente, a esto lo complica más el hecho de que *os, oris* (que algunas veces se usa con *renideo*, como en Ovidio, *Met.* 8.197), puede referirse a la cara o a la boca.

simplemente por razones lingüísticas, y hay que argumentarlo cuidadosamente. La importancia cultural de sonreír puede tener su reflejo en el lenguaje, pero no se circunscribe por completo a él. Varias lenguas europeas modernas (el inglés y el danés, por ejemplo, al igual que el griego antiguo) tienen grupos de palabras separados, procedentes de raíces lingüísticas separadas, que distinguen «sonreír» de «reír». Otras (en especial las lenguas romances descendientes del latín) no los tienen. Como reflejo de esas raíces latinas, el francés moderno utiliza *sourire* para «sonreír», del mismo modo que el italiano usa *sorridere* (ambos derivan directamente de *subridere*, y son respectivamente cognados del francés *rire* y del italiano *ridere*). Sin embargo, estas dos culturas modernas conceden una importancia a la relevancia social de la sonrisa, como algo distinto a la risa, que no es menos intensa que la de, por ejemplo, sus homólogos angloamericanos modernos.

En cualquier caso, los patrones lingüísticos del latín parecen concordar con otras indicaciones negativas de que sonreír no era una parte fundamental (si es que llegaba a ser parte de algo) de la semiótica social romana. Sólo los etólogos y neurólogos más radicales y sus seguidores se aferran a la universalidad humana de tales gestos faciales, ya sea en su forma, tipo o significado[21]. Para mí es de crucial importancia que en la literatura romana no encontremos esas distinciones entre sonreír y reír que establecieron lord Chesterfield y otros como él (para Chesterfield una sonrisa silenciosa era señal de decoro, en contraste con las «sonoras carcajadas»)[22] y –sea lo que sea lo que ocurre en

---

[21] Estoy pensando en la obra de estudiosos como Paul Ekman (1992; 1999) y otros ejemplos que tratamos en el capítulo 3. Espero que, a estas alturas del libro, no sea necesario que explique por qué no sigo ese camino universalista.

[22] Chesterfield 1890, 177-179 (carta del 12 de diciembre de 1765 a su ahijado), reproducida en D. Roberts 1992, 342-343: «Los vulgares a me-

Macrobio– no veamos ninguna prueba clara de que las sonrisas como tales fuesen un actor significativo en las interacciones sociales de los romanos en general. «¡No dejes de sonreír!», y otros de ese estilo, eran sentires insólitos en Roma hasta donde alcanzo a saber, y, como ha mostrado Christopher Jones, al encontrarse dos romanos en la calle lo más probable es que se saludaran besándose, mientras que nosotros sonreímos[23].

Los razonamientos que proceden del silencio siempre son peligrosos, por supuesto, sobre todo cuando el proceso de detectar una sonrisa es por fuerza de carácter interpretativo. Aun así, cuesta resistirse a la teoría de Jacques Le Goff de que (al menos en el Occidente latino) sonreír tal y como lo entendemos fue un invento de la Edad Media[24]. Esto no quiere decir que los romanos nunca curvaran los bordes de sus bocas de un modo que nos parecería una sonrisa; por supuesto que lo hacían. Pero esa curvatura no tenía mucha trascendencia en la gama de gestos sociales y culturales que eran importantes en Roma. A la inversa, otros gestos, que para nosotros tendrían escasa relevancia, estaban mucho más cargados de importancia: el que César se rascara la cabeza con un dedo, lo cual ahora sólo indicaría un picor molesto, era indicio para Cicerón de que César no representaba ningún peligro para la República Romana[25].

Podemos extraer una importante lección de esto. Se ha convertido en práctica habitual que, al traducir al inglés no

_____

nudo ríen, pero nunca sonríen; mientras que las personas distinguidas a menudo sonríen, pero casi nunca ríen». Pareceres similares se expresan en Chesterfield 1774, vol. I, 328 (carta del 9 de marzo de 1748), reproducida en D. Roberts 1992, 72.

[23] «Besar», la ponencia (de momento sin publicar) que Jones presentó en la Universidad de Columbia en 2002, también señala el cuidadoso calibrado de los antiguos de distintas formas de besarse.

[24] Le Goff 1997, 48 («Tengo mis dudas de que sonreír no sea una de las creaciones de la Edad Media»); véase también Trumble 2004, 89.

[25] Plutarco, *Caes.* 4; Edwards 1993, 63.

sólo *subridere*, sino también el propio *ridere* y sus otros cognados, se use la palabra *sonreír* donde nos parece más natural que *reír* (incluso algunos famosos versos de Virgilio han sido víctimas de esta tendencia, como veremos a continuación). Esto tiene un efecto doblemente engañoso. Tiende a dar a la sonrisa una presencia mucho más grande en el lenguaje cultural romano de la que se merece, o de la que de hecho llegó a tener jamás. Y al ofrecer lo que en apariencia es una traducción mejor, también tiende a debilitar las características propias de los patrones romanos de la risa y hacer que se parezcan cada vez más a los nuestros. Ciertamente no podemos demostrar con rotundidad que no existiera una fuerte y significativa tradición romana con respecto a la sonrisa que merodeaba bajo el epígrafe general de *ridere*. Hemos de tener esa posibilidad muy en cuenta. Pero también deberíamos resistirnos a la tentación tan cómoda de reconstruir a los romanos a nuestra propia imagen y semejanza. Así pues, incluso donde *reír* pueda resultar extraño, lo usaré como primera opción al traducir *ridere* y sus compuestos y cognados: eso no quiere decir que la palabra inglesa o española para *reír* capte exactamente aquello a lo que se referían los romanos con *ridere*, pero es sin duda menos engañosa que *sonreír*. Y esa extrañeza es, a fin de cuentas, parte de la cuestión desde el punto de vista histórico.

Chistes y chanzas

No nos estamos enfrentando simplemente a la pobreza del vocabulario del latín para la risa en comparación con la riqueza de, por ejemplo, el griego, o con una simple falta de discriminación cultural al clasificar las diversas variedades de risas. Nos estamos enfrentando a una riqueza *diferente* de vocabulario y tal vez a un conjunto diferente y significativo de prioridades culturales. Pues, por pocos términos que tenga el latín para la risa, los términos para lo que la puede provocar, en forma de chistes y agudezas, son legión. Por citar sólo unos cuantos: *iocus, lepos, urbanitas, dicta, dicacitas, cavillation, ridicula, sal, salsum, facetiae.* No podemos definir la diferencia exacta entre *dicacitas* y *cavillatio*, del mismo modo que no podemos definir exactamente en qué se diferencian «carcajada» y «risoteo». Sin embargo, el contraste con la variedad de vocabulario del griego –que está abrumadoramente dominado por dos palabras para referirse a los chistes, *geloion* y *skōmma*– es sorprendente[26]. Independientemente de cuáles sean el origen y la historia de esos términos (sobre los que trataremos en el capítulo 5), su variedad y amplitud indican el interés cultural de los romanos por lo que provocaba risa y por la relación entre el riente y quien lo impulsara a reír (fuese el bromista o el blanco de la burla).

Es interesante que los dichos populares de los romanos también parezcan ser un reflejo de esas prioridades. Los proverbios y eslóganes sobre la risa son habituales en la cultura de habla inglesa moderna: «El que ríe el último ríe mejor», «Ríe y el mundo reirá contigo» (o, por citar un proverbio yidis, «Lo que el jabón es para el cuerpo, la risa es para el alma»). Tratan en su gran mayoría la risa (y sus efectos) desde el punto de vista de la persona que ríe. Los romanos también hicieron dichos sobre la risa, pero con mucha más frecuencia éstos destacan el papel del bromista más que el del que ríe («Más vale perder un amigo que renunciar a un dicho ingenioso»[27], «Más fácil le es al sabio

---

[26] El que hayan sobrevivido tantos escritos romanos sobre oratoria, algunos de los cuales se ocupan de si se debe hacer reír al oyente y cómo, puede llevarnos a exagerar la aparente preponderancia de los términos para los chistes y bromas sobre los de la risa, pero tampoco hay ninguna razón para suponer que el desequilibrio se pueda imputar en su totalidad a eso.
[27] Una muestra de sabiduría popular que Quintiliano rechaza: «Potius amicum quam dictum perdendi» (6.3.28). Posiblemente Horacio se hace

apagar una llama dentro de su boca que guardarse un buen dicho»[28]), o se centraban en la relación entre el riente y el objeto de su risa, o en cuestiones de quién o qué era un blanco apropiado de bromas («No te rías de los desafortunados»)[29]. Por decirlo de otro modo, mientras que la mayoría de teorías modernas y del interés popular van firmemente dirigidos hacia el riente y las coordenadas internas de la risa, los debates romanos tendían a fijarse más en los seres humanos que daban risa, en la triangulación de bromista, blanco de la risa y riente y (como veremos en el siguiente capítulo) en la vulnerabilidad del bromista tanto como en la de la persona sobre la que se bromeaba.

Las risas en latín que se apartan de los lugares comunes

Una de las satisfacciones de seguir la pista a la risa romana es que conduce a algunas obras extraordinarias –por sorprendentes e incluso asombrosas– de la literatura latina que aún hoy siguen apartándose en parte de los lugares comunes y no son muy conocidas ni siquiera por los clasicistas más profesionales. Encontramos todo tipo de atisbos de risas romanas en algunos lugares inesperados, y además en abundancia. Incluyen largos debates que abordan, directa o indirectamente, la cuestión de qué es lo que hace reír a la gente, reflexionan sobre los protocolos y ética de

---

eco de eso en *Sat.* 1.4.34-35 (pero diferentes versiones del texto y su puntuación le dan un sentido bien distinto; véase Gowers 2012, 161), y también Séneca, *Controv.* 2.4.13. También hay algunos ecos en los dichos modernos, pero siempre dándole la vuelta: «Más vale renunciar a una broma que a un amigo».

[28] Cicerón, *De or.* 2.222 (= Ennio, frag. 167 Jocelyn; *ROL* I, Ennio, fragmentos sin asignar, 405-406).

[29] «Catón», *Disticha.*, prol.: «Miserum noli irridere» (también «Neminem riseris»).

la risa o usan ésta como indicador de otros valores culturales de Roma. No hay discusión sobre la risa que jamás sea neutral.

Así, por ejemplo, la risa funciona como uno de los elementos que sirven para diagnosticar la demente vileza o perversa extravagancia del emperador en la biografía del emperador Heliogábalo, del siglo III d. C., que pertenece a esa extraña colección de vidas imperiales –en parte ficticia y en parte fraudulenta, pero muy reveladora– que conocemos como la *Historia augusta* (es decir, la historia «de los emperadores», *Augusti*)[30]. En lo que casi es una parodia de un patrón que veremos repetirse en los relatos menos tendenciosos de las vidas de emperadores anteriores (véase capítulo 6), Heliogábalo superaba a sus súbditos en risas tanto como en todo lo demás. De hecho, a veces se reía tan fuerte en el teatro que no dejaba que se oyera a los actores («Sólo se le oía a él»), lo cual es una buena indicación del trastorno social que una risa excesiva puede provocar. También usaba la risa para humillar. «Asimismo tenía la costumbre de invitar a cenar a ocho hombres calvos, o bien a ocho tuertos, o a ocho gotosos, o a ocho sordos, o a ocho de piel especialmente oscura, o a ocho altos o a ocho gordos, en el caso de estos últimos para que todo el mundo se riera al ver que no cabían en el mismo diván.» No era la exagerada repetición de gente obesa en sí lo que daba risa, sino la exhibición burlesca por parte del emperador de esa obesidad de sus víctimas. Encontramos un estilo cómico similar en el experimento que hizo con un prototipo romano de nuestros cojines de pedorretas: «A algunos de sus ami-

---

[30] Sonnabend 2002, 214-221, ofrece un rápido y eficaz resumen de los estudios sobre esas vidas; A. Cameron 2011, 743-782, es un análisis más completo y reciente (si bien minimiza, como hacen la mayoría de los críticos, parte de la importancia de la obra por muy ficticia que sea: «producto [...] trivial», 781). La compilación probablemente se realizó a finales del siglo IV d. C.

gos de menor prestigio los sentaba en bolsas de aire en vez de en cojines y luego hacía que se los deshincharan mientras comían, de manera que esos invitados se encontraban de pronto debajo de la mesa en mitad de la cena»[31]. Es una combinación de poder, cenas, risas y bromas a la que volveremos más adelante.

Un tratamiento aún más amplio, que a menudo pasa desapercibido o meramente es saqueado para usar algunos de los chistes concretos que contiene, lo tenemos en el segundo libro de las *Saturnales*, de Macrobio. Éste, que escribía dentro del contexto de una subcultura muy erudita de la antigüedad tardía, nos ofrece, a través de las contribuciones de sus distintos personajes, lo más parecido que tenemos, procedente del mundo antiguo, a una extensa historia que no lo es tanto de la risa como de los chistes, y, al menos de forma indirecta, reflexiona sobre los distintos estilos de chistes y sobre la naturaleza e importancia de los «chistes viejos».

La escena es sencilla. En consonancia con el ambiente desenfadado de la festividad, las Saturnales, que es el contexto dramático en que transcurre la obra, cada uno de los miembros del debate va eligiendo un chiste del pasado que cuenta a los otros (Aníbal y Catón el Viejo son los «bromistas» romanos más antiguos que se citan, aunque –cómo no– el personaje griego del debate, Eusebio, cuenta una ocurrencia de Demóstenes, y Horus, egipcio, elige un epigrama de Platón)[32]. A esto le sigue una antología bastante más sistemática de las ocurrencias o bromas de tres figuras históricas –Cicerón, el emperador Augusto y su hija, Julia–, y en ocasiones unas reflexiones más amplias sobre la risa[33].

---

[31] *SHA*, Heliog. 32.7, 29.3 («ut de his omnibus risus citaret»), 25.2.
[32] *Sat.* 2.1.15-2.2.16.
[33] 2.3.1-2.5.9; veremos más adelante el estilo de estos chistes y las posibles fuentes de Macrobio.

El relato de Macrobio se corresponde en parte con el patrón histórico habitual, al poner el énfasis en la *antiqua festivitas* y en la audacia, o la grosería, de los bromistas de épocas pasadas[34]. Sin embargo, también muestra detenidamente de qué depende la elección de un chiste favorito y cómo esa elección puede estar relacionada con la forma de ser de cada uno. Como era de esperar, es uno de los que han acudido sin haber sido invitados, el excéntrico bravucón Evangelos, que es el que más interesado está en socavar ese ambiente de alta cultura literaria, el que elige un chiste sobre sexo, mientras que el retraído gramático Servio no soporta contar chistes y al final se decide por un mordaz juego de palabras[35].

En la sección final del debate se centran, lo cual es significativo, en otra institución fundamental de la risa romana: la mímica (en latín, *mimus*). Esta forma concreta de expresión dramática no era, como podemos entender ahora, algo silencioso que dependía de los gestos por completo, sino que era una actuación con palabras, o bien improvisadas o escritas previamente, en la que participaban tanto actores como actrices. Su carácter e historia concretos son mucho menos conocidos o entendidos de lo que los libros de texto modernos indican a veces, al igual que su relación exacta con otro género antiguo, la pantomima. No obstante, dos de sus características están claras. En primer lugar, la mímica podía ser en ocasiones muy obscena, y nuestros refinados miembros del debate de las *Saturnales* procuran subrayar que no van a llevar la mímica al banquete, sino sólo una selección de sus chistes, con lo que evitan el libertinaje *(lascivia)*, pero reflejan el espíritu de animación *(celebritas)* de las representacio-

---

[34] 2.2.16 *(antiqua festivitas)*; 2.4.21 (las «Fesceninas» de Augusto).
[35] 2.2.10, 2.2.12-13. Para Evangelos y Servio, véase Kaster 1980, 222-229.

nes[36]. En segundo lugar, era la única forma cultural de Roma cuyo principal propósito, y quizá incluso el único, era hacer reír. Eso es lo que destacaban constantemente los escritores romanos, y ése era el mensaje que pregonaban las lápidas de algunos mimos[37].

Más adelante argumentaré que la hilaridad que tan asociada va a la mímica es un aspecto de la importancia más general que tenía la imitación en la producción de la risa romana, de los actores a los simios. Pero el debate de Macrobio ya apunta en esa dirección con una serie de historias sobre la competición de dos actores de pantomima, Pílades e Hilas, para presentar imitaciones convincentes de personajes de la mitología. Durante la más inteligente, se informa de que el público se rio de Pílades, que interpretaba a Hércules enloquecido, porque iba tambaleándose «y no mantenía la forma de caminar apropiada para un actor». Entonces se quitó la máscara y les reprochó: «Idiotas, estoy interpretando a un loco». En lo que es un interesante giro, resulta que el público se reía de él por lo que suponían que era una mala actuación cuando de hecho era un ejemplo perfecto de imitación (risible)[38].

A veces no es una larga conversación como la de Macrobio, sino apenas un par de palabras desapercibidas de algún texto poco leído, lo que puede arrojar una luz inesperada sobre la forma de operar y la importancia de la risa en la cultura romana. La compilación de volúmenes sobre ejercicios de retórica romana que lleva el título general de *Declamaciones* ha suscitado recientemente cierto intenso interés por parte de los estudiosos, pero aun así sigue estando relativamente poco explotada. Estos ejercicios, una

---

[36] *Sat.* 2.6.6-2.7.19 (el deseo de evitar la *lascivia*, 2.7.1); veremos más adelante el carácter obsceno de la mímica en general.
[37] *AP* 7.155; *PLM* 3, 245-246.
[38] 2.7.16.

combinación de formación teórica y entretenimiento de sobremesa, suelen partir de un caso legal ficticio (o al que al menos se lo dota de rasgos de ficción), en el que los aprendices de orador o las celebridades de la oratoria de sobremesa se ponen de parte de la acusación o de la defensa. La compilación reúne varios de esos casos junto con fragmentos de discursos especialmente notables de famosas estrellas de la retórica; representa, en cierto sentido, tanto un manual de modelos que imitar como una recopilación de «grandes éxitos» de la oratoria[39].

Un ejemplo revelador, que procede de la colección recopilada por Séneca el Viejo a principios del siglo I d. C., es una versión (en forma de ficción) del caso de Lucio Quincio Flaminio, que fue expulsado del Senado en el 184 a. C. por comportamiento improcedente mientras ocupaba su cargo oficial[40]. Existen otras versiones más breves y ligeramente distintas que han llegado hasta nosotros en la literatura latina[41], pero la declamación se centra en la relación entre Flaminio y una prostituta a la que, guiado por el encaprichamiento, se llevó consigo al irse de Roma para gobernar su provincia. Mientras cenaban allí una noche, ella le comentó que nunca había visto decapitar a un hombre, así que, para complacerla, Flaminio hizo que ejecutaran delante de ella, en el mismo comedor, a un criminal que ya estaba condenado a muerte. A continuación, en el mundo novelizado de la declamación, Flaminio fue acusado de *maiestas* (que a menudo se traduce como «traición», pero aún mejor como «delito contra el Estado romano»)[42].

---

[39] Para una visión de conjunto, véanse Bonner 1949, Bloomer 2007 y Gunderson 2003, 1-25 (una explicación más teórica). Spawforth 2012, 73-81, se ocupa de la interrelación entre las tradiciones griegas y romanas.

[40] *Controv.* 9.2.

[41] Principalmente, Livio 39.42-43; Valerio Máximo 2.9.3, y Cicerón, *Sen.* 42. Briscoe 2008, 358-359, analiza las distintas versiones.

[42] Para las consideraciones legales del caso, véase Bonner 1949, 108-109.

Los momentos oratorios más destacados de esa declamación no se ocupan de que estuviese bien o mal ejecutar al criminal de esa forma (al fin y al cabo, estaba condenado a muerte de todos modos), sino del contexto. La declamación es, de hecho, una mina de tópicos romanos sobre la separación que debe mediar entre los asuntos oficiales de Estado y la diversión de una cena. Muchos de los oradores citados encontraron formas vivaces de resumir ese tema subyacente. Hacer «del foro una fiesta» *(forum in convivium)* no era mejor que hacer «una fiesta en el foro» *(convivium in forum)*, bromeó uno de ellos. «¿Habéis visto alguna vez a un pretor cenando con su ramera delante de la rostra?», preguntó otro en referencia al estrado del Foro desde el que los oradores tradicionalmente se dirigían al pueblo romano[43].

Especiales críticas recibe el hecho de que el verdugo estuviera borracho al matar al hombre y que Flaminio llevara zapatillas de estar por casa *(soleae)*, por ser ambas cosas señales de una diversión privada y no de un deber oficial. Pero otro indicativo de transgresión está en los «chistes» que se hacen de ese serio asunto de Estado. Una ejecución se ha transformado en «una broma de sobremesa» *(convivales ioci)*, el propio Flaminio es acusado de «bromear» *(ioci)*, y se afirma que la mujer se «burló» *(iocari)* de los fasces, los símbolos del poder romano. De hecho, según una de estas recreaciones retóricas de tan terrible escena, cuando la desafortunada víctima fue llevada al comedor, la prostituta se rio *(arridet)* –y no, como lo traduce la edición de Loeb Classical Library, con implicaciones muy distintas, «sonrió»[44]–. Tengo la impresión de que hay ciertas resonancias sexuales en eso: tradicionalmente se relacio-

---

[43] 9.2.9, 9.2.11.
[44] Embriaguez: 9.2.3; zapatillas: 9.2.25; *ioci*: 9.2.1; *iocari*: 9.2.9-10; risa: 9.2.6.

naba la risa con las prostitutas, con lo que eso es justo lo que cabría esperar que esta o cualquier otra ramera hiciera[45]. Pero, lo que es más, la palabra *arridet*, que con todo el énfasis aparece al final de la oración, subraya la irrupción de una frivolidad risueña en el mundo de los asuntos de Estado[46].

Lo que sucedió a continuación, sin embargo, nos presenta un papel distinto de la risa en la interacción social que había en esa cena. Está todo narrado en términos muy melodramáticos (en determinado momento se nos pide que imaginemos que el desdichado criminal malinterpreta la escena y, creyendo que es el prolegómeno a recibir el perdón, llega a darle las gracias a Flaminio por su clemencia). Pero ¿qué hicieron los otros invitados una vez que se hubo llevado a cabo la ejecución? Un hombre lloró y otro apartó la mirada, pero otro se rio *(ridebat)* «para congraciarse con la prostituta» *(quo gratior esset meretrici)*[47].

Es una risa provocada por algo bien distinto a los chistes de Macrobio. Por muy jocosas y (transgresoramente) lúdicas que puedan ser las risas de toda la escena, no hay primero bromas verbales que las provoquen. En su lugar, vemos una risa de satisfacción (inapropiada) por parte de la mujer y luego una risa de adulación, o, por decirlo de for-

---

[45] Halliwell 2008, 491, recopila una amplia variedad de ejemplos (en griego) de risas con connotaciones sexuales, que van del periodo clásico al cristiano temprano.

[46] Otro ejemplo de risa (sexualizada) como irrupción transgresora en la esfera pública oficial lo tenemos en el juicio de Máximo, el prefecto romano de Egipto (probablemente un personaje más de ficción que real) (*P. Oxy.* 471). La «transcripción» del alegato de la acusación se centra en la relación de Máximo con un joven al que había incluido en su agenda oficial. Una acusación específica es la de que el chico solía reírse mientras Máximo recibía a la gente que acudía a él. Véase Vout 2007, 140-150 (pero obsérvese que el texto no afirma que el chico se riera «de la gente en su cara», 148; la cuestión es que se *reía* en medio de la seriedad de un mundo de asuntos oficiales).

[47] *Controv.* 9.2.7.

ma más cortés, de alineamiento social por parte de un invitado a la cena. Es un ejemplo más de la red de señales que implica una risa –de la satisfacción a la aprobación y a la absoluta adulación– a la que volveremos más adelante.

Risas literarias clásicas: las lecciones del niño de Virgilio

El estudio de la risa no se limita a dar nueva vida a algunas obras menos conocidas de la literatura latina, sino que también nos anima a volver a examinar desde un prisma distinto algunas de las más canónicas. Ya hemos echado un vistazo a las *Sátiras* de Horacio y a Catulo. Hay otros muchos momentos, en los clásicos más famosos en latín del mundo romano que han llegado hasta nosotros, en que la risa juega un papel a veces controvertido: del *Arte de amar*, de Ovidio, con su conjunto paródico de instrucciones a las jóvenes sobre cómo deben reírse[48], pasando por la referencia de Virgilio a la risa de Venus, que de modo enigmático pone fin a la conversación entre Juno y ella al principio de la *Eneida* 4 (y también decide el destino de Dido)[49], al comienzo del *Arte poética*, de Horacio, en el que enumera los tipos de incongruencias figurativas que, según afirma, harían que cualquiera se riese («Si por capricho pusiera un pintor una cabeza de caballo sobre un cuello humano [...] ¿podríais contener la risa?»)[50].

---

[48] *Ars am.* 3.279-290 (que trataremos más adelante).

[49] *Aeneid* 4.128; analizado por Konstan 1986, que reconoce el problema de interpretarlo como una sonrisa («la sonrisa, o quizá sea una risa», 18). Aunque va dirigido a estudiantes de instituto, Gildenhard 2012, 138-139, tiene un párrafo conciso en que se resumen los principales problemas de interpretación de la risa de Venus.

[50] *Ars P.* 1-5 («Humano capiti cervicem pictor equinam iungere si velit [...] risum teneatis?»). El pasaje es más desconcertante de lo que pueda parecer, pues de hecho las incongruencias risibles son temas habituales

No obstante, la referencia a la risa más famosa y controvertida de todas es el final especialmente desconcertante de la también desconcertante cuarta *Égloga* de Virgilio. Es un poema escrito hacia el 40 a. C. en el marco de los prometedores intentos –aunque a la larga demostraron ser infructuosos– de conseguir que terminara la guerra civil entre Octavio (el futuro emperador Augusto) y Marco Antonio y hubiese paz. Anuncia la llegada de una nueva era dorada para Roma, encarnada en el nacimiento inminente o reciente (la cronología es confusa) de un niño, o bien provocada por él. Virgilio loa a ese niño en términos mesiánicos (de ahí el título de «Égloga mesiánica» que a menudo recibe todo el poema): «Al ahora naciente niño, por quien la vieja raza de hierro termina y surge en todo el mundo la nueva dorada», etc. Pero ¿quién era ese niño? Es un importante tema de polémica desde hace siglos, y se han hecho propuestas que van del hijo aún no nacido de Octavio o de Marco Antonio (aunque, inoportunamente, al final los dos resultaron ser niñas), pasando por una figura puramente simbólica que llevaría la paz, hasta llegar al propio Jesús, cuyo nacimiento, según esa idea, Virgilio estaba profetizando sin ser consciente de que así era[51]. Pero casi igual de controvertido es el significado de los cuatro últimos versos del poema (60-63), en que se dirige al niño y se centra en la «risa» *(risus)* que intercambian su(s) padre(s) y él. ¿Qué es esa *risus*, y de quién es?

Una vez más, los detalles de la discusión se centran en qué es exactamente lo que escribió el autor latino y con qué precisión lo reflejan los manuscritos medievales de los que dependemos. La cuestión principal es el origen y di-

---

en la pintura romana; véanse Frischer 1991, 74-85, y Oliensis 1998, 199-202.
[51] Coleiro 1979, 222-229, repasa las principales propuestas; de forma más breve, Coleman 1977, 150-152.

rección de la «risa», y depende de la diferencia de unas pocas letras. El quid es el siguiente: en el último pareado del poema, ¿estaba Virgilio pensando en la *risus* del niño, dirigida a su *parenti* (singular, caso dativo, supuestamente su madre)[52] o bien a sus *parentes* (plural, caso acusativo, con el significado de madre *y* padre)? ¿O quería decir que la *risus* de los *parentes* (aquí caso nominativo) iba dirigida al niño? ¿Y qué depende de esto? Es una discusión técnica y en última instancia, les advierto, no concluyente que comprende unas palabras latinas que para el ojo ignorante son idénticas (o casi), aunque apunten hacia interpretaciones significativamente distintas. Aun así, también es una cuestión muy instructiva que vale la pena estudiar en toda su complejidad, pues devuelve la risa al meollo del debate sobre uno de los más clásicos de todos los textos clásicos, a la vez que pone en evidencia los riesgos de no reflexionar con el suficiente cuidado sobre las normas lingüísticas y los protocolos culturales de la risa romana.

Todos los principales manuscritos que han llegado a nosotros rezan así:

Incipe, parver puer, risu cognoscere matrem
(matri longa decem tulerunt fastidia menses);
incipe, parve puer: cui non risere parentes,
nec deus hunc mensa, dea nec dignata cubili est.

Literalmente, significa: «Empieza, niñito, con la *risus* a reconocer a tu madre (por diez meses un largo fastidio acompañó a tu madre); empieza, niñito: a quien sus padres no han *risere*, no se le dignan la mesa del dios ni el lecho de la diosa». La idea (francamente enigmática de por sí)[53] parece ser que el futuro estrellado y divino del niño depen-

---

[52] Du Quesnay 1979, 37, difiere de la tónica general al argüir que el «progenitor» singular es el padre.
[53] «Enigmático» es el eufemismo que usa Nisbet 1978, 70, al referirse a los cuatro versos finales de la Égloga.

de del cariño que le den sus padres ahora, el cual se refleja en las *risus* que le dedican.

Pero a la mayoría de estudiosos modernos del poema eso les resulta tan enigmático, por no decir poco convincente, que han preferido ajustar el texto para alterar la naturaleza de la interacción descrita. En lugar de ser los padres *(parentes)* los que dirigen sus *risus* al niño *(cui)*, es el niño (sustituyendo *cui* por *qui*) el que dirige su *risus* a su progenitor, es decir, en este caso a su madre *(parenti)*. De acuerdo con esa interpretación, la interacción de los dos últimos versos es como sigue:

> Incipe, parve puer: qui non risere parenti,
> nec deus hunc mensa, dea nec dignata cubili est.

O: «Empieza, niñito: a los que no han *risere* a su madre, no se les dignan la mesa del dios ni el lecho de la diosa». En otras palabras, es lo que haga el propio niño lo que le allanará el camino para su futura grandeza.

Hay algunas poderosas razones para hacer estos cambios. En general, el texto revisado parece tener más sentido. En primer lugar, la frase «Empieza, niñito», parece exigir alguna acción por parte del niño, y no (como nos da el manuscrito) por parte de los padres. En segundo lugar, cuesta comprender la idea de que la reacción enteramente «natural» *(risus)* de los padres a su hijo sea profética de su futuro. Y, lo que es más, aunque no haya nada en ninguno de los manuscritos del texto de Virgilio que lo apoye directamente, esta nueva versión parece ser mucho más fiel al texto que tenía Quintiliano delante un siglo más o menos después de que Virgilio lo escribiera, ya que se refiere a este pasaje en concreto al tratar sobre un punto peliagudo de la gramática latina[54].

---

[54] El texto ha sido materia de debate al menos desde el Renacimiento, en el que tanto Poliziano como Scaliger abogaron por lo que ahora es la lec-

Pero, sean estos cambios correctos o no (y dudo de que lleguemos alguna vez a zanjar rotundamente esta cuestión), el caso es que se vuelve a poner el foco en la risa, o, para ser más precisos, en qué diferencia puede suponer para nuestra comprensión del texto que reflexionemos más concienzudamente sobre la risa. Pues los críticos de estos versos tienden a recurrir con demasiada confianza a una serie de supuestos sobre las normas lingüísticas y sociales que regían la *risus* romana, y a todo tipo de afirmaciones sobre lo que *ridere* y *risus* pueden (o *deben*) significar. Es un lugar en que encontramos muchas certezas falsas sobre la risa romana.

Así, por ejemplo, hay una enmienda alternativa y menos drástica en el verso 62 que conserva la idea de que es la *risus* del niño, aunque cambiando una letra de la versión manuscrita. Sustituye *cui* por *qui*, pero retiene el plural *parentes* de los manuscritos, con lo que reza «qui non risere parentes». Suponiendo que *parentes* esté en caso acusativo, significaría «los que no se han *risere* de sus padres». Es, cuando menos, una solución económica, pero que a menudo se ha rechazado, alegando que «*rideo* con el acusativo *sólo* puede significar "reírse de" o "burlarse"» (y por lo tanto estaría indicando, de forma absurda, que el niño se está burlando de sus padres). Pero lo cierto es que eso es simplemente falso; como los críticos más meticulosos han

---

tura convencional, en contraposición a la de los manuscritos, basándose en buena medida en el pasaje paralelo de Quintiliano (*Inst.* 9.3.8). Para complicar más la cuestión, las versiones manuscritas de Quintiliano incluyen de hecho la misma versión de estos versos que los manuscritos de Virgilio, pero el uso de Quintiliano de este pasaje como ejemplo de un relativo plural *(qui)* que va unido a un referente singular *(hunc)* deja claro que tenía en mente un texto distinto, más o menos como los estudiosos modernos. Estas cuestiones son analizadas por Coleman 1977, 148-149, y Clausen 1994, 144 (del que tomo la palabra «natural»). Obsérvese, no obstante, que aún quedan algunos defensores del texto de los manuscritos: por ejemplo, F. della Corte 1985, 80.

reconocido, hay numerosos ejemplos en latín en los que *ridere* se usa con un objeto en acusativo en un sentido totalmente favorable[55].

Desde un ángulo distinto, muchos estudiosos se han agarrado a la afirmación de Plinio de que los niños humanos no ríen hasta los cuarenta días, a excepción de Zoroastro, que rio *(risisse)* desde el mismo momento de nacer. De ese modo, argumentan, por medio de esas indicaciones de una risa precoz y sobrenatural, Virgilio está afirmando el estatus divino del niño. Tal vez. Pero la cuestión radica en que no tenemos ni idea de la edad que se supone que tiene el niño de Virgilio, ni tampoco de lo extendida que pudiese estar esa cronología de la risa poco verificada de Plinio en el mundo romano, como tampoco el pasaje paralelo más cercano (como veremos enseguida) aporta ninguna justificación de esa interpretación religiosa[56]. También ha habido puntos de vista firmes (y encontrados) sobre de quién es la *risus* a la que se refiere antes, en el verso 60 (*risu cognoscere matrem*, o «reconocer a tu madre con la *risus*»). ¿Es la *risus* del niño al reconocer a su madre, o es la *risus* de ella la que hace que el niño la reconozca?[57] El latín, por supuesto, concuerda con ambas interpretaciones (y de hecho con las dos a la vez).

Quizá sea más importante, sin embargo, que podemos detectar un matiz decididamente sentimental que subya-

---

[55] La cita es de Clausen 1994, 144 (el énfasis es mío); del mismo modo, R. D. Williams 1976, 119, y Norden 1958, 63 («*Ridere* c. acc. heisst überall sonst "jemanden auslachen", nicht "ihm zulachen"»). Tanto Perret 1970, 55, como Nisbet 1978, 77 n. 135, ven que eso es demasiado generalizador y citan muchos ejemplos contrarios, entre ellos Ovidio, *Ars am.* 1.87.

[56] Plinio, HN, 7.2, 7.72, con Norden 1958, 65-67, y Nisbet 1978, 70. Esta tradición moderna de entender que la *risus* del niño es similar a la de Zoroastro se remonta principalmente a Crusius 1896, 551-553.

[57] Véase, por ejemplo, Perret 1970, 55 («Il ne peut s'agir du sourire de la mère à l'enfant»); las distintas versiones son repasadas brevemente por R. D. Williams 1976, 120, y Coleman 1977, 148.

ce a casi todas las interpretaciones recientes de estos versos. Incluso uno de los latinistas más prácticos, Robin Nisbet, señala que la «humanidad» de la escena (sea lo que sea a lo que se refiere) es una buena indicación de que «se trata de un niño real» y no de un símbolo abstracto de paz y prosperidad, y algunos críticos, incluso cuando no están defendiendo una interpretación cristiana y profética del texto, evocan una escena que, francamente, se parece más a una imagen de la amantísima Virgen María y el niño Jesús que a nada que conozcamos de la Roma pagana[58]. Ese tono a veces almibarado queda resaltado por lo que se ha convertido en la traducción habitual de *risus* y *ridere* en este texto, «sonreír» en vez de «reír»: «Empieza, niñito, a reconocer a tu madre con una *sonrisa*»[59]. Evoca una imagen de sonrisas de cariño que unen a madre e hijo y que resuenan con fuerza en nuestra idea de los niños pequeños y la paternidad. ¿Hasta qué punto es eso engañoso?

Hasta ahora he evitado la cuestión ciñéndome en buena medida a los términos latinos. Pero no sólo «sonrisa» nunca debiera ser el primer recurso a la hora de traducir *ridere*, sino que en este caso también tenemos una clara indicación, en uno de los predecesores más cercanos a Virgilio, de que está refiriéndose a una risa vocalizada. Es muy probable que Virgilio tomara y adaptara esta escena de Catulo, que en su himno nupcial para Manlio Torcuato se imagina la futura aparición de Torcuato, hijo, un niño que, sentado en el regazo de su madre, estira las manos hacia su padre y «le ríe con dulzura con sus pequeños labios entreabiertos» (*dulce rideat ad patrem / semihiante*

---

[58] Nisbet 1978, 70; palabras como «ternura» e «intimidad» (Putnam, 1970, 162; Alpers 1979, 173) se repiten en estos análisis.

[59] Independientemente de la carga sentimental, Nisbet es de los pocos traductores que se aferra a la palabra «risa» en vez de a «sonrisa» (traducciones de la reimpresión de 2007 de Nisbet 1978).

labello)[60]. No son los labios curvos de una sonrisa silenciosa; es una risa, y eso es lo mismo que deberíamos pensar de la escena de Virgilio.

Tal vez sea más fácil ver las posibilidades más amplias que nos presentan los que no están tan arraigados en las tradiciones de la erudición virgiliana, por lo que sus perspectivas distintas pueden resultar instructivas. Para los teóricos modernos de la literatura y el psicoanálisis que han reflexionado sobre el papel de la risa como metáfora comunicativa, este pasaje tiene especial importancia, aunque pocas veces se haya estudiado detenidamente. Georges Bataille, por ejemplo, hizo referencia a las palabras de Virgilio en un famoso ensayo sobre el tema. «La risa –escribió– se puede reducir en líneas generales a la risa de reconocimiento del niño, como nos recuerda el siguiente verso de Virgilio.»[61] Julia Kristeva, asimismo, apunta a la escena descrita por Virgilio al teorizar sobre el papel crucial de la risa en la relación entre madre e hijo y en la noción cada vez mayor de éste de su propio «yo»[62]. Estas ideas tienen un eco en la obra de la crítica cultural Marina Warner, que

---

[60] Catulo 61.209-213 («Torquatus volo parvulus / matris e gremio suae / porrigens teneras manus / dulce rideat ad patrem / semihiante labello»). Los críticos modernos se dividen sobre la cuestión de si esto es meramente un paralelismo epitalámico cercano (sólo una vaga referencia para Virgilio) o una fuente directa (por ejemplo, Putnam 1970, 163: «Un préstamo»). Hardie 2021, 216-218, analiza los vínculos más generales entre esta *Égloga* y Catulo 61 y 64. Dejemos constancia de que no hay ninguna indicación de divinidad en la risa de Catulo 61 y de que la divinidad que se da a entender en Teócrito, *Id.* 17.121-134, una posible inspiración para el verso final de la *Égloga,* no tiene nada que ver con un niño que ríe.

[61] Bataille 1997, 60. Continúa: «De pronto, *lo que dominaba al niño cae bajo su dominio.* No es una autorización, sino una fusión. No se trata de celebrar el triunfo del hombre sobre las formas degradadas, sino de la comunicación de una intimidad. En esencia la risa procede de la *comunicación*» (en cursiva en el original).

[62] Parvulescu 2010, 161-162, detecta correctamente ecos de Virgilio en el tratamiento que hace Kristeva de la risa que intercambian madre e hijo (esp. Kristeva 1980, 271-294).

comenta directamente los últimos versos de la *Égloga* 4 en el transcurso de un estudio más general sobre (en palabras suyas) «lo divertido». No tiene problemas en traducir el *ridere* de Virgilio como «reír» y en encontrar sentido a esa risa: «"Aprende, niñito, a conocer a tu madre por medio de la risa". ¿Se refería Virgilio a la risa del niño o a la de la madre? O, al omitir el posesivo, ¿quería que sus lectores entendiesen que el reconocimiento y la risa se dan simultáneamente justo al principio de la comprensión, la identidad y la vida misma?»[63].

Es un tipo de interpretación radicalmente distinta a las que acabo de repasar. Tengo la impresión de que muchos clasicistas serían renuentes a seguir a Warner, y menos aún a Bataille o a Kristeva, y éste no es lugar para un análisis detallado de los puntos fuertes y débiles de sus argumentaciones[64]. Pero, al menos, al interpretar este pasaje tan controvertido de formas tan diferentes, y por medio de su convicción de que se trata de una risa vocalizada, nos ofrecen un contundente recordatorio de lo peligroso que es suponer que sabemos cómo funcionaba la *risus* del latín, y no digamos imponer nuestra versión de «la primera sonrisa del niño» en la cultura de la Roma Antigua.

La risa romana en griego

La risa romana no era sólo una risa en latín. Hasta ahora en este capítulo nos hemos centrado en la literatura latina,

---

[63] Warner 1998, 348.
[64] Es sorprendente que apenas ningún tratamiento clásico de este texto haga referencia a su papel en la teoría moderna –ni, hemos de reconocer, viceversa–. De hecho, se da cierto lamentable destrozo del latín en los análisis no clásicos; por ejemplo, «Incive, puer parvo» en la primera edición de Warner 1992 (348; luego corregido), que introducía un nuevo error amanuense gramaticalmente incorrecto en un texto tan complejo como éste.

pero ya en el siglo II a. C. Roma tenía una cultura literaria bilingüe en la que la risa se debatía y estudiaba tanto en latín como en griego.

De hecho, los dos casos concretos de risas romanas que vimos en el primer capítulo de este libro son ejemplos clásicos de esa clase de bilingüismo lingüístico y literario. El primero describía un incidente que tuvo lugar en el Coliseo de Roma, cuando se dio un enfrentamiento tan aterrador como divertido entre el emperador Cómodo y varios miembros de la élite política romana; estaba sacado de una historia de Roma escrita en griego por un senador romano que procedía de la provincia de habla griega de Bitinia, en la actual Turquía. El segundo estaba tomado de una comedia latina que se representó por primera vez en el siglo II a. C. en (casi con toda seguridad) un festival religioso de la ciudad de Roma. Pero, en lo que es una forma de sincretismo literario largo tiempo debatida por los estudiosos de la comedia grecorromana, era de hecho una adaptación y refundición romanizada de dos obras del dramaturgo ateniense Menandro, de finales del siglo IV a. C. Ninguna de ellas ha llegado hasta nuestros días, a excepción de algunos breves fragmentos que se recuperaron de unos papiros egipcios y de algunos pasajes citados por autores posteriores, pero, incluso disponiendo tan sólo de esos pocos fragmentos, queda claro que algunos de los versos cómicos que analizamos antes se remontan, con ajustes, a una de las obras de Menandro.

La cuestión no es si estas dos historias se merecen un lugar en un estudio de la risa romana. Por supuesto que se lo merecen: cada una a su modo distinto se desarrolla dentro de un marco institucional romano, y cada una es contada por un escritor «romano» (Dion era senador romano y Terencio probablemente fuese un antiguo esclavo emancipado). Aun así, plantean la cuestión acerca de dónde queremos poner el límite. Existe en particular una enorme cantidad de literatura de la que ha llegado hasta nosotros que fue escrita en griego en el periodo del Imperio Romano, cuando el mundo griego estaba bajo el control político y militar de Roma: de las sátiras de Luciano a los discursos de Dion Crisóstomo o la novela romántica y erótica *Leucipa y Clitofonte*, de Aquiles Tacio, por no mencionar las biografías y filosofía de Plutarco, las historias de Dion, Apio y Dionisio, la aburrida hipocondría de Elio Aristides o los interminables tratados médicos (fascinantes para algunos) de Galeno. ¿Cuentan todos como romanos? ¿Incluye en potencia la risa «romana» la risa de la totalidad del Imperio Romano, de España a Siria? ¿Qué diferencia hay entre la risa griega y la romana? Ya he señalado algunos desequilibrios en el vocabulario de las risas y las bromas entre la lengua latina y la griega. ¿Hasta qué punto indica eso unas diferencias culturales significativas que deberíamos tener en cuenta?

Estas reflexiones apuntan hacia un animado debate más amplio que se da entre historiadores y arqueólogos acerca de la naturaleza misma de la cultura «romana». Aunque se ha vuelto un debate muy complejo, una sencilla pregunta lo resume en buena medida: ¿a qué nos referimos con ese adjetivo, que en apariencia no plantea problemas, de «romano» (ya se trate de «risa» o «literatura» romanas, «escultura» o «espectáculo», «política» o «pantomima»). ¿De qué romanos estamos hablando? ¿De la élite instruida y adinerada? ¿O de los pobres, campesinos, esclavos o mujeres? Y, lo que viene aún más al caso, ¿estamos pensando en el término en clave geográfica, cronológica o más vinculada íntegramente con el estatus político y civil o con normas distintivas de comportamiento y cultura? ¿Cuenta, por ejemplo, un tratado intelectual escrito en griego por un aristócrata ateniense del siglo II d. C. como romano porque Atenas formaba entonces parte del Imperio Romano? ¿Sería más convincentemente romano si el escritor griego fuera (como Dion) a la vez un senador de Roma o si supiéramos que la obra era leída y debatida por hablantes latinos de la propia metrópoli?

No hay, por supuesto, respuestas correctas a estas preguntas. Los estudios recientes más influyentes insisten en disgregar cualquier noción unitaria de la cultura «romana», al tiempo que rechazan cualquier modelo simple de cambio cultural progresivo a lo largo del Mediterráneo antiguo[65]. Hoy ya nadie piensa que la ciudad de Roma era en un principio un vacío cultural que se fue llenando poco a poco, por medio de un proceso bien llamado de «helenización», gracias a su contacto con el mundo griego. (Tengo la impresión de que el poeta romano Horacio se horrorizaría si supiese que sus palabras «la Grecia cautiva hizo cautivo a su feroz conquistador» se sacaron de contexto para convertirlas en un eslogan de la inferioridad de la cultura romana frente a la griega.)[66] Del mismo modo, hoy en día pocos historiadores caracterizarían la creciente influencia romana en Occidente como un sencillo proceso de «romanización», o bien la considerarían en términos de un claro enfrentamiento entre las formas culturales «romanas» y las de los «nativos» que en mayor o menor medida se resistían a ellas.

En su lugar, indican una multiplicidad intercultural cambiante de «romanidad», formada por una serie a menudo inestable de interacciones culturales que se resumen en una variedad de metáforas a veces esclarecedoras, otras demasiado seductoras y otras, me temo, bastante engaño-

---

[65] La bibliografía sobre la construcción de identidad y el cambio cultural en el mundo grecorromano es inmensa. Además de otras obras citadas en las notas siguientes, algunas aportaciones importantes son, entre otras, Millett 1990; Woolf 1994; Goldhill 2001; Dench 2005, y Mattingly 2011.
[66] *Epist.* 2.1.156 («Graecia capta ferum victorem cepit»). Como indica Wallace-Hadrill 2008, 24-25, los estudiosos modernos rara vez citan el punto de vista muy distinto de Ovidio, *Fast.* 3.101-102, cuyo lenguaje hace alusión a Horacio.

sas, como «constelación», «hibridación», «criollización», «bilingüismo» o «mestizaje»[67]. De hecho, en algunos de los trabajos más radicales, incluso el lenguaje descriptivo básico de las diferencias culturales de la antigüedad y de los cambios culturales en el Imperio Romano parece trastocarse por completo. Así, por ejemplo, en el vertiginoso estudio de Andrew Wallace-Hadrill, *La revolución cultural de Roma*, la misma oposición entre la cultura romana y la griega (o helénica) queda subvertida drásticamente. Es decir, Wallace-Hadrill ofrece una serie de razones convincentes para considerar a Roma un motor principal de la «helenización», esa «helenización» como uno de los aspectos de la «romanización» y, en última instancia, la influencia «romana» como uno de los impulsores de la «rehelenización» del propio mundo helénico (nada menos)[68].

Estos vertiginosos temas acechan inevitablemente en el trasfondo de cualquier libro como éste. No obstante, mis preguntas más acuciantes son bastante más restringidas y más manejables. Para empezar, tenemos que enfrentarnos al hecho de que casi no tenemos ningún acceso a la cultura de la risa de los que no pertenecían a la élite de ninguna parte del mundo romano. ¿Quién sabe si el estilo de la «risa campesina» era en realidad tan diferente del de la élite urbana como tan a menudo suponemos? (Y no debié-

---

[67] Para ejemplos, véanse Van Dommelen 1997; Hill 2001, 14 (constelación); Webster 2001, 217-223 (hibridación y criollización); Wallace-Hadrill 2008, 27-28 (bilingüismo), y Le Roux 2004, 301 (mestizaje). La influencia (y terminología) de estudios teóricos y comparados como Bhabha 1994, esp. 112-116 (para «hibridación»), y Hannerz 1987 está clara.

[68] Wallace-Hadrill 2008. El resumen más claro de sus razonamientos está en 17-27, que también ofrece una crítica incisiva de algunas de las metáforas que actualmente gozan de mayor predilección, a la vez que opta en su lugar por el modelo del bilingüismo (y también por un modelo de interacción cultural grecorromana basado en el funcionamiento diastólico y sistólico del corazón humano). Wallace-Hadrill 1998 ofrece una briosa versión anterior de su analogía lingüística (y alteradora de códigos).

ramos olvidar que la supuesta vitalidad del campesino puede ser tanto una invención de los sofisticados habitantes de la ciudad como un reflejo certero de la vida llena de risas de la sencilla sociedad rural.)[69] En cualquier caso, estudiar la «risa romana» implica ahora por fuerza estudiar la risa tal y como se (re)construye y transmite a través de una variedad de textos literarios de la élite. La cuestión es: ¿Qué textos, y, sobre todo, qué textos de los escritos en griego o que en parte están enraizados en el mundo griego? ¿Se puede trazar una distinción? ¿Dónde? ¿Pertenece Plutarco –ensayista griego, sacerdote en el santuario de Delfos y ávido estudioso de la cultura «romana»– a este libro, a *La risa griega*, de Stephen Halliwell, o a los dos? ¿Corremos el riesgo de confundir la risa «griega» con la «romana»? E ¿importa mucho?

No puede haber reglas absolutas. Los estudios críticos recientes de la cultura griega del Imperio Romano destacan muchos aspectos diferentes que a veces son contradictorios: sus coordenadas enfáticamente helénicas (incluso «antirromanas»), su papel activo en el replanteamiento de las categorías de «griego» y «romano» o a la hora de apoyar la hegemonía política y social de Roma sobre Grecia, etcétera[70]. En la práctica, la línea divisoria moderna entre lo «griego» y lo «romano» a veces se reduce al tema de

---

[69] Algunas reflexiones sensatas sobre las tradiciones de la risa compartidas por la élite y la no élite las tenemos en Horsfall 1996, 110-111 (aunque, en general, Horsfall tiene más confianza que la mayoría en nuestra capacidad para poder acceder a la «cultura popular» romana).

[70] De nuevo la bibliografía es enorme. Entre las aportaciones importantes de la nueva ola de estudios de la literatura y cultura griegas durante el Imperio tenemos a Swain 1996 (que reflexiona sobre «cómo la élite griega usó el lenguaje para constituirse en un grupo cultural y políticamente superior», 409), Whitmarsh 2001 (la cuestión radica en «cómo se emplea "lo literario" para construir la identidad griega en relación con el pasado griego y el presente romano», 1-2) y Spawforth 2012 («por lo que respecta a la cultura griega, un "estilo imperial de incorporación establecida" especificó la rama "pura" del helenismo que el poder dominante quería

que se trate (si la obra en cuestión es sobre Roma, se tiende a tratar como romana; si es sobre Grecia, entonces se considera griega, pese a que la perspectiva bifocal y grecorromana de Plutarco y otros hace que ese procedimiento resulte absurdo). Para ser sinceros, tal vez aún más a menudo se reduzca a las divisiones territoriales de la academia moderna. Por un lado, los estudiosos de la literatura griega clásica acostumbran a abrazar y entender este material como una extensión hasta cierto punto de su territorio (está, al fin y al cabo, escrito en «su» lengua y guarda una relación constructiva con sus predecesores griegos clásicos). Muchos historiadores de la cultura romana, por otro lado, lo reclaman como parte de su competencia (fue escrito durante «su» periodo y con frecuencia señala directa o indirectamente a las estructuras de poder del Imperio Romano). Lo cierto es que no hay ningún camino seguro entre ver esta literatura en términos (por un lado) de *ser griega* o (por el otro) de estar *convirtiéndose en romana*, por usar los títulos de dos de las aportaciones modernas a todo este debate más influyentes[71].

Voy a continuar teniendo muy en cuenta algunas directrices metodológicas muy básicas. La primera es que las culturas «griega» y «romana» de la risa durante el periodo del Imperio Romano eran ajenas entre sí y, a la vez, estaban tan relacionadas que es imposible separarlas. Simplemente en virtud de su lenguaje, siempre se podría encontrar algún tipo de diferencia cultural. Hemos de suponer, por ejemplo, que cuando Virgilio tenía el texto de Homero delante y consideraba cómo reflejar la palabra griega *meidiaō* en su propia obra épica, debió de reflexionar por

---

mantener como la moralmente aceptable para los romanos», 271). Konstan y Saïd 2006 incluye una variedad de ensayos muy útiles.

[71] Goldhill 2001; Woolf 1994 (la frase también se usa como título de Woolf 1998, que se centra en la Galia).

fuerza sobre los distintos sentidos de las palabras griegas y latinas para referirse a la risa y lo que podían implicar. Y ya hemos atisbado las preferencias étnicas a la hora de hacer chistes entre los comensales de la élite que estaban invitados a la cena de las *Saturnales* de Macrobio: griega, egipcia y romana. Sin duda hemos de estar alerta a cualquier indicación de diferencias culturales, pero, en su mayor parte, se gana poco (y se puede perder mucho) intentando dividir la cultura de la risa de la literatura del Imperio, y aún menos clasificando estos textos de múltiples facetas culturales a un lado u otro de alguna línea divisoria teórica entre lo «romano» y lo «griego» (*Cuestiones romanas* de Plutarco, dentro; *Leucipa y Clitofonte*, fuera; la versión en latín de Apuleyo de la historia de «Lucio el asno», dentro; la versión griega paralela, fuera). La élite romana, con independencia del lugar del Imperio en que viviese, aprendió a «pensar sobre la risa» con textos tanto griegos como latinos. Nos enfrentamos, al menos en gran parte, a una cultura literaria compartida de la risa y de la «fraternidad de rientes», en lo que es una conversación cultural bilingüe.

Mi segunda directriz sirve para limitar esto muy ligeramente. Si nos imaginamos la cultura de la Roma imperial como una conversación (para añadir, lo reconozco, otra metáfora más a las de hibridación, constelación y demás), prefiero concentrarme en esas obras literarias escritas en griego en las que podemos detectar con mayor seguridad un lado explícitamente romano, en lugar de un mero trasfondo romano de carácter sociopolítico generalizado. Eso ocurre a veces a través de personajes etiquetados claramente como romanos que participan en un diálogo (como encontramos, por ejemplo, en *Moralia*, de Plutarco) o a través de temas y contextos específicamente romanos (como los nombres, moneda y hechos que forman parte del contexto de las chanzas del «libro de chistes» de la antigüedad tardía, el *Philogelos* o «amante de la risa»).

Lo que sorprende es lo poderosa que puede ser la intervención romana en esa conversación. De hecho, como ahora veremos, algunas de las tradiciones de la risa que en la superficie pueden parecer más o menos puramente «griegas» resultan ser mucho más «romanas» de lo que solemos suponer. A veces nos encontramos con que lo que consideramos distinguidas tradiciones de la risa en griego clásico son en gran medida construcciones del periodo romano. De vez en cuando comprobamos que el lenguaje griego de la risa se adapta a ideas y expresiones que son características del latín. Y cuando, a la inversa, los autores romanos usan chistes griegos, tenemos pruebas de que llevan a cabo una adaptación creativa del material original para el público romano. Una vez más, *El eunuco* de Terencio –con el gorrón Gnatón, el soldado Trasón y el chiste sobre el joven de Rodas– nos ofrece un buen ejemplo de la «romanización» de la risa griega y de la arqueología de un chiste romano, a la vez que sirve de introducción a algunas de las cuestiones principales de la sección final de este capítulo.

El chiste griego de Terencio

Desde hace mucho, las comedias de Plauto y Terencio proporcionan ejemplos reveladores de la intrincada relación de los romanos con la cultura griega, y el trabajo filológico de Eduard Fraenkel de la década de 1920 respalda muchos de los debates a este respecto[72]. Sus obras están explícitamente basadas en modelos griegos, pero los dramaturgos adaptaron en gran medida el material «original» hasta con-

---

[72] Fraenkel 1922. Desde una perspectiva más estrictamente histórica, la obra de Erich Gruen también ha sido muy influyente; véase, por ejemplo, Gruen 1990, 124-157.

seguir algo bien distinto y con nuevas implicaciones dentro del contexto romano. Por ejemplo, sea cual sea su fuente griega (lo cual se sigue debatiendo), *Anfitrión*, de Plauto, se ocupa detenidamente de la que es la más característica de las celebraciones romanas: el desfile triunfal para celebrar una victoria militar. De hecho, Plauto prácticamente adapta el que fuese su original (griego) para hacer una parodia cómica de los orígenes del triunfo (romano)[73].

En *El eunuco*, de Terencio, esta adaptación creativa se centra en los chistes individuales, con lo que añade otro giro a las escenas cómicas que vimos en el primer capítulo, así como una importante coda a lo que dijimos entonces. El prólogo de la obra deja bien claro que está basada en dos obras de Menandro de finales del siglo IV a. C.: *El eunuco* y *El adulador (Kolax)*, de las que toma los personajes del soldado y el gorrón / adulador. Conservamos, de varios fragmentos de papiro y de algunas citas, más de cien versos de *El adulador*, que confirman que los personajes de Gnatón y Trasón provienen de esa fuente (aunque tengan otros nombres en la obra de Menandro)[74]. De hecho, es probable que un breve fragmento de diálogo, citado por Plutarco, fuera la inspiración para uno de los intercambios de palabras entre ellos dos que he citado en el capítulo 1, en lo

[73] Christenson 2000, 45-55; Beard 2007, 253-256.
[74] Terencio, *Eun.* 1-45; con Barsby 1999, 13-19; Brothers 2000, 20-26. El Trasón de Terencio deriva del Bías de Menandro. Sin embargo, la cuestión se complica por el hecho de que hay un personaje llamado Gnatón en *El adulador*, de Menandro, y otro, Strouthias, que parece ser (por los fragmentos que han llegado hasta nosotros) la inspiración para parte del Gnatón de Terencio. Quizá éste fundiera a los dos en el mismo personaje, conservando el nombre de Gnatón, o quizá el personaje tenía dos nombres distintos en la obra de Menandro. Véanse Brown 1992, 98-99, y Pernerstorfer 2006, 45-50 (para la argumentación de que un único personaje era llamado por dos nombres distintos). Pernerstorfer 2009 intenta hacer una importante reconstrucción de la obra, repitiendo las conclusiones de su anterior artículo; para otro intento sucinto de hacer un resumen del argumento, véase Gomme y Sandbach 1973, 420-422.

que es un ejemplo clásico de una explicación intencionadamente engañosa de un estallido de risa. Como vimos,
ésta es la versión de Terencio:

> GNATÓN: *Hahahae.*
> TRASÓN: ¿De qué te ríes?
> GNATÓN: De lo que acabas de decir, y de la historia del chico
> de Rodas siempre que me acuerdo.

Y éste, a juzgar por Plutarco (al ocuparse de los problemas de tratar con aduladores), es el pasaje «original» de *El
adulador* que Terencio aprovechó. El sentir es muy parecido, y las palabras se ponen en boca del gorrón / adulador
del título:

> Me río al recordar el chiste
> que hiciste a expensas del chipriota[75].

No tenemos suficiente información para poder decir que
esa explicación de por qué ríe es tan maliciosamente engañosa en la obra de Menandro como en la de Terencio (aunque la afirmación de Plutarco de que el adulador «baila por
su triunfo» sobre el soldado al decirle eso parece indicar
que sí lo es). En cualquier caso, algo parece seguro: en cada
obra hay una referencia cómica a un chiste anterior, si bien
los términos exactos del chiste son distintos. En *El eunuco*
es una broma a costa del chico de Rodas (que «intenta coger los mejores trozos»). En Menandro es alguna broma
(perdida) a costa de un «chipriota», lo que quizá esté rela-

---

[75] Menandro, *Kolax* frag. 3 (= Plutarco, *Mor.* 57ª = *Quomodo adulator* 13):
γελῶ τὸ πρὸς τὸν Κύπριον ἐννοούμενος. Plutarco no menciona el título de
la obra, pero sí da el nombre de dos de sus personajes. Véanse Gomme y
Sandbach 1973, 432, y Pernerstorfer 2009, 112-113. Lefèvre 2003, 97-
98, está prácticamente solo (y de forma poco convincente) en su creencia
de que estas palabras «no tienen nada que ver con Terencio».

cionado, como han propuesto algunos críticos, con el viejo dicho griego de que los bueyes comen boñigas (con lo que todos los chipriotas serían unos «comemierda»)[76].

De ser así, sólo podemos suponer qué hay tras el cambio de Terencio. Quizá el chiste del buey chipriota no formase parte del repertorio romano y corriera el riesgo de no hacer gracia al público que asistió a la primera representación de la obra de Terencio. Quizá rescribió el chiste por completo para hacer una alusión a las relaciones políticas de Roma con Rodas en ese momento. O quizá Terencio sólo cambió la nacionalidad del antihéroe de la ocurrencia (el chico que intenta coger los mejores trozos) de chipriota a rodiota; al fin y al cabo, en su *Eunuco*, la chica deseada es de Rodas, y tal vez hubiese un vínculo internacional. De ser así, los más cultivados del público romano se darían cuenta con mayor facilidad de que era un chiste viejo. De hecho, era tan viejo que no sólo se remontaba a Livio Andrónico, sino a tiempos de Menandro, en el siglo IV a. C. En otras palabras, se trata de un caso en que no es que la herencia griega se adapte a un contexto cómico diferente: más bien se convierte en parte integral del propio chiste romano.

El lado romano de la risa griega

Los clasicistas han luchado largo tiempo con las formas en que los escritores romanos dieron nuevo ímpetu (o reciclaron) a sus predecesores griegos, indicando la combinación característica de similitudes y diferencias que se encuentra a lo largo de toda la (re)utilización romana de las formas culturales griegas, la cual llega hasta sus risas. Sin

---

[76] Gomme y Sandbach 1973, 432; Brown 1992, 94; Pernerstorfer 2009, 113.

embargo, no se ocupan con tanta frecuencia de la relación desde el punto de vista del otro lado. Para concluir este capítulo, y reflexionar más sobre los aspectos potencialmente «romanos» de la risa «griega», voy a seguir el ejemplo de Andrew Wallace-Hadrill y Tony Spawforth, que defienden el amplio y variado impacto cultural de Roma en el mundo griego (el cual va del estilo de las lámparas que se hacían en la Atenas romana al «comportamiento cultural» de la élite griega durante el Imperio)[77]. Algunas de las tradiciones que con frecuencia se supone que son de la Grecia clásica deben mucho en varios sentidos a las conversaciones culturales del Imperio (greco)romano.

Uno de los símbolos más memorables de la risa griega es el filósofo del siglo V a. C. Demócrito de Abdera, ciudad del norte de Grecia, el cual ha pasado a la historia como el «filósofo risueño», y ha sido loado como tal no sólo en la antigüedad, sino también en la era moderna por artistas y escritores tan diversos como Pedro Pablo Rubens y Samuel Beckett. Demócrito, al que a menudo se empareja con Heráclito (su opuesto, «el filósofo llorón»), aparece una y otra vez en escritos antiguos en su papel icónico de «el riente» (o como el «experto en la risa»)[78]. Cuando, por ejemplo, Cicerón va a empezar en *Sobre el orador* a tratar el papel de la risa en la oratoria y quiere pasar por alto la cuestión imposible de explicar de qué es en realidad la risa, escribe: «Eso se lo dejamos a Demócrito»[79]; otros cuentan que, por

---

[77] Wallace-Hadrill 2008 (lámparas: 390-391); Spawforth 2012 (comportamiento cultural: 36-58).

[78] Halliwell 2008, 343-346, 351-371 (con 332-334, es un claro resumen de su impacto, lo que incluye a Beckett 1938, 168). McGrath (1997, vol. 1, 101-106; vol. 2, 52-57, 58-61) ofrece útiles análisis de varias de las versiones que hizo Rubens de Demócrito. Para Heráclito, véase Halliwell 2008, 346-351.

[79] *De or.* 2.235. Da por supuesta la competencia de Demócrito en el campo de la risa, pero no necesariamente que éste fuese conocido por su condición de riente.

las burlas que hacía Demócrito de sus compatriotas, se ganó el apodo de «la boca que ríe» y se convirtió, en palabras de Stephen Halliwell, en el «santo patrón» del ingenio satírico («con su perpetua risa sacudía Demócrito el pulmón», escribió Juvenal, aunque en su tiempo no hubiera tantas cosas que fuesen motivo de burla: ni bobadas huecas, ni pretextas [togas blancas bordadas de púrpura] ni literas)[80].

Pero el relato más profuso con diferencia de la risa de Demócrito lo encontramos en lo que es de hecho una novela corta epistolar, compuesta por una serie de cartas ficticias, escritas en griego, que se intercambian los ciudadanos de Abdera y el legendario médico griego Hipócrates y que se conservan entre los textos que se atribuyen a éste (de forma espuria, en el sentido de que es casi seguro que ninguno fuese escrito por él)[81]. En esta historia, los abderitas (que también tienen su propia aparición en la historia de la risa y los chistes, como veremos en el capítulo 8) están cada vez más preocupados por la cordura de su famoso filósofo, por la sencilla razón de que siempre se está riendo, y, además, de las cosas menos apropiadas. «Alguien se casa, un hombre monta un negocio, otro da un discurso público, otro toma posesión de un cargo, se va en una embajada, vota, se pone enfermo, resulta herido, muere. Él se ríe de todos ellos»[82], escriben exasperados a Hipócrates, al que piden que vaya a Abdera a curar a Demócrito. El médico acepta (y la novela corta incluye algunos toques cómicos en los preparativos, que van del transporte a lo que dispone para su mujer en su ausencia). Pero, según

---

[80] «La boca que ríe» (Γελασῖνος) es el término que usa Eliano (*VH* 4.20); Halliwell 2008, 351, 369 (para «santo patrón»); Juvenal 10.33-34; véase también Horacio, *Epist.* 2.1.194-196.
[81] Hipócrates, *[Ep.]* 10-23 (con texto y traducción en W. D. Smith 1990). Hankinson 2000 y Halliwell 2008, 360-363, ofrecen claras introducciones.
[82] *[Ep.]* 10.1 (ὁ δὲ πάντα γελᾷ).

sabemos por las cartas, cuando se encuentra con el paciente, descubre enseguida que Demócrito no está loco en absoluto, sino que está con toda razón riéndose de las tonterías de la humanidad («Crees que hay dos causas de mi risa, las cosas buenas y las cosas malas, pero me río de una cosa: de la raza humana»)[83].

Mientras se avanza hacia ese final feliz, abundan las oportunidades de que las diversas partes ofrezcan su punto de vista sobre la utilidad de la risa. De hecho, la novela es uno de los tratamientos filosóficos del mundo antiguo más extensos de la risa que han llegado hasta nosotros. Pero lo que quiero subrayar es que no hay ninguna prueba que relacione en concreto a Demócrito con la risa antes del periodo romano. La primera referencia que tenemos a esa relación es ese aparte casual de Cicerón, mientras que con casi toda seguridad la novela hipocrática es del siglo I d. C., varios después de que murieran sus dos protagonistas[84]. Los escritos del propio Demócrito, hasta donde los podemos reconstruir, se ocupan principalmente de teorías del atomismo y de una posición ética mucho más moderada que la del «absurdo» que da a entender la novela corta. Sólo cabe hacer conjeturas sobre cómo o por qué lo convirtieron en símbolo de algo bien distinto antes del siglo I d. C.

Encontramos un patrón a grandes rasgos similar en otro símbolo importante de la risa griega: la tradición de que existía una característica risa «espartana». Esparta es la única ciudad del mundo antiguo, fuera del campo de la ficción, de la que se decía que había una estatua, e incluso

---

[83] *[Ep.]* 17.5 (ἐγὼ δὲ ἕνα γελῶ τὸν ἄνθρωπον).

[84] La única referencia a la risa en un fragmento posiblemente auténtico de Demócrito de los que disponemos es 68B107a DK, en el que se afirma que no debemos reírnos de las desgracias de los demás. La primera referencia explícita a Demócrito en su condición de renombrado riente (más que de experto) es Horacio, *Epist.* 2.1.194-196.

un santuario y un culto religioso, dedicados a la Risa, que se atribuyen al mítico legislador Licurgo[85]. Además, se supone que en el ambiente de campamento militar de la Esparta clásica las risas y las bromas tenían un papel destacado. Se decía que los jóvenes espartanos aprendían tanto a bromear como a soportar las bromas en sus comedores *(sussitia)*, y que se esperaba que las mujeres espartanas se burlaran de los jóvenes que no consiguieran estar a la altura de su sistema de entrenamiento[86]. Las referencias de las que disponemos a ocurrencias y agudezas espartanas enfatizan su franqueza práctica e incluso su agresividad (como la réplica del combatiente espartano cojo del que se reían sus compañeros: «Idiotas, no hace falta salir corriendo cuando se lucha contra el enemigo»)[87]. Por tentador que resulte usar eso como prueba para llenar algunas de las lagunas de lo que sabemos de la cultura espartana clásica (siglos v y iv a. C.)[88], lo cierto es que todo procede de escritores de la época romana –principalmente de Plutarco, aunque no sólo de él–. Debe de reflejar en parte una construcción nostálgica de la «excepcionalidad» espartana, en la que esas supuestas tradiciones «primitivas» de la risa se usaban, con carácter retrospectivo, para destacar la rareza del sistema espartano[89].

---

[85] Plutarco, *Lyc.* 25 (estatua); *Agis y Cleom.* 30 (santuario); Halliwell 2008, 44-49, hace un breve estudio de las pruebas que existen sobre la risa espartana.

[86] Plutarco, *Lyc.* 12, 14.

[87] Plutarco, *Mor.* 217c = *Apophthegmata Lac.*, Androcleidas.

[88] Una tentación a la que sucumbió David 1989.

[89] La reconstrucción que se llevó a cabo en el periodo romano de la Esparta primitiva (así como la inversión que se hizo en ella) es un tema del que se ocupa Spawforth 2012 (por ejemplo, para las tradiciones de la *sussitia*, 86-100). En parte, esa tradición era sin duda la forma de los espartanos de reivindicar su identidad propia (encantados de proporcionar recreaciones de parque temático de sus rituales primitivos); en parte, fue un fenómeno literario / discursivo, al crear los escritores de la época romana una visión característica del pasado espartano.

En ambos casos debemos tener cuidado en no excedernos en nuestras afirmaciones, por supuesto. Obtendríamos una idea muy extraña de la historia antigua si diésemos por supuesto que no existía ninguna tradición con anterioridad a la primera referencia a ella que ha llegado hasta nosotros («la ausencia de pruebas no es prueba de su ausencia», como dice el viejo tópico deductivo). Sería poco convincente suponer que, con su aparte casual, Cicerón estaba inventando la relación de Demócrito con la risa; es mucho más probable que se estuviese refiriendo (sin que esté claro con qué grado de verdadero conocimiento) a un lugar común preexistente. A partir de las pruebas con que contamos, es imposible saber con certeza en qué momento pudo tener lugar la famosa metamorfosis de Demócrito de atomista a risueño[90]. Sin duda también existe una prehistoria más profunda de las tradiciones de la risa espartana: Plutarco, de hecho, cita una fuente del siglo III a. C. al referirse al «santuario de la Risa», y muchas de esas ocurrencias anecdóticas que se atribuyen a espartanos famosos del pasado bien pudieron tener un origen aún anterior[91]. Aun así, sigue siendo un hecho que las tradiciones sobre Demócrito y los espartanos nos han llegado a través de la literatura del Imperio Romano, por muy seleccionadas, adaptadas y embellecidas que estén. En un mundo académico en el que los historiadores han intentado hacer que muchas tradiciones se remonten a los días gloriosos de la Grecia clásica, es importante recordar que muchos de los detalles, de las interrelaciones y de los matices culturales (o de las propias tradiciones en su totalidad) son producto del mundo imperial grecorromano.

---

[90] Cordero 2000, 228, hace un repaso de las posibilidades. Éstas indican que la tradición se puede remontar al siglo III, pero «rien ne le prouve».
[91] Plutarco, *Lyc.* 25, cita al historiador helenístico Sosibios (Jacoby, *FgrHist* 595F19).

Un último ejemplo nos proporciona un interesante atisbo del tráfico en dos direcciones de la «cultura de la risa»: no sólo de Grecia a Roma, sino también de Roma a Grecia. Uno de los lemas de la urbanidad británica dieciochesca era el de «sal ática», la tradición de un ingenio elegante que se relacionaba en especial con la Antigua Atenas. El mismo lord Chesterfield que tanto desdeñaba «la risa sonora» era un gran defensor de este estilo de bromear en concreto, como escribió a su sufrido hijo: «Esa sal ática sazonaba casi toda Grecia, a excepción de Beocia; y mucha de ella fue después exportada a Roma, donde fue falsificada por un compuesto llamado Urbanidad, el cual al cabo de algún tiempo llegó a alcanzar casi la misma perfección de la sal ática original. Cuanto más te espolvorees con estas dos clases de sal, mejor te conservarás y más sabroso estarás»[92]. El pobre lord Chesterfield no podría haber estado más equivocado en su cronología, o en la transmisión de la «sal ática» de Grecia a Roma. Es cierto que los escritores romanos admiraban el ingenio ateniense, que veían como una forma que debían imitar, y en su geografía cultural del ingenio pusieron a los atenienses en primera posición, seguidos por los sicilianos y luego los rodiotas[93]. Pero, hasta donde sabemos, la idea del ingenio como sal (*sal*) fue romana, definida en latín y parte de una variedad de tropos culturales romanos que (como veremos) vinculaban las bromas y la risa con la esfera de las comidas y el repertorio culinario. «Sal ática» no era un término griego, sino la forma de los romanos de describir su propia interpretación del ingenio ateniense.

Hasta donde alcanzamos a saber, ningún ateniense se congratuló jamás de su «sal ática». En la Grecia clásica, la palabra *hals* (sal) no formaba parte de la terminología de

---

[92] Chesterfield 1774, vol. 1, 262-263 (carta del 3 de abril de 1747).
[93] Cicerón, *De or.* 2.217, lo resume; Plauto, *Pers.* 392-395, es una versión cómica de esa jerarquía.

las bromas. Sin embargo, llegó un momento en que la idea sí se extendió hacia el este. Al parecer, algunos griegos del periodo romano adoptaron, incorporaron y tal vez adaptaron esa perspectiva sobre la risa característicamente «romana». En el siglo II d. C. encontramos a Plutarco refiriéndose al ingenio de Aristófanes y Menandro como *hales*, sus «pizcas de sal»[94]. Deberíamos asegurarnos de no subestimar los aspectos romanos de esa mezcla a menudo inextricable que es la cultura de la risa grecorromana.

* * *

Y de diversos aspectos de esa mezcla inextricable nos vamos a ocupar ahora. Las cuestiones que hemos analizado en estos cuatro primeros capítulos subyacen al estudio en la segunda parte de este libro de algunos aspectos concretos de la risa romana, y de algunos de los personajes característicos que desempeñaron un papel en la «fraternidad de rientes» de Roma. Vamos a encontrarnos con emperadores que ríen, con muchas travesuras y con algunos chistes pasables, pero primero con el hombre más divertido del mundo romano, Marco Tulio Cicerón, y con algunos de sus colegas oradores. Hay algunos estudios excelentes sobre los usos del ingenio y la risa en los tribunales romanos, pero me voy a centrar en los dilemas a los que se enfrentaba el orador bromista al intentar provocar la risa de su público, con el fin de poner en evidencia algunas de las ambigüedades y preocupaciones de la cultura de la risa de la Antigua Roma.

---

[94] Plutarco, *Mor.* 854c = *Ar. & Men.* 4. La complejidad cultural queda bien indicada por el hecho de que aquí Plutarco no sólo heleniza un término romano para hablar del dramaturgo griego Menandro, sino que, a continuación, compara la «sal» de Menandro con la del mar del que nació Afrodita. La referencia en Platón, *Symp.* 177b, es con casi toda seguridad a la sal en sentido literal, y no al ingenio.

SEGUNDA PARTE

Capítulo 5

EL ORADOR

¿El mejor chiste de Cicerón?

Empecemos este capítulo con un enigma. En mitad de su larga disquisición sobre el papel adecuado de la risa en la oratoria –en el sexto libro de su manual para aspirantes a oradores–, Marco Fabio Quintiliano pasa a ocuparse de los dobles sentidos. «Aunque hay numerosas áreas de las que se pueden extraer chistes [*dicta ridicula*, literalmente "dichos risibles"], he de subrayar de nuevo que no todos son apropiados para los oradores, sobre todo los que se basan en dobles sentidos [*amphibolia* en su griego latinizado]». A continuación, cita un par de juegos de palabras que no están a la altura del nivel que él exige, aun siendo del propio Cicerón. Uno de ellos es un comentario difamatorio sobre los orígenes humildes de un candidato a un cargo político, en lo que es un juego poco sutil con dos palabras latinas de pronunciación parecida: *coquus* (cocinero) y *quoque* (también). Se decía del candidato en cuestión que era el hijo arribista de un cocinero *(coquus)*; cuando Cicerón lo oyó haciendo campaña para conseguir apoyos, se supone que se burló diciendo: «Yo te votaré *también (quoque)*». Esa clase de broma está tan por debajo del orador de élite, explica Quintiliano, que hasta llegó a pensar en prohibirlas por completo del repertorio retórico. Sin embargo, reconoce que hay un ejemplo absolutamente espléndido *(praeclarum)* del género, el cual «de por sí es suficiente para impedir que condenemos toda esa clase de bromas»[1].

Ese ejemplo también procedía de Cicerón, cuando en el año 52 a. C. estaba defendiendo a Tito Anio Milón de la acusación de haber asesinado a Publio Clodio Pulcro, político radical y controvertido. Por lo general se considera que la actuación de Cicerón en ese juicio fue infructuosa, o incluso ignominiosa (una mayoría sustancial del jurado condenó a Milón por el crimen). Sin embargo, Quintiliano presenta el papel retórico de Cicerón de forma bastante más honorable. Parte del caso, explica, dependía de los tiempos, lo que incluía el momento exacto de la muerte de Clodio. Así pues, el abogado de la acusación insistió repetidas veces a Cicerón para que dijera con precisión cuándo fue asesinado Clodio, a lo que Cicerón contestó con una única palabra: *sero*, jugando con sus dos significados, «tarde» y «demasiado tarde». La cuestión está en que Clodio murió cuando ya era tarde ese día, pero a la vez Cicerón estaba diciendo que se tendrían que haber librado de él años antes[2].

No cuesta captar la broma. El enigma es por qué diantres Quintiliano la consideró un ejemplo tan excepcional de forma de provocar risa, hasta el punto de rescatar a to-

---

[1] Quintiliano, *Inst.* 6.3.47-49. La fuerza de ese juego de palabras radica en el parecido entre *quoque* y el vocativo de *coquus (coque)*, con lo que «Yo te votaré *también*» se oye como «Yo te votaré, *cocinero*», burlándose por tanto de los orígenes humildes del hombre al restregárselos por la cara. El otro juego de palabras es a expensas de un hombre que había sido azotado de joven por su padre: el padre era *constantissimus* (totalmente firme) y el hijo *varius* («vacilante» o «multicolor», p. ej. negro y azul).
[2] Quintiliano, *Inst.* 6.3.49. El trasfondo y resultado del juicio son tratados por Mitchell 1991, 198-201, Riggsby 1999, 112-119, y Steel 2005, 116-131. Al reflexionar sobre este juego de palabras, he considerado también otras posibles resonancias lingüísticas (con *sericus*, «seda», *sero*, «cerrar o atrancar», y *sero*, «unirse o idear»), pero sin ningún resultado verosímil o mordaz.

das las bromas de ese tipo de lo que habría sido su prohibición total. ¿Qué tenía de buena ésta?

El principal centro de atención de este capítulo es la risa en la oratoria romana y las carcajadas y risitas de los tribunales romanos. ¿Cuáles eran los mejores chistes para conseguir que el público se muriese de risa? ¿Cuándo debía un orador intentar que sus oyentes se rieran (y cuándo no)? ¿Cuáles eran los pros y los contras de usar la risa para atacar a un adversario? ¿Hasta qué punto era agresiva la risa pública de Roma? ¿Y qué relación existe entre los chistes, la risa y la falsedad (o las mentiras descaradas)? Vamos a conocer a virtuosos de la interpretación que hacían reír imitando las voces pijas de sus adversarios, a encontrarnos con algunas palabras divertidas que era casi infalible que produjeran regocijo (*stomachus* –esto es, «estómago»– era al parecer una que siempre lo conseguía) y a presenciar un hilarante concurso de imitación de sonidos de cerdo entre un campesino y un bromista profesional. También espero que, al llegar al final del capítulo, tengamos una idea más clara de por qué esa ocurrencia concreta sobre la hora de la muerte de Clodio se ganó el exagerado elogio de Quintiliano.

Cicerón y la risa

Mi principal personaje a lo largo de todo el capítulo va a ser, por supuesto, el bromista y socarrón más notorio de la antigüedad clásica: Marco Tulio Cicerón. Cierto es que hoy en día, incluso entre muchos eruditos, Cicerón tiene más fama de pomposo sin gracia que de ingenio simpático. «Cicerón puede llegar a ser un terrible pesado», escribió una de sus mejores biógrafas del siglo xx (con lo que quizá estuviese diciendo más de sí misma que de él), y más recientemente otro clasicista importante lo desestimó (en broma) por ser la clase de persona que habría resultado aburrida como comensal en una cena[3]. Sin embargo, en la antigüedad, tanto en vida de él como en las reinvenciones de su persona que se hicieron en los siglos siguientes, uno de los sellos característicos de Cicerón, para bien o para mal, era su capacidad de hacer que la gente se riera –o su incapacidad en ocasiones irritante de abstenerse de hacerlo[4].

Es éste un tema principal de la biografía que escribió Plutarco unos 150 años después de la muerte de Cicerón. Ya desde el primer capítulo (en el que Plutarco repite un chiste que hizo Cicerón sobre su propio nombre, que significa «garbanzo» en latín), en la *Vida* vuelve una y otra vez al tema del uso de la risa por parte del famoso orador: en ocasiones a sus agudezas ingeniosas, y otras, a su desacertada tendencia a hacer una broma en momentos muy desafortunados. Plutarco reconoce que la exagerada idea que tenía Cicerón de su propia importancia fue una de las razones de su impopularidad en algunos círculos, pero también se ganó el odio de muchos porque atacaba a la gente indiscriminadamente, «sólo para hacer reír», y Plutarco cita varias de sus burlas y juegos de palabras: contra un hombre cuyas hijas eran feas, contra el hijo de un dictador asesino y contra un censor borracho («Me temo que este hombre me va a castigar... por beber agua»)[5].

---

[3] Rawson 1975, xv; Simon Goldhill, al ser preguntado en un periódico australiano (*The Australian*, 24 de septiembre de 2008) sobre los que serían sus compañeros ideales de cena de la antigüedad, eligió a Safo, Hipatia, Aristófanes, Alcibíades y Friné, ya que «eso sería más divertido que estar con Augusto, César, Jesús, San Pablo y Cicerón». Yo no estoy tan segura.

[4] Brugnola 1896 es un agradable monumento a Cicerón «el bromista», muy en la línea de la tradición antigua.

[5] Plutarco, *Cic.* 1 (garbanzo), 24 (engreimiento), 27 (bromas – ἕνεκα τοῦ γελοίου). Contra el hombre de las hijas feas citó un verso de algún drama trágico («En contra de la voluntad de Febo Apolo engendró hijos»). La broma contra Fausto Sila (el hijo del dictador) se basaba en un doble sentido. Por estar endeudado puso anuncios (προέγραψε) para vender sus posesiones; Cicerón hizo la broma de que prefería los anuncios del hijo a

Una de las ocasiones más famosas en que Cicerón hizo un uso ostentoso de la risa fue durante la última guerra civil de la República –entre Julio César y Pompeyo–, preludio del gobierno autocrático de César. Tras muchas vacilaciones, Cicerón se incorporó al campamento de Pompeyo en Grecia en el verano del 49 a. C. con anterioridad a la batalla de Farsalia, pero, dice Plutarco, no gozaba de mucha popularidad en el pelotón. «Era culpa de él, ya que no negaba que lamentaba haber ido [...] y no se contenía de hacer chistes o burlas ingeniosas de sus compañeros; de hecho, él siempre iba por el campamento sin reír, con el ceño fruncido, pero hacía reír a los demás aunque estos no quisieran.» («¿Y por qué no lo pones de tutor de tus hijos?», dicen que le soltó, por poner un ejemplo, a Domicio Enobarbo cuando éste ascendió a un hombre de carácter nada militar a un puesto de mando alegando que era «afable y sensato.»)[6]

Varios años después, tras el asesinato de César, Cicerón contestó a algunas de esas críticas en el panfleto que ahora conocemos como la segunda *Filípica*, un ataque despiadado contra Marco Antonio –el cual, entre otras cosas, había apoyado, o repetido, algunas de las acusaciones contra Cicerón de excederse en su jocosidad inapropiada–[7]. Al igual que Plutarco, probablemente Marco Antonio había puesto objeciones a la costumbre de Cicerón de hacer reír a sus compañeros en circunstancias tan terribles y en contra de su voluntad (en lo que es de hecho una demostración del control que él tenía sobre los estallidos de risa «incontrolables» de los otros). Con una característica am-

---

los del padre (Sila, padre, había publicado anuncios con las listas de los que iban a ser ejecutados; la palabra προγράφω, o *proscribo* en latín, se refiere a ambas clases de anuncios).

[6] Plutarco, *Cic.* 38.

[7] Aunque lo escribió en forma de discurso, nunca llegó a darlo, y probablemente sólo pretendía que circulara por escrito; Ramsey 2003, 155-159.

pulosidad retórica, al principio Cicerón desdeña la acusación: «Ni siquiera voy a responder sobre esas bromas que dijisteis que hice en el campamento». Sin embargo, a continuación sí ofrece una concisa defensa: «Ciertamente ese campamento estaba lleno de melancolía, lo reconozco. Pero, de todos modos, aunque estén en una situación desesperada, los hombres siguen relajándose de vez en cuando; eso es algo humano. Aun así, el que al mismo hombre [Marco Antonio] le parezcan mal tanto mi melancolía como mis bromas es prueba contundente de que tomé una línea moderada en ambos sentidos»[8]. Cicerón justifica la risa como una reacción humana que es normal incluso en momentos difíciles, a la vez que alega que su conducta fue moderada[9].

Es, sin embargo, en su comparación de Cicerón con el orador griego Demóstenes, que forma el epílogo de ese par de vidas paralelas, donde Plutarco ofrece sus comentarios más mordaces sobre el uso que hace Cicerón de la risa. Fueron los dos oradores más grandes del mundo grecorromano (de ahí que los empareje), pero su uso de la risa fue absolutamente distinto. Demóstenes no era bromista, sino vehemente y serio, o incluso, según algunos, taciturno y hosco. Cicerón, por otro lado, no sólo era «adicto a la risa» (o quizá se sentía «bastante cómodo con la risa», *oikeios gelōtos*); a menudo incluso «se dejaba llevar por sus bromas hasta caer en las payasadas *[pros to bōmolochon]*, y cuando, para salirse con la suya en los casos que estaba defendiendo, manejaba asuntos que merecían seriedad con ironía, risas y regocijo, estaba faltando al decoro»[10].

---

[8] Cicerón, *Phil.* 2.39-40.
[9] La posibilidad (o dificultad) de reír en momentos difíciles es un tema habitual en las cartas de Cicerón: *Att.* 7.5.5 (SB 128); *Fam.* 2.4.1 (SB 48), 2.12.1 (SB 95), 2.16.7 (SB 154), 15.18.1 (SB 213).
[10] *Com. Dem. Cic.* 1.

Plutarco cita una ocurrencia romana sobre la jocosidad de Cicerón que es reveladora. Durante su etapa de cónsul, en el 63 a. C., mientras defendía a Lucio Licinio Murena de una acusación de soborno, hizo en el transcurso de su discurso de defensa (una versión del cual todavía sobrevive) una enorme burla de algunas de las absurdidades del estoicismo, el sistema filosófico apoyado de forma vocinglera por Marco Porcio Catón, uno de los acusadores. Cuando la «clara risa» (la palabra griega es *lampros*, literalmente «brillante») se extendió del público a los jueces, Catón, «sonriendo abiertamente» *(diameidiasas)*, se limitó a decir: «Qué *geloios* tenemos de cónsul»[11].

La palabra griega *geloios* se ha traducido de diversas formas: «Qué cónsul más divertido tenemos», «Qué *humorista* tenemos de cónsul»[12]. Pero ¿qué dijo Catón en el latín original? Una posibilidad es que llamara a Cicerón *ridiculus consul*. De ser así, sería una buena pulla, ya que *ridiculus* –uno de los términos más básicos del vocabulario latino de la risa– era una palabra peligrosamente ambigua. Pues, de un modo que desestabilizaba constantemente los debates romanos sobre la risa, *ridiculus* significaba «risible» o «que da risa» de dos formas: por un lado, podía referirse a algo de lo que la gente se reía, al blanco de la risa (más o menos «ridículo» en su acepción moderna); por otro, era alguien o algo que hacía que la gente se riera (y, por tanto, podía entenderse como «ingenioso» o «divertido»). Como veremos en las siguientes páginas, era una ambigüedad persistente en la cultura romana que era explotada y debatida de diversos modos. En este caso, si Catón de verdad dijo

[11] *Comp. Dem. Cic.* 1 (también citado en Plutarco, *Cat. Min.* 21); para los posibles sentidos de λαμπρός, véase Krostenko 2001, 67-68.
[12] «Divertido»: Rabbie 2007, 207; «humorista»: Krostenko 2001, 224. Dugan 2005, 108, ofrece «gracioso». La versión de la Loeb Classical Library de *Cat. Min.* 21 reza: «Qué tipo más chistoso es nuestro cónsul», y de *Comp. Dem. Cic.* 1: «Qué hombre más divertido tenemos de cónsul».

que Cicerón era un cónsul *ridiculus*, estaba señalando con inteligencia a su rival, dando a entender que tan agudo bromista también era alguien de quien el público se debería reír.

El tratamiento que hace Quintiliano del uso de Cicerón de la risa enriquece el cuadro. Plantea una comparación similar entre Demóstenes (del que «muchos piensan que no tenía capacidad para hacer reír a un juez», o incluso que él mismo no quería saber absolutamente nada de eso) y Cicerón («del que muchos piensan que no tenía la menor moderación»). El propio Quintiliano se muestra bastante más benévolo en ambos sentidos. No es que a Demóstenes le desagradaran los chistes, insiste; sencillamente es que no se le daban muy bien. En cuanto a Cicerón («ya esté juzgando correctamente o me esté dejando llevar por mi desmedida pasión por tan destacado orador»), éste hacía gala de una extraordinaria *urbanitas* (ingenio o urbanidad), y «tanto en sus conversaciones cotidianas como en sus debates en los tribunales y en el interrogatorio de testigos, hacía más comentarios ingeniosos *[facete]* que nadie». De hecho, indica Quintiliano, lo más probable es que Cicerón no acuñara algunos de los dichos bastante vulgares que a menudo se le atribuyen[13].

No obstante, en varios momentos del largo análisis que sigue, Quintiliano se pregunta si varias agudezas ciceronianas eran las más apropiadas para un orador distinguido. Como veremos, dos tipos contrarios de bromistas –los opuestos vulgares al ingenio culto– acechan en los debates sobre la retórica de la risa: el mimo o *mimus* (que desempeña un papel importante en el capítulo 7) y el *scurra* (una curiosa amalgama de bufón, gorrón y hombre de mundo que figura en este capítulo y en el siguiente). Quintiliano reconoce que, inquietantemente, algunas de las tácticas de

---

[13] *Inst.* 6.3.1-5.

Cicerón para provocar risas se asemejaban bastante a las del *mimus* o el *scurra*. Y no fue el único que tuvo esos reparos. Una conocida historia, que se encuentra tanto en Macrobio como en una de las arengas de Séneca el Viejo, enfrenta explícitamente a Cicerón en una competición de ingenio contra Décimo Laberio, dramaturgo mímico (cuando un encuentro en los apretados asientos de algún espectáculo u obra provocó un intercambio de pullas)[14]. Macrobio también da por sentado que todo el mundo sabía que los enemigos de Cicerón lo llamaban *consularis scurra* («un *scurra* de rango consular»)[15]. De hecho, cabe la posibilidad de que Catón exclamara en latín: «¡Qué *scurra* tenemos de cónsul!». No hay equivalente en griego a la palabra *scurra*, por lo que es razonable que Plutarco recurriese a *geloios* como traducción aproximada[16].

Al querer explicar la dudosa reputación de Cicerón en esta área, Quintiliano echa en parte la culpa a su secretario

---

[14] Macrobio, *Sat.* 2.3.10, 7.3.8; Séneca, *Controv.* 7.3.9. El intercambio de pullas empieza con una de Cicerón contra Laberio, al que César acababa de conceder rango de caballero, cuando Laberio intentaba ocupar un sitio en la zona asignada a éstos, lo que hizo que todo el mundo se sentara muy apretado para no dejarle pasar. Entonces Cicerón le dice: «Te dejaría pasar, pero es que no tengo sitio» (con la implicación de que las filas de la élite ya estaban llenas de la chusma a la que César ascendía). Laberio replica: «Qué raro, habida cuenta de que tú te sueles sentar en dos asientos» (una indirecta a las vacilaciones de Cicerón a apoyar a César o a Pompeyo). Séneca hace el paralelismo totalmente explícito: «Los dos hombres hablan con mucho ingenio, pero ninguno tiene sentido de la moderación alguno».

[15] *Sat.* 2.1.12 (frase que atribuye a Vatinio); con Cicerón, *Fam.* 9.20.1 (SB 193), donde da a entender que su amigo Peto llamó a Cicerón *scurra veles* («*scurra* de armamento ligero», «el *scurra* de la tropa»), al parecer como broma amistosa.

[16] Otras sugerencias sobre las palabras originales de Catón, a mi parecer menos probables, incluyen *facetus* o *lepidus* (Leeman 1963, 61, 398 n. 100; Krostenko 2001, 225); la ocurrencia iría en ese caso en el sentido de las implicaciones «excesivamente estéticas» de esos términos, lo cual es incompatible con las tradiciones masculinas de hablar en público y ocupar un cargo.

Tirón, «o a quien fuese el que publicó los tres volúmenes sobre este tema». El «tema» al que se refiere es el del ingenio o las bromas, y parece que esos tres libros eran una recopilación de los *bona dicta* (chistes) de Cicerón, sin que todos ellos fuesen muy buenos. Pues el problema de los libros de chistes a lo largo de la historia es que a menudo se rellenan con algunas muestras muy flojas, o bien arriesgadas. «Ojalá –continúa Quintiliano– hubiera sido más moderado en el número de chistes *[dicta]* que incluyó, y hubiese mostrado más juicio al seleccionarlos que ganas de recopilarlos. Eso no habría expuesto tanto a Cicerón ante sus críticos.»[17] Sabemos poco de ese compendio en varios volúmenes de ingenio y sabiduría, pero no fue la única publicación que recogió las agudezas del gran orador. En una carta del 46 a. C. que se conserva, Cicerón escribe a su amigo Cayo Trebonio para agradecerle el regalo que acababa de enviarle, un libro en el que recopilaba algunas de sus agudezas. El regalo perfecto para un narcisista, podríamos decir. Sin embargo, tal vez aquí también haya un problema de selección, o de falta de ella («Todo lo que digo te parece *facetum* [ingenioso] –le escribe Cicerón–, pero puede que no se lo parezca a los demás»). Afortunadamente, Trebonio debía de tener talento para presentar bien las ocurrencias del otro: «Como tú las cuentas, se vuelven *venustissima* [mucho más agudas] –añade Cicerón con un agradecimiento no exento de ironía–. De hecho, a los lectores casi se les habrá agotado toda la risa cuando lleguen a mí»[18].

Es de suponer que sean estas recopilaciones hace mucho perdidas las que están detrás de los «chistes de Cicerón», la serie de «dichos ingeniosos» que encontramos re-

---

[17] *Inst.* 6.3.5. Macrobio, *Sat.* 2.1.12, comenta que algunos sospechaban que el propio Tirón se había inventado parte de los chistes.
[18] *Fam.* 15.21.2 (SB 207).

unidos a escala más modesta en Macrobio y en el propio Quintiliano. Mi favorito es un gracioso ataque al marido de su hija Tulia, que al parecer era bastante diminuto: «Al ver que su yerno, Léntulo, un tipo bajito, llevaba puesta una espada larga, dijo: "¿Quién ha atado a mi yerno a su espada?"»[19]. Pero también deberíamos prestar atención a otra variante del chiste del *sero*, que parece indicar que el juego de palabras con «demasiado tarde», «un poco tarde» y «tarde ese día» venía a ser un clásico. Se trata de una de las bromas que hizo Cicerón en el campamento de Pompeyo durante la guerra civil. Cuando llegó allí, después de todas sus vacilaciones, la gente le dijo: «Llegas un poco tarde *[sero]*», lo que tal vez sea el equivalente a un sarcástico «más vale tarde que nunca». «No llego a una hora tardía *[sero]* –replicó Cicerón–. No veo que haya nada preparado para cenar *[nihil hic paratum]*[20].» Lo cierto es que los *dicta* de Cicerón, o *facetiae* (como luego se los denominó con mayor frecuencia), fueron un elemento principal del ingenio y saber del Renacimiento y hallaron hueco regularmente en libros de chistes y otros compendios similares al menos hasta el siglo XVIII[21]. Es el mundo moderno el que

---

[19] Macrobio, *Sat.* 2.3.3.

[20] Macrobio, *Sat.* 2.3.7. Es un juego de palabras más sutil de lo que parece a primera vista, como Ingo Gildenhard me ha ayudado a apreciar, pues pone en conflicto los preparativos militares y los de una cena (véase Brugnola 1896, 33-34). Como lo he traducido, la broma consiste en que Cicerón deja de lado las cuestiones de vida y muerte de una guerra civil ocupándose del asunto trivial de cuándo se debe llegar a una cena, pero la interpretación militar sigue latente sin duda, pues *nihil [...] paratum* también se refiere a la falta general de preparativos por parte de los seguidores de Pompeyo («Quién fue a hablar: el estado en que se encuentran los preparativos en este campamento es patético»). La interpretación de Corbeill (1996, 186) le da un punto más *frigidus*: «Llegas tarde» [...] «Pero no demasiado tarde, ya que no tenéis nada preparado».

[21] Fue Petrarca, en el siglo XIV, el que estableció la reputación de Cicerón como bromista para los humanistas (*Rerum memorandarum Lib.* 2.37, 2.39, 2.68), con mayor análisis en Bowen 1998.

ha tendido a olvidar que Cicerón era tan «amante de la risa».

Sin embargo, no parece muy probable que Cicerón de verdad se inventara todas esas ocurrencias que se le atribuyen. Quintiliano no estaba sólo protegiendo a su héroe al decir que se le achacaban algunos ejemplos malos que nunca habían llegado a salir de su boca. En una carta escrita desde Cilicia (donde era gobernador provincial) en el 50 a. C., Cicerón se queja de que «los *dicta* de todo el mundo se me atribuyen a mí», y en broma regaña a su corresponsal –cuyo nombre, muy apropiadamente, era Publio Volumnio Eutrapelo, ya que *eutrapelos* significa «ingenioso» en griego– por no oponerse en nombre de él y negar su autoría de los chistes malos; al mismo tiempo, se halaga a sí mismo (o hace como si se halagara) por el hecho de que sus verdaderas agudezas lleven la impronta de su estilo personal. «¿Y no protestas? –escribe Cicerón–. Al fin y al cabo, esperaba haber dejado un tipo de ocurrencias tan características que pudiesen reconocerse por sí mismas.»[22]

Lo cierto es, por supuesto, que los «grandes hombres» atraen hacia sí las agudezas tanto como las pronuncian, y que las bromas van migrando entre ellos (lo cual queda bien demostrado por el hecho de que Quintiliano atribuye a Cicerón justo el mismo chiste que Macrobio atribuye a Octavio, el futuro emperador Augusto)[23]. Pero, fueran au-

---

[22] *Fam.* 7.32.1-2 (SB 113). El nombre (o quizá fuese el apodo) del corresponsal indica el taimado ingenio de esta carta, que es tanto una broma en sí misma como un comentario sobre el trato que recibían los *bona dicta* de Cicerón; véanse Hutchinson 1998, 173-174, Fitzgerald 2000, 97, y Krostenko 2001, 223 (que da al pasaje un énfasis bastante distinto: que a Cicerón le complace que le atribuyan las ocurrencias de los demás, siempre que sean buenas). Recuérdese la afirmación de Cicerón de que César podía reconocer qué bromas eran auténticamente ciceronianas: *Fam.* 9.16.3-4 (SB 190).

[23] Quintiliano, *Inst.* 6.3.77; Macrobio, *Sat.* 2.4.16 (Vatinio, para demostrar que se había recuperado de la gota, se jactó de que caminaba tres kiló-

ténticas o no, lo importante es que en la antigüedad Cicerón era conocido por sus bromas además de por sus discursos y tratados, y tenía reputación de ser muy mordaz por lo que a la risa se refiere.

¿Controlar la risa?

Pese al aire de seriedad que se ha convertido en el sello distintivo de Cicerón en el mundo moderno, algunos aspectos concretos de su risa, ingenio y «humor» (un término al que no nos podemos resistir, aun siendo peligroso aplicarlo al mundo antiguo) aún permanecen en el orden del día académico[24]. Recientemente, por ejemplo, Gregory Hutchinson y otros han estudiado cómo las *Cartas* de Cicerón explotan la jocosidad, las chanzas y la cultura de la risa compartida en la forja de relaciones epistolares. La risa y las bromas de las *Cartas*, indica Hutchinson, son por lo general consideradas amigables, más que agresivas, y a menudo son un indicador de que «el destinatario es de especial confianza, o muy cercano en su forma de pensar»; estando Ático fuera, Cicerón le escribe que no tiene a nadie con quien poder «bromear sin cortapisas»[25].

Pero una línea de análisis aún más influyente se ocupa del papel de las invectivas humorísticas en los discursos ciceronianos y sus implicaciones en el control social y cultural. El importante estudio de Amy Richlin, *El jardín de*

---

metros al día [en Macrobio, sólo dos]. La réplica fue: «Sí, no me extraña; los días se están haciendo un poco más largos»). La transferencia y migración de bromas es tratada por Laurence y Paterson 1999, 191-194.
[24] Entre los estudios anteriores a los que voy a tratar destacan Haury 1955 (que se centra sobre todo en la ironía), Geffcken 1973 (sobre los aspectos cómicos de *Pro Caelio*), ahora con Leigh 2004, y Saint-Denis 1965, 111-161 (que se centra especialmente en *Pro Caelio, In Verrem* y *De oratore*).
[25] *Att.* 1.18.1 (SB 18): no puede bromear ni suspirar. Hutchinson 1998, 172-199 (citas en 177); véase también Griffin 1995.

Príapo, que se publicó en 1983, sentó muchas de las bases al argüir (de un modo que ya se da por sentado) que el humor sexual de las sátiras, epigramas e invectivas romanas estaba estrechamente relacionado con las jerarquías de poder. De acuerdo con el modelo de Richlin, cuando Cicerón ridiculiza el comportamiento sexual de sus adversarios (al presentarlos en el lado equivocado de los límites entre la masculinidad apropiada y normativa romana y una variedad de contratipos transgresores: el pasivo anal, el «blandengue», el *cinaedus*, el *mollis*), está utilizando el ingenio y la risa como un arma de la lucha para conseguir el dominio[26]. Es un humor que no se basa en la buena voluntad, sino en la agresión. Es un caso clásico de un tipo de bromas que Freud denominó «tendenciosas» (en oposición a las inocentes), en las que, como él dijo, «al hacer a nuestro enemigo pequeño, inferior, despreciable o cómico, obtenemos de un modo indirecto la satisfacción de vencerlo, de lo que la tercera persona [es decir, en la oratoria ciceroniana, el público], que no ha hecho ningún esfuerzo, da fe con su risa»[27].

Una década después de que apareciese el estudio de Richlin, Antony Corbeill, en *Controlar la risa*, desarrolló estas ideas extensamente, centrándose sobre todo en los discursos de Cicerón y en una gama más amplia de blancos, que van del afeminamiento sexual, que era uno de los principales intereses de Richlin, a toda clase de peculiaridades corporales como la gota, las hinchazones deformantes o incluso los nombres «graciosos». Para Corbeill, el uso que hace Cicerón de la risa contra sus adversarios, ya sea en el tribunal, el Senado o la asamblea, era un poderoso mecanismo de exclusión (pues servía para aislar al enemi-

---

[26] Richlin 1992a. Para la retórica de la invectiva y las principales coordenadas del humor sexual, véase 57-104.
[27] Freud 1960 [1905], 132-162 (cita en 147); Richlin 1992a, 59-60.

go y presentarlo como inaceptable socialmente) y de persuasión (pues unía al público riente en la afirmación de sus «principios éticos» compartidos). O, dicho con mayor contundencia, la risa agresiva comunitaria contra el desviado, o más bien contra el hombre al que Cicerón presentaba como tal, era una forma de «crear y a la vez imponer los valores éticos de la comunidad. Las bromas se convierten en un modo de poner orden en las realidades sociales». Un ejemplo instructivo de esto es el ataque de Cicerón contra Vatinio en el 56 a. C., un discurso en el que parece deleitarse burlándose del aspecto grotesco (cuello de toro, ojos saltones e hinchazones asquerosas, o *strumae*) de su objetivo, al tiempo que establece una correlación entre la fealdad física de Vatinio y sus defectos morales y políticos. Al echarse el público a reír, según la lógica de Corbeill, «Cicerón se convierte en el portavoz moral de la sociedad, que arremete contra la atrocidad que Vatinio encarna»[28].

Es un enfoque que ha sido muy influyente. De hecho, la mayoría de los historiadores de la vida y la oratoria públicas romanas ahora consideran que el uso que hace Cicerón de la risa es tanto una forma poderosa de ataque como un mecanismo también poderoso para reforzar, o construir, normas sociales[29]. También es un enfoque abrumadoramente agresivo (y, francamente, no muy divertido) de la

[28] Corbeill 1996 (citas en 5, 6, 53); para la función persuasiva o convincente de las bromas y la risa, véase también Richlin 1992a, 60 (de nuevo basándose en una perspectiva freudiana que desarrolla).

[29] Lo que se refleja, por ejemplo, en Connolly 2007, 61-62, y Vasaly 2013, 148-149. Otra importante línea de investigación, con un fuerte énfasis lingüístico, la encontramos en Krostenko 2001 (aunque el que se centre en la «actuación social» no deja de ser en muchos sentidos un enfoque complementario a la construcción de la identidad por medio del ingenio, la risa y sus terminologías). Es importante que subrayemos que lo que diferencia a esta «nueva ortodoxia» de algunos enfoques anteriores en apariencia similares (que se centraban en el escarnio y la invectiva humorística) es la función social constructora (que es un sentido de ese *controlar* del título de Corbeill) que atribuye a la risa.

risa de la oratoria, que espero poder matizar –o complementar– en el resto de este capítulo. No es mi intención invalidarla. No tengo la menor duda de que la risa en el Foro, los tribunales o el Senado romanos podía servir para aislar al desviado a la vez que se reafirmaban los valores sociales compartidos, como tampoco tengo ninguna duda de que la risa romana podía a veces estar, en palabras de Quintiliano, «no muy lejos del escarnio»[30]. Sin embargo, había mucho más en juego, que recientemente no ha recibido la atención que se merece.

Me voy a centrar en el análisis de Cicerón del uso de la risa en la oratoria pública, en sus beneficios y, sobre todo, en sus riesgos. No me voy a concentrar en sus discursos, sino en los capítulos centrales del segundo libro de su ensayo *Sobre el orador*, el cual (aunque no sea el «minitratado» sobre la risa que a veces se dice)[31] es de todos modos el estudio más enjundioso, fundado y desafiante de la risa, en cualquiera de sus aspectos, que ha llegado hasta nosotros de los escritos en el mundo antiguo, hecho este del que es fácil olvidarse mientras seguimos inmersos en la búsqueda de las ideas perdidas de Aristóteles.

Es en *Sobre el orador*, más que en cualquiera de sus otras obras de las que disponemos[32], donde Cicerón ofrece tanto un análisis teórico como ejemplos concretos de lo que era más probable que hiciera reír a un público romano, cómo provocar la risa y con qué consecuencias para el orador, los oyentes o el blanco de la broma. Lo cierto es que, cuando leemos sus discursos, por lo general estamos intentando detectar lo que era divertido, cuándo se reiría el público con exactitud y con qué grado de entusiasmo. Una cosa es hablar en general de la invectiva humorística del discurso

---

[30] *Inst.* 6.3.7.
[31] Es la expresión que emplea Fantham 2004, 186.
[32] En concreto, secciones más breves de *Orat.* 87-90 y *Off.* 1.103-104.

contra Vatinio y otra bien distinta juzgar qué pasajes concretos provocarían la mayor hilaridad (¿eran todas esas rarezas físicas igual de graciosas?) o cómo los diría Cicerón para conseguirlo. Pero, del mismo modo que el *hahahae* de Terencio nos permitió localizar un momento concreto de risa, la argumentación de *Sobre el orador* nos proporciona información explícita (al menos desde el punto de vista de Cicerón) de estallidos de risa, llegando en ocasiones a calibrar su intensidad, al tiempo que reflexiona sobre algunos de los principios fundamentales que guían a un orador romano al aprovecharse de la jocosidad y la risa. Es una argumentación que se enfrenta frontalmente a cuestiones sobre la propia risa, sobre sus causas y efectos.

Cicerón indica a sus lectores algunos aspectos importantes del proceso de la risa que van más allá de los temas ya conocidos del escarnio y el control (de hecho, el escarnio no es una cuestión muy destacada en este texto). Aprendemos sobre la naturaleza física de la risa; sobre distintas formas de hacer reír al público, que van de las palabras divertidas a las muecas, y sobre lo que se salía de ser un tema apropiado de risa. Pero un trasfondo crucial es el riesgo que va unido a hacer reír. La risa siempre corría el peligro de rebotar contra uno mismo: no sólo era el adversario del orador el que podía quedar aislado y puesto en evidencia al reírse de él, sino que la provocación también podía poner en evidencia y aislar al propio orador. Los dos sentidos de *ridiculus* («el que nos hace reír» frente a «del que nos reímos») siempre estaban peligrosamente cerca. Había que tener cuidado con el juego de hacer reír[33].

---

[33] Guérin 2011, 151, se refiere con razón a la provocación de la risa como «une zone de risque»; para Richlin 1992a, 13, es el uso de lo obsceno más que la ambivalencia de la risa lo que hace de las bromas en los tribunales una propuesta arriesgada.

Cicerón sobre el orador (bromista)

Cicerón escribió *Sobre el orador* a mediados de los años cincuenta del siglo I a. C., al poco de regresar del exilio, cuando intentaba, con apenas un éxito limitado, recuperar su poder e influencia en la ciudad de Roma[34]. De una extensión de más de tres libros, no es principalmente un manual de retórica con normas para oradores en ciernes (si bien incluye muchos consejos técnicos esenciales), sino más bien una consideración de carácter más general sobre la naturaleza del orador ideal y las habilidades (físicas, intelectuales, personales, morales y filosóficas) que tal hombre necesita. Lo escribió dentro del contexto de antiguos debates, que se remontaban al menos a la Grecia del siglo V a. C., sobre la moralidad de la retórica (¿hasta qué punto era la persuasión eficaz necesariamente engañosa?), su relación con la filosofía y otras formas de conocimiento y sobre si la retórica era una disciplina que podía enseñarse y, de ser así, cómo[35].

Siguiendo el ejemplo de Platón –al que hay una referencia directa casi al principio del primer libro–, Cicerón escribió su tratado en forma de debate entre un grupo de romanos cultos que son aficionados al arte de la retórica[36].

---

[34] La primera referencia segura a *Sobre el orador* la encontramos en una carta a Ático de noviembre del 55 (cuando la obra está lo bastante terminada para indicar a Ático que la copie), *Att.* 413.2 (SB 87).

[35] Todos los estudios recientes de este texto se basan en los comentarios en cinco volúmenes de Harm Pinkster y otros, que aparecieron entre 1981 y 2008 (el volumen relevante para el tratamiento de la risa en el libro 2 es Leeman, Pinkster y Rabbie 1989) y que son un punto de referencia importante en lo que sigue. Esta edición ha reemplazado en buena medida a los comentarios anteriores de A. S. Wilkins, publicados entre 1879 y 1892 (el volumen relevante es Wilkins 1890). La mejor traducción actualizada, con introducción, es May y Wisse 2001. Fantham 2004 es una guía esclarecedora del texto y su importancia literaria, cultural e histórica.

[36] En *De or.* 1.28 los participantes se ponen de acuerdo para «imitar a Sócrates como aparece en el *Fedro* de Platón» y sentarse bajo un plátano

Transcurre en el 91 a. C. y los personajes están cuidadosamente elegidos en consecuencia. Los papeles principales son para Lucio Licinio Craso, en cuya villa tiene lugar el debate, y Marco Antonio, ambos renombrados oradores de esa época y mentores del joven Cicerón. Se les unen otros participantes, que se supone que están presentes los dos días que duran los debates, o al menos parte de ellos. Entre ellos se encuentran Cayo Aurelio Cota, mucho más joven y, en la ficción dramática, el que informa a Cicerón del contenido del debate, y –por dar su nombre completo– Cayo Julio César Estrabón Vopisco (un antepasado indirecto del dictador César), que es quien lleva la voz cantante en el debate sobre la risa[37].

A lo largo de los tres libros, el debate abarca una amplia variedad de temas, del poder o perjuicio de la elocuencia y la clase de conocimientos que necesita un buen orador (libro 1), pasando por los diversos medios de persuasión oratoria (libro 2), a cuestiones de estilo y varias formas de expresión oral (libro 3). En su mayor parte el debate es bastante afable. Aunque sus antecedentes literarios y filosóficos platónicos están claros, no es la clase de diálogo en que una figura usa al modo de Sócrates su deslumbrante artillería intelectual y rápida capacidad de réplica para derrotar de forma aplastante a la oposición e imponer sus

_____

para llevar a cabo su debate; véase Fantham 2004, 49-77. Aunque son, de acuerdo con nuestros términos, expertos en oratoria, tienen mucho interés en diferenciarse de los expertos griegos profesionales (p. ej. *De or.* 1.104).

[37] May y Wisse 2001, 14-15, presenta sucintamente a los personajes; Fantham 2004, 26-48, estudia a Craso y Antonio en detalle. Cicerón adopta el recurso platónico de situar el diálogo justo antes de la muerte del personaje principal (Sócrates en *Fedro* y *Critón*, de Platón); aquí todos los personajes menos uno (Cota) murieron antes del final del 87 a. C. La elección del año 91 a. C. podría considerarse tendenciosa, pues tan sólo un año antes, Craso, en su condición de censor, había expulsado a los *Latini magistri* (profesores de retórica en latín) de Roma (*De or.* 3.93; Suetonio, *Rhet.* 1).

propios argumentos a todos los reunidos, así como a los lectores. Se trata de un estilo de debate mucho menos hostil y agresivo, en el que hay extensas aportaciones de los principales participantes y menos réplicas (que tal vez sea a lo que se refería Cicerón cuando escribió en una carta que había adoptado el «modo aristotélico» en *Sobre el orador*)[38]. Cuando hay desacuerdos entre los distintos personajes (como al tratar la cuestión de los conocimientos que necesita el orador ideal, en el libro 1), se suele suponer, con razón o sin ella, que el punto de vista de Cicerón es en líneas generales el del personaje de Craso[39].

Aun siendo una obra de teoría oratoria de la antigüedad que prácticamente se centra sólo en su tema, *Sobre el orador* ha recibido recientemente una sorprendente cantidad de atención por parte de historiadores de Roma y críticos en general. Entre otras cosas, ha habido un interés muy animado en su carácter particularmente «romano» (pese a su obvia deuda con textos griegos anteriores), su relación con la política del periodo (tanto el de la fecha en que transcurre como el de su redacción) y el papel que juega en la creación de Cicerón de sí mismo como un «nuevo hombre», así como en los aspectos performativos de la oratoria y la masculinidad romanas. (Tengo la impresión de que a Cicerón le sorprendería saber que su tratado se ha analizado en profundidad en el transcurso de un capítulo titulado «Amor».)[40] El debate sobre los usos oratorios de la risa

---

[38] *Fam.* 1.9.23 (SB 20). Los diálogos de Aristóteles están perdidos casi en su totalidad, pero sin duda se caracterizaban por muchos menos tomas y dacas y por discursos expositivos más extensos de los participantes. Puede que Cicerón también tuviese en mente el contenido aristotélico, además de la forma.

[39] Véanse, por ejemplo, R. E. Jones 1939, 319-320, y Dugan 2005, 76.

[40] Además de las obras ya citadas, entre otros estudios recientes destacados, que a menudo se centran especialmente en la sección dedicada a la risa, están Gunderson 2000, 187-222 («Amor»); Krostenko 2001, 202-232; Dugan 2005, 75-171, y Guérin 2011.

ocupa más de setenta capítulos del libro 2 (o lo que es alrededor de una quinta parte), hacia la parte central de la obra completa[41]. Después de una explicación de otras formas de persuasión, que lidera en buena medida Antonio, las palabras de esta sección son puestas casi por completo en boca del personaje de Julio César Estrabón, y son presentadas como un entretenimiento ligero tras lo que ha sido una exposición bastante larga y pesada hasta ese momento. Como comenta Antonio, «estoy agotado por el difícil camino que ha seguido mi argumentación, así que voy a descansar mientras habla César, como si me hallara en una cómoda fonda»[42]. En sintonía con eso, a lo largo de la sección encontramos risas y algunas bromas entre los participantes[43].

Los críticos modernos tienden a confundir cuando describen estos capítulos como una digresión que se centra específicamente en el «humor» o el «ingenio», o «Witz und Humor». Sin duda estos temas ocupan una parte sustancial del debate y constituyen el vínculo con la sección anterior, que trata de cómo atraer al público («Atractivas también, y a menudo muy efectivas, son las bromas y las agudezas»)[44]. Aun así, cuando el personaje de Estrabón (como lo voy a llamar de aquí en adelante) toma la palabra en este debate, es la risa su tema principal, el cual divide –como él mismo insiste– en cinco campos: (a) qué es la risa, (b) de dónde procede, (c) si un orador debería querer hacer reír *(movere)* a su público, (d) hasta qué punto y (e) cuáles son las distintas categorías de «lo risible» *(ridiculum)*[45]. Los tres primeros

---

[41] *De or.* 2.216-290. Además de los comentarios citados antes, Monaco 1974 ofrece un texto en traducción al italiano y extensas notas sobre esta sección de la obra; Graf 1997, 29-32, ofrece un sucinto análisis.
[42] *De or.* 2.234. Esta imagen es retomada al final de la sección (2.290).
[43] *De or.* 2.217, 2.231, 2.239.
[44] *De or.* 2.216.
[45] *De or.* 2.235.

campos sólo reciben una breve discusión, mientras que los dos finales, sobre todo el último, tienen un tratamiento mucho más completo.

Como obra de Cicerón –que es lo que por supuesto es, pese a algunas ideas disparatadas de que está basada en un tratado de Estrabón–, es valiente e innovadora, pero a ratos, seamos sinceros, puede parecer un poco confusa. Gracias al meticuloso análisis de Edwin Rabbie, ya nadie puede suponer en serio (como se hizo en su momento) que no es más que un refrito que se limita a repetir mecánicamente anteriores debates sobre la risa a cargo de teóricos griegos, a los que añade unos cuantos ejemplos romanos[46]. Por supuesto, no estoy negando que Cicerón esté influenciado por la tradición retórica y filosófica griega sobre la risa. Estrabón se refiere explícitamente a libros griegos «sobre lo risible» *(de ridiculis)*, que afirma haber leído[47]. Y varias observaciones, así como parte de la terminología empleada, parecen reflejar una influencia aristotélica o al menos peripatética: de la primera palabra de la sección, en la que *suavis* («agradable») es probablemente el equivalente al *h'dus* aristotélico, a la idea más general de que el «locus [...] et regio quasi» (el lugar [...] y casi el campo) de lo ri-

---

[46] Leeman, Pinkster y Rabbie 1989, 188-204; Rabbie 2007, 212-215 (una versión en inglés revisada y menos «especulativa»). La tradición anterior la representa Grant 1924, 71-87, 100-131 (basándose en Arndt 1904). Para ser justos, sí reconoce unos cuantos añadidos de Cicerón a sus precedentes griegos y algunas desviaciones de ellos («Sed iam abscedere videtur Cicero a fontibus Graecis ac suum tenere cursum», Ardnt 1904, 36, con respecto a *De or.* 2.268), pero la postura por defecto era que todo se remontaba a una fuente griega perdida a menos que hubiese abrumadoras pruebas en sentido contrario. Ese viejo punto de vista todavía es asumido en algunos trabajos de bastante éxito sobre el tema (como Morreall 1983, 16) y es más o menos revivido en líneas generales por Watson 2012, 213-223, en lo que es un intento más de atribuir el *Tractatus Coislinianus* a Aristóteles.

[47] *De or.* 2.217; véase también 2.288. Estos libros griegos no han llegado hasta nosotros.

sible se encuentra en «lo que podríamos llamar lo deshonroso y lo feo», lo cual recuerda a lo que dice Aristóteles en la *Poética* y muy probablemente fuese una línea de pensamiento adoptada por sus seguidores[48]. Esa continuidad no resulta sorprendente, pues casi todos aquellos con una trayectoria intelectual que intentasen escribir sobre cualquier tema ético en el siglo I a. C. estarían obligados a tener en cuenta lo que los peripatéticos dirían al respecto[49].

Pero, lo que es más importante, también se trata de una obra definitivamente «romana». Algunas de las distinciones cruciales que establece Cicerón (como entre *cavillatio* y *dicacitas* –«el ingenio que se extiende por todo el discurso» frente a «pullas aisladas»–) se basan en terminología característicamente latina y, hasta donde sabemos, no tienen precedentes directos en la teorización griega[50]. Todos los ejemplos que pone de risas y agudezas están sacados de la historia y la oratoria romanas (y no son sólo meros añadidos, sino que forman parte integral de su argumentación y a veces hasta parecen guiarla)[51]. Además, cuando Estrabón se refiere a obras griegas anteriores sobre «lo risible», no es para seguir sus teorías, sino para rechazarlas: «Esperaba –dice– poder aprender algo de ellas [...] pero las que intentaban impartir alguna teoría sistemática sobre el tema se mostraban tan insulsas *[insulsi]* que no había nada en ellas de lo que reírse salvo de su insulsez *[insulsitas]*»[52].

---

[48] *De or.* 2.216 (*suavis*), 2.236 (*locus [...] et regio*), aunque Corbeill 1996, 21-22, matiza los paralelismos entre la terminología aristotélica y la ciceroniana.

[49] Existe una controversia sin resolver (resumida apropiadamente en Fantham 2004, 163-164) sobre la disponibilidad en la antigüedad de algunas de las obras de Aristóteles y, de ser así, a cuáles habría tenido Cicerón acceso directo.

[50] Leeman, Pinkster y Rabbie 1989, 188-189.

[51] Como arguye, por ejemplo, Monaco 1974, 29, en relación con la historia de Memio de *De or.* 2.283.

[52] *De or.* 2.2.

En otras palabras, lo que tenemos en este largo debate sobre la risa oratoria es un producto cultural característicamente romano: práctica y tradición romanas, teorizadas por un intelectual romano que entabla diálogo con sus predecesores griegos.

La argumentación: estructura, sistema y terminología

Los detalles de esta larga argumentación sobre la risa son en algunos momentos difíciles de entender, algunos pasajes (y bromas) concretos no están muy claros y el texto en sí que ha llegado hasta nosotros está con frecuencia viciado y es impreciso[53]. En cualquier caso, lo fundamental de la sección está bastante claro. Después de que Antonio le ceda la palabra a Estrabón para que se ocupe del nuevo tema (ya que éste destaca tanto en el terreno de los *iocus* y *facetiae*), Estrabón empieza su intervención (218) estableciendo una distinción básica: el *facetiae* (el ingenio) se divide en lo que los «antiguos» *(veteres)*[54] llamaron *cavillatio* (ingenio prolongado) y *dicacitas* (pullas concretas). Ninguna de estas formas de ingenio puede enseñarse, afirma, ya que ambas dependen de la facilidad natural de cada uno, lo cual respalda con una serie de ejemplos con los que no sólo quiere demostrar lo útiles que pueden ser esas agudezas, sino también que sería imposible recibir una formación para saber decirlas. Una de las más destacadas (220) es una rápida pulla (un caso de *dicacitas*) que hizo el hermanastro de Estrabón, cuyo nombre, Catulo, significa literalmente

---

[53] Ya hemos visto, por ejemplo, la confusión textual entre *locus* e *iocus*.
[54] Estos *veteres* podrían ser en teoría griegos o romanos (como Pinkster, Leeman y Rabbie 1989, 214, dejan claro). No obstante, el fuerte carácter latino de los términos hace que la segunda opción sea mucho más probable, aunque sin duda esos antiguos romanos estarían versados en la teoría griega.

«cachorro». Al espetarle su adversario en algún tribunal, presumiblemente durante un juicio por robo: «¿Por qué ladras, Cachorrillo *[Catule]*?», la réplica instantánea de Catulo fue: «Porque veo a un ladrón»[55].

A eso le sigue algo de conversación de carácter más general entre los participantes (228), lo que incluye algunas bromas sobre a cuál de ellos se le dan mejor las chanzas. No obstante, terminan devolviendo el uso de la palabra a Estrabón y poniéndose de acuerdo en que, aunque hacer reír no sea una disciplina que se pueda enseñar como tal, existen de todos modos unas directrices prácticas (*observatio quaedam est*) que él podría tratar y explicar. Es en ese momento (235) cuando Estrabón plantea las cinco preguntas sobre la risa que hemos mencionado antes. Brevemente despacha las tres primeras. El problema de la naturaleza de la risa se lo deja a Demócrito; ni siquiera los supuestos expertos en la materia lo entienden, afirma. Sobre la cuestión de su origen, señala, sin dar muchas explicaciones, que está en «lo que podríamos llamar lo deshonroso o feo» (236). Y, en cuanto a la tercera cuestión, sí, hay varias razones por las que un orador debería intentar hacer reír: la *hilaritas* provoca buena voluntad; a todo el mundo le impresiona la inteligencia; aplasta, quita importancia o desestima al adversario; muestra al orador como una persona refinada e ingeniosa (*urbanus*), y, sobre todo, alivia la sobriedad de un discurso y ayuda a librarse de insinuaciones insultantes a las que es difícil enfrentarse tan sólo por medio de la razón.

La siguiente pregunta –hasta qué punto debería un orador usar la risa– es tratada con mucha mayor extensión, a

---

[55] Es un intercambio dialéctico más inteligente de lo que pudiera parecer. Como A. S. Wilkins 1890, 113, y Leeman, Pinkster y Rabbie 1989, 216, documentan con toda claridad, «ladrar» *(latrare)* era una palabra que se aplicaba a los oradores chillones. Krostenko 2001, 214-215, indica el uso por parte de Cicerón de la palabra *venustus* para referirse al humor «improvisado» de ese tipo.

lo largo de once capítulos (237-247). Estrabón dicta una serie de advertencias sobre las circunstancias en que la risa no es apropiada (la gente no se ríe de maldades ni de sufrimientos graves, por ejemplo) y sobre las formas de provocar risa que no debe usar el orador. En particular debe evitar la risa que va asociada al *scurra* o al mimo *(mimus)*[56]. Y da una serie de ejemplos que marcan la frontera entre lo aceptable y lo inaceptable. Craso, explica (al referirse a un incidente en el que participó uno de sus compañeros de debate), provocó en una ocasión grandes risas en una reunión pública haciendo una flagrante imitación de un adversario muy pijo: levantándose e imitando su expresión facial, su acento (supuestamente pijo) e incluso la pose que ponía para las estatuas (242)[57]. Sin embargo, Estrabón subraya que esa clase de exhibición «tiene que manejarse con el mayor cuidado»: un dejo de imitación es perfectamente permisible (para que el oyente «pueda imaginar más de lo que de hecho ve»), pero un exceso es la marca del mimo. Así pues, la teatralidad de Craso fue peligrosamente marginal. Otras reglas de oro incluyen no aprovechar cualquier oportunidad que se presente para provocar

---

[56] Guérin 2011, 271-303, analiza estos dos opuestos en detalle, aunque proponiendo una distinción rígida y demasiado sistemática entre los dos (el *scurra* es el opuesto de la *dicacitas* oratoria, y el *mimus*, de la *cavillatio* oratoria). Grant 1924, 88-96, ofrece una útil recopilación de fuentes.

[57] Aquí el latín es difícil de precisar: «In re est item ridiculum, quod ex quadam depravata imitatione sumi solet; ut idem Crassus: "Per tuam nobilitatem, per vestram familiam". Quid aliud fuit, in quo contio rideret, nisi illa vultus et vocis imitatio? "Per tuas statuas", vero cum dixit, et extento bracchio paulum etiam de gestu addidit, vehementius risimus». Sigo a Monaco 1974, 124, al ver en esto una risa provocada por la imitación *(depravata imitatione)*, en la que la imitación de la estatua *(extento bracchio)* causa las risitas más estentóreas. Leeman, Pinkster y Rabbie 1989, 248, arguyen que la broma se basa en el inesperado añadido *(aprosdokēton)* de «per tuas statuas» después de «per tuam nobilitatem, per vestram familiam», y que el brazo alargado es una referencia a la postura de alguien que hace un juramento. Sin embargo, esta interpretación apenas cuadra con la imitación que Cicerón destaca.

risas, hacerlo siempre por un motivo concreto (no simplemente por la risa en sí) y que no parezca que se lleva la broma preparada. Cita una pulla contra un tuerto («Vendré a cenar contigo, ya que veo que tienes sitio para uno»). Es la broma de un *scurra*, pues estaba premeditada, habría servido para cualquier tuerto (no sólo para su blanco concreto) y no respondía a una provocación (246).

Es en el transcurso de esta sección sobre hasta qué punto debe un orador aprovechar la risa en su beneficio cuando el personaje de Estrabón introduce la distinción entre el ingenio *dicto* (en forma verbal: una broma que depende de las palabras exactas con que se diga) y el ingenio *re* (en sustancia: una que se puede decir de formas distintas y siempre hace gracia). Ese contraste se convierte en el principio organizativo fundamental del largo debate final (248-288) sobre las diferentes categorías de «lo risible». En él, Estrabón hace un repaso de los principales tipos de agudezas que se incluyen en esos dos epígrafes: los chistes que resultan de la ambigüedad, de la intromisión de lo inesperado, de los juegos de palabras, de la inclusión de versos (257-258, lo cual no es una categoría moderna de lo risible que nos sea muy familiar), de palabras que se toman al pie de la letra, de comparaciones o imágenes ingeniosas, de eufemismos, de ironías, etc. Pero, a lo largo de todo el texto, las advertencias sobre los usos inapropiados de la risa se repiten una y otra vez. De hecho, casi al principio de su exposición de las categorías, hay una breve digresión (251-252) sobre las tácticas para hacer reír que, por muy eficaces que puedan ser, el orador debería evitar. Incluyen las imitaciones bufonescas, los andares ridículos, las muecas y las obscenidades. La línea final es que no todo lo que da risa *(ridicula)* es también ingenioso *(faceta)*, y es ingenio lo que buscamos en el orador ideal.

Esta sección sobre la risa llega a su fin cuando Estrabón pierde ímpetu en la clasificación que está haciendo («Creo que me he excedido en la división en categorías») y ofrece un somero resumen de lo que hace reír: expectativas frustradas, ridiculizar a otras personas, la comparación con algo más deshonroso, la ironía, decir cosas bastante estúpidas o criticar lo que es tonto. Si quieres hablar de forma jocosa *(iocose)*, insiste por último, debes tener una propensión natural y una cara en consonancia. No se trata de una cara «graciosa», sino de todo lo contrario. «Cuanto más seria y adusta sea la expresión de un hombre, por lo general más mordaces *[salsiora]* se piensa que son sus comentarios» (288-289). Y entonces devuelve la palabra a Antonio para que retome la senda más peliaguda de la teoría oratoria aplicada a temas más serios.

Hay todo tipo de enigmas y problemas intrigantes en esta discusión sobre la risa que van más allá de las fuentes concretas de los argumentos. Como ocurre a menudo en los diálogos de Cicerón, la elección de personajes es una cuestión de interés. ¿Por qué elige a Estrabón para liderar el debate? No hay razón alguna para suponer que éste hubiera escrito un tratado sobre la risa (como fantaseó ingenuamente Arndt), si bien Cicerón se refiere a él, aquí y en otras partes, como un ingenio renombrado[58]. Tal vez fuese un intento de hacer un cumplido ambiguo al cada vez más poderoso Julio César, que era pariente lejano de Estrabón[59]. O quizá la elección fuese bastante menos importante de lo que creemos. Al fin y al cabo, sólo seis años después de escribir *Sobre el orador*, Cicerón se refirió a ese debate, en la carta a Volumnio Eutrapelo que citamos antes, al mencionar las formas de ingenio «que traté por medio del personaje de *Antonio* en el segundo libro de *Sobre el*

---

[58] *De or.* 2.216; *Off.* 1.108. Dugan 2005, 105, plantea las razones recientes más convincentes para considerar que el que Cicerón eligiera a Estrabón («cuya imagen pública y estilo oratorio provocaban unas suspicacias que eran similares a las que él mismo incitaba») es significativo.

[59] Zinn 1960, 43.

orador». ¿Se había olvidado de que en esa sección es Estrabón quien lleva la voz cantante casi por completo? De ser así, entonces tal vez no fuese muy importante la elección de personaje[60].

Ha habido aún más debate sobre la estructura global de la argumentación y sus términos precisos. Justo al principio de la intervención de Estrabón, éste parece estar basando su razonamiento en la división de *facetiae* en *cavillatio* y *dicacitas*, como los «antiguos» los denominaban –otro buen ejemplo, quisiera pensar, de la nostalgia que es característica de las historias de la risa–. Pero, poco después, cuando retoma su exposición, las cinco preguntas básicas sobre el uso de la risa por parte del orador pasan a convertirse en el principio estructural (con una división secundaria del ingenio *dicto* y el *re*). Ni toda la inventiva moderna ha conseguido que la primera división sea compatible con la segunda, y la mayoría de críticos están ahora de acuerdo en que la oposición entre *cavillatio* y *dicacitas* simplemente pasa a quedar aparcada una vez que la nueva estructura en cinco partes ocupa su lugar. De hecho, tal vez parte de lo que le interesa (con ingenio) hacer a Cicerón es alardear de un cambio de estilo en el transcurso de la intervención de Estrabón: de una clasificación de la que dice explícitamente que tiene algo de broma[61] a un enfoque más intelectual y helenístico, que nunca pretende que sea compatible con el otro.

Tampoco está claro qué relación guarda la división de *facetiae* en *cavillatio* y *dicacitas* en *Sobre el orador* con la divi-

---

[60] Ingo Gildenhard me ha indicado que el nombre puede tener su importancia: al menos hay algo un tanto humorístico en hacer que la disquisición sobre las bromas la dé un hombre cuyo nombre significa «bizco». Y supongamos que creyéramos que «Estrabón» era un personaje cómico típico; entonces también podríamos suponer que hay una broma metaliteraria en su crítica a la mímica.

[61] *De or.* 2.218 («leve nomen habet utraque res»).

sión aparentemente contradictoria que Cicerón estableció en un tratado posterior, *El orador* (escrito a mitad de los años cuarenta del siglo I a. C.), en el que divide *sales* («agudezas») en *facetiae* y *dicacitas*[62]. ¿Cambió las palabras porque (como suponen Rabbie y otros) *cavillatio* empezaba a adquirir su significado posterior de «objeción» o «reparo»?[63] Posiblemente, pero un margen de diez años parece un periodo demasiado corto para que cualquier cambio lingüístico de esa índole fuese acusado. En cualquier caso, sigue estando el problema de por qué el término general para ingenio *(facetiae)* de la obra anterior fue sustituido por el de una de sus partes constituyentes en la posterior[64].

Eso plantea la cuestión aún más importante del significado exacto de los muchos y variados términos para describir el ingenio y las bromas que se encuentran en *Sobre el orador* y en otros análisis romanos de la risa. Afirmé con seguridad en un capítulo anterior que es imposible definir con precisión las diferencias entre palabras como *sal, lepos, facetia, urbanitas, dictum*, etc., igual que no podemos explicar la diferencia, si es que la hay, entre una risotada y una carcajada. ¿Estaba siendo demasiado pesimista? Al fin y al cabo, podemos explicar de forma verosímil la diferencia entre una carcajada y una risita. ¿Nos ayuda el análisis de *Sobre el orador* a acercarnos a las diferencias y distinciones entre estos términos?

Sin duda Cicerón ofrece una variedad de semidefiniciones y contrastes o paralelismos que están cuidadosamente subrayados en este tratado: los *ridicula* no son todos *faceta*,

---

[62] *Or.* 87.
[63] Leeman, Pinkster y Rabbie 1989, 189, seguido por Fantham 2004, 189.
[64] Como es inevitable, se ha buscado la influencia de terminología griega anterior. Kroll 1913, 87, por ejemplo, ve los términos peripatéticos *charis / gelos* detrás de *facetiae / dicacitas* (aunque en este caso ni siquiera Grant [1924, 103-118] está muy convencido y no encuentra ningún equivalente griego exacto para esa pareja).

por ejemplo, y *frigida* puede ser el opuesto de *salsa*, mientras que *bona*, en la expresión *bona dicta*, es más o menos sinónimo de *salsa*[65]. Esto ha hecho que crezcan las esperanzas de algunos estudiosos de que se pueda llegar a discernir una tipología romana del ingenio mucho más exacta, sobre todo porque está claro que algunos de estos términos (en especial *urbanitas*, con su dejo a urbanidad en el sentido moderno) estaban adquiriendo una fuerte carga ideológica en el periodo en que escribía Cicerón: los lemas o eslóganes de un estilo concreto, ya fuera de discurso o de vida[66]. Se han dedicado artículos e incluso libros enteros a esta cuestión, pero, aun siendo reveladores, seguimos muy lejos de tener un marco de definiciones definitivo. Y claro que tiene que ser así. No es que todas estas palabras significaran exactamente lo mismo, pero como los diferentes usos de *facetiae*, *sal*, *dicacitas* y *cavillatio* de *Sobre el orador* y *El orador* indican, los contrastes y colocaciones que les dieron significado eran inestables, provisionales y dependían mucho del contexto, por no decir que a veces se construían con un ojo puesto en los contrastes y colocaciones de un grupo de términos griegos que eran igual de inestables.

La palabra *lepos*, por ejemplo, como Krostenko documenta extensamente, podía referirse en Cicerón (dejando aparte a una variedad más amplia de autores) a un estilo

---

[65] *De or.* 2.251 (*ridicula / faceta*), 2.260 (*frigida / salsa*), 2.222 (*bona dicta / salsa*).
[66] Grant 1924, 100-131, a la vez que reconoce las dificultades, intenta hacer una serie de definiciones sistemáticas; asimismo Leeman, Pinkster y Rabbie 1989, 183-188 («Einige Differenzierung zwischen dem Gebrauch der verschiedenen Termini ist [...] möglich, wobei aber Grant [...] manchmal zu weit gegangen ist», 183), y Guérin 2011, 145-303. Krostenko 2001 ofrece un estudio sociolingüístico muy técnico de muchos de estos términos fundamentales, de los que subraya su mutabilidad. Ramage 1973 intenta seguir la pista a las ideas de *urbanitas* a lo largo de la historia romana. Fitzgerald 1995, 87-113, es la introducción más clara a estas cuestiones.

de ingenio gracioso, y podía ser el resultado de una educación refinada y parte de un grupo de cualidades aconsejables (entre las que se incluyen *humanitas, sal* y *suavitas*), pero también podía ser la versión latina del griego *charis*, así como propiedad de los incultos *scurra (scurrile lepos)*[67].

Quintiliano, asimismo, subraya la inestabilidad de este vocabulario cuando reflexiona en su *Manual* sobre que el latín parece tener varios términos para referirse a cualidades similares de ingenio e intenta distinguirlos *(diducere)*. De *salsum* («mordaz») dice lo siguiente: «*Salsum* lo usamos en el lenguaje cotidiano para referirnos a lo *ridiculum* ["risible, ridículo"]. No es eso por definición, pero cualquier cosa que sea *ridiculum* también tendría que ser *salsum*. Pues dice Cicerón que todo lo que es *salsum* es una característica de los atenienses, aunque no sea porque tengan una especial predisposición a la risa. Y cuando Catulo dice: "No hay un grano de *sal* en el cuerpo de ella", no quiere decir que no haya nada *ridiculum* en su cuerpo». Llegado a ese punto, tira la toalla y afirma lo que es obvio: «*Salsum*, por tanto, es lo que no es *insalsum* [insípido, soso]»[68]. Es un callejón sin salida bastante típico.

---

[67] Krostenko 2001, 207-214.

[68] *Inst.* 6.3.18-19: «Salsum in consuetudine pro ridiculo tantum accipimus: natura non utique hoc est, quamquam et ridicula esse, oporteat salsa. Nam et Cicero omne quod salsum sit ait esse Atticorum non quia sunt maxime ad risum compositi, et Catullus, cum dicit, "Nulla est in corpore mica salis", non hoc dicit, nihil in corpore eius esse ridiculum. Salsum igitur erit quod non erit insulsum». Este pasaje revela algunas de las graves dificultades al traducir las discusiones romanas sobre el ingenio y su terminología y encontrarles el significado preciso. En la primera oración, ¿está Quintiliano diciendo que *salsa* también debería ser *ridicula*, o que *ridicula* también debería ser *salsa*? La posición de *et* parece apoyar lo primero, pero las explicaciones que siguen (después de *nam*) hacen que la segunda opción sea casi segura. ¿Y cuál es el sentido de *ridiculum*? Los traductores modernos traducen el comentario de Quintiliano sobre Catulo del siguiente modo: «No quiere decir que no haya nada ridículo en el cuerpo de ella» (D. Russell en Loeb Classical Library) o «Non c'è niente di ridicolo» (Monaco 1967). Tiene perfecto sentido en inglés (o en ita-

Pero podemos avanzar si nos apartamos de la retórica y el ingenio y nos dirigimos hacia el tema principal de esta sección de *Sobre el orador*: esto es, hacia la propia risa. Pues estos capítulos representan un intento único de formular una idea sobre el papel de la risa en la vida y oratoria públicas por parte de un hombre (por muy «nuevo» que fuese) que se encontraba en el centro de la élite política y social de Roma y que, por lo tanto, vale la pena tomar en consideración desde esa perspectiva concreta.

La risa y sus riesgos

Estrabón no se detiene mucho en sus tres primeras preguntas sobre la risa (qué es, de dónde procede y si un orador debería provocarla), pero hasta lo poco que dice es más esclarecedor de lo que se suele suponer. Las razones, tan breves como variadas, que expone para hacer reír al público, que comprenden conseguir su buena voluntad, derrotar aplastantemente al adversario o aliviar la sobriedad de un discurso, van mucho más allá del escarnio y el ridículo agresivos. Sus otros comentarios también apuntan en algunas direcciones de utilidad.

Por lo que respecta a la primera pregunta, es cierto que rápidamente desvía el problema hacia Demócrito, haciendo de paso una rápida crítica a los «expertos» ignorantes, pero antes de eso caracteriza sucintamente la naturaleza

---

liano), pero deja de lado el otro significado activo del latín de *ridiculum*: hacerte reír. Catulo bien podría estar diciendo (como aceptan algunos comentaristas modernos; véase, por ejemplo, Quinn 1970, 424): «No hay ni una chispa de ingenio» en ella. A lo largo del pasaje hay una inestabilidad entre el sentido activo y pasivo de estas palabras (como en *ad risum compositi*). La cuestión se vuelve más confusa por el hecho de que Cicerón (*De or.* 2.251) intenta (tal vez de modo tendencioso) diferenciar el *salsum* del orador y el del mimo.

de la risa humana. Dice de ella que «estalla tan inesperadamente que por mucho que lo intentemos no podemos contenerla» (un claro ejemplo del mito de que es incontrolable) y explica que «a la vez se apodera de *latera, os, venas, vultum, oculos*»[69]. Es probablemente la lista individual más completa que tenemos de la antigüedad de las partes del cuerpo que se ven afectadas por la risa, pero es muy difícil y frustrante conseguir entenderla del todo. ¿Se refiere *latera* a los costados (como en la convulsión del tórax) o, como ocurre a veces, a los pulmones (con lo que se referiría a los jadeos)? ¿Es *os* la boca, la voz o la cara (o queda la cara excluida por ese *vultum*, «expresión facial», que aparece a continuación en la lista)? ¿Y se refiere *venas* de verdad a los vasos sanguíneos (o tal vez al pulso) o tiene más sentido, como sospechan algunos editores, si la palabra fuese en realidad *genas*, «mejillas»? ¿Y cuál es la implicación exacta de los ojos *(oculos)*? Pero, sea cual sea el modo en que afinemos la interpretación, está claro que se pretende que entendamos que la risa tiene un fuerte impacto físico que va mucho más allá de la boca. Cicerón no está pensando en una sonrisa silenciosa, y, de hecho, a menos que caigamos en alguna traducción demasiado creativa, las sonrisas no forman parte de este debate en absoluto. Estamos hablando de provocar *(movere)* risas.

La respuesta a la segunda pregunta introduce una cuestión más sutil de lo que podría parecer en un principio. Según Estrabón, el «locus [...] et regio» de lo risible se encuentra «en lo que podríamos llamar lo deshonroso o feo». Cualquiera que fuese su influencia aristotélica, está indicando algo bastante más complejo que la simple idea de que la gente se ríe de lo que es feo. Su afirmación concreta es que «los únicos o los principales objetivos de la risa

---

[69] *De or.* 2.235. Para la interpretación de *venas* o *genas*, véase Leeman, Pinkster y Rabbie 1989, 238.

son lo que la gente dice para indicar o señalar algo deshonroso de un modo honroso»[70]. En otras palabras, la risa no la provoca la fealdad en sí, sino –a un nivel secundario– el ingenio del bromista que se aprovecha de la fealdad para hacer una broma. De hecho, en repetidas ocasiones de la exposición de Estrabón encontramos que la broma y el bromista son presentados como intermediarios fundamentales –los catalizadores, por así decirlo– entre el riente y el objeto de su risa.

Eso queda destacado en un pasaje posterior, en el que Estrabón explica que le gustan las bromas desagradables y un tanto malhumoradas *(stomachosa et quasi submorosa ridicula)*, pero no, añade, cuando es una persona malhumorada quien las hace. ¿Y por qué no? Porque en ese caso no es el «ingenio» *(sal)* de la persona sino su carácter *(natura)* el que provoca la risa[71]. Lo que quiere decir Estrabón es que la risa surge por la representación ingeniosa de lo feo, lo deshonroso o lo malhumorado, no de esas características en sí mismas. O al menos así es como surge el tipo apropiado de risa que va asociado con la élite cultivada. De hecho, buena parte del interés a lo largo de todo este análisis radica en los métodos de bromear que no son apropiados, aun en el caso de que sea de esperar que produzcan sonoros estallidos de risa.

Cicerón es muy consciente de que el tema de la risa –y sus causas– es escurridizo, depende de su contexto y se resiste a someterse a normas tajantes. Lo deja bien claro cuando hace que Estrabón explique (al principio de su intento de clasificación del ingenio) que casi todas las fuentes de *ridicula* también pueden ser fuente de pensamientos serios *(graves sententiae)*; la «única diferencia es que lo serio *[gravitas]* proviene de cuestiones honorables y graves, y las

[70] *De or.* 2.236.
[71] *De or.* 2.279.

bromas, de las que son impropias y, en cierto modo, feas»[72]. De hecho, prosigue, las mismas palabras pueden usarse a veces tanto para ensalzar como para ridiculizar, y cita un *ridiculum* de (probablemente) Cayo Claudio Nerón, cónsul el 207 a. C., que iba dirigido a un esclavo deshonesto y de manos largas, «el único de mi casa para el que no hay nada cerrado ni escondido». En el contexto de que se trata de un ladrón, eso haría reír, pero, como insiste Estrabón, podría decirse exactamente lo mismo, palabra por palabra, para ensalzar a un esclavo honrado[73].

Pero, por escurridiza que sea la idea de la risa, sí encontramos en *Sobre el orador* algunas reglas generales sobre lo que más hace reír a un público romano. Por lo general, el ingenio verbal por sí mismo no es la forma más eficaz de provocar risas. Los dobles sentidos, como observa Estrabón en dos ocasiones, puede que consigan elogios por su inteligencia, pero no fuertes risas: «Otros tipos de chistes provocan risas más grandes»[74]. Para obtener más risas, hay que intentar combinar lo *ambiguum* con un tipo distinto de chiste. Lo inesperado («cuando esperamos una cosa y se dice otra») es una forma más poderosa de hacer reír, y de hecho puede provocar que el propio orador se ría también: «Nuestro propio error hace que nosotros mismos nos riamos». O, como subraya después: «Como es normal, nuestro propio error nos divierte. Así que cuando somos engañados, por así decirlo, por nuestras propias expectativas, nos reímos». Esto es lo más cercano que tenemos en el mundo antiguo (y ciertamente se acerca mucho) a una versión desarrollada de la teoría moderna de la incongruencia[75].

---

[72] *De or.* 2.248.
[73] *De or.* 2.248.
[74] *De or.* 2.254.
[75] *De or.* 2.255, 2.260.

Sin embargo, lamentablemente el principal ejemplo que pone Estrabón de una combinación de juego de palabras y lo inesperado es uno de esos casos en que la risa antigua más o menos se nos pierde. El chiste, sacado de una farsa, es sobre un hombre que aparentemente se compadece de un deudor condenado al que ve que se llevan. «¿Cuál es la cantidad de la deuda?», pregunta (como si él mismo fuera a aportar el dinero para rescatarlo). «Mil sestercios», le contestan. Entonces Estrabón explica: «Si a continuación él sólo hubiera dicho "te lo puedes llevar", eso pertenecería al tipo de chiste que depende de lo inesperado, pero al añadir *[quia addidit]*: "No añado más *[nihil addo,]* te lo puedes llevar", resultó, según me parece, graciosísimo *[salsissimus]*, al haber añadido la ambigüedad *[addito ambiguo]*». *Nihil addo* probablemente se refiera al vocabulario de las subastas romanas, con lo que está jugando con los sentidos de «No tengo nada más que decir» y «No aumento mi puja», pero por qué hace que el hombre sea «graciosísimo» no queda del todo claro. Sin embargo, por el uso repetido que hace Estrabón en su relato de varias formas del verbo *addo*, no podemos menos que llegar a la conclusión de que hay también algún tipo de broma interna en la narración ciceroniana: que construye su descripción del ingenio verbal y los juegos de palabras haciendo juegos de palabras autorreferenciales[76].

Los juegos de palabras y las bromas verbales no estaban exentas de riesgos. Si era evidente que se llevaban preparados de antemano, o se usaban de forma indiscriminada, o sólo con el fin de provocar risa, o eran más genéricos que específicos, entonces no eran especialidad del orador, sino del *scurra*. Apestaban a la mercantilización de la risa que era (como veremos en el capítulo 8) el distintivo del bromista de clase baja. Y, lo que es más, podían ser contrapro-

---

[76] *De or.* 2.255 (para el sentido económico, véase Plauto, *Rud.* 1327).

ducentes. Estrabón cuenta una historia sobre una broma hecha en un tribunal para que sirva de ejemplo de por qué a veces hay que abstenerse de hacer una gracia aunque se presente la ocasión. En la historia, Filipo pide permiso al presidente del tribunal para interrogar a un testigo, que resulta que es muy bajito. El magistrado, con prisas, acepta: «Con tal de que sea breve», a lo que Filipo contesta: «No tendrás queja, va a ser un interrogatorio a un breve». Eso fue gracioso, pero uno de los jueces era aún más bajito, con lo que todas las risas recayeron en él y la broma terminó pareciendo *scurrile*. «La gracia, en su conjunto, pareció de bufón –explica Estrabón–; y lo que puede aplicarse a quienes no eran tu objetivo, por lindo que sea, cae con todo en el género propio del *scurra*.»[77]

Estrabón deja totalmente claro que la forma más fiable de provocar buenas risas en Roma no era por medio de juegos de palabras inteligentes, ocurrencias verbales o la oportuna cita de un verso poético. Eran diversas formas de alteraciones corporales las que mejor garantizaban la risa. ¿Qué puede provocar más risa *(ridiculum)* que un payaso?, pregunta. Y el payaso lo consigue con su rostro, su mímica, su voz y por el modo en que emplea todo su cuerpo. La cuestión estriba en que esas formas vulgares de hacer reír a la gente están casi totalmente prohibidas para el orador de élite: «Las muecas no son dignas de nuestro oficio [...] La procacidad no sólo es indigna del Foro, sino también de una cena de caballeros». La única que obtiene cierta aprobación titubeante es la imitación o mímica, siempre que se use «a hurtadillas y de pasada»[78].

En el capítulo 7 volveremos a la idea de que la imitación era una de las coordenadas centrales de la risa romana (de actores a simios). Sin embargo, siempre estaba en

[77] *De or.* 2.245.
[78] *De or.* 2.252.

los mismos límites del ingenio oratorio respetable. No obstante, algunas formas de imitación sí eran muy aceptadas; como subraya el personaje de Antonio en una parte anterior del tratado, la imitación de oradores ejemplares era un elemento importante de la formación retórica[79]. Aunque otras formas provocaran risas más entusiastas, siempre corrían el peligro de excederse.

La espléndida historia de la imitación que hizo Craso de su adversario pijo ilustra muy bien la correlación entre imitación y niveles de risa (y nos proporciona una sorprendente y vívida imagen del estilo expositivo de algunos debates políticos de Roma). Cuando exclamó: «¡Por tu linaje! ¡Por tu familia!», los oyentes se rieron de «esa caricatura de su expresión y de su voz [la de su rival]»; pero cuando añadió: «Por tus estatuas» y extendió el brazo (es de suponer que para imitar la pose clásica de las estatuas republicanas romanas de los oradores), «aún nos reímos con más fuerza» *(vehementius risimus)*[80]. ¿A qué vinieron esas risas aún más fuertes? La lógica del relato de Estrabón indica que intervienen dos factores: primero, el uso del cuerpo (en lugar de sólo la cara y la boca), y, segundo, tengo la impresión, la *reductio ad absurdum* de la imitación, ya que el orador Craso imita a la estatua que es de por sí una imitación de la pose oratoria.)

Pero el problema era que tales tácticas para provocar risa –sobre todo si implicaban un «exceso de imitación»– hacían que el orador se pareciese demasiado al actor de mimo *(mimus)* o al imitador profesional *(ethologus)*. Esta comparación tal vez sea más tendenciosa que la comparación con el *scurra*. Como mucha obra reciente de impor-

[79] *De or.* 2.90-92; aunque incluso esa clase de imitación tiene sus peligros, como indica Antonio (tienes que asegurarte de que copias los rasgos más importantes del modelo, no meramente los que sean más fáciles de imitar).

[80] *De or.* 2.242.

tancia ha estudiado, una de las preocupaciones que rodeaban la actuación oratoria en Roma se centraba en la línea divisoria tendenciosa entre el orador de élite y el actor deshonroso (tildado legalmente, junto con prostitutas y gladiadores, de *infamis*)[81]. ¿Cómo se podía trazar una división segura entre la actuación convincente y persuasiva del orador experimentado y la del actor *infamis*, igual de persuasiva pero abominada socialmente? ¿Podía un orador llegar a escapar por completo de la insinuación de que tenía más en común con un actor de lo que estaba dispuesto a reconocer? La cuestión del orador bromista presenta una versión más extrema de ese dilema ideológico, pues, por su capacidad para hacer reír a la gente, el orador se arriesga a ser confundido no sólo con un actor, sino con esa clase especialmente vulgar de actores relacionados con la imitación cómica.

Los actores de mimo también planteaban de forma muy intensa otro de los grandes dilemas de la cultura de la risa de Roma: ¿Cómo se podía distinguir el hombre cuyo ingenio provocaba risa de aquel del que se estaban riendo? ¿Cómo se podía estar seguro de que el bromista no era de hecho la víctima? Ya hemos visto una versión de este problema en el caso de las «bromas malhumoradas», cuando Estrabón afirmó que aceptaba las que eran resultado del ingenio, pero no las que eran hechas por un hombre «cascarrabias», lo que conllevaba la implicación de que en ese particular era el carácter natural del hombre el blanco de la risa. Queda aún más explícito en el caso del payaso, el cual, como deja claro Estrabón, con sus muecas y demás es tanto el objeto de la risa como el que la provoca: «Se

---

[81] Véase, p. ej., Edwards 1993, 98-136 (y véase 117-119 para la comparación de actores y oradores). Dupont 2000 es un sutil análisis de las interrelaciones entre la oratoria y el teatro romanos, como también lo es, más brevemente, Fantham 2002 (basándose especialmente en Quintiliano, *Inst.* 11.3).

ríen de él» *(ridetur)*[82]. Aunque en el tratado de Cicerón el sentido activo de *ridiculus* es por lo general el más prominente, el sentido pasivo («ridículo» según nuestros términos) nunca está muy lejos. El problema del orador bromista es que, al hacer reír, se expone a que se rían *de* él: la risa, en otras palabras, se arriesga a meterse un gol en su propia puerta.

¿Hasta qué punto es agresiva la risa oratoria romana?

Las preocupaciones, ambivalencias y dilemas que tanto destacan en esta sección de *Sobre el orador* son muy distintos de la imagen de un uso agresivo y relativamente despreocupado de la risa que recientemente se ha extraído de la invectiva de los discursos de Cicerón. Cierto es que hay algunas coincidencias. Algunas de las ocurrencias que cita Estrabón van en efecto dirigidas a las peculiaridades físicas del adversario del orador (la estatura tan baja del testigo, por ejemplo, o la falta de un ojo). También a veces aprovechan los nombres de un oponente concreto (a Aulo Sempronio Musca lo llaman «mosca» por referirse *musca* a un insecto, y a un hombre llamado Nobilior le toman el pelo llamándolo «Mobilior» [«móvil», en el sentido de veleidoso]. Pero Estrabón subraya los peligros de esas burlas tanto como su ingenio o inteligencia: critica la pulla dirigida contra Musca, por ejemplo, por haber sido hecha tan sólo para «buscar la carcajada» *(risum quaesivit)*[83].

De forma más general, Estrabón restringe el uso de la risa en la oratoria por medio de una variedad de condiciones y advertencias: no debería usarse contra criminales malvados, contra personas verdaderamente desafortunadas

---

[82] *De or.* 2.251.
[83] *De or.* 2.247, 2.256.

ni tampoco contra aquellas a quienes el público tiene en alta estima (por si se vuelve contra quien hace la burla). De vez en cuando incluso toca algunas cuestiones de contención que la erudición moderna sostiene que no estaban en absoluto presentes en los protocolos de la risa oratoria romana, ni en la teoría ni en la práctica. Corbeill, por ejemplo, se ocupa de las actitudes romanas con respecto a ridiculizar características personales de las que el individuo en cuestión no era responsable. La tradición aristotélica tendía a eximir a éstos de los ataques (al fin y al cabo, no era culpa tuya ser bajito). En cambio, «los romanos –afirma Corbeill– veían la repulsa de las desventajas físicas de forma bien distinta [...] Un romano atribuía la responsabilidad de cualquier deformidad, sin tener en cuenta cuál fuese su origen, únicamente a la persona que tenía esa deformidad»[84]. Sin embargo, el debate sobre esa misma cuestión subyace a uno de los intercambios humorísticos que Estrabón cita. En esa historia, Craso se enfrentaba a un adversario *deformis* (feo o deforme), que no dejaba de interrumpirle. «Oigamos a este guapo mozo», dijo Craso. Cuando terminaron las risas que eso provocó, su adversario contestó: «No he podido formarme el cuerpo, pero sí el talento», a lo que Craso replicó, dando pie a mayores risas: «Oigamos, pues, al elocuente» (donde la broma parece estar en que el hombre tenía de elocuente lo mismo que de guapo)[85]. Es cierto que Craso gana el intercambio verbal, provocando muchas risas a expensas de su adversario, pero la historia muestra claramente que la cuestión aristotélica de la responsabilidad personal estaba presente en el orden del día romano.

Así pues, ¿cómo podemos conciliar la imagen de una risa romana agresiva que obtenemos de los discursos de

---

[84] Corbeill 1996, 26.
[85] *De or.* 2.262.

Cicerón con el debate más teórico de *Sobre el orador*? Algunos, sin duda, dirían que no debemos esforzarnos demasiado. La teoría y la práctica pueden divergir, aun siendo de manera constructiva (del mismo modo que se considera a menudo que las ideas filosóficas de Cicerón sobre la teología difieren bastante de su práctica cotidiana como sacerdote romano)[86]. Tal vez este intento de teorizar fuese en realidad un ejercicio casi independiente, que entablaba más diálogo con anteriores tradiciones teóricas griegas que con su propia práctica oratoria. No obstante, ese enfoque no tiene en cuenta en absoluto el fuerte énfasis que Cicerón pone a lo largo de *Sobre el orador* en la herencia y tradiciones específicas de la oratoria *romana*.

Una propuesta bastante distinta considera la supuesta divergencia entre el tratado y los discursos desde el punto de vista de la imagen y reputación de Cicerón. Si una de las críticas que se le hacían era que nunca sabía cuándo dejar de bromear y de hacer reír, y que era un cónsul *scurra*, entonces tal vez este debate sobre el papel de la risa en la oratoria es una defensa tendenciosa e interesada contra esas acusaciones; quizá por esa razón decidió situar la sección en una parte tan central de la obra completa[87]. Puede que esa perspectiva tenga su parte de razón. Ciertamente, al leer los comentarios de Cicerón sobre la importancia de mantener firmemente los límites entre las bromas del orador y las del *scurra*, es importante que no olvidemos que eran unos límites que él mismo era acusado a menudo de sobrepasar. Sin embargo, no hay ninguna prueba directa de que esta larga sección de su ensayo sea una respuesta a las críticas contra él o un ejercicio de justificación y defensa, ni de que se viera como tal.

---

[86] Una afirmación clásica de esta «balcanización cerebral» es Feeney 1998, esp. 14-21.
[87] Krostenko 2001, 223-225; Dugan 2005, 105-106.

Por darle la vuelta, existen fuertes razones para que dejemos que los protocolos de la risa estipulados en *Sobre el orador* maticen nuestra percepción del papel e importancia del «humor agresivo» en los discursos y nos animen a ver parte de él como algo más juguetón de lo que por lo general suponemos. Sin duda algunas de las risas y chanzas de la oratoria funcionaban del modo en que Corbeill y otros proponen. Al fin y al cabo, aunque nos tomáramos las reglas consagradas en *Sobre el orador* muy en serio, no hay reglas oratorias que no se infrinjan a veces (¿para qué están las reglas si no?). Pero una cantidad mayor de risa de la que suponemos podría encajar en el patrón que indican los principios de Estrabón: es decir, fue desarrollado no sólo para «destrozar» a un adversario, sino para aportar buena voluntad o aliviar la sobriedad de un discurso, y no se usa contra crímenes o maldades verdaderamente espantosos, sino contra defectos relativamente menores.

Las pullas que lanza Cicerón a Vatinio son instructivas en este sentido. Se han considerado uno de los ejemplos más extremos de difamación por medio de bromas. Como hemos visto antes, Cicerón ridiculizaba en repetidas ocasiones el que al parecer era el aspecto desagradable de Vatinio (en especial sus hinchazones faciales), que para él representaban su «naturaleza despreciable» y su exclusión de los valores comunitarios y la sensatez de la multitud riente. No tenemos ni idea de qué aspecto tenía Vatinio ni de lo feos que pudieran ser sus *strumae*, por supuesto (como tampoco la tenían los escritores romanos posteriores que los comentaron); ciertamente sería muy distinta la forma en que juzgamos sus réplicas si supiéramos si su objetivo era una gran desfiguración o sólo una cara un tanto hinchada y unas pocas verrugas. Pero conviene que recordemos que algunos puntos de vista antiguos presentaban esas bromas hechas a expensas de Vatinio en términos bastante distintos a los de los críticos modernos. Séneca, por ejemplo, se refiere a que Vatinio desviaba las pullas haciendo bromas sobre su propio aspecto[88], y algunas de las agudezas que recogieron Quintiliano y (sobre todo) Macrobio implican una relación de bromas mucho más jocosas entre Cicerón y Vatinio. En una ocasión, explica Macrobio, Vatinio, que estaba enfermo, se quejó de que Cicerón no había ido a verlo. «Quería ir cuando eras cónsul –bromeó Cicerón–, pero se hizo de noche antes de que pudiera» (una de una serie de bromas sobre los mandatos tan ridículamente cortos de los cónsules en el periodo de Julio César). Macrobio añade que Cicerón se estaba vengando, porque al regresar del exilio, «del que se jactó que había vuelto a hombros del Estado», Vatinio replicó: «Entonces ¿a qué se deben esas venas varicosas tuyas?»[89].

La cuestión es que resulta muy difícil calibrar desde fuera el nivel de agresividad que acompaña a las pullas y las bromas, como comprueban muchos observadores modernos de la Cámara de los Comunes británica, que se sorprenden al ver que los que se han estado insultando implacablemente dos horas antes luego están tomándose una copa en el bar. No deberíamos suponer que la «invectiva» humorística de Cicerón siempre era un arma agresiva de exclusión social y política; también podría ser un lenguaje interactivo que compartían el orador y su supuesta víctima[90].

---

[88] Séneca, *Constant.* 17. Vatinio es aquí apodado un *scurra* (como hace Cicerón), pero también *venustus* y *dicax*. «Solía bromear sobre sus pies y su cuello lleno de cicatrices; de ese modo conseguía escapar a las bromas *[urbanitas]* de sus enemigos –que superaban en número a sus deformidades– y sobre todo a las de Cicerón».

[89] Macrobio, *Sat.* 2.3.5. La relación entre Cicerón y Vatinio era más compleja que la simple enemistad con que se suele pintar. Cicerón defendió a Vatinio en el 54 a. C. Aunque fuese en buena medida por presión de César y Pompeyo (véase su larga explicación en *Fam.* 1.9. [SB 20]), luego hay claras señales de cordialidad en, p. ej., *Att.* 11.5.4 (SB 216) y *Fam.* 5.9-11 (SB 255-259).

[90] «Interactivo» (como me anima Ingo Gildenhard a emplear) es un concepto clave aquí, y un rasgo que se pierde en el carácter a la fuerza no

Los consejos de Quintiliano al orador bromista

Unos 150 años después de que Cicerón escribiese *Sobre el orador*, Quintiliano redactó su *Manual de oratoria* en doce volúmenes. A mitad del sexto libro –buena parte del cual está dedicado a cómo el orador puede apelar a las emociones del público (y que se inicia con el extraordinario relato de la muerte de la mujer y dos hijos de Quintiliano)–, hay un capítulo sobre la risa que es casi tan largo como la sección de Estrabón en el tratado de Cicerón. Es en él donde encontramos su comparación de Cicerón con Demóstenes, su sensata mordacidad de que *risus* no está muy lejos de *derisus*, así como sus intentos de encontrar una definición de trabajo para la palabra *salsum*[91].

Como era de predecir, Cicerón fue una de las principales fuentes de Quintiliano[92], y hay muchas coincidencias entre los dos relatos: Quintiliano, por ejemplo, comparte la división del ingenio en las categorías de *dicto* (*verbo* en Quintiliano) y *re*, advierte de que las muecas no son una forma aceptable de hacer reír para el orador de élite y aconseja a sus lectores que no hagan chistes contra clases enteras de personas[93]. Incluso incluye algunos de los mismos ejemplos de chistes y ocurrencias que Cicerón –si bien su pericia para contarlos no está a la altura de la de su modelo–. Destroza bastante la pulla sobre el esclavo ladrón

---

dialógico de los discursos, al circular en forma escrita. Casi dan ganas de afirmar que el humor agresivo es más un rasgo de las versiones escritas que de la escena oratoria original; que, al escribir, la invectiva sustituye a las chanzas dialógicas que son fundamentales en la visión de las bromas que ofrece *De oratore*.

[91] *Inst.* 6.3 (con Monaco 1967, que incluye traducción al italiano y notas); Fernández López 2007 es una breve introducción a la obra en conjunto.
[92] Se refiere explícitamente a Cicerón en, por ejemplo, *Inst.* 6.3.8 (*De or.* 2.236), 6.3.42 (*Orat.* 87).
[93] *Inst.* 6.3.23 (*verbo* / *re*), 6.3.26 y 29 (muecas), 6.3.34 (clases de personas).

(«Dijo Nerón de un espantoso esclavo que no había nadie en la casa de más confianza, ya que nada se escondía ni guardaba»)[94]. Y parece no terminar de captar una de las mejores agudezas de *Sobre el orador*. Como ejemplo de broma por exageración, Estrabón cita la pulla de Craso acerca de Cayo Memio, el tribuno del 111 a. C.: «Se tenía a sí mismo por tan grande que cuando bajaba al Foro tenía que agachar la cabeza en el Arco Fabiano». Esto se transforma en Quintiliano en «el comentario de Cicerón sobre el hombre muy alto: se dio con la cabeza en el Arco Fabiano»[95].

Pero también hay diferencias significativas. Para empezar, Quintiliano incluye una variedad mucho más amplia de ocurrencias de las que la fecha en que transcurre *Sobre el orador* permitía: Cicerón tenía que restringirse a chistes hechos antes del 91 a. C., mientras que Quintiliano podía citar otros de famosos bromistas de periodos posteriores, entre ellos el propio Cicerón y el emperador Augusto. En cualquier caso, Quintiliano también utiliza otros debates sobre la risa y temas relacionados, lo que incluye un libro sobre «urbanidad» de Domicio Marso, al que dedica un apéndice crítico (en el que arguye, entre otras cosas, que la definición de Marso de *urbanitas* es demasiado general)[96], y estructura su análisis en diferentes epígrafes, con distintos énfasis, en los que a veces plantea temas y preocupaciones muy diversos, tanto de primer orden como secundarios.

Por ejemplo, Quintiliano concede mucha importancia a la analogía entre el ingenio y la cocina. Cicerón ya lo había insinuado en *Sobre el orador*: en determinado momento, Estrabón comenta que las cosas de las que está hablando equivalen a un «condimento» para las conversaciones co-

---

[94] *Inst.* 6.3.50.
[95] *De or.* 2.267; *Inst.* 6.3.67.
[96] *Inst.* 6.3.102-112.

tidianas o los casos legales. Sin embargo, Quintiliano lo desarrolla hasta convertirlo en una extensa analogía, en la que vincula la risa y la comida de un modo que es un tema importante en otros escritores (como veremos más adelante). Señalando la raíz de la palabra, escribe que *salsum* es «un sencillo condimento de un discurso, que es sentido por algún discernimiento inconsciente, al igual que ocurre con el paladar [...] Pues del mismo modo que la sal, cuando se espolvorea generosamente sobre la comida, aunque no en exceso, aporta un placer propio, las agudezas *[sales]* al hablar tienen» algo que nos proporciona un ansia por escuchar»[97]. También insiste aún más que Cicerón en el carácter afable del ingenio oratorio. «No queramos nunca herir a nadie [con nuestras bromas] –subraya–, ni tengamos nada que ver con la idea de que es mejor perder a un amigo que dejar perder una chanza.»[98] Tal vez estemos viendo aquí un cambio cronológico en el estilo oratorio (del estilo sin miramientos de la República al decoro ligeramente insípido del Principado)[99], pero, para ser honestos, dos análisis aislados no constituyen una base lo bastante firme para tal argumentación.

Quintiliano también hace algunas observaciones sorprendentes que no encontramos en *Sobre el orador*. Afirma, por ejemplo, que otra característica del *scurra* es que hace chistes contra sí mismo («y eso no se le puede consentir a un orador»)[100]. E indica que algunas palabras provocan risa por sí mismas. «La palabra *estómago [stomachus]* tiene algo gracioso», y lo mismo le pasa a la palabra *satagere* («ir de aquí para allá, trajinar» o, según el contexto,

---

[97] *De or.* 2.271 (véase también 2.227); *Inst.* 6.3.19.
[98] *Inst.* 6.3.28.
[99] Como propone en otro contexto Sherwin-White 1966, 305.
[100] *Inst.* 6.3.82. Antes hemos visto un ejemplo de *scurra* en Vatinio, quien al parecer hacía bromas sobre sí mismo en beneficio propio.

«sobreactuar»)[101]. Pero hay dos preocupaciones fundamentales sobre el uso de la risa que pesan aún más en el estudio de Quintiliano que en el de Cicerón: la primera es la posibilidad de que la risa se vuelva contra el bromista, y la segunda, que lo que incita a reír a menudo es falso.

La exposición de Estrabón revelaba la preocupación de que el orador pudiera convertirse, como el payaso, en objeto de la risa que provoca. Esta cuestión pasa a primer plano en el *Manual* de Quintiliano, que subraya en varias ocasiones la naturaleza peligrosamente ambigua del proceso de la risa. Al referirse, por ejemplo, a la afirmación de Cicerón de que la risa tiene su base «en lo que podríamos llamar lo feo o deshonroso», plantea la posibilidad de que señalar tales cosas se puede volver en contra de uno: «Cuando estas características se señalan en otros, eso se llama *urbanitas*; cuando se vuelven contra el orador *[reccidunt]*, eso se llama estupidez *[stultitia]*.» Los hay incluso, como observa después, que no evitan las bromas que se vuelven contra ellos *(in ipsos reccidere)*, tras lo cual pasa a contar la historia de un orador especialmente feo que se puso en una situación de vulnerabilidad al atacar el aspecto de otra persona[102].

Quintiliano también juega de forma más explícita que Cicerón con los sentidos activo y pasivo de la palabra *ridiculus*, dando a entender que quien hace reír corre el riesgo de convertirse (en nuestro sentido pasivo) en ridículo. El ejemplo más notorio lo encontramos en una sección previa del libro, antes de la que dedica al uso de la risa. Al ocuparse de los epílogos de los discursos (que en ocasiones pueden incluir muestras de ingenio), Quintiliano, como es

---

[101] *Inst.* 6.3.112, 6.3.54 («est enim dictum per se urbanum "satagere"»). Marcial, *Epigram.* 4.55.27-29, dice que los nombres geográficos extranjeros también podían ser graciosos.
[102] *Inst.* 6.3.8, 6.3.32.

tan frecuente en él, hace una descripción de lo que se debe evitar. Una vez, explica, el acusador estaba blandiendo ante el tribunal la espada sangrienta con que afirmaba que la víctima había sido asesinada. El abogado defensor hizo como si se asustara y se escondió; cuando lo llamaron para que hablase, se asomó –con la cabeza aún en parte cubierta– y preguntó si el hombre de la espada se había ido ya. «Fecit enim risum sed ridiculus fuit» (provocó risas, pero quedó ridículo)[103]. Tal vez Cicerón habría comparado esa actuación con la de un mimo.

El interés de Quintiliano en la verdad y la falsedad nos aparta aún más de los temas de Cicerón. A éste, de hecho, poco le preocupaban por lo general las mentiras y engaños que las bromas podían llevar implícitos, como comprobamos en otra sobre Memio, el tribuno del 111 a. C., que cuenta Estrabón. Craso, explica, afirmó una vez en un discurso que Memio había estado envuelto en una pelea por una chica con alguien llamado Largo, al que arrancó un pedazo de brazo de un bocado. Y no sólo eso, sino que por toda la ciudad de Terracina, donde tuvo lugar la pelea, empezaron a aparecer pintadas las letras LLLMM (MMMBL), que según Craso querían decir «Lacerat Lacertum Largi Mordax Memmius» (o «El mordaz Memio mordió el brazo a Largo»). Eso dio mucha risa, pero era un invento. Para Cicerón, era una buena broma, apropiada para un orador, ya fuese en general cierta y salpicada de alguna mentirijilla *(mendaciunculis)* o bien pura mentira[104].

No así para Quintiliano. En una versión más extrema del tradicional interés antiguo por la verdad de la retórica, empieza su sección sobre «hacer reír» manifestando su preocupación por la falsedad en las bromas: «Lo que confiere su mayor dificultad al tema es, en primer lugar, que un

---

[103] *Inst.* 6.1.48.
[104] *De or.* 2.240-241.

chiste *[dictum ridiculum]* es por lo general falso». Aunque no vuelve directamente a este problema a menudo, sí está presente en su análisis, como cuando afirma que «todo lo que es obviamente inventado hace reír»[105].

Es una preocupación que encontramos en otros estudios romanos sobre la risa de muy distintos géneros literarios. Una de las versiones más memorables de este tema de la verdad frente a la falsedad a la hora de hacer reír la hallamos, de hecho, en las *Fábulas* de Fedro, escritas en la primera mitad del siglo I d. C. Es la historia de la competición ante público de un *scurra*, «muy conocido por su ingenio urbano» *(notus urbano sale)*, y un campesino *(rusticus)* para ver quién imita mejor a un cerdo. El *scurra* empieza el espectáculo el primer día y se gana fuertes aplausos por sus sonidos porcinos, pero el campesino lo reta a una segunda ronda al día siguiente. Se presenta una multitud aún mayor, decididos a burlarse *(derisuros)*. El *scurra* repite su actuación del día anterior, de nuevo con grandes aplausos. Es entonces el turno del campesino, que hace como si llevara un cerdo de verdad escondido bajo la ropa, lo cual resulta ser cierto. Pellizca al animal en la oreja para que chille (de verdad), pero el público sigue prefiriendo la versión del *scurra* y vota que es una imitación mucho mejor de un cerdo que la del cerdo real. Mientras tiran al campesino del escenario, éste enseña al animal para mostrar al público el error que han cometido[106].

Es una historia densa, que se vuelve más complicada por las capas de fingimiento y disimulo que comprende (incluso el campesino finge que finge). Pero la simple idea de que el *scurra*, el bromista profesional, complazca al pú-

---

[105] *Inst.* 6.3.6, 6.3.70 («ridiculum est autem omne quod aperte fingitur»).
[106] Fedro, *Fabulae* 5.5; véase también John Henderson 2001, 119-128. Aquí, como observa Henderson (224 n. 70), la frase *urbanus sal* indica la «farándula» romana.

blico con su imitación más que el campesino con su cerdo de verdad es justo lo que preocupaba a Quintiliano.

¿Sero?

Empecé este capítulo con un juego de palabras muy admirado por Quintiliano. Cicerón, al ser instado a especificar en el juicio de Milón el momento exacto de la muerte de Clodio, contestó con una única (y divertida) palabra: *sero* (tarde / demasiado tarde). ¿Por qué le pareció esa respuesta una broma tan buena a Quintiliano? No creo tener la contestación definitiva ni mucho menos. No obstante, los análisis de la risa oratoria tanto de *Sobre el orador* como del *Manual* sí nos acercan un poco a entender su impacto en Quintiliano. Varios factores hacían que esta ocurrencia se pudiese aceptar especialmente. Era espontánea y no estaba preparada. Era una respuesta, en vez de un ataque no provocado. Sólo se aplicaba a Clodio, en lugar de a un colectivo.

Y, lo que no deja de tener su importancia, al menos para Quintiliano: era cierta, a diferencia de algunos de los ejemplos de risas y bromas en la corte imperial romana que vamos a analizar en el siguiente capítulo.

Ilustración 1. Frans Hals, *El caballero sonriente* (1624). Este cuadro, que ahora damos por descontado que representa a un hombre que sonríe, plantea la cuestión de hasta qué punto podemos estar seguros de identificar risas y sonrisas en el arte de la antigüedad.

Ilustración 2. Mosaico «Cuidado con el perro» de la Casa del Poeta Trágico, Pompeya (siglo I d. C.). ¿Se quería hacer reír a los invitados con esta imagen?

Ilustración 3. Estatuilla de bronce de un actor con cabeza de simio (época romana). Simboliza muy bien la traslapación entre la imitación del actor y la del mono.

Ilustración 4. Un chico con un mono que actúa, de una pintura (siglo I d. C.) de la Casa de los Dioscuros, de Pompeya. El simio se vuelve actor.

Ilustración 5. Parodia de Eneas huyendo de Troya con su padre y su hijo, todos con cabezas simiescas (de una pintura de Pompeya, siglo I d. C.).

Ilustración 6. Autorretrato de Rembrandt como Zeuxis (ca. 1668). Obsérvese la imagen de la anciana del fondo.

Capítulo 6

DE EMPERADOR A BUFÓN

Risa y poder

En las páginas iniciales de este libro asistimos a un encontronazo en el Coliseo entre un emperador y un senador en el que hubo risas –de alguna forma– por ambas partes: el senador y escritor, Dion Casio, masticando la hoja de laurel para disimular que le había entrado la risa; el emperador, Cómodo, según se nos cuenta, sonriendo de un modo tan triunfal como amenazador. También hemos visto brevemente algunas historias reveladoras acerca de la risa y jocosidad de doble filo del emperador Heliogábalo, que ocupó el trono unos treinta años después de Cómodo, del 218 al 222 d. C., y que son relatadas con regocijo en su descabellada biografía (pues se suele considerar que tiene más de fantasía que de vida real).

En lo que, hasta donde sé, es el primer uso del que tenemos constancia escrita de un cojín tirapedos en la historia mundial, su *Vida* cuenta que Heliogábalo provocaba risas cuando sus invitados a cenar se desinflaban literalmente al sentarse, y también se dice que entre sus bromas estaba la de mostrar cómicas alineaciones de ocho calvos, tuertos, sordos o gotosos. En el teatro sus risas ahogaban las del resto del público. En otras historias de esa misma fuente tan poco fidedigna se nos relata que «también solía de hecho tomarle el pelo a sus esclavos, llegando a ordenarles que le llevaran mil libras de peso de telarañas y ofreciéndoles una recompensa», o que «cuando sus amigos se emborrachaban, a menudo los encerraba y, de pronto en mitad de la noche, enviaba leones, leopardos y osos –domesticados– para que cuando se despertaran al amanecer o, peor aún, durante la noche encontrasen leones, leopardos y osos en la habitación. Y muchos de ellos murieron por eso»[1].

Las extravagantes fantasías de la *Historia augusta* son a menudo más reveladoras de lo que parecen, por no ser simples invenciones, sino ampliaciones absurdas de preocupaciones romanas tradicionales. Podríamos ver algunas de estas historias sobre Heliogábalo como reflejos inversos de las inquietudes que manifestó Quintiliano acerca de la verdad y la falsedad de las bromas y la risa. Una consecuencia escalofriante de la autocracia romana es imaginada aquí como la capacidad del tirano para hacer que sus bromas se hagan realidad de una forma horrible e inesperada: los tigres y demás animales eran inofensivos, pero los invitados murieron de todos modos[2].

Es un lugar común que la práctica de la risa está estrechamente unida al poder y sus diferenciales (¿qué práctica social no lo está?). La cuestión de interés –que este capítulo intenta abordar– es de qué formas concretas estaba la

---

[1] SHA, *Heliog.* 26.6, 25.1.
[2] Encontramos variaciones de este mismo tema en otras reflexiones antiguas sobre la relación del autócrata con la risa y las bromas; por ejemplo, en la historia del encuentro del joven Julio César con los piratas. Estando en cautividad, César bromeó con los piratas, a los que les dijo que, cuando quedara libre, los crucificaría, que es lo que en efecto hizo. Suetonio (*Iul.* 4; véase también 74) subraya el punto en cuestión: de verdad llevó a cabo «aquello con que los había amenazado de broma» («quod saepe illis minatus inter iocum fuerat»). El mensaje es que, de diversos modos, las bromas de los poderosos podían llegar a tener mayor condición de verdad de lo que a uno le gustaría.

risa relacionada con el poder romano. Empezaremos con emperadores y autócratas y pasaremos (por medio de amos y esclavos, y de un relato especialmente jocoso de una audiencia escalofriante con el emperador Calígula) a reflexionar sobre el lugar del bromista o bufón en Roma, tanto dentro como fuera de la corte imperial, tanto como estereotipo cultural (hasta donde alcanzamos a vislumbrarlo) cuanto como personaje de la realidad social cotidiana. Volverán a aparecer algunos temas que tocamos en el capítulo anterior, en particular la idea de ese opuesto desprestigiado del orador de élite, el *scurra*, que es el tema peliagudo y cambiante de la sección final de este capítulo. Mi objetivo es devolver la risa a nuestra imagen de la corte imperial y sus sombras, y destacar el papel de los bromistas en la cultura de la élite romana que resulta ser mucho más grande e importante de lo que solemos reconocer.

Emperadores buenos y malos

La autocracia romana estaba arraigada en la cultura de la risa y las bromas, siguiendo un patrón que se remontaba a mucho antes del reinado del primer emperador, Augusto[3]. Puede que ahora no sea el «hecho» más conocido sobre el brutal dictador Sila, que tuvo el breve y sanguinario control de la ciudad en los años 80 a. C., pero en la antigüedad, al igual que cierto número de tiranos y monarcas helenísticos, tenía fama de ser un entusiasta amante de la risa. Es de suponer que no fuese una casualidad que se le relacionara precisamente con esos bromistas cuyo estilo Cicerón y Quintiliano instaban al orador a evitar. «Era tan aficionado a los mimos y payasos, por ser un gran amante

---

[3] Laurence y Paterson 1999 es un importante estudio introductorio a todo el tema de los emperadores y las bromas.

de la risa –escribió el historiador Nicolás de Damasco a finales del siglo i d. C.–, que les daba grandes extensiones de terrenos públicos. Una prueba clara de la satisfacción que le producían esas cosas son las comedias satíricas que él mismo escribía en su lengua materna [el latín].»[4] Plutarco también recogió la tradición y explicó que al dictador «le encantaban las bromas» *(philoskōmmōn)*, y de ahí que en las cenas se transformase por completo del personaje severo que era en otros momentos. Incluso justo antes de su muerte (causada, según el morboso relato de Plutarco, por una horrenda ulceración que convirtió su carne en gusanos), estaba de juerga con cómicos, mimos e imitadores[5].

Algunas de las asociaciones entre autócrata y risa son fácilmente previsibles. La norma romana básica (que volvemos a encontrar en su descendiente directo, la tradición medieval del *rex facetus*)[6] era que los gobernantes buenos y sabios hacían bromas de forma benévola, nunca usaban la risa para humillar y toleraban los chistes a sus expensas. Los gobernantes malos y los tiranos, por otro lado, reprimían con violencia hasta las bromas más inocentes, al tiempo que usaban la risa y los chistes como armas contra sus enemigos. Las anécdotas sobre la risa imperial ilustran estos axiomas una y otra vez. No sabemos si son literalmente ciertas o no, y el hecho de que haya ejemplos de chistes que en apariencia emigran de un bromista destacado a otro indica convincentemente que nos enfrentamos a estereotipos culturales o historias tradicionales más que a hechos. No obstante, señalan la verdad principal –una lec-

---

[4] La *Historia* de Nicolás no ha llegado completa hasta nosotros; este pasaje lo cita Ateneo, *Deipnosophistae* 6.261c = Jacoby, *FgrHist* 90F75. Nicolás escribía en griego; de ahí que subraye lo de «lengua materna».

[5] Plutarco, *Sull.* 2.36.

[6] Sucintamente descrita por Le Goff 1993, 26; en un periodo ligeramente posterior, Bowen 1984.

ción política tanto como un mito urbano– de que la risa ayudaba a caracterizar tanto a los buenos como a los malos gobernantes[7].

Dion resume hábilmente un lado de esto al hablar de Vespasiano: la *civilitas* del emperador (esa cualidad ideal de tratar a la gente como ciudadanos y no como súbditos) quedaba demostrada por el hecho de que «bromeaba como uno más del pueblo *[dēmotikōs]* y no le importaba que hiciesen chistes a sus expensas, y si ponían la clase de eslóganes que a menudo van dirigidos anónimamente a los emperadores, con insultos hacia él, ponía una réplica del mismo estilo sin que le molestase en absoluto»[8]. La *civilitas*, claro está, siempre tenía algo de capa de barniz, pues no existía una verdadera igualdad entre los ciudadanos y el emperador, y sobre todo entre el emperador y los ciudadanos corrientes, que no pertenecían a la élite y que a menudo tenían un papel decisivo en esos chistes. No obstante, era un barniz importante en esos intrincados juegos de poder imperial, cuyas directrices quedaron establecidas durante el mandato del emperador Augusto. Y es alrededor de Augusto donde se concentra un gran número de estas anécdotas de bromas toleradas o disfrutadas.

Muchas de las historias de agudezas y bromas suyas que Macrobio recopiló muestran a Augusto bromeando con sus subordinados (cuando, por ejemplo, alguien dudaba si presentarle una solicitud y no dejaba de levantar la mano y retirarla, el emperador decía: «¿Crees que le estás dando una moneda *[as]* a un elefante?»)[9]. Pero también lo mues-

---

[7] Véase Laurence y Paterson 1999, 191-194; SHA, *Avid. Cass.* 2.5-6, una reflexión de la antigüedad tardía sobre tales emigraciones. Espero que en las páginas siguientes quede claro que «Augusto bromeó» es una forma abreviada de decir «dicen que Augusto bromeó».

[8] Dion 65 (66).11.

[9] *Sat.* 2.4.3; citado por Quintiliano, *Inst.* 6.3.59, como ejemplo de hacer reír por *similitudo*, o comparación. Entre otros ejemplos de jocosidad im-

tran aceptando las bromas que iban dirigidas contra él. Como hace Macrobio que comente uno de los personajes de sus *Saturnales*, «en el caso de Augusto, me suelen sorprender más los chistes que tuvo que aguantar que los que hizo él». Y, a continuación, cita varios ejemplos, entre los que se incluye un chiste muy famoso que, como veremos, ha tenido una larga vida posterior, pasando por Sigmund Freud hasta llegar a Iris Murdoch, además de una prehistoria que se remonta a la República Romana. «Una pulla *[iocus asper]* que soltó algún provinciano se hizo muy conocida. Había llegado a Roma un hombre que se parecía mucho al emperador y llamaba la atención de todos. Augusto ordenó que llevaran al hombre ante él y, una vez que le hubo echado un vistazo, le preguntó: "Dime, joven, ¿estuvo tu madre alguna vez en Roma?". "No –contestó el otro, pero, no contento con dejarlo ahí, añadió–: Pero mi padre sí estuvo, a menudo".» Augusto, en otras palabras, era la clase de hombre que podía aceptar un chiste sobre esa base del poder patriarcal romano: su propia paternidad[10].

Pero no todos los bromistas eran tipos humildes. En algunas ocasiones hallamos que se muestra una tolerancia similar hacia la jocosidad de las altas esferas de la sociedad romana. En un intrigante caso célebre de principios del siglo II d. C., las bromas se usaron en el Senado como vehículo para poder criticar a salvo. La historia, que encontramos en una carta de Plinio, es para nosotros un antídoto refrescante a la imagen habitual de la solemnidad senatorial, si bien al propio Plinio no le hizo mucha gracia. Éste estaba hablando de las consecuencias obvias, y para él desastrosas, de introducir las papeletas de voto secretas en las eleccio-

---

perial amigable están Suetonio, *Tit.* 3.2 («cum amanuensibus suis per ludum iocumque certantem»,) y SHA, *Hadr.* 20.8.
[10] *Sat.* 2.4.19-20. A grandes rasgos, la misma ocurrencia la cuenta Valerio Máximo (9.14 ext. 3), pero hecha a un gobernador republicano de Sicilia.

nes en el Senado: «Te dije –escribe a su corresponsal– que debería preocuparte que las votaciones secretas pudiesen producir abusos. Pues bien, ya ha sucedido». Alguien, explica, había garabateado bromas *(iocularia)* e incluso obscenidades en algunas papeletas de votación, y en una había escrito los nombres de los partidarios, y no de los candidatos; es de suponer que todo tuviese la intención de ser un comentario procaz sobre lo absurdo de llevar a cabo tales procedimientos estando en un gobierno autocrático. Los senadores leales vociferaron y pidieron al emperador reinante, Trajano, que castigara al culpable, el cual prudentemente consiguió pasar inadvertido y nunca fue descubierto. La implicación de la carta de Plinio es que Trajano hizo la vista gorda y no tomó medidas[11]. Aunque algunos de los presentes más acartonados, entre ellos Plinio, quedaran decepcionados, otros sin duda habrían felicitado al emperador por su muestra de *civilitas*.

A los emperadores «malos» también los delataba su forma particular de reír y bromear. Los debates antiguos sobre los «monstruos» imperiales –de Calígula a Heliogábalo, pasando por Domiciano– usan en repetidas ocasiones la risa,

---

[11] *Ep.* 4.25 (retomando una historia de *Ep.* 3.20). El significado general de la anécdota está claro, pero los detalles presentan algunas dificultades. Una oración, tan crucial como extraña, reza: «Quid hunc putamus domi facere, qui in tanta re tam serio tempore tam scurriliter ludat, qui denique omnino in senatu dicax et urbanus et bellus est?». Lo traduzco, al igual que otros, como: «¿Qué se supone que hace en casa la clase de hombre que se dedica a jugar igual que un *scurra*, tratándose de un asunto tan importante y en un momento tan serio, cuando se muestra tan sarcástico, burlón y mordaz incluso en el Senado?». Esto significaría que Plinio no ve que el Senado sea lugar para la *dicacitas*, etc., que Cicerón admiraba (y para Sherwin-White 1966, 305, ilustra un cambio en la cultura del ingenio). Pero me pregunto si no significará: «¿Qué se supone que hace en casa el hombre que se dedica a jugar igual que un *scurra*, tratándose de un asunto tan importante y en un momento tan serio, y, sin embargo, en el Senado es un orador tan ingenioso, elegante e inteligente?», lo que implicaría su aprobación de la *dicacitas*, etc.

y la transgresión de sus códigos y convenciones, para definir y calibrar diversas formas de crueldad y excesos, que son justo los opuestos de la *civilitas*. A veces se trata de un emperador que no tolera bromas a sus expensas. Se decía que Cómodo dio orden a los marinos de guerra, que por lo general se ocupaban de los enormes toldos que daban sombra al Coliseo, de que mataran a la gente del público que él creía que se reían de él (con lo cual no es de extrañar que Dion no quisiera reírse a carcajadas)[12]. Otras veces se trataba más de que el emperador se reía como no debía, cuando no debía o de lo que no debía, o hacía chistes especialmente sádicos (o simplemente malos).

En el caso de Claudio, sus ocurrencias eran decididamente malas o «frías» *(frigidus)*: a Suetonio lo dejó indiferente un juego de palabras que hizo con el nombre de un gladiador, Palumbus, que literalmente significa «paloma de madera» (cuando la multitud clamaba en favor de Palumbus, Claudio se lo prometió «si se le podía atrapar»)[13]. Las ocurrencias de Calígula eran más amenazadoras que frías. «En uno de sus banquetes más suntuosos –escribe Suetonio–, de pronto le entraron grandes risotadas *[in cachinnos]*. Los cónsules que estaban recostados junto a él le preguntaron con educación de qué se reía. "Tan sólo de la idea de que, con un movimiento de cabeza mío, a los dos os degollarían al instante".»[14] Y el biógrafo de Cómodo en la *Historia augusta* comenta con precisión que «sus bromas también eran mortíferas» *(in iocis quoque perniciosus)* antes

---

[12] SHA, *Comm.* 15.6. Véase también Suetonio, *Cal.* 27.4 (un escritor de «farsas atelanas» que fue quemado vivo en el anfiteatro por Calígula por un juego de palabras dudoso, «ob ambigui ioci versiculum»).

[13] *Claud.* 21.5.

[14] Suetonio, *Cal.* 32.3. Suetonio, *Cal.* 33, repite una ocurrencia similar («entre sus diversas bromas», cuando besuqueaba el cuello de su mujer o querida, decía: «qué cuello más encantador; lo cortarían en cuanto yo diese la orden»).

de relatar la repugnante historia de que el emperador puso un estornino encima de la cabeza de un hombre que tenía unos cuantos cabellos canos entre los demás negros. El pájaro empezó a picotear las canas, creyendo que eran gusanos, hasta que al hombre se le enconó el cuero cabelludo, lo que probablemente terminase por matarlo[15].

Esta historia nos recuerda un tema prominente en la *Vida de Heliogábalo*: que las bromas de un autócrata pueden ser literalmente mortíferas. Pero eso no es todo. En el mundo en parte real y en parte fantasioso de esta biografía, la travesura de Cómodo también es una parodia de toda una tradición de bromas imperiales sobre, o contra, canas y calvicies. Uno de los temas más habituales a la hora de ridiculizar a un emperador era el estado de su cabeza: de Julio César se burlaron en repetidas ocasiones por ser calvo, y se decía que se peinaba el pelo que le quedaba hacia delante para disimular la parte sin pelo (una táctica de larga tradición en tales circunstancias, así como un tema también de larga tradición para mayores burlas); también se supone que Domiciano (el «Nerón calvo») se tomaba como un insulto que se bromeara sobre su falta de pelo[16]. Pero esta historia concreta de Cómodo sin duda tiene su antecedente en una de las bromas que hizo Augusto a su hija Julia y que recogió Macrobio. Se decía que Julia, preocupada por sus canas, hacía que sus doncellas se las arrancaran. Un día Augusto la visitó después de que hubiese ocurrido eso. «Haciendo como si no se hubiera dado cuenta de las canas que había en la ropa de ella [...] preguntó a su hija si, al cabo de algunos años, preferiría ser calva o canosa. Cuando ella contestó: "Prefiero ser canosa, padre",

---

[15] SHA, *Comm.* 10.4.
[16] Suetonio, *Iul.* 45.2; Suetonio, *Dom.* 18.2; Juvenal 4.38 *(calvus Nero)*. Los emperadores también se burlaban de la calvicie de otros; es famoso, y horrible, que Calígula ordenó que una fila de prisioneros fueran ejecutados «de cabeza calva a cabeza calva» (Suetonio, *Cal.* 27.1; Dion 59.22.3); véase también SHA, *Heliog.* 29.3.

él la regañó por esa mentira replicando: "Entonces ¿por qué te están dejando estas mujeres calva tan rápidamente?".»[17] El contraste está claro. El sabio Augusto reprende en broma a su hija por arrancarse las canas. El tirano Cómodo pone un pájaro en la cabeza de un inocente para hacer eso mismo, y lo mata.

Otros aspectos de la risa imperial no son tan previsibles. Un tema distinto de esta tradición anecdótica y biográfica usa la risa para destacar varias cuestiones relacionadas con el control. Lo más probable es que la práctica cotidiana de la risa fuese tan controlable para los romanos como lo es para nosotros; sin embargo, un poderoso mito romano sobre la risa (y nuestro) era que, en su condición de irrupción natural, ponía a prueba la capacidad humana para dominarla, y, por tanto, la debida observancia de los protocolos sociales de la risa era el rasgo distintivo de un hombre (por lo general un hombre) que tenía pleno control de sí mismo. Un diagnóstico de los defectos del emperador Claudio era que le costaba contener su regocijo. En su primer intento de hacer una lectura pública de la *Historia de Roma*, que acababa de escribir, se dieron problemas desde el principio cuando hubo risas generalizadas al ver que un hombre muy gordo rompía varios bancos, supuestamente por su peso, al sentarse en ellos. Pero la situación fue de mal en peor cuando el pobre y joven príncipe no consiguió hacer el recitado sin echarse a reír cada vez que se acordaba de ese incidente divertido. Fue una señal reveladora de su incapacidad, tanto mental como física[18].

No obstante, los protocolos romanos de control también funcionaban al revés: la cuestión no estribaba simplemente en si el caballero podía controlar su risa, sino en si podía

---

[17] *Sat.* 2.5.7.
[18] Suetonio, *Claud.* 41.1 («ne sedato quidem tumultu temperare potuit, quin ex intervallo subinde facti reminisceretur cachinnosque revocaret»).

controlar sus ganas de hacer un chiste («guardarse su *bona dicta* para sí», en las famosas palabras de Ennio) o resistirse a la tentación de hacer bromas inapropiadas. Los dos capítulos que dedica Suetonio a la jocosidad de Vespasiano ilustran bien esto. Al igual que Dion, por lo general el biógrafo aplaude el ingenio de este emperador, y cita con admiración toda clase de ocurrencias de manual que habrían recibido la aprobación de Cicerón o Quintiliano y que van del añadido inteligente de versos poéticos al uso de una broma para desviar una situación de odio. (De hecho, coincide tanto con los manuales de oratoria que cabe pensar que el debate sobre la risa de estos estuviera en parte tras las reflexiones de Suetonio.) Pero, incluso aquí, el espectro del *scurra* no está muy lejos: como reconoce Suetonio, la *dicacitas* de Vespasiano podía ser *scurrilis*[19].

Sin embargo, el filo más cortante de la risa imperial no lo apreciamos tanto en la capacidad del emperador para controlar sus propias risas o bromas como en sus intentos de controlar las de los demás. Un intento tiránico clásico de prohibir las risas se supone que ocurrió en el reinado de Calígula, tras la muerte de su hermana Drusila. Según Suetonio, Calígula decretó que durante el periodo de luto por ella nadie, so pena de muerte, se riera, bañara o comiera con su familia (un trío significativo de actividades humanas sociales «normales» en el que «reír» aparece en primer lugar en el orden de Suetonio). Era obviamente un decreto infructuoso, por no decir imposible de hacer cumplir, y que (independientemente de lo que tenga de verdad) se narra en la biografía precisamente por eso. Aun

---

[19] *Vesp.* 22-23 (compárese, por ejemplo, con Cicerón, *De or.* 2.236, 2.257). El espectro del ingenio inadecuado también rondaba al emperador Augusto. Podríamos, por ejemplo, preguntarnos hasta qué punto el lado adverso del mimo puede verse en sus últimas palabras, tal y como las recoge Suetonio (*Aug.* 99.1): ¿Había representado bien su papel, preguntó, en el *mimo* de la vida?

así, debería ocupar su lugar junto con otros intentos tiránicos –tuvieran éxito o no, sean pura mitología o no– de dominar las fuerzas de la naturaleza: del mismo modo que Jerjes intentó construir un puente sobre el Helesponto, Calígula (a un nivel más interno) intentó conquistar las fuerzas naturales de la risa de sus súbditos[20].

Un aspecto aún más siniestro del control imperial no era el intento de impedir las risas y bromas, sino el de imponerlas a los renuentes. Al poco de describir las normas de Calígula para el periodo de luto, Suetonio relata un ejemplo de especial crueldad imperial. Calígula primero insistió en que un hombre presenciara la ejecución de su propio hijo y luego en que ese hombre fuese a cenar con él esa noche: entonces, con un fabuloso despliegue de afabilidad, el emperador «lo incitó a reír y bromear» (*hilaritas* y *ioci* son las palabras de latín). ¿Por qué se prestó el hombre a eso?, pregunta Séneca, el cual cuenta una versión ligeramente distinta de la misma historia. Hay una respuesta sencilla: porque tenía otro hijo[21].

Incluso encontramos una versión más moderada de exacción imperial de la risa en la *Vida de Augusto*, de Suetonio. Hacia el final de la vida del emperador, cuando residía en su villa de Capri, todavía conservaba su generosidad y jocosidad: hacía regalos e insistía juguetonamente en que los griegos y los romanos de su séquito se intercambiaran la ropa y hablaran la lengua de los otros; de hecho, «no había ningún tipo de diversión [*genus hilaritis*] del que se abstuviera». Pero incluso en eso, y tratándose del más «cortés» de los emperadores, hay cierto toque de amenaza, al menos tal y como lo relata Suetonio. Pues en esas cenas

---

[20] Suetonio, *Cal.* 24.2; el relato clásico de Jerjes en el Helesponto es Heródoto 7.33-35.
[21] Suetonio, *Cal.* 27.4; Séneca, *De ira* 2.33.3-5 (sin referencia específica a la risa).

llenas de diversión, Augusto no sólo «permitía, sino que exigía» que sus jóvenes invitados mostrasen «absoluta libertad para bromear» *(permissa, immo exacta, iocandi licentia)*[22]. Aunque la risa fuera una reacción corporal muy incontrolable, también era (quizá por esa misma razón) una reacción que los emperadores intentaban dominar, algunos de forma más liviana que otros. Por decirlo de otro modo, en la economía literaria del mandato imperial, el intento del emperador de controlar la risa podría ser un vívido símbolo político de la «antinaturalidad» de la autocracia incluso en sus formas más gentiles.

La risa entre las altas y bajas esferas

Quizá aún más sorprendente sea el hecho de que a menudo estas historias sitúan la risa en la interrelación entre el emperador y aquellos de sus súbditos que no pertenecían a la élite: romanos corrientes, pueblerinos o soldados rasos. Pues cuando los escritores antiguos querían representar la interacción entre el gobernante y alguna persona corriente, o lo presentaban fuera de palacio, en el terreno de la gente, casi siempre lo hacían empleando términos jocosos. Ya hemos visto a Augusto tolerando una broma sobre su paternidad por parte de «algún pueblerino». Incluso se dice de Calígula (cuya manipulación tiránica de la risa era especialmente notoria) que soportó la broma que le hizo un zapatero galo en una ocasión. En palabras de Dion, «una vez un galo vio al emperador sentado sobre una plataforma elevada, vestido con las ropas de Júpiter, dictando oráculos. El hombre se echó a reír. Calígula lo llamó y le preguntó: "¿Qué impresión te causo?", a lo que el otro contestó (y

---

[22] *Aug.* 98. Wallace-Hadrill 2008, 38-41, analiza otros aspectos de este pasaje.

son sus palabras exactas): "La de un perfecto idiota". Pero quedó impune, porque era zapatero. Supongo que es más fácil para la gente como Calígula soportar la franqueza de la gente corriente que la de alguien de clase alta»[23].

Pero también estaba la cuestión más general de cómo –o en qué registro retórico– se representaban las interacciones del emperador con la gente corriente. El intercambio bromista y jocoso de Augusto con el peticionario nervioso («¿Crees que le estás dando una moneda a un elefante?») es típico. Otro caso destacado es el buen *iocus balnearis* (u ocurrencia en los baños públicos) del emperador Adriano, del que se dice que entró en unos baños públicos y vio a un soldado veterano que se frotaba la espalda desnuda contra una pared. Cuando Adriano le preguntó por qué hacía eso, el hombre contestó que no poseía ningún esclavo que se la frotara. La generosa reacción del emperador fue entregarle varios esclavos y el dinero para mantenerlos (un hábil reconocimiento de que recibir esclavos de regalo no salía gratis). Pero, obviamente, enseguida se conoció lo sucedido, pues en otra ocasión en que Adriano fue a los baños, encontró a varios ancianos frotándose contra las paredes. Para ellos no hubo esclavos: les dijo que se frotaran los unos a los otros. El propósito de la historia era mostrar que Adriano era un hombre del pueblo, afectuoso, pero no era ningún tonto, además de la clase de persona que podía responder a un intento de chanchullo de forma jocosa[24].

---

[23] Dion 59.26.8-9. Una historia sobre Adriano, como otras sobre diversos gobernantes, se centra en su encuentro con una mujer corriente con la que se cruzó en un viaje y apunta en la misma dirección. En el relato de Dion (69.6.3), ella intenta abordarlo para hacerle una petición, pero él no le hace caso alegando que no tiene tiempo. La réplica de ella, sin embargo, hace que vuelva sobre sus pasos: «En ese caso, no seas emperador». La idea era simplemente que el emperador debía tener tiempo para dedicar a los humildes y que éstos podían replicar. Lo analiza (junto con los paralelismos) Millar 1977, 3-4.

[24] SHA, *Hadr*. 17.6-7.

No estoy diciendo en modo alguno que todas las relaciones entre el emperador romano y sus súbditos fuesen «una risa», ni que verdaderamente se diera siempre un ambiente de jocosidad (ya fuera relajado o tenso) cuando el gobernante estaba cara a cara con romanos corrientes. Está claro que ése no pudo ser siempre el caso, o ni siquiera muy a menudo, y casi con toda seguridad no se trataría del tipo de intercambios verbales espontáneos que las anécdotas quieren que supongamos. Si Adriano de verdad iba a los baños públicos, tengo la impresión de que cualquier encuentro jocoso que tuviera con la plebe estaría cuidadosamente preparado de antemano y controlado. Lo que quiero decir es que, en los escritos romanos, los encuentros cara a cara entre el gobernante y los representantes individuales de los gobernados eran en su inmensa mayoría delineados, debatidos y formulados en términos de risas y bromas. Las representaciones literarias, al menos, usaban varios tipos de bromas para facilitar la comunicación entre los distintos niveles de la jerarquía política, lo que permitía que una forma concreta de conversación jocosa tuviera lugar entre las altas y las bajas esferas. Sin duda eso servía en parte para disimular las diferencias de posición social. Al mismo tiempo, la risa indicaba el límite de la urbanidad del tirano y podía mostrarlo como lo que era: como un tirano (del mismo modo que podía mostrar al bromista subversivo como un subversivo). La risa, en otras palabras, era en Roma un operador clave en el discurso de las relaciones de poder político entre emperador y súbdito.

Lo mismo ocurría en otros ejes de poder: las estructuras discursivas de una forma de poder en la cultura y sociedad romanas a menudo se solapaban a grandes rasgos unas con otras (aunque los detalles difirieran). En vez de «tirano frente a súbdito», por ejemplo, podemos leer «dios frente a humano» u «hombre libre frente a esclavo». También en estos casos la risa podía ser una señal y significante clave en las operaciones de poder, como un par de gráficos ejemplos tomados de estas otras áreas dejan claro.

Ovidio usa a menudo la risa en la *Metamorfosis* como indicador de la relación entre mortales e inmortales. No hace falta leer mucho estos relatos poéticos de transformaciones para darse cuenta de que la risa en sus diversos registros —de sonrisitas petulantes, pasando por una cascada de risa jubilosa, a risas socarronas de triunfo— era un elemento importante en el discurso de poder entre los seres humanos y las fuerzas divinas. Por un lado, los dioses pueden usar la risa para mostrar su deleite por su capacidad para cambiar las formas de sus víctimas humanas. Así, por ejemplo, cuando Mercurio coge al anciano pastor Bato intentando engañarlo, se ríe al transformarlo en un pedernal[25]. Por otro lado, la risa humana dirigida a un dios o una diosa a veces presagia la transformación del riente en una bestia, pájaro u objeto inanimado: la risa es una muestra de desafío humano que la deidad rápidamente castiga quitándole su condición y forma humanas. Pero en la articulación de poder más general del poema, esta risa también actúa como una señal para el lector de que los diferenciales de poder entre inmortal y mortal están a punto de ponerse en evidencia o de reafirmarse. Así, por ejemplo, la sirvienta Galantis se ríe cuando cree que ha engañado a Juno para que procure a Alcmena, la madre de Hércules, un parto fácil, tras lo cual es transformada rápidamente en una comadreja[26]. Hay un patrón similar en la historia de las hijas del rey Piero, que retan a las Musas a una competición de

---

[25] *Met.* 2.676-707. Barchiesi 2005, 295, compara esto con el encuentro entre Atenea y Odiseo en Homero, *Od.* 13.287, en el que se dice que Atenea «sonríe» (μειδιᾶν). Reconoce que «se desarrolla de forma muy diferente»; tan diferente, diría yo, que indica la importancia bien distinta de *ridere* y μειδιᾶν.
[26] *Met.* 9.306-323.

canto y pierden. Cuando se ríen de las vencedoras, son transformadas inmediatamente en urracas[27].

Por supuesto, en la *Metamorfosis* el símbolo de la risa tiene una carga aún mayor que en estos casos, gracias a la importancia que tiene la risa por ser un rasgo distintivo de la propia condición humana. En varias historias romanas que se centran en la interrelación entre el mundo humano y el animal, la pérdida de la capacidad de reír puede ser una reveladora indicación de que se han traspasado todos los límites. En el poema de Ovidio, las carcajadas de algunas de las víctimas justo antes de su transformación sin duda pretenden recordar al lector que están emitiendo lo que es, de forma totalmente literal, su última risa: en cuanto Galantis se convierte en comadreja, ya no ríe más[28].

De forma más categórica, la risa también caracterizaba la relación entre amo y esclavo. Como vimos en el capítulo 1, muchos temas de la comedia romana (tomados en parte de tradiciones griegas anteriores) se centraban en las jerarquías de la esclavitud y en la interacción de los esclavos con sus amos, y hacían ostentación de esas jerarquías que tanto cuestionaban como reafirmaban, tanto atenuaban como ocluían, por medio de las bromas. La idea del esclavo cómico que con su inteligencia hace reír a expensas de su dueño corto de luces subvertía las relaciones de po-

---

[27] *Met.* 5.662-678. Como me indica Stephen Halliwell, hay un parecido entre el sonido de algunas de esas criaturas y la risa humana, o al menos no cuesta mucho imaginárselo; para oír el sonido de los cuervos (de la familia de las urracas) como risas, véase Halliwell 2008, 3.

[28] Como no es de extrañar, la obra de Ovidio es un cofre del tesoro de comentarios y reflexiones inteligentes sobre la risa, tanto humana como divina. Veremos más ejemplos en el siguiente capítulo. Para más información sobre la risa divina (así como para la inadecuación entre el griego μειδιᾶν y el vocabulario latino para la risa), véase Ovidio, *Fast.* 4.5-6, con los paralelismos en Ennio y Lucrecio observados por Fantham (1998, 91), si bien ésta trata *ridere* en este caso como una «sonrisa» que no plantea problemas.

der de la esclavitud como institución y, a la vez, tengo la impresión de que servía para legitimarlas[29]. Pero la cuestión primordial es que la interrelación entre amo y esclavo, al igual que la existente entre emperador y súbdito, se enmarcaba con regularidad en términos jocosos.

Esto se aprecia con toda claridad en un texto de un género bien distinto y que es mucho menos conocido, incluso entre los clasicistas, que las comedias teatrales romanas: la *Vida de Esopo*, una biografía anónima en griego sobre el famoso esclavo que escribía fábulas. Es una obra desconcertante, compleja y compuesta por varias manos que probablemente alcanzase su forma final (o algo parecido) en el Egipto de la Roma imperial del siglo I d. C., aunque sus orígenes más remotos bien podrían ser mucho anteriores y remontarse a muy distintas áreas y contextos del mundo clásico[30]. Es una obra flagrantemente ficticia (pues es muy poco probable que alguien como Esopo llegara jamás a existir, y menos aún que escribiese las fábulas que llevan su nombre)[31], que a menudo llega a la esencia ideológica de la cuestión, si bien no a la verdad literal.

---

[29] El «esclavo listo» de las comedias es analizado de forma muy útil por Fitzgerald 2000, 10-11, 24-26, 44-47, y McCarthy 2000, esp. 211-213.

[30] La mejor edición de este texto es Perry 1952, 35-208 (de la que tomo mis referencias, en las que G y W indican las diferentes versiones manuscritas). Para una traducción, véase Lloyd Daly en Hansen 1998, 111-162; Jouanno 2006. Las complejidades del manuscrito y de la tradición papirológica, así como las cuestiones de su trasfondo cultural, quedan resumidas sucintamente en Hopkins 1993 (esp. 11), y con mayor detalle en Kurke 2011, 1-49 (que incluye un excelente repaso de las fuentes literarias secundarias). En general, Kurke se inclina más que yo por identificar tradiciones griegas anteriores en la *Vida* en lugar de subrayar los detalles romanos (como las denominaciones monetarias; véase *Vita Aesopi* W 24, 27); Pelliccia 2012 también se resiste a la intención de Kurke de «encontrar a la fuerza pruebas anteriores» (40).

[31] Obsérvense los comentarios cuidadosamente agnósticos de Kurke 2011, 13 (en los que cita más referencias sobre el debate sin resolver acerca de la «existencia real» de Esopo).

Esopo tiene un aspecto «gracioso». Es enano, barrigón, de nariz respingona, jorobado y patizambo: «un desastre andante», como un comentarista moderno lo llamó acertadamente[32]. Pero pese a su aspecto (o quizá por él), es ingenioso, inteligente y se le da tan bien hacer bromas sobre los demás como sobre sí mismo por sus peculiaridades físicas. Lo más sorprendente es que al principio de la *Vida* escrita también es mudo, hasta que, pasadas un par de páginas de la versión principal del texto, la diosa Isis le concede la facultad del habla y convence a las Musas para que cada una le dé algo de sus dones, lo que incluye la habilidad para narrar historias[33]. No obstante, como destaca Leslie Kurke, ya en el primer episodio de la historia, mientras aún es mudo, Esopo consigue de forma muy elocuente revelar que un par de compañeros esclavos son culpables del delito que intentan imputarle a él: concretamente, el de comerse los higos de su amo. Hace que la pareja vomite la fruta, con lo que demuestra su culpabilidad[34]. En el mundo de las chanzas y el entretenimiento, era una paradoja romana habitual que –lejos de las formas verbales que hemos visto que se recomendaban con tanto entusiasmo para el orador– el ingenio y la elocuencia silenciosos pudieran encontrarse en los que eran, o habían sido, mudos.

Buena parte del resto de la *Vida* la ocupa la relación cómica entre el esclavo y su nuevo amo, un filósofo, de nombre Janto, que compra a Esopo después de que éste ya pueda hablar. La risa empieza en el mismo momento en que Esopo es exhibido en el mercado de esclavos, en el que

---

[32] Hopkins 1993, 13; *Vita Aesopi* G 1; *Vita Aesopi* W 1.
[33] *Vita Aesopi* G 7 (en W 7 la diosa en cuestión es Tique).
[34] *Vita Aesopi* G 2-3; W 2-3; con Kurke 2011, 191-192. Kurke también indica otros papeles culturales del mutismo en este texto: por ejemplo, como señal de exclusión social (162-163) o analogía del habla de las fábulas (201). Los higos también son elementos destacados en varias historias graciosas que veremos a continuación.

Janto está interrogando a los diversos esclavos a la venta acerca de sus cualidades. «¿Qué sabéis hacer?», pregunta Janto a sus potenciales adquisiciones humanas. «Yo sé hacer de todo», contestan dos de los esclavos, lo que hace que Esopo se eche a reír (con tantas ganas, y contrayendo la cara y enseñando los dientes de tal manera, que a los pupilos de Janto les parece «un nabo con dientes»)[35]. Cuando es el turno de Esopo de ser preguntado sobre lo que sabe hacer, contesta de un modo paródicamente socrático: «Nada en absoluto [...] ya que los otros dos chicos lo saben todo». Por eso se había reído (de ellos), poniendo en evidencia su absurdo exceso de confianza en sus propias capacidades. Tras unas cuantas bromas más de tipo filosófico entre Esopo y Janto, éste decide comprar al «desastre andante» antes que a los otros esclavos más embaucadores y atractivos a la venta, lo que lleva al comerciante de esclavos a sospechar que, al hacer esa elección, Janto se está burlando de su oficio. «¿Es que te quieres reír de mi negocio?», pregunta. Pero a los recaudadores de impuestos, que están allí para cobrar el impuesto sobre la venta, les resulta toda la transacción tan ridícula que, por su parte, también se echan a reír y condonan el pago del impuesto. En repetidas ocasiones, en otras palabras, la inserción de risas (escritas) en esta historia sirve para destacar las diferencias de poder, sabiduría y entendimiento en todas las jerarquías sociales[36].

Y así sigue siendo durante buena parte del resto de la historia, hasta que Esopo consigue la libertad y, en un final muy barroco, es obligado a morir saltando por un acantilado de Delfos[37]. La relación entre el esclavo y su amo está

---

[35] *Vita Aesopi* G 24; W 24 (la referencia al «nabo» no figura en G).

[36] *Vita Aesopi* G 25-27; W 25-27.

[37] Libertad: *Vita Aesopi* G 90; W 90; muerte en Delfos: G 140-142; W 140-142. Kurke 2011, 53-94, analiza ampliamente la crítica a las autoridades de Delfos que la historia conlleva.

memorablemente configurada en términos humorísticos, que recuerdan a los que se dan entre súbdito y emperador. En determinado momento, el exasperado Janto, que acaba de fracasar rotundamente al intentar resolver un enigma filosófico que le plantea su jardinero, y luego oye que su esclavo se ríe, se ve obligado a preguntar: «Esopo, ¿te estás riendo simplemente *[gelas]* o te estás riendo de mí *[katagelas]*?». Esopo se quita de encima ingeniosamente la acusación, a la vez que deja caer un insulto aún más mordaz: «Me estoy riendo del profesor que te enseñó»[38].

Pero gran parte de la mejor diversión proviene de la ingenuidad y meteduras de pata de Esopo al reaccionar a las órdenes de Janto, o bien de su forma intencionada de tomarse las cosas al pie de la letra. Era un tipo de bromas que Quintiliano identificó (y ensalzó) en su *Manual* («Tito Máximo una vez le preguntó tontamente a Campatio, cuando éste salía del teatro, si había estado viendo una obra. "No, he estado jugando a la pelota en la orquesta, estúpido"»)[39]. La *Vida* lo presenta como una de las principales armas del esclavo en sus enfrentamientos humorísticos con su amo. Típica de muchos de sus intercambios es la anécdota de su visita a los baños. «Coge el frasco del aceite y las toallas», le dice Janto a Esopo cuando se están preparando. Una vez allí, Janto le pide el frasco para ponerse aceite, tan sólo para descubrir que no tiene aceite dentro. «Esopo –dice–, ¿dónde está el aceite?» «En casa –contesta el esclavo–. Me has dicho que cogiera el frasco del aceite y las toallas; no has dicho nada del aceite.» Muy poco después de eso, Janto manda a Esopo a casa «a echar la lenteja en la olla», y eso es exactamente lo

---

[38] *Vita Aesopi* G 36; W 36.
[39] *Inst.* 6.3.71. El original en latín no dice «estúpido» al final, como en el lenguaje inglés propio de tales chistes, pero casi: «Stulte interrogaverat excuntem de theatro Campatium Titius Maximus an spectasset. Fecit Campatius dubitationem eius stultiorem dicendo: "<non> sed in orchestra pila lusi"».

que hace. Cuando Janto vuelve a casa con un grupo de amigos que se ha encontrado en los baños, descubre que sólo hay una lenteja para cenar. «¿No me has dicho que echara la lenteja, y no las lentejas?», explica Esopo[40]. Y nosotros nos reímos.

La cuestión no es que la esclavitud fuese una institución divertida; ciertamente no lo era, ni tampoco la tiranía. No obstante, en la economía imaginativa de Roma –del teatro popular a la biografía satírica–, la risa y las bromas, con muchos matices diferentes, ofrecían una forma de representar, u ocluir, la interrelación entre los esclavos y sus dueños. La risa estaba presente (o se imaginaba que lo estaba) en las interrelaciones de poder.

La risa y la realidad imperial: emperadores y bufones

Pero ¿qué hay de la realidad social? Al investigar el papel de la risa escrita en el mundo cultural de Roma, he insistido en que estos relatos antiguos de risas y bromas no son forzosamente ciertos. No podemos esperar que nos ofrezcan un escaparate de risas tal y como las podríamos haber oído o presenciado en la corte imperial o en los hogares en que había esclavos. No obstante, pese a lo importante de esas advertencias, no despachan por completo la pregunta que más nos interesa sobre el grado en que estos tropos discursivos estaban relacionados con la confrontación real y cara a cara entre gobernante y gobernado. Ya que no tenemos ningún acceso al mundo de las dependencias de los esclavos, ¿podemos aspirar con cautela a acercarnos un poco más a la realidad social de la risa en las estancias nobles del palacio romano y en las distintas interacciones del emperador con sus súbditos?

---

[40] Baños: *Vita Aesopi* G 38; lenteja(s): G 39-41; W 39-41.

Tal vez podamos. Existen ciertas indicaciones de que esa jocosidad no era meramente una convención escrita de los biógrafos imperiales o de los historiadores grecorromanos de élite, sino que de verdad caracterizaba algunos de los encuentros reales en la corte imperial. Una versión extraordinaria de tales bromas la tenemos en la descripción presencial de un miembro de una delegación judía de Alejandría que visitó al emperador Calígula en el 40 d. C.[41]. Los conflictos religiosos y étnicos eran endémicos en la Alejandría egipcia, y la embajada había ido a exponer los argumentos de los judíos de la ciudad frente a sus rivales, los enviados de la población gentil griega. El testigo en cuestión era el filósofo judío Filón. Cierto es que se trata de un escrito muy «literario»: el relato de Filón de su encuentro con Calígula, como observador intelectual y perteneciente a la élite del gobierno imperial romano, es tendencioso, muy elaborado y escrito en un contexto de conflictos más amplios entre el emperador y los judíos (que se centraban en parte en el plan de Calígula de erigir una estatua de sí mismo en el Templo de Jerusalén). Sin embargo, aunque Filón estaba fuera de las jerarquías formales romanas de poder y pertenecía a un pueblo sometido que oponía resistencia, al narrar su encuentro con el emperador hace referencia a bromas de un estilo muy similar a algunas que ya hemos visto. Esta vez, al menos, las contemplamos desde el punto de vista —y la pluma— del peticionario[42].

Filón evoca una vívida impresión de tanto lo que era la humillación que suponía un encuentro con Calígula como de sus diversas formas de jocosidad, a la vez tranquilizadoras, desconcertantes y profundamente amenazantes. Los

---

[41] Filón, *Leg.* 349-367.
[42] Smallwood 1970, 3-50, analiza el trasfondo histórico y la tradición literaria de *Legatio*. Conybeare 2013, 28-39, estudia el énfasis en la risa en las obras filosóficas y teológicas de Filón.

otros enviados judíos y él fueron a exponer su caso ante el emperador a sus jardines *(horti)* de un extremo de la ciudad de Roma. Al principio, el emperador parecía displicente y decididamente hostil, por lo que Filón se queja de que su embajada no estaba recibiendo una audiencia seria (Calígula se mostraba más interesado en inspeccionar sus terrenos y en hacer posibles mejoras domésticas que en los judíos de Alejandría)[43]. La primera reacción del emperador fue «sonreírles» amenazadoramente *(ses rōs)* –como Cómodo «sonrió» a los senadores en el Coliseo– y acusarlos de «odiar a los dioses» (basándose en que ellos no creían que él fuera dios). Al oír eso, el grupo rival de enviados de Alejandría se entusiasmó de alegría: «Agitaron los brazos, se pusieron a bailar arriba y abajo y le suplicaron llamándolo por los títulos de todos los dioses». A eso le siguió cierta discusión sobre si los judíos habían hecho los sacrificios debidos, mientras Calígula seguía inspeccionando los edificios y ordenando nuevas instalaciones y accesorios. Llegados a ese punto, Filón apela a otra área de la cultura de la risa antigua: los judíos, escribe, estaban siendo ridiculizados por sus oponentes como si estuviesen en el escenario representando una pantomima; de hecho, todo el asunto era «como una pantomima»[44].

Entonces las cosas tomaron un cariz distinto, al preguntar Calígula a los judíos: «¿Por qué no coméis cerdo?». Eso hizo que sus rivales «se echaran a reír», en parte porque les divertía o deleitaba lo que el emperador había dicho y

---

[43] Stackelberg 2009, 135-140, analiza el contexto físico del encuentro entre el emperador y los enviados.

[44] *Leg.* 349-359; pantomima: 359 (καὶ γὰρ τὸ πρᾶγμα μιμεία τις ἦν). Smallwood 1970, 321-322, recoge otras referencias, en Filón y en otras partes, en las que se comparan las burlas a los judíos con la pantomima, aunque se deja llevar por la idea de que algunas estatuillas antiguas que *puede* que representen a actores de pantomima posiblemente tengan una clara fisonomía judía. El vocabulario de 351 y 368 también indica el carácter «teatral» del episodio de forma más general.

en parte por pura adulación. Pues igual que hemos visto que Terencio usaba la risa como arma de adulación en algunos de los intercambios verbales de su *Eunuco*, Filón indica que los otros querían hacerle la pelota a Calígula haciéndole creer que pensaban que había hablado «con ingenio y encanto». En esa ocasión, sin embargo, puede que se excedieran de aduladores: sus risas eran tan estentóreas que uno de los guardias imperiales pensó que eran una falta de respeto hacia el emperador (y hemos de suponer que se les acercó un poco para prevenir cualquier problema)[45].

Entonces ¿con cuánta efusividad había que reírle las gracias al emperador? Había puntos de vista claramente opuestos. El cauto Filón comenta que, a menos que fueses uno de sus amigos más íntimos, ni siquiera era seguro arriesgarse a poner una «sonrisa» muda o «radiante» *(meidiasai)*. Pero, de ser así, eso contrasta frontalmente con el tenor de los intercambios humorísticos que hemos visto en otros textos literarios, así como con el del propio relato de Filón[46]. De hecho, a continuación relata otra ronda de bromas en apariencia jocosas entre Calígula y ambas delegaciones, de nuevo principalmente sobre el tema de las restricciones alimenticias. Los judíos intentan explicar que pueblos diferentes tienen diferentes prohibiciones y preferencias, y uno de ellos interviene para señalar que, dejando aparte el cerdo, mucha gente no come cordero. Eso hace que el emperador se vuelva a reír: «Cierto –dice–, porque no está bueno». Filón vuelve a considerar que eso son más bromas a expensas de la delegación judía, pero lo

---

[45] *Leg.* 361: πάλιν πρὸς τὴν πεῦσιν γέλως ἐκ τῶν ἀντιδίκων κατερράγη τοσοῦτος, τῇ μὲν ἡδομένων τῇ δὲ καὶ ἐπιτηδευόντων ἕνεκα κολακείας ὑπὲρ τοῦ τὸ λεχθὲν δοκεῖν σὺν εὐτραπελίᾳ καὶ χάριτι εἰρῆσθαι, ὥς τινα τῶν ἑπομένων αὐτῷ θεραπόντων ἀγανακτεῖν ἐπὶ τῷ καταφρονητικῶς ἔχειν αὐτοκράτορος.

[46] *Leg.* 361. Como dice Smallwood 1970, 322, si tal era la norma, «Dion y Suetonio no la conocían».

cierto es que el emperador pronto empieza a moderarse (según Filón, por influencia de Dios). Aunque Calígula sigue más pendiente de sus ventanas nuevas y de cambiar de sitio algunas pinturas, llega a la conclusión de que los judíos son más estúpidos que malvados al negarse a reconocer su divinidad, así que se limita a despedirlos, al parecer sin llegar a ninguna decisión sobre la disputa entre los judíos y los gentiles de Alejandría que tenía que resolver[47].

Es un rico relato sobre la risa imperial, aunque fuera cuidadosamente elaborado para convertirlo en una narración abiertamente parcial sobre los conflictos religiosos del siglo I d. C. Indica cierto desequilibrio en los protocolos de la risa, tanto entre los judíos y los romanos (¿hasta qué punto está Filón interpretando o malinterpretando la jocosidad como burla agresiva y entiende correctamente el régimen de risas que era apropiado en la corte imperial?) como entre el guardia imperial y los gentiles de Alejandría (cuya risa entusiasta es tomada por el otro como un problema de disciplina o como una amenaza directa). En cualquier caso, sin duda interpreta el encuentro entre esos enviados subordinados y el emperador más o menos en los mismos términos bromistas que hemos visto en textos literarios de tipos y contextos muy distintos.

De nuevo es importante que resaltemos que estamos muy lejos de poder oír (en palabras de Keith Thomas) la risa que rodeaba al emperador romano, y, de hecho, el que en la narración de Filón el guardia imperial se opusiera a la risa de la delegación de gentiles es un recordatorio de lo controlados que tales estallidos tal vez estuviesen. Sin embargo, también indica que es correcto que veamos la risa, por amenazadora que pudiese ser, como un elemento importante de las relaciones reales de poder entre el emperador y el pueblo, así como una presencia más audible

---

[47] *Leg.* 362-367.

y estridente en la cultura de la corte imperial romana de lo que por lo general reconocemos.

Bufones y payasos

Hay otras indicaciones de la prominencia de la risa, y en particular de la presencia de «provocadores de risas» que eran designados en el palacio imperial y otros contextos elitistas. De hecho, algunas de las bromas de Heliogábalo (por más que las historias de su *Vida* estén sin duda exageradas) puede que no fuesen tan distintas en esencia de algunas de las bromas y jocosidad que los bufones y los bromistas aportaron a la sociedad romana, lo que incluye a sus esferas más altas (y quizá especialmente entre ellas).

Parece que en la corte del emperador había una variedad de cómicos, y conocemos los nombres de algunos bufones famosos que estaban directamente relacionados con determinados gobernantes. Ya hemos mencionado a Sarmiento, un *scurra* del círculo de Mecenas y Augusto, a cuyos chistes se refiere Quintiliano de algún modo (el texto que ha llegado hasta nosotros es defectuoso y no tiene sentido)[48]. Galba era otro famoso bromista de la corte de Augusto, cuyo nombre aún era tan conocido en círculos literarios cien años después que Marcial lo comparó con Capitolino, un destacado bufón de la corte de Nerva y Trajano (Marcial consideraba que Capitolino era el más divertido de los dos, pero no sabemos en qué se basaba, aparte de preferir a los vivos sobre los muertos)[49]. Otro podría ser el Vatinio de Nerón, cuyo propio nombre era una forma

---

[48] *Inst.* 6.3.58 (el texto moderno clásico simplemente se basa en el relato de Horacio en *Sat.* 1.5. para llenar los obvios vacíos de lo que nos ha llegado de Quintiliano).

[49] Marcial, *Epigram.* 1.101. Plutarco, *Mor.* 760ª (= *Amat.* 16), cuenta un encuentro humorístico entre Galba (llamado un γελωτοποιός) y Mecenas;

extraña o artificiosa de recordar al adversario de chanzas de Cicerón[50]. Sin embargo, también leemos sobre grupos de bufones u otros intérpretes que estaban tan abajo en la jerarquía de la risa que no tienen un papel destacado como individuos concretos en las historias de la élite.

Otro grupo –llamado o apodado *copreae* en latín, *kopriai* («mierdecillas») en griego–[51] parece que actuaba exclusivamente en el palacio imperial o entre autócratas romanos. Eso es al menos lo que sugiere el uso de los términos (pese a ser las pruebas con que contamos tan escasas), pues sólo se refieren a personajes del círculo cortesano más íntimo[52]. Dion, por ejemplo, afirma que, tras la muerte de Cómodo, hubo un caso célebre sobre los «mierdecillas» que le sobrevivieron. En la campaña propagandística póstuma para desacreditar el recuerdo del emperador, se dijo que la gente se reía al saber cuáles eran los apodos de esos bromistas, pero (al estilo de algunos escándalos modernos sobre los sueldos del sector público) se enfadaron mucho al enterarse de cuánto cobraban[53]. Suetonio menciona de pasada a los *copreae* que solían asistir a las cenas de Tiberio[54], y cuenta las bromas desagradables que le gastaban a Claudio antes de que éste ascendiera al trono.

Claudio, por ser poco despierto, torpe y deforme, era blanco fácil de las chanzas de su sobrino, el emperador Ca-

---

véase también Quintiliano, *Inst.* 6.3.27, 6.3.80 (6.3.62 también podría referirse a Galba).

[50] Tácito, *Ann.* 15.34: «Vatinius inter foedissima eius aulae ostenta fuit, sutrinae tabernae alumnus, corpore detorto, facetiis scurrilibus».

[51] Tal vez el significado más apropiado de *copreae* sea «encontrados en el estercolero» (de κοπρία, «estercolero»), pero no me he podido resistir a usar «mierdecillas».

[52] Incluyo a las «cortes» de rivales y enemigos; Dion (en un discurso de Octavio) dice que a los comensales de Antonio y Cleopatra los llamaban κοπρίαι (Dion 50.28.5).

[53] Dion 74 (73).6.

[54] *Tib.* 61.6.

lígula, sobre todo porque tenía costumbre, según decían, de quedarse dormido después de cenar mientras el ágape todavía continuaba. Los *copreae* lo despertaban con una fusta «como si estuvieran jugando a algo» *(velut per ludum)*, y supuestamente esos mismos bromistas le ponían «zapatillas» *(socci)* en las manos mientras Claudio roncaba, de manera que cuando éste se agitaba se «restregaba la cara contra ellas»[55]. No está del todo claro en qué consistía la broma. Las *socci* tenían las suelas ásperas, así que es de suponer que Claudio se arañara la cara con ellas. Pero ¿había algún significado más? Tal vez sí. Las *socci* eran un tipo de calzado que a veces se relacionaba con las mujeres o con el lujo afeminado, y sólo eso habría bastado para dar risa cuando Claudio se las encontraba puestas en las manos (en lo que tal vez fuese como el equivalente antiguo a ponerle zapatos de tacón de aguja con diamantes en las manos)[56]. También formaban parte del atuendo de los actores cómicos (una asociación que podría entenderse que significaba que el desgarbado príncipe era un espectáculo cómico) y de los parásitos (de cuyo papel a la hora de provocar risa y en las cenas nos ocuparemos a continuación)[57]. Pero, por mucho que precisemos el significado de la broma (que podría haber funcionado de diversos modos, por supuesto), y por muy cerca que esté el relato de esta anécdota de ser un reflejo de la vida cortesana real, hay algo indudablemente reminiscente de las bromas de Heliogábalo en esta escena[58].

---

[55] Suetonio, *Claud.* 8.

[56] Plinio, *HN* 37.17; Séneca, *Ben.* 2.12.1. Se decía que Calígula las llevaba; véase Suetonio, *Cal.* 52: «socco muliebri».

[57] De hecho, *soccus* podría usarse como metonimia de comedia, del mismo modo que *cothurnus* (coturno) lo era de tragedia; véase Horacio, *Epist.* 2.1.174; Ovidio, *Rem. am.* 376. Para las *soccus* de un parásito, véase Plauto, *Persa* 124.

[58] Soy consciente de que puede parecer que hay algo arriesgado en suponer que el relato de Suetonio se acerca mucho más que el del SHA a

Estos *copreae* son un grupo intrigante, pero también escurridizo. Hacen apariciones ocasionales en los relatos sobre la vida en el palacio romano, pero no podemos seguirles el rastro hasta las pruebas concluyentes y documentales de sus lápidas o monumentos fúnebres. El registro funerario de la ciudad de Roma sí ofrece, no obstante, un breve destello de un curioso productor de risas perteneciente a la propia corte imperial, en lo que queda de una pequeña placa conmemorativa, ahora rota, que se encontró justo a las afueras de la ciudad de Roma en una tumba comunitaria para miembros de la casa imperial[59]. Originalmente indicaba el nicho en que se encontraban las cenizas de un hombre que había sido, como dice, un *lusor Caesaris* (un actor del César). Su nombre ha desaparecido, pero ya esas dos palabras indican que era un esclavo del emperador que se dedicaba a algún tipo de entretenimiento. La breve descripción que sigue completa la imagen que nos podemos hacer de este hombre y su vida: «Elocuente mudo *[mutus argutus]*, imitador *[imitator]* del emperador Tiberio, el hombre que descubrió cómo imitar a los abogados *[causidici]*».

No es fácil comprender qué significa eso exactamente, y en concreto qué nos cuenta del tipo de número cómico que hacía. En su momento se creyó que *Mutus Argutus* era el nombre del muerto[60]. Eso es muy poco probable

la realidad de la vida de la corte. Sin embargo, no es tan arriesgado. Suetonio tenía experiencia de dentro del palacio romano (Wallace-Hadrill 1983, 73-96), y el uso del término *copreae* en diferentes contextos y escritores implica un referente reconocible. Es, como he indicado, otro caso en que estas biografías imperiales tardías recrean el espíritu, si bien no los hechos, de la vida imperial romana.

[59] *CIL*. 6.4886 (= *ILS* 5225): «[...] Caesaris lusor / mutus argutus imitator / Ti. Caesaris Augusti qui / primum invenit causidicos imitari». El análisis reciente más completo y perspicaz es Purcell 1999 (que, sin embargo, reproduce el texto como «mutus et argutus»).

[60] Wallis 1853, 79-80.

(pues sin duda habría figurado en las primeras líneas del texto, ahora perdidas). Pero, suponiendo que fuese un nombre, entonces habría sido un sobrenombre escénico, pues se trata de un emparejamiento paradójico que significa algo así como «mudo pero sagaz» o «mudo pero elocuente»[61]. Algunos han propuesto, lo cual no parece inverosímil, que tiene que entenderse como el eslogan de un actor de pantomima, en cuyo caso el número de este hombre sería de mímica (en el sentido moderno de la palabra: no hablaba)[62]. Pero también hay aquí un sorprendente vínculo con la narración sobre Esopo, que, como hemos visto, pasó de ser mudo a tener una contundente elocuencia, y quizá haya asimismo cierta indicación de las similitudes entre el tipo de bromas registradas en la *Vida* de Esopo y las de la cultura humorística de la corte.

Las siguientes palabras del texto –«imitador del emperador Tiberio»– supuestamente quieren decir que era un imitador del que Tiberio era su dueño. El latín no muy elegante también podría significar que era un imitador cuyo número consistía en imitar a Tiberio (aunque cabe suponer que eso sería bastante arriesgado)[63]. Pero son las últimas palabras del texto las que dejan claro que el plato fuerte de su repertorio –además de su innovación personal– era la imitación de abogados. A primera vista, cuesta imaginarse la escena en las cenas de Tiberio (en el supuesto de que

---

[61] *Argutus* por sí solo es un término que se asocia de forma más general con las réplicas del ingenio o bromista romano; véase, por ejemplo, Plauto, *Truculentus* 491-496.

[62] Garelli 2007, 251; un glosario de la antigüedad tardía define a una actriz de pantomima como «omnium artium lusor» (*CGL* 5.380.42); Petronio, *Sat.* 68, tiene quizá a un «imitador» doméstico similar.

[63] Laes 2011, 470, zanja el problema puntuando de forma distinta, para que rece: «Mudo y brillante imitador. De la casa de Tiberio». Pero la frase aislada «de la casa de Tiberio» es muy extraña, incluso para los estándares de ese latín extraño.

fuese ahí donde esas actuaciones tenían lugar)[64] con nuestro artista de actuación estelar. ¿De verdad quería tener el emperador una sesión de imitaciones de abogados en la sobremesa? ¿O consistía el número en algo que era más como declamaciones paródicas? No lo sabemos. En cualquier caso, el mensaje de estas pruebas fragmentarias, fugaces y a menudo pasadas por alto parece claro: la risa no sólo era importante en el discurso del poder imperial, sino que también es posible que tuviese un papel mucho más destacado en las prácticas sociales de la corte imperial de lo que se suele suponer.

Y así era también en las prácticas de las casas romanas de la élite de forma más general. Al menos, había más payasos por allí de lo que a veces nos tomamos la molestia de observar. Aparte de varios tipos de artistas cómicos que actuaban en las cenas y que tal vez fuesen contratados para la ocasión[65], encontramos casos evidentes de bufones que residían permanentemente en las casas de los ricos. Séneca se refiere brevemente a un ejemplo intrigante –para mayor interés, el de una mujer– en una de sus cartas filosóficas a Lucilio. Menciona a la anciana Harpastes, que pertenece a su casa como resultado de una herencia y es la «loca» o payasa *(fatua)* de su mujer. Es una referencia complicada. Séneca da a entender que parte del carácter cómico de Harpastes se debe a que es un «bicho raro» o monstruo *(prodigium)*, y reflexiona breve, y maliciosamente, sobre la incitación a la risa («Si quiero tener un loco para que me divierta, no necesito buscar lejos: me río de mí mismo»). También introduce, como mensaje filosó-

---

[64] Purcell 1999, 182-183, repasa varios posibles lugares (que incluyen actuaciones públicas), pero el repetido énfasis en el emperador que hay en el texto parece indicar convincentemente que se trata ante todo de un artista de la corte.
[65] Véase, por ejemplo, Plinio, *Ep.* 3.1.9, 9.17; con más referencias y análisis en C. P. Jones 1991 y Dunbabin 2008.

fico central de la carta, unas reflexiones morales sobre la insensatez y ceguera humanas, pues, aunque Harpastes se ha quedado ciega recientemente, no se da cuenta de lo que le ha sucedido, por lo que no deja de quejarse de que su cuarto está demasiado oscuro[66]. En cualquier caso, sea una metáfora filosófica o no, es también un claro indicio de que los payasos podían ocupar un lugar dentro de la esfera doméstica de los ricos.

Para llevar esto un poco más lejos –y de forma mucho más especulativa–, podríamos preguntarnos hasta qué punto el bufón y la cultura de las bromas jugaban un papel estructural en lo que hemos venido en llamar la «construcción de la identidad propia» *(self-fashioning)* de la élite romana. Si el bufón era una presencia habitual en el mundo doméstico de la élite, ¿hasta qué punto la construcción de su identidad y la imagen que tenía de sí mismo el varón de la élite romana eran en parte un proceso que se llevaba a cabo ante, o contra, la imagen desfachatada, deforme, inteligente y bromista del payaso? ¿Deberíamos ver al payaso –como propusiera Carlin Barton hace mucho– como un espejo deformante contra el que, o en el que, el romano se veía y definía?[67]

Volveremos a esa cuestión en la sección final de este capítulo, dentro del contexto del *scurra*. Pero, de momento, señalemos que esta idea podría contribuir a dar una perspectiva distinta a un par de nuestros interrogantes favoritos de la historia cultural y religiosa de Roma. El primero se

---

[66] *Ep*. 50 (esp. 2). Plinio, *Ep*. 5.19, también habla de un cómico residente en su casa; del mismo modo, Petronio, *Sat*. 68 (n. 62).

[67] Barton 1993, esp. 107-108 («¿Qué veían los romanos en el espejo de la deformidad?») y 141 (La Harpastes de Séneca como una «encarnación estrafalaria» del filósofo de élite). Es un análisis muy convincente (que también vincula a los mimos sobre los que trataré en el siguiente capítulo); sin embargo, en general Barton subraya los papeles del escarnio y la monstruosidad con mayor fuerza de la que creo verosímil.

refiere a los bufones e imitadores que acompañaban a los funerales de la élite romana, imitando, entre otras cosas, las acciones del difunto. En el cortejo fúnebre de Vespasiano, por ejemplo, «Favor, estrella de la pantomima, que llevaba puesta su máscara [la de Vespasiano] [...] preguntó en voz alta a los procuradores cuánto había costado el funeral y el cortejo. Cuando oyó que diez millones de sestercios, gritó: "Dadme cien mil y tiradme al Tíber"». Una buena broma, como dice Suetonio, basada en la conocida tacañería de Vespasiano[68]. El segundo son las canciones procaces y los versos difamatorios que al parecer se salmodiaban a expensas del victorioso general en los triunfos romanos. «Romanos, encerrad a vuestras mujeres. El adúltero calvo ha vuelto a la ciudad» es la letra que se empleó en el triunfo de Julio César del 46 a. C., insistiendo en ese tema clásico de las bromas romanas; la calvicie[69].

La función de estas costumbres es un enigma desde hace mucho. Una de las explicaciones más habituales, que de forma muy económica mata dos pájaros de un tiro, es que las procacidades o las chanzas en cada caso eran «apotropaicas». El término es lo bastante técnico para parecer que es explicativo, a la vez que también es agradablemente primitivo, como si nos remontásemos a las fuentes más profundas de las primeras tradiciones romanas. Hasta qué punto se puede entender la risa romana en estos términos es una cuestión discutible[70]. Sin embargo, siempre me ha parecido que, en estos dos casos (y en el más doméstico del perro de la puerta que ya hemos visto), la palabra aparca

---

[68] *Vesp.* 19.2.
[69] Suetonio, *Iul.* 51. Véanse también Suetonio, *Iul.* 49.4, Dion 43.20 y el análisis en Beard 2007, 247-249.
[70] El ejemplo antiguo más evidente de risa presentada en estos términos lo encontramos en la historia griega de Baubo, que, al mostrar sus genitales, hace que el doliente Demetrio se ría; es explícitamente llamada apotropaica, por ejemplo, por Zeitlin 1982 (145).

los problemas en lugar de solucionarlos. Para empezar, no está nada claro de qué se supone que la risa es apotropaica: ¿de qué protegía?[71].

Me aventuro a decir que podríamos llegar más lejos si en esto no pensáramos por completo en términos de alguna área turbia de la antropología victoriana. En su lugar, vale la pena que tengamos en cuenta que estamos presenciando en estos casos otros ejemplos de la proximidad entre el romano de élite y el bufón. Quizá sea aún más significativo que estemos viendo, recreados de forma acentuada en estas ceremonias, unos análogos públicos del papel doméstico de los bufones en la corte imperial o en las mansiones ricas de Roma. Cuando menos, ese papel doméstico indica que puede que sea menos sorprendente de lo que solemos pensar que los bufones y las chanzas ocuparan un lugar tan destacado en tales ceremonias. El bromista acompañaba al romano en el momento de su mayor éxito, y también lo acompañaba a la tumba. Por medio de las procacidades del bufón, una versión de la identidad de la élite romana se definía y satirizaba[72].

Y ahora nos vamos a ocupar de otras reflexiones sobre estos bufones romanos: la ideología cultural que los rodeaba, las conexiones culturales que indicaban, los problemas que planteaban y los contextos principales en que se suponía que actuaban. Nos vamos a apartar de nuevo de la esquiva realidad cotidiana de la vida social romana para volver a las estructuras bastante mejor delineadas del imaginario romano y sus supuestos y estereotipos simbólicos. Empezaremos centrándonos en la figura del parásito y los distintos tipos de risa que se asocian con las cenas romanas,

---

[71] El «mal de ojo» es una solución de cajón de sastre que, por tanto, no es útil; véase Beard 2007, 248.

[72] Barton 1993, 140, analiza brevemente el funeral de Vespasiano (aunque no el triunfo) y ve al bufón en estos términos, como el «doble monstruoso» de emperador.

lo que plantea, en concreto, cuestiones de autenticidad y sinceridad y sobre la forma en que «la risa a la carta» tanto engrasaba las ruedas de la jerarquía social romana como amenazaba con hacerlas descarrilar. Terminaremos, en la sección final, reflexionando con mayor precisión sobre la idea del *scurra*. La mayor parte del tiempo el emperador romano va a seguir acechando en el fondo, aunque el último personaje al que vamos a conocer cara a cara es un mártir cristiano temprano, en un poema que le da la vuelta al estereotipo elitista de *scurrilitas* y presenta a la valiente víctima de la persecución romana como un perfecto *scurra*.

La risa de las cenas, los parásitos y un rey esclavo

Hemos visto risas y bromas entre grandes y pequeños, entre el emperador y sus súbditos, en una amplia variedad de contextos: de los baños a los jardines del emperador, pasando por las calles. Pero el escenario clave para los bufones, para la risa y para los intercambios jocosos entre las jerarquías de poder era el de la institución romana aparentemente más (anti)jerárquica: la cena o banquete. Ahí se supone que Heliogábalo desinflaba sus cojines de pedorretas; ahí los «mierdecillas» le hacían a Claudio las bromas con las zapatillas, y a una cena invitó Calígula al hombre a cuyo hijo acababa de ajusticiar y al que «obligó a reír y bromear». Esto encierra mucho más que el simple hecho de que las cenas eran un momento para jugar y divertirse. Había una importante interrelación entre las bromas y los bromistas, la adulación y la comida, en el contexto de las estructuras marcadamente desiguales de las cenas romanas y sus representaciones.

Casi huelga decir que el banquete romano era una institución paradójica. Por un lado, promovía la igualdad, en el sentido de que comer juntos es una de las formas más poderosas de poner a todos los participantes en igualdad de condiciones; el principio básico de compartir mesa es que los que comen lo mismo son lo mismo (o, al menos de momento, pueden considerarse así). Por otro lado, era una representación especialmente gráfica de las desigualdades de los comensales: la forma en que se servía la comida, el orden al servir y la distribución de los asientos reforzaban las jerarquías sociales en lugar de socavarlas. Varios escritores romanos criticaron la práctica de servir comida inferior a los invitados inferiores[73]. Y, según la *Historia augusta*, otra broma de Heliogábalo era hacer literal esa desigualdad sirviendo a los comensales de menos prestigio una comida que no es que fuese peor que la de sus superiores, sino directa y totalmente incomible: «A los gorrones *[parasiti]*, en los postres a menudo les servía comida hecha de cera, madera o marfil, a veces de cerámica y de vez en cuando de mármol o piedra, de manera que a ellos también se les servía de todo, pero sólo para que se quedaran mirando lo que estaba hecho de un material distinto a lo que él estaba comiendo, mientras ellos se limitaban a beber entre cada plato y a lavarse las manos como si hubiesen comido»[74]. Parte de la broma se basa en la idea de la imitación: se hace pasar por comida lo que no lo es (del mismo modo que Petronio, al describir el banquete de Trimalción, se ríe del engaño que en cierto sentido significa la comida que aparece camuflada dentro de otra comida)[75]. Pero el lado más siniestro de la broma es que deja escritas en piedra (o en

---

[73] Por ejemplo, Juvenal 5; Marcial, *Epigram.* 2.43, 3.60, 4.85; Plinio, *Ep.* 2.6. Gowers 1993, 211-219, estudia la ideología y práctica de tales desigualdades.

[74] SHA, *Heliog.* 25.9.

[75] Petronio, *Sat.* 49, plantea todo tipo de cuestiones sobre la comida y el engaño. La «*patina* de anchoa sin anchoas» de Apicio es un caso más rutinario (4.2.12).

cera o madera) las desigualdades existentes en el banquete imperial.

La idea general de que las cenas de la élite romana eran un contexto primordial para la exhibición de las jerarquías sociales (aunque también quedaran parcialmente ocultas tras la máscara de estar todos compartiendo la misma mesa) está bien arraigada[76]. Menos se ha estudiado el papel que desempeñaban las bromas y la risa en ese régimen culinario desigual: del papel del bromista al poner en evidencia los diferenciales de poder y estatus a la forma en que se representa a los menos favorecidos, que tienen que intercambiar bromas (y, junto con las bromas, adulación) por comida[77]. Es este «triángulo culinario» de risa, adulación y comida el que se destaca en algunos fragmentos de literatura antigua[78].

En la Grecia clásica y helenística, al igual que en Roma, era una idea extendida (o presunción) que un pobre gorrón se podía ganar el sitio en la cena por medio de la risa, o, de forma más general, que había un intercambio entre el régimen de la risa y el de la comida. Ya hemos visto en el capítulo 1 el papel que desempeñaba en el *Eunuco* de Terencio el «parásito» que se ganaba el sustento riéndole los chistes a su protector, fueran divertidos o no. Ese principio básico también se refleja en la definición que ofrece un comentarista de la antigüedad tardía al ocuparse de otro

---

[76] D'Arms 1990 es un resumen útil de las paradojas generales de igualdad y desigualdad del *convivium*; otros aspectos se tratan en Barton 1993, 109-112, y Roller 2001, 135-146, y 2006 (para las jerarquías que implicaban las posturas), esp. 19-22, 85-88, 130-136.

[77] Entre los análisis más perspicaces de esta área concreta se encuentran Roller 2001, 146-154 (que se centra en los intercambios verbales ingeniosos y de otro tipo que se daban en los banquetes), y Damon 1997, un importante estudio que subyace a buena parte de mi investigación de las páginas siguientes.

[78] Tomo prestada la famosa expresión de Lévi-Strauss, para la cual véase Lévi-Strauss 1997 [1965].

pasaje de Terencio: «*Parásito* es la palabra para alguien que come conmigo o en mi casa, porque *para* [en griego] significa "en" y *sitos* [en griego] significa "comida". O, también, los parásitos son así llamados por obedecer *[parendo]* y acompañar *[assistendo]*, ya que al acompañar a sus superiores contribuyen a su satisfacción por medio de la adulación»[79].

Al proponer distintas etimologías –una griega, otra latina–, este comentarista está indicando lo que ha sido un importante tema de debate: la relación precisa entre los parásitos griegos y sus homólogos romanos, sobre todo tal y como aparecen en las comedias de Plauto y Terencio. ¿Hasta qué punto la idea era fundamentalmente helénica y fue trasladada de forma superficial a un contexto romano? ¿Qué adaptaciones o contribuciones hizo la parte romana? En términos generales, parece bastante claro que, cualesquiera que fuesen sus orígenes griegos, la figura del parásito se integró en Roma y tuvo un papel en el debate cultural romano que iba más allá de sus modelos griegos (por más que siguiera entablando diálogo con éstos). Cynthia Damon, en especial, argumenta de forma muy convincente que el parásito, entendido como categoría cultural, estaba profundamente integrado en los debates romanos sobre esa institución fundamental que era el mecenazgo; o, por decirlo de forma más contundente, el estereotipo se desarrolló como el opuesto simbólico negativo del cliente romano, en lo que era una combinación de adulación, explotación y humillación[80]. No es ninguna coincidencia que,

---

[79] Schlee 1893, 98.18-21.
[80] Damon 1997, 1-19, es una buena introducción, con bibliografía adicional, a algunos de los principales debates sobre los parásitos; 23-36 esboza las principales características del personaje; 252-255 resume las conclusiones fundamentales de la autora sobre los «puntos de incomodidad» (255) en la institución del mecenazgo. Otros estudios recientes de utilidad sobre distintos aspectos del parásito, y sus orígenes culturales, son Nesselrath 1985, 88-121; J. C. B. Lowe 1989; Brown 1992; J. Wilkins 2000, 71-86; Tylawsky 2002, y König 2012, 242-265.

en la descripción de los menús discriminatorios de Heliogábalo, fuesen los parásitos los receptores de la comida falsa.

La risa también es una coordenada fundamental. Por un lado, el gorrón se reía cuando correspondía, convirtiéndose en el público que le reía las gracias a su protector, fuesen divertidas o no. Por otro, se esperaba de él que provocara las risas de los demás invitados a cambio de una buena comida, como ya encontramos en el *Simposio* de Jenofonte (escrito en algún momento de la primera mitad del siglo IV a. C.), en el que Filipo, el bufón, llega hambriento, y más o menos sin haber sido invitado, y consigue ser bienvenido gracias a sus imitaciones y bromas[81]. Esta idea está presente con aún mayor fuerza en varias comedias romanas (cualquiera que sea su relación concreta con sus fuentes griegas de inspiración) en las que encontramos a una serie de personajes que hacen bromas a cambio de comer gratis, al tiempo que se quejan a gritos de su suerte[82]. Es un tema especialmente vívido en el *Estico* de Plauto, cuyo personaje más destacado (pese a que el título lleva el nombre de otro) es un parásito que muy apropiadamente se llama Gelásimo (el señor Risa, del griego *gelaō*). La obra trata de forma bastante cruel sobre las tribulaciones de la vida de un parásito[83].

---

[81] Jenofonte, *Symp.* 1.11-16, y, por ejemplo, 2.14, 2.20-23, 4.50. Halliwell 2008, 139-154, es un perspicaz análisis de los diferentes tipos de risa de esta obra, en el que subraya con razón el papel de la imitación y cuestiona hasta qué punto hemos de suponer que Filipo no ha sido invitado (143-155). Huss 1999, 104-106, enumera numerosos paralelismos antiguos, ya sean cercanos o no tanto.

[82] Damon 1997, 37-101, estudia estas obras. Maltby analiza cuatro personajes concretos (de *Menecmos, Los cautivos, El persa* y *Estico*, todas de Plauto). Hasta qué punto se supone que tenemos que identificar tipos significativamente distintos en este repertorio de personajes –distinguir, pongamos, el «parásito» del «adulador»– es algo que no está claro; aquí no intento delinear ningún calibrado preciso de estos bromistas hambrientos y aduladores.

[83] Arnott 1972 sigue siendo una de las introducciones mejores y más fieles de la obra y del papel de su parásito.

Al principio de la obra, Gelásimo se dirige al público para intentar que alguien le pague una comida a cambio de un chiste: «Vendo chistes –dice–. Venga, haced una oferta. ¿Quién dice cena? ¿Me da alguien de comer? [...] ¿Ha sido eso un asentimiento de cabeza? No encontraréis mejores chistes en ninguna otra parte»[84]. De hecho, lo que está intentando en broma subastar no son sólo los chistes, sino toda la parafernalia paródica del parásito, lo que incluye sus chistes personales, esa colección de ocurrencias y dichos ingeniosos preparados de antemano que eran los que le daban de comer hasta que las invitaciones a cenas empezaron a escasear. Más adelante, cuando deja la subasta, lo encontramos refiriéndose a sus libros en el intento de sacar de ellos los chistes con los que impresionar a su protector («He consultado mis libros: estoy totalmente seguro de que retendré a mi protector con mis chistes»)[85]. A lo largo de la obra, se repiten diversas ambigüedades con respecto a la risa, en lo que es casi como un tema conectivo. Una, como era de esperar, se centra en la palabra *ridiculus*: el parásito es activamente *ridiculus*, en tanto en cuanto se ríen en repetidas ocasiones de él y de su difícil situación. Otro aspecto ambiguo se explota en relación con el personaje de Epígnomo, que fue en su momento protector de Gelásimo y posiblemente lo vuelva a ser. Al dirigirse al parásito, juega con el nombre de Gelásimo usando más griego latinizado, que deriva del griego *katagelaō* («burlarse» o «reírse de»). «No quiero que dejes de ser un

---

[84] *Stich*. 221-224: «logos ridiculos vendo. age licemini. / qui cena poscit? ecqui poscit prandio? / [...] ehem, adnuistin? Nemo meliores dabit». *Logi* es un préstamo cuyas asociaciones griegas tal vez siguieran siendo fuertes (véase también II, 383, 393), pero en un fragmento posterior de la obra (I.400) se usa el latín *dicta* como equivalente exacto de esos chistes.

[85] *Stich*. 454-455: «Libros inspexi; tam confido quam potis, me meum optenturum regem ridiculis logis». Veremos el papel de los libros de chistes más adelante.

riente –dice en determinado momento– para convertirte en alguien que se ríe de mí» («Nunc ego non volo ex Gelasimo mihi fieri te Catagelasimum»)[86].

Hay una compleja serie de cuestiones e identidades en juego en la imagen del parásito y en la risa que tanto emite como provoca. Por supuesto, el material del que disponemos procede por completo de la perspectiva de rechazo del observador de élite. Aunque los argumentos de algunas de las comedias nos insten a imaginarnos el mundo desde el punto de vista del desvalido, la palabra «parásito», al igual que «adulador», no deja de ser un juicio de valor tendencioso y hostil, en vez de un mero descriptor. Dicho eso, está claro que un fallo social de fundamental importancia que se refleja en la literatura romana (y que es explotado por ésta) era precisamente la relación problemática entre la adulación, la risa y la supuesta amistad entre anfitriones e invitados (o, de forma más general, entre los poderosos y sus adláteres). Una cuestión destacada en la ética grecorromana del comportamiento social era «cómo distinguir a un adulador de un amigo (verdadero)»[87]. Esa cuestión se magnifica en los debates que giran en torno a la imagen del parásito, en los que vemos que con la necesidad de

---

[86] *Ridiculus*: *Stich*. 171-177 (su orden preciso no está claro), 389. *Catagelasimus*: *Stich*. 630 (la traducción un tanto torpe destaca esa cuestión en concreto). Ritschl 1868, 411, afirma que *ridiculus* nunca tiene significado pasivo en este periodo («non sit is qui risum movet invitus, sed qui iocis et facetiis risum dedita opera captat»), un punto de vista seguido ampliamente (por, por ejemplo, Maltby 1999). Eso me parece muy poco verosímil y –al saltarse la sutileza que he indicado en l. 630– reduce *Estico* a ser la obra de poco interés que se ha considerado que es. (Véanse los comentarios condenatorios sobre ella resumidos por Arnott 1972, 54). Bettini 2000 llega a unas conclusiones sobre Gelásimo similares a las mías por un camino distinto (véase especialmente 474); Sommerstein 2009, pese a su aparente afán por sistematizar en exceso la risa en Aristófanes, también señala algunas de estas ambivalencias.

[87] Es, por ejemplo, el tema principal de un largo ensayo de Plutarco: *Mor.* 48e-74e (= *Quomodo adulator*).

adular se corría el riesgo de debilitar la sinceridad de la risa y dejar en evidencia al (hambriento) adulador y al vanidoso anfitrión. Y, lo que es más, al anfitrión o mecenas le podía resultar difícil distinguir la risa del adulador de la risa de burla que iba dirigida contra él mismo o que accidentalmente rebotaba en él. El sentir de Epígono en *Estico* no es muy distinto, de hecho, del de Janto que leímos en la *Vida de Esopo*: «¿Te estás riendo o burlando de mí?».

Estos dilemas quedan hábilmente reflejados en una carta de Séneca, el cual (entre otros matices verbales) juega con las posibles ambigüedades de la palabra *arrideo*, que no sólo puede significar «reírse en respuesta a» sino también «reírse como forma de apoyo» y, por lo tanto, asimismo «adular». Séneca está hablando de un anfitrión aburrido y ridículo, Calvisio Sabino, cónsul el 26 d. C., que tenía esclavos que estaban especialmente adiestrados para que se supiesen de memoria grandes obras literarias; se situaban a los pies de su diván en las cenas y le daban el pie para que él recitara los versos, pero ni siquiera con su ayuda lo conseguía. Aquello no lo pudo resistir uno de sus invitados subordinados, Satelio Cuadrato, que se puso a bromear sobre la estupidez que suponía esa situación. Al contar esta historia, Séneca conecta el comportamiento del que viene a comer *(arrosor)*, el que viene a adular / reír como forma de apoyo *(arrisor)* y el que viene a bromear o a reírse de quien le da de comer *(derisor)*; en este caso, los tres son la misma persona, por supuesto. Cuadrato era, dice, «un parásito de los ricos insensatos y, en consecuencia, su bufón adulador y, cualidad inherente a estas dos, su mofador»[88].

---

[88] Séneca, *Ep.* 27.5-7: «Habebat ad pedes hos [servos], a quibus subinde cum peteret versus quos referret, saepe in medio verbo excidebat. Suasit illi Satellius Quadratus, stultorum divitum arrosor et, quod sequitur, arrisor et, quod duobus his adiunctum est, derisor, ut grammaticos haberet analectas». La ocurrencia de Satelio (que debería tener «gramáticos que

La cuestión de la sinceridad de la risa queda destacada de un modo distinto en una historia sobre Dionisio II, el tirano de Siracusa del siglo IV a. C. Se conserva en la antología y enciclopedia que escribió Ateneo a finales del siglo II d. C., *El banquete de los eruditos*, en una sección dedicada por entero a anécdotas sobre parásitos, lo que incluye sus excesos, picardías, lealtades y deslealtades[89]. Ateneo ofrece una colorida variedad de estos personajes, de Cleisofos, el parásito de Filipo de Macedonia (que cojeaba cuando el rey resultó herido en una pierna y ponía mala cara cuando el rey probaba comida amarga, como si él también la hubiese comido)[90], a Andrómaco de Carras, el parásito de Licinio Craso (que terminó traicionando a su protector ante los partos, lo que provocó la derrota de éste en la batalla de Carras del 53 a. C.)[91]. La historia de Dionisio se centra di-

---

consignasen sus palabras») parece funcionar al reforzar la idea de la mercantilización de los conocimientos y su relación con el régimen de esclavos: *analecta* era el título del esclavo que se encargaba de recoger las migajas de alrededor de la mesa del banquete, y que aquí es sustituido por eruditos que recogen las citas inconclusas que se le caen al anfitrión. Roller 2001, 148-149, analiza brevemente el pasaje y relaciona los tres términos de forma bastante distinta. Unas conexiones similares subyacen a un inteligente (aunque a menudo pasado por alto) juego de palabras de Juvenal 5. Este poema parodia un banquete disfuncional en el que un cliente o protegido tiene que soportar la humillación de su posición, para desdén del escritor satírico. Hacia el final, nos enteramos de qué sobras de comida se van a servir al cliente, en contraste con los manjares de su anfitrión. Incluyen *semesum leporem* o «liebre medio comida», como explican los comentarios (de *lepus, leporis*). Pero, por supuesto, ese *leporem* también podría proceder de una palabra que vimos en el anterior capítulo en el vocabulario de las bromas: *lepos, leporis* (ingenio o bromear). Así pues, en el menú del cliente puede que haya liebre medio comida, pero también podría ser una broma medio comida. Es una excelente ilustración de cómo se solapan la risa y los banquetes jerárquicos.

[89] Ateneo, *Deipnosophistae* 6.234c-262a; analizado con sensibilidad por Whitmarsh 2000, con referencias a la tradición griega (prosística) más amplia sobre parásitos y aduladores.

[90] 6.248d-f.

[91] 6.252d.

rectamente en los problemas de la risa. El tirano puso en entredicho a uno de sus parásitos, Quirísofo, al ver que se echaba a reír al darse cuenta de que Dionisio hacía lo mismo a cierta distancia y sin que pudiese oírlo. Inquirió por qué se reía si no había escuchado lo que decían, una pregunta que podía alterar el contrato implícito entre el protector y el adulador riente (que el adulador debe reír cuando el protector lo hace) al poner en evidencia la hipocresía subyacente. El hábil adulador contestó: «Confío en vosotros: seguro que lo que se dijo es gracioso». De ese modo restableció el contrato, en otras palabras (aunque de una forma que ni siquiera el mecenas más crédulo se tomaría del todo en serio)[92].

Un ejemplo más complicado e incluso más revelador de este tipo de dilema lo encontramos en la vasta *Biblioteca histórica*, de Diodoro –el cual era de la provincia romana de Sicilia, y de ahí que ahora se le conozca como Diodoro Sículo–, que escribió en griego en el siglo I a. C. Era un proyecto exhaustivo en el que quería detallar la historia del mundo conocido desde sus orígenes míticos hasta sus días[93]. En una sección, que sólo sobrevive a través de citas recogidas en antologías bizantinas, habla de los orígenes de las revueltas de esclavos que tuvieron lugar en Sicilia en el siglo II a. C. El cabecilla de esas revueltas fue un esclavo de Apaemia, en Siria, llamado Euno, que basaba en parte su derecho a mandar sobre los otros esclavos en la idea de que la diosa siria Atagartis lo inspiraba directamente y lo había hecho rey. Según cuenta Diodoro, su amo, Antígenes, se tomó ese supuesto derecho a broma y pasó a nombrarlo bufón, pero con un resultado inesperado:

---

[92] 6.249e.
[93] Green 2006, 1-47, es una clara introducción a la obra (aunque Green centra su interés en el relato que hace Diodoro del siglo V a. C.); Stylianou 1998, 1-139 (específicamente para principios del siglo IV a. C.), entra en más detalles.

Como se tomó todo el asunto en broma, su amo Antígenes, encantado por la trampa, solía llamar a Euno (pues ése era el nombre del charlatán) en sus banquetes para preguntarle sobre su realeza y sobre cómo trataría a cada uno de los presentes. Y cuando Euno daba una explicación completa sin la menor vacilación [...] a los invitados les entraba la risa, y algunos de ellos cogían algunos selectos bocados de la mesa y se los entregaban, pidiéndole que, cuando fuese rey, se acordara de su amabilidad. Pero resultó que su charlatanería de verdad se convirtió en realeza, y recompensó en serio lo que había recibido de broma *[en gelōti]* en los banquetes[94].

Es decir, en la matanza que de verdad siguió, Euno no mató a los que le habían dado de comer en los banquetes.

Es un pasaje muy denso que aprovecha y enreda muchas de las cuestiones que hemos estado estudiando en este capítulo: las cenas, la jerarquía, las bromas, la realidad subvertida, la verdad y la falsedad, la autocracia y el poder. En él, un esclavo es tratado como un bufón y alimentado por los comensales a cambio de sus chistes. Sin embargo, los chistes resultan no ser mera ficción («los chistes como mentiras», que habría dicho Quintiliano), sino los planes reales de un esclavo que reclama el estatus de rey y mecenas para sí mismo. De hecho, en su papel de rey respeta la relación de mecenazgo de los banquetes (aunque hubiese sido en broma) y les perdona la vida a los que por su parte habían respetado esa relación dándole de comer manjares. Casi todas las normas culturales referidas a los banquetes, el mecenazgo y la jocosidad se unen en esta historia en apariencia sencilla.

---

[94] Diodoro Sículo 34/5.2.8-9. Las fuentes para la rebelión de los esclavos sicilianos y un breve análisis se pueden encontrar en Shaw 2001.

El *scurra*

Más que ninguna otra cosa, la sombra del *scurra* romano acecha en las páginas de este libro. Hemos visto que representaba una forma de bromear de mala fama: vulgar, imitativa y nada espontánea, aunque al mismo tiempo casi era garantía segura de hacer reír. También hemos visto que las acusaciones de *scurrilitas* podían usarse en las luchas intestinas entre la élite romana. Para sus enemigos, Cicerón era «un *scurra* de cónsul», mientras que él criticaba los chistes de los demás por parecerse demasiado a las ocurrencias de un *scurra*. Podríamos decir que había algo contestón o agresivamente descarado en el *scurra*; en términos romanos, era su *dicacitas* (descaro) lo que hacía que el emperador Vespasiano pareciese *scurrilis* (como un *scurra*). Otro buen ejemplo de ese estilo jocoso (y sus peligrosas consecuencias) lo tenemos en la historia que cuenta Suetonio de la burla mordaz de un *scurra* contra la tacañería del emperador Tiberio. Mientras pasaba un funeral, ese hombre le gritó al cadáver que le diera al emperador Augusto el mensaje de que el legado que había dejado al pueblo romano no se le había pagado aún. Y recibió su merecido: Tiberio ordenó que lo mataran, pero no sin que antes le dieran el dinero que le correspondía, con lo que podría dar él mismo el mensaje en el otro mundo de que se había pagado lo que se debía[95].

También había algo en el *scurra* que era –o se pensaba que era– característicamente romano. Al menos, se consideraba que la palabra era más o menos intraducible al griego, incluso en la antigüedad. Ya he indicado que tal vez estuviera detrás del griego *geloios* en la versión de Plutarco de la ocurrencia de Catón sobre Cicerón. Aún más llamativo es que cuando Zenón de Sidón estaba hablando de

---

[95] Suetonio, *Tib*. 57.2.

Sócrates y quería, supuestamente, llamar la atención sobre sus réplicas subversivas, lo denominó «un *scurra* ateniense», usando, como dice Cicerón (que es a quien debemos la referencia), «la palabra latina»[96]. Hemos de suponer que no había ningún término griego que reprodujese todo su significado. Sin duda la marcada «romanidad» de la palabra fue parte de la razón de que Eduard Fraenkel adoptara el término *Skurrilität* para referirse a algunos elementos distintivamente plautinos (es decir, no griegos) en las obras de Plauto[97].

Pero ¿podemos acercarnos aún más al carácter, identidad o papel social del *scurra*? Eso es algo que siempre ha demostrado ser tarea difícil[98]. Podemos detectar toda clase de solapamientos entre los *scurrae* y los llamados «parásitos» de las comedias griegas y romanas. Por ejemplo, es fácil que nos sorprendan los libros de chistes preparados de Gelásimo, que parecen encajar muy bien con algunas de las quejas de Cicerón y Quintiliano sobre el ingenio del *scurra*, esto

[96] *Nat. D.* 1.93: «Latino verbo utens scurram Atticum fuisse dicebat». El pasaje ha causado considerables problemas a los críticos (véase, por ejemplo, Dyck 2003, 177), pero la cuestión fundamental (que a menudo no se capta) es que con casi toda seguridad está evidenciando una diferencia intraducible entre las expresiones romanas y griegas para la risa (a la vez que, paradójicamente, contempla a Sócrates en términos claramente romanos). Digo *con casi toda seguridad* porque (como me recuerda Stephen Halliwell) si Zenón se estaba dirigiendo a un público en el que también había romanos (como, por ejemplo, Cicerón), puede que adaptase su vocabulario en consecuencia.

[97] Fraenkel 1922 (precisado en Fraenkel 2007, xiii).

[98] Corbett 1986 recopila muchas de las variadas citas, pero intenta (probablemente en vano, como indicaré) imponer una estructura explicativa clara en los usos a veces desconcertantemente diversos de la palabra *scurra* (y desde luego sus esfuerzos no impresionaron a Don Fowler: «Es casi un modelo de cómo no llevar a cabo una investigación de este tipo» [1987, 90]). Con diferencia, los análisis más perspicaces que conozco son Barton 1993, para el que el *scurra* es parte del repertorio de opuestos a la élite romana, y Habinek 2005, 182-185, que destaca al *scurra* como una categoría de ansiedad.

es, que lo llevaba preparado por adelantado y sus blancos eran toda una clase social en lugar de un individuo concreto. Sin embargo, a Gelásimo nunca lo llaman *scurra*, mientras que otros personajes de las obras de Plauto, a veces tipos urbanos bastante inteligentes, y otras unos metementodos, sí lo son[99], como también le ocurre al bufón Sarmento en la *Sátira* de Horacio. Está claro que la traducción más o menos estándar de *scurra* como «bufón» sólo refleja parte del significado de algunos de sus usos.

El hecho es que, si examinamos cuidadosamente a toda la gente a la que se designa con ese término en la literatura antigua, encontramos una variedad en apariencia desconcertante, de los gandules urbanos de las comedias romanas, pasando por los bromistas y bufones en un sentido más estricto, a Sócrates o incluso miembros de la Guardia Pretoriana. De hecho, según la *Historia augusta*, ese emperador tan jocoso, Heliogábalo, terminó siendo asesinado por *scurrae*. Resulta tentador considerarlo un final de lo más apropiado (un emperador «scurrille» asesinado por *scurrae*), pero la suposición más extendida es que la referencia es a soldados de la guardia (usándose *scurra* para hacer alusión a que tenían su campamento base en la ciudad, frente a las tropas que estaban destacadas por todo el Imperio)[100].

Entonces ¿cambió el significado del término con el tiempo, como se preguntó Philip Corbett en su ensayo sobre el *scurra*? ¿Se pasó de un sentido *amateur* de la palabra a otro profesional, o fue al revés? ¿Cambió el papel del *scurra* como categoría social en el transcurso de la historia de Roma? ¿Había, de hecho, varios fenómenos sociales muy distintos que, por la razón que fuese, se agruparon bajo la única designa-

---

[99] Véase, por ejemplo, Plauto, *Trin.* 199-211; *Curc.* 296-297 (dando por sentado que los *servi* de los *scurrae* son como sus señores); *Most.* 15-16.
[100] SHA, *Heliog.* 33.7; Corbett 1986, 73.

ción de *scurra*? No son éstas por fuerza unas preguntas estúpidas, aunque probablemente se les escape la cuestión principal de la *scurrilitas*. Pues, de forma parecida al *parásito* del análisis de Damon, apenas era un simple término referencial. Era, más bien, una categoría dentro del régimen imaginativo y el control social de la risa romana: el constructo opuesto y cambiante del bromista varón de élite; el transgresor bromista de los valores sobre las bromas de la élite masculina, simbióticamente unido a su opuesto, incomprensible sin éste y siempre (como sabía Cicerón, por experiencia propia) susceptible de fundirse con él. *Scurra*, en otras palabras, era un juicio de valor (negativo) sobre las prácticas de la risa más que una palabra descriptiva: un constructor cultural (y espejo) de la jocosidad de la élite romana[101].

O eso parece a partir de los textos de la élite de que disponemos. Pero ¿se veía el término de forma distinta desde el punto de vista de los que no participaban en la cultura elitista de la risa romana? ¿Había contextos en los que se podía revalorar positivamente, e incluso lucir con orgullo (subversivo)? Ya he lamentado antes que no tengamos el punto de vista de los «parásitos», salvo a través de los escritores antiguos que se dedicaron a despreciarlos. Lo mismo ocurre en líneas generales con el *scurra*, a excepción de un valioso atisbo que nos ofrece un texto que es resultado de los conflictos religiosos del siglo IV d. C. El atisbo en cuestión lo encontramos en el truculento ciclo de poemas de Prudencio, *La corona de los mártires*, en el que se apropia del *scurra* dentro de un contexto cristiano muy distinto[102].

El segundo poema de la serie cuenta, en casi seiscientos versos, la historia del martirio de San Lorenzo, al cual asaron

_____
[101] La gran variedad de usos del término refleja la variedad de límites que se podían trazar, en distintos lugares, entre la práctica apropiada e inapropiada de la risa en Roma, ahora apenas recuperables.
[102] Palmer 1989 y M. Roberts 1993 dan una útil visión general de estos poemas.

lentamente en una parrilla hasta morir en el 258 d. C. En un momento famoso que casi se convirtió en el lema de su martirio (ll. 401-4044), Lorenzo, justo antes de morir, pide que le den la vuelta, puesto que ya tiene un lado muy hecho (y de ahí, en parte, que luego haya sido el patrono de los cocineros). Prudencio nos da un relato en verso detallado, gráfico y (es de suponer) muy adornado, por no decir ficticio, del choque entre el santo y su acusador pagano perteneciente a la élite. Empieza con el pagano exigiendo las riquezas de la Iglesia cristiana, que cree que le ocultan y no «entregan al César» (ll. 94-98). Lorenzo pide una demora para mostrar «todas las cosas valiosas que tiene Cristo» (ll. 123-124), y de ese modo engaña a su acusador y hace que desfilen ante él los pobres y enfermos de Roma, que son los tesoros de la Iglesia. Eso al otro no le sienta nada bien y al poco Lorenzo se encuentra en la parrilla.

El estilo de este enfrentamiento es característico. Lorenzo es un personaje inteligente, ingenioso y con inventiva que se burla del acusador, y la risa juega un papel importante en todo eso. Al serle presentados los enfermos y los pobres como los tesoros de la Iglesia, el acusador dice: «Se están riendo de nosotros *[ridemur]*» (l. 313), y, a continuación, estalla: «Granuja, ¿crees que te vas a escapar con todos estos trucos y burlas e imitaciones *[cavillo mimico]* como si fueras un *scurra*? ¿Te parece que encaja con tu *urbanitas* que me trates haciendo bromas *[ludicris]*? ¿Es que me han vendido como entretenimiento de festival para que se ría la gente?» (ll. 317-322). Al final del poema, encontramos que los que veneran al santo no sólo le piden ayuda y cuentan su historia, sino que también adoptan el estilo y las «bromas» *(iocantur)* de Lorenzo[103].

---

[103] Conybeare 2002, 197-198, explica que los críticos han intentado librarse de la palabra *iocantur*, que, sin embargo, tiene una tradición manuscrita impecable.

Urbanitas, *cavillatio*, un *scurra* e imitación. Toda la antigua terminología romana para las bromas se muestra aquí, lo cual es testimonio de su longevidad cultural. En un convincente análisis reciente del poema, Catherine Conybeare se centró en su jocosidad, que veía en términos de género: es decir, en términos de un conflicto entre la masculinidad del acusador agresivo y el afeminamiento de un santo subversivamente ingenioso[104]. Pero hay una cuestión más sencilla sobre la risa que podemos plantear, pues este poema de un martirio repite la relación simbiótica entre el romano de élite y el bufón, y la subvierte dentro de un contexto nuevo. El escritor cristiano se ha apropiado del papel del *scurra* y lo ha revalorizado como el héroe bromista de la historia: el mártir como *scurra* se convierte en el opuesto simbiótico de su perseguidor pagano.

¿Quién sabe si siglos antes, mucho antes de los conflictos entre «paganos» y cristianos, la *scurrilitas* era algo de lo que se enorgullecían los que estaban fuera de los pasillos del poder?

---

[104] Conybeare 2002.

Capítulo 7

ENTRE LO HUMANO Y LO ANIMAL: EN ESPECIAL DE MONOS Y ASNOS

Hasta ahora han aparecido en este libro pocas mujeres romanas. Apenas hemos atisbado la imagen de la prostituta risueña, y hemos visto a la hija de Augusto, Julia, como blanco de las bromas joviales de su padre acerca de las canas y la calvicie. Según la tradición romana, Julia no se limitaba a ser el blanco de las bromas. Junto con la anécdota de que se arrancaba cabello, las *Saturnales* de Macrobio incluyen varias ocurrencias memorables que se decía que había hecho ella misma, algunas de las cuales atacaban de forma transgresora la política moral del régimen de su padre[1]. Una de las favoritas de los estudiosos modernos es su calculador enfoque del adulterio (*flagitia*, «comportamiento vergonzoso», como se le llama aquí) y los hijos ilegítimos: «Cuando los que conocían su comportamiento vergonzoso se sorprendían de que sus hijos se pareciesen a su marido Agripa, aunque ella entregaba su cuerpo a éste o aquél, ella decía: "Nunca acepto a un pasajero a menos que la bodega del barco esté llena"»[2].

Esta idea de que la hija del emperador aprovechara sus embarazos legítimos (cuando «la bodega del barco está llena») como oportunidad para acostarse con quien quisiera

---

[1] Macrobio, *Sat.* 2.5.
[2] *Sat.* 2.5.9.

podría interpretarse como un ataque declarado a la legislación moral de Augusto. O podría verse como una broma al mismo estilo subido de tono de algunos de los enfrentamientos humorísticos del propio emperador. En cualquier caso, su aparente confianza despreocupada queda dramáticamente debilitada –para los que conocen toda la historia– por el hecho de que Julia terminara siendo exiliada por sus adulterios y muriese sola el mismo año que su padre[3].

Algo que nos falta casi por completo en Roma es la tradición de la mujer riente subversiva –lo que llamamos «risitas»–, que es una corriente distintiva de la cultura occidental moderna y ya puede apreciarse en Geoffrey Chaucer. Aunque en el primer capítulo de este libro llamé medio en serio «risita» al estallido sofocado de Dion en el Coliseo, para nosotros esa forma de risa, que incluye su construcción cultural y literaria, está asociada casi exclusivamente con las mujeres y las «chicas»; en su forma más fuerte es, en palabras de Angela Carter, «el júbilo inocente con el que las mujeres humillan a los hombres»[4]. Si llegó a haber una tradición risueña alternativa y femenina bien arraigada en la cultura romana, tiene poco reflejo en la literatura que ha llegado hasta nosotros[5]. Tal vez no debamos sorprendernos, ya que, pese a su importancia en la

---

[3] Las bromas de Julia son el tema de Long 2000 (especialmente el contexto macrobiano) y Richlin 1992b (con un análisis de su vida). El texto indica, sin mencionarlo explícitamente, el sino de Julia: el relato va vinculado a su «treinta y ocho año» (2.5.2), es decir, el 2 d. C., el año de su exilio a Pandateria. Las diferentes fases de su exilio, en unas condiciones de severidad cambiante, son repasadas por Fantham 2006, 89-91.

[4] Carter 1992, 190.

[5] No me refiero sólo a momentos en que una mujer se ríe (o unas mujeres se ríen) de un hombre (u hombres), sino cuando ella se ríe, desde un papel de género, como mujer, de un hombre (que es lo que, en su valoración poderosa y positiva, significa la risita). Las prostitutas de Halliwell (2008, 491) y la mayoría de usos de κιχλίζειν no encajan con esto, si bien Teócrito, *Id.* 11.77-78 (chicas a las que les entra la risita por el desafortu-

294

cultura popular femenina, hasta fechas recientes era una forma de risa que tendía a existir fuera de la ortodoxia dominante, y apenas apareció en la literatura o tradiciones culturales masculinas durante siglos, salvo para ser ridiculizada («las colegialas con risitas tontas»). No es –como comentó Carter del estallido de Alison a expensas de su marido cornudo en «El cuento del molinero», de Chaucer– «un sonido que se oiga muy a menudo en literatura»[6].

En su mayor parte, la risa de las mujeres es vigilada cuidadosamente en las representaciones literarias del mundo romano. Como forma de género específica no parece representar una gran amenaza a los egos masculinos o a las tradiciones masculinas de la risa y las bromas, o al menos las normas y regulaciones, implícitas o explícitas, tenían la finalidad de asegurarse de que no lo fuera. Como para tantos otros temas, las reflexiones de Ovidio son particularmente acertadas en este caso. En el tercer libro del *Arte de amar* –su poema burlón de instrucciones sobre cómo cazar pareja (y retenerla)–, Ovidio parodia las normas de la risa femenina, y de paso pone en evidencia algunos de los fallos culturales de las convenciones romanas de la risa. También introduce lo que será el tema principal de este capítulo: el límite entre humanos y animales, que la risa ayuda tanto a determinar como a cuestionar. No será ninguna sorpresa para los lectores familiarizados con las estructuras misóginas del pensamiento antiguo que la risa de las mujeres lleve «de forma natural» a los rebuznos y rugidos del mundo animal.

Después de dos libros de consejos a los jóvenes –sobre los sitios que frecuentar para ligar (las carreras y los desfiles

---

nado Polifemo), se aproxima bastante; en latín, Horacio, *Carm.* 1.9.22, está bastante lejos.

[6] Carter 1992, 189 (continúa en 190: «Para reproducir esta risita, un hombre debe identificarse con una mujer en vez de con otro hombre y percibir como estúpidos algunos aspectos del deseo masculino»).

triunfales están entre los mejores lugares), asegurarse de que no se les olvide el cumpleaños de ella, hacerse un poco difícil de conseguir, etc.–, el narrador se dirige en el tercer libro a un grupo distinto de pupilos. El burlón «maestro» del amor pasa a dar instrucciones a las hembras de la especie. Dedica un par de cientos de versos al cuidado del cuerpo, el estilo de peinado y a disimular los rasgos menos atractivos, pero, a continuación, Ovidio hace un ligero cambio de marcha. Su advertencia a las mujeres de que no se rían si tienen dientes feos (negros, demasiado grandes o torcidos) da pie a algunas lecciones más generales sobre la risa. «¿Quién se lo creería? –pregunta–. Las chicas hasta aprenden a reír.»[7]

Bien, creámoslo o no, pasa a repasar los principales puntos del temario de la risa. «Que no se te abra la boca demasiado. Y mantén pequeños esos *lacunae* de cada lado.» *Lacuna* por lo general significa «hueco» o «agujero», pero aquí, y es el único ejemplo literario en latín que conservamos, es de suponer que se emplea para referirse a lo que llamaríamos un hoyuelo[8]. Cuesta imaginarse cómo podría una chica controlar sus hoyuelos, por supuesto, pero aún quedan por llegar consejos más complicados: «Deben asegurarse de que el fondo de los labios cubre la parte superior de los dientes, y no deben tensar los lados riendo continuamente, sino que deben hacer un pequeño y agradable sonido femenino».

---

[7] *Ars am.* 3.279-290 («Quis credat? Discunt etiam ridere puellae», 281). Marcial, *Epigram.* 2.41, mira explícitamente a Ovidio (el poeta peligno) por encima del hombro al ridiculizar a Maximina, una chica que tenía tres dientes negros: «Ride si sapis, o puella, ride / Paelignus, puto, dixerat poeta». La cita «Ride...» probablemente sea una alusión a este pasaje de *Ars amatoria* en vez de estar tomada de un poema perdido de Ovidio; véanse Cristante 1990 y C. Williams 2004, 150-151.

[8] Gibson 2003, 211, enumera varios pasajes en latín en los que *lacuna* se usa para referirse a otros tipos de «cavidades corporales». Marcial, *Epigram.* 7.25.6, usa *gelasinus* (una transliteración del griego) para «hoyuelo». Pero, en general, los hoyuelos no juegan un papel importante en la cultura literaria romana.

Hay mucho ingenio característicamente ovidiano en este pasaje. Parte de la broma radica en la idea de que la risa pueda llegar a ser tema de instrucción. «No os lo vais a creer», dice el taimado profesor. Y por supuesto que no nos lo creemos, pero se nos dan las lecciones de todos modos. Algunas, como la de los hoyuelos, son más o menos imposibles de llevar a cabo. Otras se acercan a lo incomprensible. Los comentaristas y traductores han luchado durante generaciones para encontrarle sentido a «et summos dentes ima labella tegant». «Asegúrate de que el fondo de los labios cubre la parte de arriba de los dientes» es ciertamente una forma posible de traducirlo; también lo es «asegúrate de que los labios inferiores cubren los dientes superiores». Pero ¿qué pueden significar cualquiera de las dos? «Como tantas otras veces –se desespera un comentarista–, el despliegue técnico virtuosístico de Ovidio se lee bien, pero es difícil de precisar.»[9] Sin embargo, ¿no es precisamente eso lo que pretende Ovidio? Es de risa proponer, está indicando a sus lectores, que se puedan llegar a controlar las características físicas de la risa. Es imposible seguir esas falsas instrucciones técnicas; ésa es la broma.

Ovidio concluye sus consejos con algunos ejemplos de advertencia sobre cómo una chica se puede reír mal, lo cual nos lleva casi directamente al reino animal. «Hay una clase de chica –escribe– que se distorsiona el rostro con una risotada horrorosa; hay otra que parece que llore, cuando en realidad se está desternillando. Y hay otra que hace un sonido discordante sin ningún encanto al reírse igual que rebuzna un burro feo mientras da vueltas a la dura piedra de molino.»[10] Esta comparación entre mujer y burro está

---

[9] Gibson 2003, 212.

[10] Sigo la interpretación y puntuación de Gibson 2003, 60 (con 212-213): «Est quae perverso distorqueat ora cachinno; / risu concussa est altera, flere putes; / illa sonat raucum quiddam atque inamabile: ridet / ut rudet

especialmente señalada en el latín original: en un prominente juego de palabras («ridet / ut rudet»), la chica *ridet* (ríe) igual que el burro *rudet* (rebuzna).

Ese juego de palabras nos indica una de las grandes paradojas de la risa para los escritores romanos, y también para teóricos posteriores. Por un lado, la risa podía entenderse como una propiedad definitoria de la especie humana. Sin embargo, por otro lado, era al reírse, por el ruido que se hace y las contorsiones faciales y corporales del riente, cuando los seres humanos más se parecían a los animales. La cuestión violenta residía simplemente en el hecho de que el mismo atributo que definía la humanidad del humano a la vez lo convertía en una bestia: en un asno que rebuzna, por ejemplo. O, como lo resumió Simon Critchley al escribir sobre el humor más que sobre la propia risa; «si el humor es humano, entonces, curiosamente, también marca los límites de lo humano»[11].

Los escritos romanos a menudo destacan esa paradoja. En las lecciones literarias de Ovidio sobre la risa, no sólo se subraya por medio del juego de palabras con *ridet* y *rudet*. Cuando, un poco antes, el poeta aconseja a la chica que «no abra la boca demasiado», la palabra que usa para referirse al hueco entre los labios que se abre al reír es *rictus*: «sint modici rictus»[12]. Es una palabra con dos referentes principales: la boca abierta de la risa humana y las qui-

---

a scabra turpis asella mola» (ll. 287-290), aunque ninguna de las dudas afectan a lo principal de mi argumentación.

[11] Critchley 2002, 29. Las observaciones de Critchley en esta sección (25-38) han influido en algunos de los temas principales de este capítulo, en concreto su énfasis en el papel del humor al cruzar los límites entre lo humano y lo animal («El humor explora lo que significa ser humano moviendo atrás y adelante la frontera que separa la humanidad de la animalidad, con lo que la vuelve inestable», 29). Como espero poder mostrar, los escritos romanos prefiguran sorprendentemente esta cuestión fundamental.

[12] *Ars am.* 3.283.

jadas abiertas de un animal. Y cuando se refiere a una risa, casi siempre indica una contorsión de la cara que roza lo bestial. En Lucrecio es la mueca de la muerte, y en Suetonio, la boca que echa espuma *(spumante rictu)* del emperador deforme Claudio[13]. Pero es Ovidio en la *Metamorfosis* el que aprovecha la palabra de forma más sistemática e inteligente. Ya hemos visto que la risa marca las relaciones de poder entre dioses y humanos en el poema. *Rictus* es con frecuencia un indicador del cambio de estatus entre humano y animal, que es uno de los temas principales del poema. Cuando Ío, por ejemplo, se transforma en una vaquilla, una de las señales de la transformación es que pasa a tener un *rictus* más que una boca, y el *rictus* se contrae *(contrahitur rictus)* cuando vuelve a ser humana[14].

Catulo hace uso de una idea similar cuando en el poema 42 («Adeste hendecasyllabi») se centra en la risa de una mujer que tiene algún borrador de unos versos de él que se niega a devolverle. Es un poema complicado, dirigido a los propios versos del poeta, que formula en unos términos aparentemente sencillos que se basan en las tradiciones de la invectiva, de la dura justicia popular romana y, como se ha argumentado más recientemente, también de la comedia de allí[15]. También dice mucho acerca de la risa como tal. La chica que tiene las tablillas de escritura (una «puta asque-

---

[13] Lucrecio 6.1195; Suetonio, *Claud.* 30.

[14] *Met.* 1.640 (donde *rictus* es una enmienda convincente al *ripas* del manuscrito), 1.741. Es una imagen que se repite en el poema: véanse, por ejemplo, 2.481 (el hermoso rostro de Calisto deformado por un *lato rictu* cuando se transforma en oso) y 13.568 (Hécuba a punto de transformarse en perro «rictuque in verba parato latravit»). El seudoovidiano *De Vetula,* del siglo XIII, retoma el carácter animal del *rictus*: «Rictus ei, non risus inest, et sacrificari / Deberet certe potius quam sacrificare» (2.148-149); un *rictus* pertenece al animal expiatorio, no al sacrificador humano. Véase también Miller 2010, 15, 150.

[15] El poema es analizado como juego literario con las tradiciones de *flagitatio* por Fraenkel 1961 y Selden 2007, 524-527. Goldberg 2000; 2005, 108-113, destaca su herencia cómica.

rosa», *putida moecha*) piensa que el propio Catulo es un «chiste» *(iocum)*, pero él vuelve las tornas al atacarla no sólo por ella misma, sino también por su risa. Ella se ríe, escribe Catulo, *moleste ac mimice*: esto es, «de una forma irritante», y, en un sentido literal, «al estilo de una actriz de pantomima», una palabra que, como veremos, es más complicada de lo que esta traducción sugiere e incide directamente en un aspecto importante de la cultura de la risa romana. Pero, lo que es más, ella se ríe «con cara de perro de caza galo», *catuli ore Gallicani*. Parte de la broma reside en el obvio juego de palabras *(catuli / Catulli)*, pero la imagen en general sirve para socavar la humanidad de la riente humana: la boca abierta, la cara crispada y, sin duda, los dientes al descubierto convierten a la mujer en una bestia[16].

El resto de este capítulo voy a investigar el impacto de la risa en ese límite entre humanos y animales, destacando otros aspectos de la figura del parásito, que ahora aparecerá con guisa animal, y considerando más a fondo los papeles tanto de la pantomima como de la imitación (tan fracasados como exitosos) como provocadores clave de la risa romana. Empezaremos con los «monos» o «simios» (agrupando indiscriminadamente a todos los primates en esas dos categorías)[17] y destacaremos una de las teorías antiguas

---

[16] Los traductores y críticos difieren en el punto preciso de comparación entre el perro y la mujer. La mayoría, como yo, consideran que se refiere a la distorsión facial; unos pocos destacan en su lugar el sonido de los gañidos, tomando *os* por «boca» en vez de «cara»: «con el gañido fétido de un perro de caza galo», como lo traduce Selden (2007, 525). Para el *rictus* de los perros y posibles puntos de comparación con la risa humana, véanse Lucrecio 5.1063-1066, Plauto, *Capt.* 485-486, y Apuleyo, *Apol.* 6 (analizado por Tilg 2008, 113-115).

[17] Por seguir este uso popular –que elide las diferentes especies y subespecies, las de cola y sin cola, los chimpancés, babuinos, gorilas y otros simios–, debo disculparme ante los primatólogos. Los científicos (tanto modernos como antiguos) identifican una gran variedad de características diferentes y distinciones fundamentales. En concreto, los monos y los simios pertenecen a familias científicas distintas (los simios son homíni-

más notables sobre la risa a la que dieron lugar estos animales. Y terminaremos con los burros, o asnos, y por el camino nos encontraremos con algunos famosos «agelásticos» del mundo romano, esos conocidos personajes de los que se decía que nunca reían, o sólo en muy raras ocasiones. Un texto importante para esto será la *Metamorfosis* de Apuleyo, o, como más se lo conoce ahora, *El asno de oro*. Pues no sólo se centra esta novela explícitamente en el límite entre hombre y burro (el protagonista, Lucio, se transforma accidentalmente en asno y al final, gracias a la diosa Isis, recupera su forma humana), sino que uno de los episodios principales de su argumento es un festival (paródico) del dios Risa (Risus).

Estos temas darán pie a otro conjunto de enredos ideológicos. En el capítulo anterior indicamos las conexiones entre la risa, distintas formas de jerarquía política y cívica y el *convivium*, o banquete. En este caso les advierto de que el enredo está aún más enredado: entre la risa y la imitación, la pantomima y la disputada frontera que separa a la especie humana de las animales. Eso es parte de la cuestión. Quiero estudiar las inesperadas conexiones culturales que salen a la luz si seguimos el hilo de la risa. También volveremos a ese aspecto de dos caras de la risa romana: los estrechos vínculos existentes en la Antigua Roma entre la gente que nos hace reír y esa de la que nos reímos.

Monerías

Se suponía que los monos y los simios hacían que los romanos se partieran de la risa, siguiendo una tradición que

---

dos, mientras que los monos son cercopitécidos, cébidos o calitrícidos). Sin embargo, estas distinciones técnicas no tienen una repercusión relevante en los debates y representaciones cotidianos.

se remontaba, o eso suponían, a la Grecia temprana. Uno de los invitados a la cena que se presenta en *El banquete de los eruditos*, de Ateneo, hace referencia a una historia sobre el (semilegendario) sabio sirio del siglo VI a. C., Anacarsis, que trata precisamente sobre este tema. En una fiesta en que se encontraba Anacarsis, llamaron a los bufones y, mientras actuaban, él permaneció muy solemne y sin reír *(agelastos)*. Sin embargo, cuando llevaron un mono, se echó a reír[18]. ¿Por qué eran tan divertidos los monos? ¿Y puede la risa que surgía alrededor de ellos ayudarnos a entender algunas de las risitas y carcajadas que se decía que resonaban alrededor de otras partes de la cultura romana?

Los primates nos dan mucho que pensar en este sentido. La ciencia moderna, a partir de Charles Darwin, ha debatido la cuestión de si los primates se ríen, y, de ser así, si la reacción física que podríamos (o no) llamar su «risa» es significativamente distinta de la nuestra. Hasta donde sabemos, eso no interesaba a los escritores griegos y romanos, que no usaban el comportamiento de los simios para cuestionar la idea de que sólo los humanos (más alguna que otra garza) podían reír. Salvaban el límite entre simios y humanos de otras formas, interesándoles no sólo las similitudes entre primates y humanos, sino más en especial las características imitativas de los primeros. ¿Se parecían mucho a los seres humanos? ¿O sólo fingían parecerse? ¿Y cuál era la diferencia? Son preguntas que también han intrigado a generaciones recientes. De hecho, algunos lectores de este libro (al igual que su autora) serán lo bastante mayores para recordar cuando el plato fuerte de la visita a un zoo era el té de los chimpancés, en el que éstos, vestidos con ridículas ropas humanas, se sentaban a la mesa y eran obligados a tomarlo al estilo humano. Era un poderoso aci-

---

[18] Ateneo, *Deipnosophistae* 14.613d.

cate para hacernos reflexionar sobre lo que nos separa de los simios[19].

En la Grecia clásica, los monos –*pithēkoi*– se asociaban, entre otras cosas, con diversas formas de falta de autenticidad e imitación. En la primera mitad del siglo v a. C., Píndaro usó la imagen del mono para evocar un habla aparentemente convincente (los niños, escribió, piensan que los simios son bonitos o encantadores *[kalos]*, pero a Radamantis, el juez del Averno, no le engañan la calumnia o impostura que se asocia con tales seres)[20]. En posteriores comedias y en discursos en los tribunales atenienses, fingir algo –como podía ser reivindicar unos derechos de ciudadanía que uno no tenía, por ejemplo– era habitualmente atacado diciendo que se trataba del comportamiento propio de un mono[21]. Aristófanes, de hecho, aprovechó por su efecto cómico la delicada situación del simio en el límite

---

[19] Connors 2004 es el estudio más actualizado y sofisticado sobre las ideas de los romanos acerca de los simios (y resume, en 179, la perenne fascinación que nos producen: «Nuestra forma humana se ve replicada en ellos, pero también [desde determinado punto de vista] distorsionada: salvajes, peludos, nos devuelven la mirada desde la insalvable división entre lo humano y lo animal, la naturaleza y la cultura»). McDermott 1935, 1936 y 1938 son todavía referencias útiles. Todos proporcionan un importante trasfondo al resto de esta sección. Para la «tradición simiesca» de periodos posteriores y la construcción cultural de la primatología moderna, véanse Janson 1952, Haraway 1989 y De Waal 2001. Aunque los tés de los chimpancés ya puedan ser cosa del pasado, el uso de primates en niveles más altos de la cadena alimenticia aún permanece: véase, por ejemplo, Self 1997, una novela satírica en la que los seres humanos han sido transformados en chimpancés.

[20] Píndaro, *Pyth*. 2.72-75. Estoy tratando muy por encima algunas de las dificultades y problemas que esta oración plantea a los críticos, para lo cual véase C. Carey 1981, 49-55.

[21] Además de McDermott 1935 y 1938, Demont 1997 y Lissarrague 1997 recopilan y analizan una gran variedad de referencias griegas clásicas a las costumbres de los monos; para las de las comedias en concreto, véase Lilja 1980. Como muestran estos estudios, el estereotipo del mono en la Grecia clásica no se restringe a la imitación y el engaño, sino que también incluye, por ejemplo, la fealdad, los orígenes humildes y la ferocidad.

entre el fraude y la adulación; una de sus inteligentes acuñaciones, la palabra *pithēkismos* (hacer monerías o travesuras), recoge tanto la idea de la imitación o fingimiento como la de adular a alguien[22]. Y no fue el único escritor que lo hizo. En un breve fragmento que conservamos de otro dramaturgo cómico del siglo v a. C., Frínico, cuatro hombres son comparados con un mono: uno es un cobarde, otro un adulador y otro es un ciudadano espurio o un impostor (lamentablemente, la última comparación no ha llegado hasta nosotros)[23].

Los escritores del mundo romano heredaron y desarrollaron todos estos temas. Sin embargo, la cercanía entre las palabras del latín *simia* («simio») y *similis* («igual» o «similar») –junto con la tentadora idea, si bien incorrecta, de que una derivaba de la otra– dio un aliciente añadido a muchos estudios de los romanos sobre las características miméticas del mono[24]. Los juegos de palabras con los dos términos se remontan al menos al poeta Ennio, cuya muletilla «simia quam similis turpissima bestia nobis» –o «el

---

[22] Aristófanes, *Eq.* 887-890. El contexto en que se da es un intercambio ingenioso de tintes políticos mientras dos rivales están intentando sobornar a Dēmos, la personificación del pueblo ateniense, con una capa. Sus réplicas muestran que la referencia al mono indica tanto imitación («No, sólo te estoy copiando, como haría un hombre en una juerga cuando le coge las zapatillas a otro para salir a cagar») como adulación o soborno («A mí no me vas a ganar a adulador»). Sommerstein 1981, 93, 191, no capta parte de la cuestión, lo que sí hacen Neil 1901, 127, y Demont 1997, 466. *Suda*, s.v. πιθηκισμοῖς περιελαύνεις, indica explícitamente los varios significados posibles que tiene «monería» aquí: artimaña, adulación e imitación.

[23] Frínico, frag. 21 (Kassel y Austin). La mejor suposición es que el último «mono» fuese un adulador (véanse también Demóstenes, *De cor.* 242, y Aristófanes, *Ach.* 904-907).

[24] Resumidos eficazmente en Connors 2004, 183-184, 189. Isidoro, *Etym.* 12.2.30, se refiere a la etimología, pero insiste en que es falsa. El emparejamiento griego de πίθηκος (mono) y πιθανός (persuasivo) podría dar pie a otras posibilidades, juegos de palabras y asociaciones relacionadas.

simio, que similar a nosotros es esa fea criatura»– es citada por Cicerón[25]. Y, en muchos contextos distintos, los simios y los monos se convirtieron en sinónimos de imitación.

El teatro cómico romano halló en la figura del mono un poderoso símbolo de sus propias tretas miméticas. Plauto, en particular, llenó sus obras de nombres de monos (Simia, Pitecio, etc.), sueños sobre monos e incluso mordiscos de monos[26], y esta idea simiesca quedó visualizada en una curiosa estatuilla, casi con toda seguridad de época romana, que representa a un actor cómico que lleva una cabeza de simio en lugar de una máscara teatral (véase ilustración 3)[27]. También Horacio, seguramente teniendo a Ennio de algún modo en mente, se refiere a un poeta de segunda e imitativo llamándolo «mono»[28]. Y la seguridad de Eliano –a finales del siglo II o principios del III d. C.– de que la imitación era la característica definitoria de ese animal encaja bien con el panorama cultural romano. «El mono es la criatura más imitativa –explicaba–, y cualquier acción corporal que le enseñes, la aprenderá con exactitud para poder hacer alarde de ella. Sin duda bailará si ha aprendido a hacerlo y tocará el caramillo si lo enseñas.» A continuación, observaba que la costumbre imitativa del animal podía ser su muerte (o al menos provocar su captura). Los cazadores de monos de la India se ponían el calzado a la vista de sus presas y luego dejaban algunos pares más para que los animales los

[25] Cicerón, *Nat D.* 1.97 (Ennio, *Satir.* frag. 69 [Vahlen] = *ROL* 2 Ennio, *Satir.* 23). El juego de palabras funciona pese a que (o quizá porque) la primera *i* de *similis* es corta y en *simia* es larga. Entre otros ejemplos de tales juegos tenemos Ovidio, *Met.* 14.91-98, Marcial, *Epigram.* 7.87.4, y Fedro, *Fabulae* 4.13.

[26] Connors 2004, 189-199, 202; brevemente, y dando en el clavo, John Henderson 1999, 34.

[27] Lissarrague 1997, 469.

[28] *Sat.* 1.10.18; con Gowers 2012, 316-317.

imitaran; el truco estaba en que los de los monos estaban unidos a cepos[29].

Varias imágenes descubiertas en Pompeya se centran en las conocidas imitaciones que hacen los monos de los seres humanos[30]. Una estatuilla mostraba a alguna clase de simio que llevaba un gorro frigio y blandía una daga[31]. Una curiosa pintura de una de las casas más espléndidas de la ciudad muestra a un chico con un mono que va vestido con una túnica y (supuestamente) está a punto de mostrar sus habilidades imitativas (véase ilustración 4)[32]. Pero el más sorprendente de todos es un friso pintado que caricaturiza a los héroes fundadores de Roma. Incluye una imagen de Rómulo y (en mucho mejor estado de conservación) otra de la huida de Eneas, junto con su padre y su hijo, de Troya. Todos estos personajes humanos están representados como extraños simios cruzados que tienen penes gigantescos, colas y cabezas de perro (véase ilustración 5)[33]. Ha habido considerable discusión sobre cuál era exactamente la

[29] Eliano, *NA* 5.26 (véase también 6.10); para los cepos, véase 17.25 (con Diodoro Sículo 17.90.1-3, aunque, en lo que es una buena inversión del proceso de enseñanza y aprendizaje, Diodoro afirma que fueron los monos los que enseñaron ese truco a los cazadores). Es de destacar que, en su principal estudio sobre simios y monos (*HA* 2.8-9, 502a16-b26), Aristóteles no subraya su capacidad de imitación.

[30] A. King 2002, 433-434, repasa las representaciones de monos, etc., en Pompeya e incluye una breve descripción de aquellas a las que me refiero aquí; McDermott 1938, 159-324, es un exhaustivo catálogo de imágenes de simios en todos los medios del mundo mediterráneo clásico y preclásico.

[31] M. Della Corte 1954, 210 n. 498 (ahora está perdida).

[32] De la Casa de los Dioscuros (6.9.6-7); véase *PPM* 4.976, n.º 225. No es imposible que hubiese tales monos que actuaban en Pompeya, como el descubrimiento allí de un esqueleto de simio parece indicar (Bailey *et al.* 1999).

[33] A menudo se estudia la imagen de la huida de Eneas independientemente, pero De Vos 1991, 113-117, deja claro el vínculo entre esa imagen y la de Rómulo; seguido por J. R. Clarke 2007, 151-152. Para babuinos con cabeza de perro *(cynocephali)*, véase McDermott 1938, 4-13, 35-46.

broma. Algunos han visto un erudito juego visual (la cercana isla de Pithecusae [Isla del Mono] también se conocía como Aenaria, que muchos romanos creían que significaba «la isla de Eneas», así que la pintura combina a los dos)[34]. Otros han detectado una «resistencia cómica» a la romanización de Pompeya y a la explotación augusta de las leyendas de la temprana Roma[35]. Pero, cualquiera que sea la interpretación exacta que demos a estas imágenes, indican al menos lo intercambiables desde un punto de vista cómico que eran los monos y los héroes míticos; los monos hasta podían representar el papel de los padres fundadores de Roma, pero para dar risa.

En cualquier caso, ¿qué era exactamente lo que hacía que los simios fuesen tal incentivo para la risa? Nos estaríamos engañando si pensáramos que podíamos explicar por qué cualquier romano concreto se echaba a reír cuando veía un mono (y no digamos ya a un Eneas con forma de simio). No obstante, una serie de anécdotas y debates moralizantes de la literatura romana nos acercan más a la comprensión de las relaciones cambiantes entre las «monerías» y la risa. Estas historias indican la importancia de la imitación y la adulación y también la tensa intersección entre lo humano y lo animal.

A determinado nivel, como indica la acuñación de Aristófanes, podría verse al mono como el equivalente animal del parásito humano, el invitado gorrón que ofrecía adulación y risas a cambio de comida. Es justo lo que dice Plutarco en su ensayo *Cómo distinguir a un adulador de un amigo*. «¿Ves al mono? –pregunta en determinado momento–. No puede vigilar tu casa como un perro; no puede llevar carga como un caballo; no puede arar la tierra como un

---

[34] Brendel 1953.
[35] McDermott 1938, 278-280; J. R. Clarke 2007, 153-154 («resistencia cómica»). Cèbe 1966, 369-370, enumera otras explicaciones.

buey. Así que soporta los insultos y las payasadas y aguanta las bromas, ofreciéndose como instrumento de risa. Igual que el adulador.»[36] El mono, en otras palabras, es la versión de la naturaleza del «adulador y payaso» de la cultura humana. Eso es lo que también indica Fedro cuando hace que una de sus fábulas trate del encuentro entre un tirano y un adulador, para lo cual del reino animal elige a un león para que represente al tirano, y para el adulador, a un mono[37]. Es asimismo una cuestión que la historia de Anacarsis subraya, pues cuando le pidieron que explicara por qué el mono le hacía reír y los bufones no, el sabio contestó que un mono era risible *(geloios)* «por naturaleza, pero un hombre sólo por la práctica»[38].

Otro factor fundamental debe de ser la parte imitativa del mono. Ya hemos visto que los oradores romanos tenían casi garantizado que iban a provocar risas –por muy vulgares que pudiesen ser– si imitaban la voz y postura de su oponente, y enseguida veremos formas agresivamente imitativas de actuaciones cómicas que tenían la mera finalidad de dar risa. Parte de la hilaridad que los simios y monos provocaban se debía sin duda a su imitación de los seres

---

[36] Plutarco, *Mor.* 64e (= *Quomodo adulator* 23). En otras partes, Plutarco, *Mor.* 60c (= *Quomodo adulator* 18), presenta a los míticos simios Cercopes como aduladores, con lo que vuelve a unir mono, risa y lisonja. Hércules llevó a este travieso par de criaturas colgando de sus hombros boca abajo, después de que quien intentaran robarle las armas. En la versión más larga y posterior de la historia (Nono, *Comm. in IV Orationes Gregorii Naz.* 4.39, del siglo VI d. C.; con Nimmo Smith 2001, 29-30), ellos empiezan a hablar del «culo negro» de Hércules, el cual se echa a reír y los deja libres. Para la compleja tradición de los Cercopes (que en algunas versiones dieron el nombre a Pithecusae, la actual Isquia), véase Marconi 2007, 150-159; también Woodford 1992, Kirkpatrick y Dunn 2002, 35-37, y Connors 2004, 185-188.

[37] Fedro, *Fabulae* 4.14; muy bien analizado por John Henderson 2001, 180-186. El texto ha sobrevivido en gran parte en una paráfrasis medieval.

[38] Ateneo, *Deipnosophistae* 14.613d.

humanos. Pero hay una o dos anécdotas que indican algo un poco más complicado que la pura y simple imitación. Parecen sugerir que lo que era en especial risible de estos primates era su situación en el límite mismo entre lo humano y lo animal, así como la precariedad de sus intentos de imitar a seres humanos. Por decirlo de otra forma, algunas de las mayores risas acompañaban a sus intentos *fallidos* de imitación, que ponía en evidencia lo que verdaderamente era el hecho de imitar.

Estas ideas subyacen a una historia de Luciano, el escritor satírico y ensayista del siglo II d. C. En ella, un rey egipcio enseña a una *troupe* de monos a hacer un baile pírrico, que ellos llevan a cabo con mucha pericia, vestidos con máscaras y túnicas púrpuras, hasta que, escribe Luciano, uno de los espectadores les arroja unos frutos secos. En ese momento, los monos vuelven a ser monos, se olvidan del baile, tiran sus ropas y se pelean por los frutos secos. Y los espectadores se echan a reír[39].

Luciano utiliza esta historia para dejar constancia de algo muy concreto en el transcurso de un alegre debate filosófico satírico. Los monos son como esos hipócritas que afirman despreciar la riqueza y abogan por compartir los bienes, hasta que uno de sus amigos tiene dificultades y necesita dinero, o se les presenta la posibilidad de hacerse con oro y plata. Entonces ponen de manifiesto su verdadera naturaleza. Pero Luciano también nos permite comprender mejor cómo funciona la risa. ¿Quién la provocó, y cómo? Resultan ser dos provocadores distintos. Por un lado, está el hombre que arroja los frutos secos (al que Luciano describe explícitamente como *asteios*, el equivalente griego al *urbanus* del latín, «ingenioso y listo»). Por otro, están los propios monos. En su caso, es su incapacidad de

---

[39] Luciano, *Piscator* 36; la anécdota está incluida como fábula en la recopilación de Perry (1952, 504, n.º 463).

mantener su papel humano –el que vuelvan a cruzar la frontera entre simio y hombre– lo que provoca la hilaridad.

Un matiz diferente, que señala distintos puntos de presión en la confusa línea divisoria entre simio y hombre, lo encontramos en una anécdota que se relata en la *Geografía* de Estrabón al ocuparse de África del Norte. Durante un breve momento, una risa interrumpe la seria narración científica. Estrabón, que escribió a principios del siglo I d. C., se estaba basando en un relato de Posidonio, filósofo e intelectual estoico, que había vivido unos cien años antes. Mientras navegaba por la costa africana, Posidonio vio una colonia de monos salvajes en una selva; algunos vivían en los árboles, otros en tierra, algunos cuidaban de sus crías y otros le hicieron reír: ésos eran los que lucían grandes ubres, los calvos y los que tenían desfiguraciones bien visibles[40]. Esos monos no estaban imitando a nadie, por supuesto, sino que simplemente estaban siendo monos. De ese modo, la historia nos sirve para recordar que la «imitación» depende tanto de la percepción de similitud del observador como de cualquier imitación intencionada. La broma está en que Posidonio se ríe de los rasgos de los que se habría reído de haber sido los animales seres humanos (ya hemos visto que la calvicie era un provocador de risa infalible en el mundo romano). Además, indica de nuevo que parte de la risa que causaban los monos de la antigüedad proviene de la ambigüedad de su situación en el límite entre el reino humano y el animal, o al menos de nuestra percepción de esa situación (en otras palabras, probablemente el chiste también fuese dirigido contra Posidonio, así como contra nosotros).

Todas estas anécdotas nos ofrecen unas indicaciones reveladoras sobre la relación entre los primates y la risa humana, pero sólo son indicaciones, y no intentos de enfren-

---

[40] Estrabón, *Geographica* 17.3.4 (= Posidonio, frag. 245. [Kidd]).

tarse de lleno a la cuestión fundamental de por qué la gente se reía de los monos. Sin embargo, hubo un escritor del Imperio Romano, el médico Galeno, que sí se enfrentó directamente a esa cuestión, en unos cuantos párrafos asombrosos de reflexiones en los que no sólo intentó explicar lo que tienen los simios de divertido, sino que también estuvo cerca de usar el ejemplo de los simios para meditar sobre las prácticas humanas y explicar por qué los payasos humanos (o los artistas cómicos) nos hacen reír. Este valiente análisis antiguo de la risa, incluido en un largo tratado médico, *Sobre la utilidad de las partes del cuerpo humano*, no ha recibido la atención que merece.

Ya hice un breve anticipo de las reflexiones de Galeno en el capítulo 2, al resumir su idea de que los monos y simios funcionan, como diríamos nosotros, como «caricaturas» del ser humano. «Nos reímos en especial –escribió– de las imitaciones que guardan un parecido fiel en la mayoría de sus partes, pero son erróneas por completo en las más importantes.» Y pone como ejemplo las «manos» del simio, que son similares a las humanas salvo por los pulgares, los cuales no están opuestos a los otros dedos y, por lo tanto, no sólo no sirven de nada, sino que son «totalmente risibles» *(pantē geloios)*. Pero esto únicamente es una parte de un análisis más largo que plantea otras cuestiones acerca de cómo funcionan las bromas visuales.

Dos pasajes de este tratado son especialmente importantes. El primero, que incluye el estudio de las «manos» del simio, dice más tanto sobre la capacidad del animal para imitar como sobre la práctica de los artistas humanos que intentan hacer reír. Para Galeno, de un modo que recuerda a la historia de los monos y los frutos secos, el punto principal sobre los primates es que son malos imitadores, y no buenos. La famosa cita de Píndaro de que los niños encontraban «hermosos» a los monos nos recuerda, explica, que «esta criatura es un juguete risible *[geloion]* para los niños, pues intenta imitar todas las acciones humanas, pero fracasa de un modo irrisorio *[epi to geloion]*. ¿No habéis visto a un simio intentando tocar el caramillo y bailar y escribir y todo lo demás que un ser humano hace correctamente? ¿Y qué pensasteis? ¿Pensasteis que lo hacía como nosotros, o de forma irrisoria *[geloiōs]*? [...] En cuanto a todo su cuerpo, según avance mi argumentación mostrará que es una imitación risible *[geloion]* de un ser humano»[41]. A continuación, propone que se puede encontrar un análogo para las acciones del artista cómico: «Si un pintor o escultor, cuando estuviera representando *[mimoumenos]* las manos de un humano, fuese a hacer un error intencionado para dar risa *[epi to geloion]*, cometería justo la clase de error que vemos en los simios». En una parte posterior del tratado, Galeno vuelve a los simios al resumir su principio fundamental de que el carácter de las partes del cuerpo se corresponde con el carácter del alma:

Pues al simio, como ya hemos afirmado, al ser un animal risible *[geloios]* en su alma y un imitador inferior *[pros to cheiron]*[42], la naturaleza lo ha vestido con un cuerpo en concordancia. De hecho, todo el armazón de huesos de sus patas está unido de tal modo que no puede erguirse bien, y tiene músculos en la parte trasera de las patas que son totalmente irrisorios *[geloiotatous]* e incompatibles con su estructura. Por esta razón no puede levantarse con seguridad y perfectamente erguido. Pero, del mismo modo que un ser humano se yergue y camina y corre cojeando cuando quiere hacer reír *[gelōtopoiōn]* y burlarse *[skōptōn]* de otro de la especie que es cojo, así es como un simio usa sus patas[43].

---

[41] *De usu part.* 1.22 (Helmreich) = 1, pp. 80-81 (Kuhn).
[42] Casi me dan ganas de interpretar esta frase también como una prolepsis; es decir, «el simio imita para mal».
[43] *De usu part.* 3.16 (Helmreich) = 3, pp. 264-265 (Kuhn).

Hay todo tipo de problemas en esta argumentación, pese a la iniciativa que tiene. Galeno se mueve con demasiada facilidad entre distintos tipos de imitación: del sentido más sencillo de «parecido» por medio de la «imitación» activa a la «caricatura» de un artista. No obstante, hace un intento radical (en términos antiguos) de explicar por qué las características miméticas del simio lo hacen tan risible. Desde el punto de vista de Galeno, aunque el animal puede imitar al humano y parecerse mucho a éste en determinados aspectos, nunca llega a cruzar totalmente el límite que lo separa de nuestra especie, y eso es lo que nos hace reír.

Es, sin embargo, un análisis aún más importante por el hecho de que Galeno establece un paralelismo entre la risa provocada por monos y simios y la que provocan diversos «creadores de risa» humanos. Es uno de un pequeñísimo número de intentos antiguos de reflexionar explícitamente sobre cómo algunas imágenes visuales pueden hacer que la gente se ría[44]. En el último pasaje que he citado, Galeno vincula los movimientos de natural torpes del mono con los movimientos miméticos e histriónicos del hombre que hace reír burlándose de un cojo: es como si, dándole la vuelta a la cuestión, la naturaleza risible del simio pudiese ayudar a explicar por qué nos reímos del imitador o payaso humano. Por llevar esto un poco más lejos de lo que lo hace Galeno, se acerca a ver no sólo al mono como bufón, sino al bufón como mono. Es, en cierto sentido, otra variante de la idea de que el mono es risible «por naturaleza, pero el hombre sólo por la práctica».

Estos temas sobre los monos sitúan el escenario del resto de este capítulo, en el que a continuación estudiaremos a los mimos e imitadores para terminar con la versión de Apuleyo de cruzar los límites entre las especies. Por en medio, volveremos al ejemplo de Anacarso, que se pasó la

---

[44] Horacio, *Ars P.* 1-5 (casi) podría contar como otro.

mayor parte de la fiesta *agelastos* (sin reír), y a la cuestión de lo que podía hacer que un no riente se riese, lo cual comprende cuestiones similares de imitación y la línea divisoria entre animales y humanos.

Mímica, imitación y mimesis

Los monos estaban mejor situados que cualquier otro ser en la relación entre imitación y risa. Sin embargo, no eran los únicos imitadores del mundo romano que eran garantía de risa. Sobre el orador romano que sentía la tentación de hacer reír por medio de una imitación perversa de su oponente se cernía el espectro de la pantomima romana y sus actores. Había en Roma una relación ambivalente entre la práctica de la oratoria y la de los escenarios en general: los oradores podían aprender de actores experimentados algunos trucos del oficio, y de hecho lo hacían, pero de todos modos los actores estaban definitivamente al otro extremo de la jerarquía social, política y cultural de Cicerón y los suyos; de acuerdo con los axiomas del poder romano, que en parte establecía una correlación entre la posición social y la propiedad de las palabras de uno, un actor estaba condenado a ser sólo quien pusiera voz a los textos de otros. Sin embargo, no existía tal ambivalencia con respecto al mimo. El actor de mimo o pantomima *(mimus)*, al igual que el *scurra*, era el espantoso opuesto del orador de élite. La mímica era el género teatral antiguo más firmemente asociado con la risa, pero sugerir que al provocar risas un orador romano estaba participando en una pantomima romana equivalía a insinuar que era inaceptable. Entonces ¿por qué eran los mimos tan risibles y a la vez tan inaceptables? ¿Cuál era su papel en la «fraternidad de rientes» de Roma?

La mímica es un genero discutido en la erudición moderna. Sabemos mucho menos de los mimos romanos de lo que quisiéramos. Tendemos a especular con una seguridad que está fuera de lugar sobre lo que no conocemos, a la vez que a veces pasamos por alto algunas de las cuestiones obvias que sí sabemos. Existe el acuerdo generalizado de que, cualquiera que fuese su deuda con una tradición griega anterior, la mímica era un medio especialmente importante en Roma, que influenciaba a todo tipo de producciones literarias, que van desde Horacio, pasando por las elegías amorosas latinas, hasta Petronio («el eslabón perdido de la historia literaria romana», como lo llamó Elaine Fantham)[45]. También se está de acuerdo en que la mímica era uno de los pocos géneros teatrales de la antigüedad en los que actuaban mujeres, y tanto actores como actrices tenían partes habladas; no se trataba de mímica o pantomima en nuestro sentido (mudo) del término[46]. A partir de ahí, las cosas se vuelven más turbias.

A veces se supone que había una distinción bien clara entre la mímica y la «pantomima», una actuación (de nuevo bastante distinta al género moderno del mismo nombre) que por lo general consistía en bailarines mudos que eran acompañados por cantantes. Sin embargo, en la práctica los escritores antiguos desdibujaban esa distinción; al igual que los eruditos comensales de las *Saturnales*, de Macrobio, pasaban con toda facilidad de hablar de mímica a hablar de pantomima[47]. También se suele decir que, en marcado

---

[45] Fantham 1988. La influencia de la pantomima en autores y géneros concretos es analizada, por ejemplo, por McKeown 1979, Wiseman 1985, 28-30 y 192-194, y Panayotakis 1995, xii-xxv (resumiendo el tema principal del libro).

[46] La literatura moderna sobre la mímica romana es muy extensa. Panayotakis 2010, 1-32, es un resumen útil con abundante bibliografía; Bonaria 1955-1956 recopila fragmentos y *testimonia*; parte de Webb 2008, 95-138, es pertinente para periodos anteriores del Imperio Romano. Para las mujeres, véanse Webb 2002 y Panayotakis 2006.

[47] Los ensayos en E. Hall y Wyles 2008 cubren ampliamente los debates sobre la pantomima antigua. La lista estándar de los rasgos que se supone

contraste con los actores de otros géneros teatrales de primer orden de la antigüedad, los actores de mimo no llevaban máscaras en sus representaciones. Puede que fuese así, pero es una afirmación que se basa en buena medida en un pasaje de *Sobre el orador*, de Cicerón, en el que el personaje de Estrabón pregunta: «¿Qué podría ser más *ridiculus* que un *sannio*? Pero hace reír [*ridetur*, "se ríen de él"] con su rostro, su expresión, su voz, de hecho con todo su cuerpo. Puedo decir que eso es divertido [*salsum*], pero no del modo en que me gustaría que lo fuese un orador, sino como un actor de mimo»[48].

La interpretación moderna se basa en la idea de que si el rostro provoca risa, el personaje en cuestión no podía llevar máscara, ya que le habría ocultado la cara. Sin embargo, este pasaje no dice eso. Se refiere a la cara y a la expresión de algún tipo de payaso *(sannio)* y compara su estilo general para producir risa con el de un actor de mimo[49]. En cualquier caso, una expresión graciosa podría ser la de la máscara, sobre todo porque tenemos una fuerte indicación en Tertuliano de que existía una tradición de mimos que llevaban máscara («La imagen de tu dios cubre su repugnante y conocida cabeza», escribe de lo que parece muy probable que fuese un actor de mimo)[50]. Quizá estemos buscando uniformidad donde no la hay.

---

distinguían la mímica antigua de la pantomima es resumida en Hall 2008, 24. Sin embargo, Wiseman 2008 llama la atención al solapamiento de los dos. Como plantea resueltamente Panayotakis, «los límites que delimitaban la mímica de la pantomima no estaban siempre tan claros como algunos estudiosos, al querer poner orden en unas fuentes inherentemente diversas y contradictorias, han preferido suponer» (2008, 185).

[48] *De or.* 2.251 («[...] non ut eius modi oratorem esse velim, sed ut mimum»).

[49] Marshall 2006, 7, y Manuwald 2011, 183, ofrecen el punto de vista convencional; Panayotakis 2010, 5-6, es más precavido. Hunter 2002, 204-205, estudia el carácter del *sannio*.

[50] Tertuliano, *Apol.* 15.3. Plauto, *Truculentus* 594, indica que las máscaras no descartaban necesariamente la idea de la expresión facial; sin embar-

Por lo demás, hay una amplia variedad de testimonios contradictorios e incompatibles sobre la naturaleza de la mímica romana en la que es muy difícil imponer mucho orden que resulte convincente. Los escritores romanos a veces relacionan contundentemente a los mimos con los bajos fondos, con lo que indican que sus actuaciones tenían lugar en la calle ante multitudes de gente corriente, pero otras veces se refieren a representaciones en las residencias de la élite y ante algunos aficionados del género de mucha categoría[51]. A veces dan a entender que las actuaciones de mimo eran improvisadas, si bien nuestros conocimientos sobre el mimo proceden en su mayoría de lo que ha sobrevivido de versiones literarias elaboradas, que incluyen las que escribió el adinerado (o eso dicen) Laberio, al que Julio César pidió que actuase en uno de sus propios mimos (¿insulto o adulación?)[52]. A veces nuestras fuentes indican que los argumentos se sacaban de la vida cotidiana y eran en general muy subidos de tono; eso es ciertamente lo que dan por supuesto los personajes refinados de las *Saturnales*, y muchos de los fragmentos en papiro que han llegado hasta nosotros se centran en historias de adulterio, pedos y el «nivel corporal inferior» en sus limitadas variedades[53]. Sin embargo, otros argumentos de mimos eran claramente mitológicos, aunque terminasen siendo parodias lujuriosas en vez de versiones serias (como *Anna Pe-*

---

go, Ateneo, *Deipnosophistae* 10.452f, es una prueba bastante mejor de que existía una tradición sin máscaras en la mímica. Richter 1913 identifica (con un exceso de confianza) unas figuras grotescas como actores de mimo porque no llevan máscara.

[51] Obsérvese que, según Servio, incluso Cicerón, pese a todo el desprecio que manifestaba, iba a ver a la actriz de mimo Citeris.

[52] Macrobio, *Sat.* 2.7.1-5; con Barton 1993, 143-144, que ve la historia de Laberio como parte de «la física de la envidia» de Roma.

[53] El caso más extremo es el llamado mimo de Caritión (*P. Oxy* 413; Cunningham 1987, ap. n.º 6; la fecha no es segura, pero es de algún momento anterior al 200 d. C., que es la fecha del papiro).

ranna, de Laberio, o las versiones de las *Églogas* de Virgilio que representaban famosas estrellas del mimo[54].

No cuesta entender por qué algunos estudiosos han recurrido, bastante a la desesperada, a construir un desarrollo cronológico (ya sea un cambio en el carácter y público de los mimos de cultura popular a otra de élite, o bien una escala cada vez mayor de procacidades: «más subido de tono con el paso del tiempo», como dijo recientemente un crítico)[55]. Como tampoco cuesta entender por qué otros han propuesto que el mimo era como un cajón de sastre que comprendía «cualquier tipo de espectáculo teatral que no pertenecía a la tragedia ni a la comedia con máscaras»[56]. La idea de que el mimo antiguo podía ser un término tan vago como la farsa moderna es muy atractiva, y da cabida de forma muy conveniente a lo que de otro modo serían unas pruebas contradictorias. Pero, aun así, tiende a eludir (o a no tomarse lo bastante en serio) esas dos cosas que sabemos con certeza del mimo: que su objetivo principal era hacer reír a la gente y que era un género muy imitativo.

No hay duda de que el mimo y la risa iban de la mano, y ya sólo por esa razón el mimo se merece su parte de atención en este libro. Cuando lo hemos visto en capítulos anteriores, siempre ha sido como provocador de risas (para

---

[54] Aulo Gelio 16.7.10 hace referencia al vocabulario vulgar de *Anna Peranna*; Panayotakis 2008, 190-197, estudia las versiones en mimo de Virgilio, por ejemplo Servio *ad Ecl.* 6.11; el intérprete concreto es llamado un *mima* en Cicerón, *Phil.* 2.20. Panayotakis supone que las representaciones eran relativamente serias, pero tengo mis dudas. Asimismo, soy más escéptica que la mayoría sobre que podamos llegar a identificar los papeles precisos de los conocidos como «primer mimo», «segundo mimo», etc.

[55] Walton 2007, 292.

[56] Panayotakis 2010, 1; Fantham 1988, 154 («Como mejor se define es negativamente. Todo lo que no encajaba en las categorías genéricas de tragedia o comedia, la farsa atelana o la fábula togata romana era mimo»).

bien o para mal, vulgar o no). Esta relación se puede documentar una y otra vez. Se subraya, por ejemplo, en algunos de los versos conmemorativos escritos en honor de destacados actores o autores del género. A Filistión, un escritor de mimos de principios del Imperio, se le recuerda en un verso que proclama que «hizo que las tristes vidas de los hombres se mezclaran con la risa». Un mensaje similar se transmite en el epitafio del actor de mimo Vitalis, del que se dice que «desencadenó la risa en los corazones tristes»[57]. Y en fechas tan tardías como el siglo VI d. C., el sofista Coricio de Gaza defiende el poder de los mimos frente a los críticos cristianos del género ensalzando su capacidad reconstituyente y provocadora de risa y –lo que es interesante, pues adopta otro punto de vista sobre el papel de la risa en el límite entre especies– argumenta que la risa era de hecho una característica compartida por los humanos y los dioses[58].

¿Por qué, entonces, era el mimo un productor de risa tan potente? De nuevo, la razón por la que cualquier individuo concreto se reiría en una representación concreta se nos pierde; las razones pueden ir de algún tipo de placer carnavalesco en los culos y los pedos al simple hecho de que todos los demás del público se estuviesen desternillando de risa. Sin embargo, en el tratamiento que hacen nues-

---

[57] Filistión: *AP* 7.155 (hay numerosas referencias desperdigadas a «Filistión» en el contexto del mimo: por ejemplo, Marcial, *Epigram.* 2.41.15; Amiano Marcelino 30.4.21; Casiodoro, *Var.* 4.51; tal vez fuera un nombre artístico o seudónimo habitual); Vitalis: *PLM* 3.245-246.

[58] Por ejemplo, Coricio, *Apologia mim.* 31-32 (en los mimos, Dioniso se compadece de los seres humanos y es «tan generoso [...] que provoca risas de todo tipo»), 93 («la humanidad comparte dos cosas con las divinidades: la razón [o habla] y la risa»). Para un claro resumen reciente de este texto (con bibliografía anterior), véase Malineau 2005; Coricio es importante en el análisis de Webb (2008, 95-138); Bowersock 2006, 61-62, observa temas relacionados con la risa similares en la defensa siríaca de los mimos de entonces.

tros autores de élite de los mimos, el factor fundamental vincula la risa con –como su propio nombre indica– la naturaleza imitativa del género. Esto iba mucho más allá de las cuestiones más generales (y controvertidas desde el punto de vista filosófico) sobre la mimesis que subyacía a toda representación teatral; la hilaridad del mimo iba unida a sus prácticas imitativas específicas[59].

Sigue siendo una cuestión discutible hasta qué punto los actores de la antigüedad de los principales géneros teatrales de la tragedia y la comedia «actuaban» de acuerdo con nuestros propios términos. Hay ciertas indicaciones de que, con el paso del tiempo, diversas formas de imitación se fueron volviendo más importantes en el teatro antiguo convencional, que puso mayor énfasis, por ejemplo, en una caracterización realista de lengua y acento, aunque fuese desde detrás de una máscara estilizada[60]. En cualquier caso, nunca se consideró que ese tipo de imitación fuese un rasgo definitorio del teatro trágico o cómico, como sí lo era de las distintas tradiciones representativas que se engloban en la categoría de *mimo*. Tanto Cicerón como Quintiliano señalan el tipo de imitación agresiva de este género. La anécdota de Macrobio sobre la (panto)mímica también se centra en la imitación realista de un Hércules

---

[59] El estrecho vínculo entre la imitación y la risa romana lo destaca Dupont 1985, 298-299 (en el contexto de un análisis más amplio del mimo, 296-306), que asimismo distingue estas formas agresivas de imitación de la mimesis más general.

[60] Csapo 2002 repasa algunas de las cuestiones principales e incluye un buen análisis de la anécdota de Aristóteles acerca del actor Calípides, del siglo V a. C. (*Poet.* 26, 1461b34-35), al que se atacó por ser un «mono». Como insiste Csapo con razón, la crítica no se basaba en el hecho de que actuase con una «gesticulación exagerada»; su delito no era sobreactuar en nuestro sentido del término, sino más bien «imitar acciones que es mejor no imitar en absoluto» (128), lo que incluía, en palabras de Aristóteles, las de «los inferiores» y «mujeres de clase baja» (*Poet.* 26, 1462ª9-10). Csapo establece una distinción clara y útil entre ese tipo de imitación y cuestiones más generales de la mimesis trágica.

enloquecido, por más que el público lo malinterpretara, como vimos antes[61]. Y esos estudiosos antiguos que intentaron definir la esencia del mimo (pues los estudiosos modernos no son los primeros que intentan imponer orden en las peliagudas complejidades de la cultura clásica) subrayaron repetidamente su carácter imitativo. Por ejemplo, Diomedes, gramático del siglo IV d. C., escribe sobre su «imitación de distintas formas de habla», su «imitación subida de tono de palabras y actos lascivos» y de que se le dio ese nombre por sus características miméticas («como si fuese el único género que usaba la imitación, por más que otras formas de literatura [poemata] hacen lo mismo, pero sólo él, como si tuviese alguna prerrogativa especial, reclamaba su derecho sobre lo que era propiedad común»); y, en una línea similar y más o menos por las mismas fechas, Evantio se refiere a «la imitación habitual de cosas corrientes y gente trivial» del mimo[62].

No podemos descartar esto como una mera solución de gramáticos, que recurren a la etimología («los mimos son miméticos») por ser una forma conveniente de explicación. Pues Cicerón, Quintiliano y Macrobio insisten en que la imitación de los actores de mimo jugaba un papel decisivo a la hora de provocar risa. El público se reía por la imitación y fingimiento de estos actores, lo cual no estaba muy lejos de decir que el público se reía *de* los propios actores (de no hacerlo, el mimo habría sido un fracaso). Era este aspecto, tanto como el tufillo a bajos fondos, lo que determinaba el miedo del orador a ser confundido con un *mimus*. Eso significaría que había fracasado en el reto al

---

[61] Obsérvese asimismo la imitación que da a entender Suetonio, *Cal.* 57.4, que estudia en términos de los papeles (imitativos) de los distintos actores de la compañía de mimo Kirichenko 2010, 57; nuestro imitador de abogados, al que vimos en el capítulo anterior, también podría encajar dentro de esta categoría general.

[62] *GLK* 1.491.13-19; Evantio, *Excerpta de comoedia* (Wessner) 4.1.

que se enfrentaba el orador público de élite: el de cómo provocar risa (como un *ridiculus*) sin a la vez convertirse en su blanco (*ridiculus* en el otro sentido).

Es éste un conjunto sencillo de relaciones entre la risa, la imitación y el mimo, pero que de todas formas puede enriquecer nuestra comprensión de algunos pasajes famosos de la literatura romana. Ya he destacado antes una línea en concreto del poema de Catulo sobre los versos que quería que le devolvieran: la fulana que retiene su tablilla se ríe, escribe él, *mimice ac moleste*. Antes lo he glosado de forma provisional como «al estilo de una actriz de mimo», y ése es el significado que en general ahora le dan la mayoría de traductores del poema. Para Guy Lee, era la «odiosa risa de actriz» de la puta; para John Godwin, la mujer se estaba «riendo como una actriz»; para Peter Whigham, era «como una fulana de los escenarios». También los comentaristas aceptan a grandes rasgos esta línea, y Kenneth Quinn reduce la imagen a la de la equivalente juguetona de la antigüedad de una *starlet* de cine y sus mohínes[63]. Puede que algo de esto subyazca a la invectiva de Catulo; parece probable que hubiese (como diríamos) risas a ambos lados del telón en un mimo, y es razonable suponer que los actores y actrices de mimo tuvieran una risa característica y quizá lasciva, aunque creo poco probable que fuese como el mohín de una *starlet*. Pero la pulla de Catulo es más mordaz. Aunque sea casi imposible de traducir, presenta la idea de una imitación vulgar, corporal y risible por parte de la puta ladrona. También puede que indique que, si hay que ver a la chica bajo una guisa de imitadora, entonces, igual que ella se está riendo «como una fulana de los escenarios», nosotros también nos estamos riendo

---

[63] Lee 1990, 43; Godwin 1999, 67; Whigham 1966, 100; Quinn 1970, 217 («Las *mimae* eran las estrellas de cine del mundo antiguo [...]. Su mohín es como si un perro enseñara los dientes»).

de ella. Y eso, por supuesto, es justo lo que el propio poema está haciendo.

Algunas de estas cuestiones también están detrás del llamado «episodio de Cuartilla», cerca del principio de lo que ha sobrevivido de la novela de Petronio del siglo I d. C., el *Satiricón*. Los críticos modernos han estudiado intensamente esta historia, en parte porque hay tantas lagunas en el texto del que disponemos que es un reto interesante intentar explicar con exactitud lo que sucede en él y en qué orden[64]. Pero está lo bastante claro que, tal y como empieza lo que tenemos de la historia en la versión habitual, el narrador y los antihéroes de la novela reciben en su alojamiento la visita de una ayudante de Cuartilla, una sacerdotisa del dios fálico Príapo. Anuncia la inminente llegada de su señora, que va a ir a verlos en respuesta al trastorno que ellos han causado previamente en los ritos sagrados de Príapo. Cuando la sacerdotisa llega un poco después, derrama un manantial de lágrimas por el sacrilegio cometido para, a continuación, lanzarse a una orgía en toda regla, muchos de cuyos detalles (tal vez afortunadamente) no conocemos por las lagunas del texto que ha llegado hasta nosotros.

Como han comentado la mayoría de críticos, la risa es un elemento recurrente en este episodio (y María Plaza ha señalado correctamente muchas de las peliagudas dificultades interpretativas que provoca en la narración, en términos de quién se está riendo de quién y qué risa es la que tratamos como fidedigna)[65]. Pero, para lo que me interesa en este capítulo, hay un estallido especialmente relevante de risa justo antes de que empiece la orgía. Cuando Cuartilla pasa de las lágrimas de cocodrilo a los preparativos

---

[64] Para la articulación global de todo el argumento de la novela (de la que sólo una pequeña sección ha llegado hasta nosotros), véase Schmeling 2011, XXII-XXV; Sullivan 1968, 45-53, trata de los problemas (imposibles de resolver) del orden de esta sección concreta.

[65] Plaza 2000, 73-83.

para la fiesta sexual, las mujeres se ríen de un modo terro-rífico, y entonces todo resuena *mimico risu*[66]. Vuelven a surgir los mismos problemas de traducción. Encontramos, en varias versiones modernas, «risa excesivamente tea-tral», «risa ridícula», «rire théâtral» y la «risa de los esce-narios inferiores»[67]. Pero, de nuevo, eso sólo es una parte de la cuestión. Como han mostrado claramente Costas Pa-nayotakis y otros, esta sección del *Satiricón* está construida a partir de los temas y convenciones del mimo, así como de los argumentos del género[68]. Ciertamente esto podría explicar que Cuartilla y su ayudante se rían de una forma «excesivamente teatral», con todas las connotaciones de fingimiento que eso puede implicar, o que se rían con la obscena vulgaridad de los actores de mimo.

Aun así, la frase concreta *mimico risu* nos insta a cen-trarnos más directamente en las conexiones y asociaciones del mimo y en la «economía» más amplia de la risa en es-tas representaciones, ya que comprende tanto a los actores como al público. Es una economía que aquí Petronio tan-to explota como invierte. El espectáculo mímico de Cuar-tilla habría provocado sus buenas risas en el público, pues ésa es la naturaleza y finalidad del mimo o pantomima. Sin embargo, la reacción del público del texto –con lo que me refiero al narrador y sus amigos– es de estupefacción y

---

[66] *Sat.* 18.7-19.1 («Complosis deinde manibus in tantum risum effusa est ut timeremus. [...] Omnia mimico risu exsonuerant»).

[67] Branham y Kinney 1996, 17 («excesivamente teatral»); Walsh 1996, 14 («escenarios inferiores»); «ridícula» es la versión de M. Heseltine en Loeb Classical Library (27); «théâtral» es de A. Ernout en el Budé (15).

[68] Panayotakis 1994 resalta las resonancias en la figura de Cuartilla de la actuación mímica («como una *archimima* en su propia producción de una obra de mimo», 326), aunque a veces lleva los paralelismos exactos de-masiado lejos (llegando a rescribir el episodio como guion de mimo en 329-330); repetido en buena parte en Panayotakis 1995, 38-51. Otros estudios también indican la influencia general de los mimos en la novela, tanto en esta como en otras partes. Véase, por ejemplo, Schmeling 2011, 55 (con bibliografía anterior).

aturdimiento. Al ser en parte los blancos de la broma y en parte espectadores que no ríen, lo único que hacen es mirarse los unos a los otros. No se ríen en absoluto. En cierto modo, esto es una subversión del género. Petronio no sólo se está basando en el mimo, sino que también está alterando sus mismas convenciones, desestabilizando la supuesta relación entre actores y público y planteando nuevas preguntas sobre quién se está riendo exactamente de quién[69].

Morir de risa y algunas tradiciones «agelásticas»

Había incluso implicaciones más amplias –y a veces peligrosas– en las relaciones romanas entre distintas formas de imitación y risa. Una de ellas queda crudamente puesta de manifiesto en una anécdota que se conserva en el diccionario del siglo II d. C. que escribió Festo, *Del significado de las palabras*[70]. En la entrada para *Pictor* (pintor), leemos sobre la muerte del famoso artista del siglo V a. C., Zeuxis: «El pintor Zeuxis se murió de risa por carcajearse con desmesura de una pintura de una anciana que él mismo había pintado. Lo cierto es que no comprendo por qué Verrio lo relató llegado a ese punto, cuando su propósito era escribir sobre el significado de las palabras, ni tampoco por qué también citó unos versos poéticos anónimos que no son especialmente inteligentes sobre la misma cuestión: "¿Qué límite va a poner a su risa entonces / a menos que quiera

---

[69] Estoy desarrollando algunas de las implicaciones del estudio de Plaza del episodio (200, esp. 77-79), lo que incluye su interés por la «inversión de las normas sociales y literarias».

[70] Es un texto con una historia complicada: Festo se basaba en la obra del erudito augusto Verrio Flaco, pero parte del diccionario de Festo sólo lo conocemos ahora por un resumen de un erudito del siglo VIII, Pablo el Diácono. Y ésa sólo es una parte de las vicisitudes del texto, que constituyen uno de los principales temas de los ensayos en Glinister y Woods, 2007.

terminar como ese pintor que se murió de risa?"»[71]. Esta historia luego tendría una notable vida posterior por medio de un autorretrato de Rembrandt, que éste pintó siendo ya anciano. Muestra al artista riendo, y en el fondo hay una figura aparentemente fea. El significado de la escena ha desconcertado a menudo a los críticos. ¿Es, por ejemplo, Rembrandt haciendo de Demócrito? Con casi toda seguridad no lo es, pues la figura secundaria del fondo parece claramente femenina, con lo que, en ese caso, debe de tratarse de Rembrandt haciendo de Zeuxis mientras se enfrenta a su fin con una referencia específicamente pictórica (véase ilustración 6)[72].

No me interesa la veracidad de la historia (de la que se dejó por primera vez constancia siglos después de la muerte de Zeuxis, e, incluso en el caso de que la referencia que hace Festo al escritor augusto Verrio Flaco fuera correcta, no tenemos ni idea de cuál podría haber sido su fuente). Tampoco me interesa la posibilidad fisiológica de que alguien se pueda morir de risa, una conocida leyenda urbana tanto en la cultura antigua como en la moderna. Mi pregunta es sencillamente por qué habríamos de suponer que Zeuxis encontraría una pintura de una mujer mayor tan risible, y tanto que llegó a matarlo.

Podríamos considerarlo en términos de la misoginia dominante en la antigüedad (y de la categoría cultural despreciada de la vieja fea). ¿Para qué otra cosa sirven las ancianas si no es para que se rían de ellas? ¿Qué haría un artista que hubiera pintado la imagen de una vieja fea salvo reírse de ella? ¿Son las ancianas mortíferas, incluso por la risa que provocan? La misoginia de este tipo bien

---

[71] Festo, s.v. «Pictor Zeuxis», p. 228L. Mi traducción pasa por alto algunas de las previsibles confusiones textuales.
[72] Golahny 2003, 199-205, justifica con claridad la identificación de la escena.

podría ser una parte de la cuestión, pero hay más en esta historia[73].

Fueran como fuesen en realidad las pinturas de Zeuxis (no ha llegado ninguna hasta nosotros), las descripciones y análisis posteriores, en su mayoría de época romana, se centraban en su calidad imitativa. Eso se aprecia con suma claridad en la historia famosa, y muy analizada, de la competición mimética entre Zeuxis y su rival Parrasio que relató Plinio el Viejo: Zeuxis pintó un racimo de uvas de aspecto tan real que engañó a los pájaros (que fueron a picotearlas), pero eso no le garantizó la victoria, ya que Parrasio realizó una imagen que engañó hasta al propio Zeuxis (pintó una cortina que éste intentó correr)[74]. La anécdota de Festo acerca de la pintura de la anciana es otra historia –hasta ahora poco reconocida– sobre el mismo tema, que indica un aspecto de la habilidad pictórica de Zeuxis que da aún más que pensar, así como otro aspecto de las características risibles de la imitación romana. Aquí es seguramente la propia imitación de Zeuxis lo que le resulta tan hilarante, y lo que lo mata. No cuesta suponer que Rembrandt sabía exactamente lo que estaba haciendo cuando se pintó como si fuese Zeuxis.

La historia de éste nos lleva en varias direcciones. Nos señala, obviamente, otros ejemplos de la antigüedad de gente que murió de tanto reírse. Pero también señala en otra dirección, hacia los no rientes del mundo clásico, los «agelásticos»[75], pues una anécdota memorable nos proporciona un vínculo entre un grupo de desafortunadas vícti-

---

[73] Para una breve recopilación de temas misóginos sobre ancianas en la cultura romana, véase Parkin 2003, 86-87.

[74] Plinio, *HN* 35.65-66 (la segunda parte del pasaje cuenta la historia de que Zeuxis quedó insatisfecho con su recreación realista de un niño). Entre los análisis están Elsner 1995, 16-17, Morales 1996, 184-88, y S. Carey 2003, 109-111.

[75] Helenismo de Pío Baroja. La palabra sí existe en inglés, *(N. del T.)*

mas de su propia risa y un conocido romano que supuestamente no se rio en toda su vida. Nos ofrece un atisbo de una escena tan divertida en términos antiguos que o bien podría provocar una risa lo bastante poderosa para matar, o bien provocar una risita en un hombre cuyo sello característico era que nunca se reía. Es una escena digna de destacar que también nos devolverá, en la sección final de este capítulo, al límite entre lo humano y lo animal, pero esta vez con asnos y burros como nuestro foco de atención.

La historia y la cultura de la risa van necesariamente unidas a aquellos que no ríen. La historia de la risa no debería dejar fuera a los que no captan el chiste. Sin embargo, los «agelásticos» rara vez reciben mucha atención cultural (y lo cierto es que son especialmente difíciles de estudiar), salvo en el momento en que ellos también se vienen abajo y algo finalmente los hace reír. Uno de los temas más impactantes de los cuentos de hadas europeos es el de «la princesa que no quería reír» y los orígenes y consecuencias, por lo general de tipo erótico, de su primer estallido de risa[76]. Y la famosa historia de la Grecia clásica sobre la diosa Deméter, que mientras lloraba la pérdida de Perséfone fue inducida a reír cuando Baubo se levantó las faldas y le enseñó los genitales, ha sido estudiada con tanta intensidad por las críticas literarias feministas de nuestros tiempos como por los clasicistas[77]. Además del breve relato de Ateneo sobre el sabio Anacarso, que sólo se echó a reír cuando vio un mono, hay una amplia variedad de historias del periodo romano (aunque a menudo se centren en personajes del pasado griego) que tratan de «age-

---

[76] Warner 1994, 149-150.
[77] Los desperdigados testimonios antiguos sobre Baubo (y su relación con la figura similar de Yambe) están recogidos y estudiados desde una perspectiva clásica en, por ejemplo, H. King 1986, Olender 1990 y O'Higgins 2001, 132-142. Para estudios feministas modernos, véanse Cixous y Clément 1986, 32-34, y Warner 1994, 150-152.

lásticos» mucho más decididos, de larga duración o a veces involuntarios, y que explican qué fue lo que al final consiguió que se riesen a carcajadas y con qué consecuencias.

Una de ellas ofrece una perspectiva diferente sobre los vínculos entre la risa y la imitación[78]. De nuevo se trata de una historia de Ateneo, pero tomada (y tal vez adaptada) de una historia de Delos en varios volúmenes escrita por un tal Semos, y que ahora está perdida salvo por unas breves citas, y data, aunque no sean más que conjeturas, de algún momento entre el siglo III a. C. y mediados o finales del siglo II d. C.[79]. Habla de un hombre llamado Parmenisco de Metaponte, que fue a consultar al oráculo de Trofonio, en Beocia. Una característica de ese oráculo era que la gente perdía temporalmente la capacidad de reír después de hacer la consulta[80], pero, de forma inusitada, esa pérdida parecía ser permanente en el caso de Parmenisco, lo que lo obligó a pedir consejo al oráculo de Delfos. La Pitia le dio lo que parecía una respuesta esperanzadora: «Me preguntas por la risa que alivia [meilichoiou], tú que no tienes alivio [ameiliche]; tu madre te la dará cuando llegues a casa; hónrala como se merece». Sin embargo, ir a ver a su madre no le devolvió a Parmenisco la risa, como esperaba. Más tarde, todavía incapaz de reír, dio la casualidad de que, estando en Delos, fue a visitar el templo de Leto, la madre de Apolo, «creyendo que su estatua sería algo digno de ver. Pero al ver que sólo era un pedazo informe de madera, inesperadamente se echó a reír. Y al comprender el signi-

---

[78] Ateneo, *Deipnosophistae* 14.614a-b.
[79] Jacoby, *FgrHist*, n.º 396 (la historia en cuestión es F10). No hay citas de Semos de las que han llegado hasta nuestros días que sean de autores anteriores a finales del siglo II d. C.; es francamente imposible determinar cuánto tiempo antes de eso escribió él.
[80] Además de esta historia, véanse Pausanias 9.39.13 y, de forma más explícita, *Suda*, s.v. εἰς Τροφωνίου μεμάντευται.

ficado del oráculo y curarse de su mal, rindió los debidos honores a la diosa».

No tenemos mucha idea sobre qué elementos de verdad histórica, de haber alguno, están incorporados en esta sospechosa historia clásica acerca de la enigmática opacidad del oráculo y la mala interpretación de quien le consulta (Parmenisco no se dio cuenta de que la aludida era la madre de Apolo)[81]. No sabemos si Parmenisco era un personaje histórico auténtico ni en qué fecha se supone que tuvieron lugar los hechos[82]. Pero, sea estrictamente real o no, la historia ofrece algunas reflexiones importantes sobre la risa de la antigüedad y la ideología religiosa de entonces, como Julia Kindt ha argumentado recientemente en un detallado análisis de las aventuras de Parmenisco[83].

Para Kindt, el meollo de la cuestión está en la comprensión de las imágenes religiosas, los distintos modos de entender la religión y la relación entre las estatuas antropomórficas de los dioses y otras formas alternativas de imágenes divinas, como es la estatua de Leto: versiones menos naturalistas que no tienen forma humana y plasman la esencia de la deidad en una tabla de madera o en una piedra apenas trabajada. Es sin duda cierto que si no tuviéramos conocimiento de esos dos modos de represen-

---

[81] En las respuestas oraculares literarias, las «madres» nunca eran lo que parecían: en otro ejemplo famoso, «besar a tu madre» resultó ser besar la tierra (Livio 1.56).

[82] A menudo se supone (por, por ejemplo, Rutherford 2000, 138-139) que este Parmenisco era la misma persona que el filósofo pitagórico «Parmisco» de Metaponte, que figura en un tratado del siglo III d. C. de Jámblico (*De vita Pythag.* 267, p. 185 [Nauck], enmendado a «Parmenisco»), y quizá también que el Parmisco cuya dedicatoria en el santuario de Leto está registrada en un inventario inscrito en un templo del 156/5 a. C. (*Idelos* 1417A, col. 1, 109-111). Tal vez, o tal vez no. La referencia de pasada a un Parmenisco pitagórico en Diógenes Laercio (*Vitae* 9.20) tampoco lo resuelve; como *LGPN* deja muy claro, Parmenisco y sus cognados son nombres propios griegos muy comunes y atestiguados.

[83] Kindt 2012, 36-54, basado en Kindt 2010.

tar, complementarios y enfrentados, de la cultura religiosa antigua (el icónico frente al no icónico), sería difícil llegar a entender bien la historia que nos ocupa. Pero Kindt indica luego que la verdadera esencia de dicha historia es que se trata de una lección sobre las normas de la perceptibilidad, al llegar Parmenisco a apreciar «las complejidades de la representación divina», una apreciación que demuestra por medio del cambio de su risa, que «se vuelve más reflexiva»[84].

Lo dudo bastante. Hasta donde alcanzo a ver, esas «complejidades» no son más que el contexto y apoyo de la lección más importante que aprende Parmenisco, esto es, cómo interpretar correctamente las palabras del oráculo. Y no hay ninguna indicación en la historia de que la risa cambie: Parmenisco «inesperadamente se echó a reír»[85]. La cuestión fundamental es mucho más sencilla de lo que da a entender Kindt: ¿por qué se rio Parmenisco?

En parte, esa risa deriva de la derrota de sus expectativas y de la incongruencia de la estatua. De hecho, la palabra *paradoxōs* (de improviso) probablemente esté indicando eso mismo: no es simplemente que Parmenisco se riera cuando no esperaba hacerlo, sino que también se rio de lo inesperado. No obstante, también subyace a esto una cuestión de imitación. En el relato de Ateneo, lo que finalmente disipó la incapacidad de reír de Parmenisco fue ver una estatua que, desde su punto de vista, era una imitación muy pobre de lo que pretendía ser. Es, en otras palabras, otro ejemplo de cómo la mimesis y, más específicamente,

---

[84] Kindt 2012, 49: «Podemos suponer que la risa de Parmenisco cambia y se vuelve reflexiva. Empieza como una reacción ingenua e irreflexiva a la aparente tosquedad de la forma divina, para convertirse en una apreciación estupefacta de las complejidades de la representación divina al captar Parmenisco el significado de las palabras del oráculo». Kindt 2010, 259, es menos asertivo («podemos conjeturar» en vez de «suponer»).
[85] παραδόξως ἐγέλασεν no indica en absoluto ningún cambio.

los límites de la imitación lograda estaban vinculados a la producción de risa. Al mismo tiempo, es otro caso evidente de los dos lados de la risa y lo risible en el mundo romano, pues la lógica de la historia es que ese bloque de madera podía parecer ridículo (en nuestro sentido) como imagen de Leto, pero a la vez tenía el poder de *hacer* que alguien riera (y en este caso era el poder de la diosa, nada ridículo).

Parmenisco era un «agelástico» involuntario, pero otros, a lo largo de toda la cultura griega y romana, fueron unos negacionistas de la risa mucho más activos[86]. El no riente más conocido del mundo romano fue Marco Licinio Craso, que vivió a finales del siglo II a. C. y es el abuelo del otro Craso más famoso que murió luchando contra los partos en la batalla de Carras el 53 a. C. Según Cicerón, el escritor satírico Lucilio, contemporáneo de Marco Licinio Craso, lo apodó *Agelastos* (en griego), y muchos escritores, de Cicerón a San Jerónimo, hablan de él como un caso extremo de romano que odiaba la risa. Tal y como lo sintetizó Plinio el Viejo, «dice la gente que Craso, el abuelo del Craso que murió en Partia, nunca reía, y por esa razón lo llamaban Agelastus»[87].

Pero Plinio estaba exagerando, ya que la cuestión que la mayoría de escritores romanos destacan es que Craso sí se rio, aunque sólo una vez en toda su vida («pero esa única excepción no impidió que lo llamasen *agelastos*», como insiste Cicerón). ¿Qué es lo que provocó que Craso se carcajeara en esa única ocasión? La única explicación que tenemos procede de Jerónimo, que de nuevo hace referencia

---

[86] Halliwell 2008, 38-40, proporciona una útil recopilación de «agelásticos» griegos (si bien parte de esa actitud de no reír no está atestiguada con anterioridad al periodo romano; véase, por ejemplo, Plutarco, *Per.* 5).
[87] Cicerón, *Fin.* 5.92; Jerónimo, *Ep.* 7.5; Plinio, *HN* 7.79. Entre otras referencias tenemos a Frontón, *Ad M. Antoninum de eloquentia* (Van den Hout) 2.20; Amiano Marcelino 26.9.11.

a Lucilio. Fue el dicho que reza «cuando el asno come cardos, en los labios tiene la lechuga que merece», o quizá, es de suponer, fuera al ver a un asno comiendo cardos y recordar ese proverbio al parecer muy común[88]. Pues la historia de Craso es muy similar a un par de ellas que escritores del Imperio Romano contaron sobre personas notables que vieron a un burro comiendo algo inesperado, tras lo cual murieron de la risa que eso les produjo.

Morirse de risa es una imagen vívida (y un tópico muy habitual) en muchas culturas, que va de la hipérbole de la frase «se murieron de risa» (expresión que ya vimos que empleaba el soldado bravucón de *El eunuco*, de Terencio) a las curiosas historias de gente de la que se dice que fallecieron literalmente de risa. Al de Zeuxis podríamos añadir muchos ejemplos modernos, que van del novelista Anthony Trollope, del que se dice que cayó en coma después de reírse incontrolablemente en una lectura de una novela cómica, al albañil de Kings Lynn que murió en 1975 tras un ataque de risa de treinta minutos mientras veía una serie cómica televisiva, *The Goodies*[89]. Dos personajes de la antigüedad –el filósofo estoico Crisipo y el poeta cómico griego Filemón, ambos del siglo III a. C.– nos proporcionan un sorprendente parecido con el caso de Craso, pues se dijo de los dos que murieron de risa al ver a un burro comiendo higos y bebiendo vino.

---

[88] En la carta de Jerónimo (*Ep.* 7), el foco no está tanto en el propio Craso como en el proverbio en sí: «[...] secundum illud quoque, de quo semel in vita Crassum ait risisse Lucilius: "similem habent labra lactucam asino carduos comedente"». La idea del burro comiendo cardos como espectáculo visual, que está detrás del dicho popular, queda claramente indicada en una de las colecciones de fábulas de Babrio (133): un zorro ve a un burro comiendo cardos y le pregunta cómo puede comer eso que pincha con su lengua tan blanda.
[89] N. J. Hall 1983, 1035-1039 (una versión menos morbosa de la historia sobre Trollope de la que a menudo se cuenta). Siempre existe la tentación de encontrar alguna causa médica, como en el caso del albañil de Kings Lynn: véase www.bbc.co.uk/news/uk-england-18542377.

Valerio Máximo, en una sección sobre muertes destacadas de su antología *Hechos y dichos memorables*, dice lo
siguiente sobre la de Filemón: «A Filemón se lo llevó la
fuerza de una risa excesiva. Le habían preparado unos higos, que tenía a la vista. Cuando un burro empezó a co-
mérselos, llamó a su esclavo para que echara de allí al animal. Pero cuando llegó el esclavo, ya se los había comido
todos. "Ya puestos, como has sido tan lento –dijo–, podrías
darle vino (*merum*, vino sin mezclar) al burro". Y tras esa
ocurrencia ingeniosa se echó a reír con tales carcajadas
que lo dejaban sin aliento *[cachinnorum]* que se le aplastó
la vieja y débil tráquea con todos esos bruscos jadeos»[90].
Diógenes Laercio contó en buena medida lo mismo de la
muerte de Crisipo (incluido el detalle sobre el vino sin
mezclar)[91].

Hay todo tipo de enigmas y cuestiones intrigantes en
estas historias. Para empezar, «lo que sucedió cuando el
burro se comió los higos» parece justo una de esas anécdotas muy extendidas que quedan asociadas a cualquier
número de gente, y (como enseguida veremos) hay indicios de que la historia del burro, incluso sin sus consecuencias fatídicas, formaba parte de una tradición humorística
más amplia y popular. Pero puede que tenga su importancia el que se suponga que era la misma ciudad, Solos, en
Cilicia, el lugar de nacimiento tanto de Filemón como de
Crisipo. ¿Será tal vez una historia que tenía una relación
específica con ese lugar concreto, o que se va traspasando
a distintos oriundos de allí? De ser así, ¿cuáles serían las
implicaciones? Los detalles de la narración también susci-
tan algunas preguntas curiosas. ¿Por qué los higos? ¿Es el
hecho de que la palabra griega *sukon/suka* (higo/s) se uti-
lizara en ocasiones para referirse a los genitales femeninos

---

[90] Valerio Máximo, 9.12, ext. 6.
[91] Diógenes Laercio, *Vitae* 7.185.

parte de lo que hace la historia tan graciosa?[92] ¿Y por qué ese énfasis en el vino sin mezclar? En el mundo antiguo, beber vino que no estaba diluido con agua era por lo general señal de algo primitivo o brutal. El relato de Diógenes Laercio también incluye una versión alternativa de la causa de su muerte: beber vino sin mezclar. Entonces ¿deberíamos ver una relación entre eso y lo que se dio de comer al burro?[93].

Quedan muchos cabos sueltos. Aun así, está claro que hay un tema común en estas historias sobre el poder fatídico de la risa y en la historia de la única vez que se rio Craso (que destaca Tertuliano al hacer su referencia de pasada a aquél, pues la violencia de esa risa sin precedentes suya llegó a matar al no riente)[94]. Lo que provoca cada una de estas formas de risa especialmente fuertes es que se desdibuje el límite (alimenticio) entre el ser humano y el burro: la ocurrencia que hizo reír a Craso replanteaba la dieta del burro en términos humanos; lo que hizo reír a Crisipo y Filemón y acabó con ellos fue un burro que literalmente se saltaba el límite entre la dieta animal y la humana. Como con los monos, la risa florecía particularmente en esa tensa línea divisoria entre humano y animal[95].

De ese límite, por supuesto, es precisamente de lo que trata la novela del siglo II d. C. de Apuleyo, *Las metamorfosis* (o *El asno de oro*), que cuenta la historia de la transformación de un hombre en burro, y en la que Risus (Risa) alcanza el estatus de dios. Pasamos a ocuparnos de un par

---

[92] Para las asociaciones obscenas de los higos, véase Jeffrey Henderson 1991, 23, 118, 135. ¿Tendrá relevancia que fuesen higos lo que Esopo hizo que sus esclavos ladrones vomitaran?

[93] Diógenes Laercio, *Vitae* 7.184.

[94] Tertuliano, *De anim.* 52.3.

[95] El curioso texto conocido como el *Testamentum Porcelli* (El testamento del cochinillo) nos proporciona otro ejemplo. Jerónimo destaca que se sabía qué hacía que la gente se riera con grandes carcajadas, *cachinnare*, en vez de meramente *ridere* (*Contra Rufinum* 1.17).

de aspectos específicamente cómicos de esa novela en la sección final de este capítulo, empezando con un episodio que funciona de un modo más complicado que la escena del burro que roba comida humana.

Haciendo el burro

Lo principal del argumento de Apuleyo es bien conocido. La historia la cuenta Lucio, un joven de alta cuna y origen griego que, en el tercero de los once libros de la novela, se transforma en burro (o asno)[96]. Es una transformación por error, huelga decir. Lucio está probando las pociones mágicas de la señora de la casa en que es huésped con la ayuda de la esclava de aquélla. Su idea es experimentar con el ungüento que lo convertirá en pájaro, pero la chica mezcla los tarros y él termina siendo un burro. La mayor parte de la novela es la historia de las aventuras de Lucio en su condición de animal, o más bien de ser humano atrapado en el cuerpo de un animal, lo cual es un símbolo apropiado de la transgresión (ridícula) de la línea divisoria entre hombre y bestia. En el último libro, recupera la forma humana bajo los auspicios de la diosa egipcia Isis, tras lo cual la historia termina cuando es nombrado oficial de Osiris, consorte de Isis, por el propio dios[97].

Con casi toda seguridad este argumento no fue por completo creación de Apuleyo. Otra versión, mucho más

---

[96] Mi terminología para los burros no es tan vaga como la de los monos, pero recomiendo M. Griffith 2006 a quien quiera información precisa sobre las variedades de équidos antiguos (especialmente griegos) y sus resonancias culturales.

[97] Los ensayos recopilados en Harrison 1999 ofrecen una buena visión general de enfoques anglófonos recientes de *Las metamorfosis*, en lo que ya es una vasta bibliografía. Fick-Michel 1991, 395-430, reúne las referencias a la risa en la novela; Schlam 1992, 40-44, es un resumen crítico más breve.

corta y sencilla, se conserva en las obras de Luciano, con el título *Lucio o El asno*, pero no se conoce la relación precisa –cronológica y de todo tipo– entre esa historia y la novela de Apuleyo[98]. Tampoco se sabe con certeza la relación de ambas con otra obra, ahora perdida pero descrita por el patriarca bizantino Focio en el siglo IX como «los varios libros de las *Metamorfosis* de Lucio de Patras»[99]. Pero, cualquiera que sea la relación exacta entre estos textos, y cualesquiera que fuesen las innovaciones de Apuleyo[100], hay un incidente vívido en las dos versiones que han llegado hasta nosotros de la historia que es un sorprendente análogo cercano a la historia del burro que se supone que mató a Crisipo y Filemón al verlo comer y beber[101].

Siguiendo el relato de Apuleyo (en general muy similar a la otra versión más corta), cerca del final de sus aventuras como animal el burro Lucio pasa a pertenecer a dos hermanos, ambos esclavos; uno es pastelero y el otro cocinero. Cada noche suelen llevar a casa las sabrosas sobras de su trabajo y las sirven en la mesa para la cena antes de irse a los baños a refrescarse. Y cada noche, mientras están fuera, el burro entra y se zampa algunos de los manjares,

---

[98] Por lo general se piensa que no puede tratarse del escritor satírico del siglo II d. C. Luciano; Mason 1999a, 104-105, resume las argumentaciones. En lo que sigue, llamaré a la obra «luciánica».

[99] Focio, *Bib. Cod.* 129. Los problemas para llegar al fondo de lo que está diciendo Focio son planteados con mucha claridad y perspicacia por Winkler 1985, 252-256; véase también Mason 1999a, 103-104.

[100] La suposición moderna más habitual es que la obra perdida de Lucio de Patras es la primera, pero ha habido innumerables conjeturas eruditas (y muchas falsas certezas) sobre la relación precisa entre las distintas versiones (bien resumidas por Mason 1999b), en particular sobre qué secciones de la novela de Apuleyo eran de su propia invención y cuáles derivaban de Lucio de Patras. Las muy diferentes conclusiones sobre el alcance de la originalidad de Apuleyo a las que llegaron (a partir de una minuciosa disección filológica del texto) Bianco 1971 y Van Thiel 1971 son instructivas (a la vez que desalentadoras); Walsh 1974 hace un claro resumen de sus diferencias.

[101] Apuleyo, *Met.* 10.13-17; Ps.-Luciano, *Onos* 46-48.

«pues no era tan estúpido ni tan burro de verdad para dejar sin tocar esa deliciosa mesa y cenar el heno tan basto»[102]. Pasado un tiempo, conforme el burro se come cada vez más exquisiteces, los hermanos se dan cuenta de las desapariciones y sospechan que es el otro el que está robando la comida (es interesante que uno de ellos acuse al otro de cometer un crimen «inhumano», en lo que es en cierto sentido clarividente)[103]. Pero enseguida se dan cuenta de que el burro está cada vez más gordo, pese a que se supone que no se come el heno. Surgen las sospechas y una noche lo espían, tras lo cual se echan a reír con ganas cuando ven lo que está sucediendo; se ríen tan alto que su amo los oye, se asoma a mirar y también se parte de risa. De hecho, queda tan encantado con lo que ha visto que invita al burro a una cena en toda regla, con comida y bebida humanas y todo el mundo reclinado en divanes al modo humano habitual. Ahí el animal hace el papel de parásito bromista, e incluso el amo se refiere a él como «mi parásito»[104]. Y los invitados también se parten de risa.

Como casi todas las historias de Apuleyo, ésta es mucho más complicada de lo que podría parecer a primera vista. En este punto de la narración, el burro está muy cerca de recuperar su forma humana, por lo que su indulgencia dietética, así como su papel de *parasitus* o incluso de «amigo» *(contubernalis, sodalis)*, hay que entenderlos en parte como un movimiento hacia eso[105]. También es una sofisti-

---

[102] *Met.* 10.13. Me pregunto si deberíamos detectar aquí una referencia al dicho sobre el burro y los cardos.

[103] «Ne humanum quidem»: *Met.* 10.14. Como comenta Zimmerman 2000, 214, «el juego irónico con *humanum* se vuelve más complejo cuando consideramos que es su mismo *sensus humanus* [...] el que hace que el asno robe comida humana».

[104] *Met.* 10.16.

[105] J. R. Heath estudia el papel de la nutrición humana en Apuleyo (aunque no se centre en este pasaje concreto); para la presentación del asno como un amigo (humano), véase *Met.* 10.16, 10.17.

cada parodia literaria. Como ha mostrado Régine May, el par de trabajadores del sector alimenticio de esta historia están cuidadosamente basados en los cocineros que aparecen en las comedias de Plauto, y sirven comida que es muy romana. Sin embargo, mientras que los cocineros de Plauto son por lo general los que se comen las sobras, estos dos son decididamente honrados, y es su burro el que comete los robos[106].

Pero lo que me interesa son los vínculos con las otras historias de burros. Está claro que el punto fundamental de este chiste más extenso es muy similar al de las otras anécdotas: el asno que roba comida de seres humanos provoca grandes risas. Cierto es que nadie muere en las historias del burro y los trabajadores de la alimentación, pero ambas versiones enfatizan la violencia de la risa que provoca ver al animal consumiendo la comida de los hombres (el amo de Apuleyo, por ejemplo, se ríe «hasta que le dolió la barriga», *adusque intestinorum dolorem*; el relato griego, asimismo, se refiere en repetidas ocasiones a la fuerza de la risa que se suscita)[107]. Hay, sin embargo, una clara indicación de que el relato de Apuleyo está aún más estrechamente relacionado con el punto principal y el argumento de esas anécdotas sobre morirse de tanto reír. Conocía algunas de esas historias, o estaba familiarizado con el chiste popular del «burro que cena», del que las historias son los restos que conservamos, y lo estaba aprovechando directamente[108].

---

[106] R. May 1998; 2006, 300-302.

[107] *Met.* 10.16; *Onos* 47 (τοσοῦτον γελῶσιν, πολὺν γέλωτα, etc.).

[108] Apuleyo no podía haber leído la obra de Diógenes Laercio, del siglo III, aunque Valerio Máximo estaba escribiendo al menos un siglo antes. Sin embargo, mi afirmación no depende de si Apuleyo conocía estos textos concretos (y ciertamente no hay resonancias verbales entre las versiones latinas de Valerio y Apuleyo, y éste, en cualquier caso, ofrece un relato distinto de la muerte de Filemón en *Florida* 16). La implicación de lo que he mostrado hasta ahora es que la historia del «burro que cena» era un

Pese a ser similares en líneas generales, hay una diferencia significativa por lo que a los detalles se refiere entre las dos versiones con que contamos de este episodio de la historia de Lucio[109]. En el final de la más breve, cuando el burro se encuentra en el banquete en compañía, alguien propone que se tome una copa de vino, pero diluido («"Este asno también beberá vino, si alguien lo diluye y se lo da". El amo dio esas órdenes y me bebí lo que me llevaron»)[110]. En Apuleyo, en cambio, encontramos exactamente la misma insistencia que en las historias de Crisipo y Filemón en que el vino sea sin mezclar. Uno de los invitados en la cena del burro (un *scurrula*, un bromista) dice: «Da a aquí nuestro amigo una gota de vino sin mezclar [*merum*]». El amo acepta. «Dijo apoyando la propuesta: "No es una broma estúpida, granuja, pues lo más seguro es que nuestro amigo también tenga muchas ganas de tomarse una copa de *mulsum*".» El *mulsum* era otro tipo de vino sin aguar, que se mezclaba sólo con miel, y eso es lo que le dan a «nuestro amigo» el burro[111].

La implicación de este énfasis en el vino sin diluir sigue siendo desconcertante, pero establece un claro vínculo entre *Las metamorfosis* y esas otras historias de risa incontrolable o mortal. En lo que es una parodia literaria o cultural inteligente y característica de él, Apuleyo está complicando la forma más sencilla de la anécdota sobre la alimentación del burro al hablar a través de la «voz» del animal, pero también al separar los distintos puntos de vista sobre la

---

chiste muy conocido en el mundo romano, y es ese conocimiento popular el que sostiene mi análisis del uso que Apuleyo hace de él.

[109] No veo otras diferencias significativas entre los dos relatos que sean relevantes para mi argumentación sobre la cultura de la risa. Zimmerman 2000, 229-230, contrasta la reacción del burro en cada texto cuando se ríen de él al ser cogido comiendo: es de placer en Apuleyo (10.16) y de vergüenza y bochorno en Ps.-Luciano (47). Pero el placer regresa enseguida en el relato luciánico, como concede Zimmerman.

[110] *Onos* 47.

[111] *Met.* 10.16.

historia y sobre la risa que tan a menudo es el resultado de la confusión entre humano y bestia. Los personajes de esta novela se ríen de que el burro coma como un ser humano; los lectores se ríen porque saben que el burro en realidad es un ser humano. La risa puede ser compartida aunque nos estemos riendo «de» cosas distintas; existe una relación peliaguda, nos recuerda Apuleyo, entre la risa de dentro y de fuera del texto.

Éste es sólo un breve episodio de la novela de Apuleyo, tan frustrante a veces como deliciosamente complicada, que ha recibido una enorme cantidad de atención crítica reciente. Parte de esa atención se debe a la influencia del estudio clásico de la novela que hizo Jack Winkler, *Auctor y actor: Una lectura narratológica de «El asno de oro» de Apuleyo*, publicado en 1985. En él, Winkler se centró de forma brillante en las complejidades narratológicas del texto y en los juegos hermenéuticos que revela al jugar con el lector y con la voz poco fiable del narrador. Como indica el título (que se ha convertido casi en un mantra en el campo de los estudios clásicos), hay una relación cambiante e incierta entre el papel del narrador como autor *(auctor)* y el del narrador como personaje del libro *(actor)*. A veces se olvida con demasiada facilidad que Winkler no fue el primer crítico que destacó la sofisticación del texto de Apuleyo (contra los que lo consideraban terriblemente descuidado e inconsistente)[112]. Aun así, *Auctor y actor* dio pie a una nueva ola de estudios sobre Apuleyo que celebraron la inteligencia y complejidades de la novela y su ingeniosa relación con otra literatura anterior.

Esa sofisticación se extiende al uso de la risa en el texto. En la versión corta de la historia, atribuida a Luciano, la risa aparece como un simple diagnóstico que concuerda

---

[112] Bakhtin (1981 [1937-1938]) subrayó los aspectos polifónicos de la novela en un ensayo que se publicó por primera vez medio siglo antes.

con la idea antigua habitual de que sólo los humanos podían reír. Es decir, Lucio ríe antes de transformarse y dejar de tener forma humana, pero nunca siendo un asno. En cuanto se convierte en asno, de hecho, el narrador comenta que su risa ha pasado a ser un rebuzno *(onk'thmos)*[113]. En la novela de Apuleyo, la risa (en gran parte la de los que se ríen del burro) está entretejida a lo largo del argumento, y la cuestión de quién se ríe de quién –y por qué– es una parte del enigma hermenéutico del texto. Quiero concluir este capítulo examinando el papel más sorprendente de la risa en la estructura de la novela, que se da en el festival del dios Risus (Risa), en el que Lucio participa a regañadientes justo antes de su transformación accidental en animal. Éste es el contexto original de las palabras *auctor et actor*, y en ese contexto encontramos un sentido bastante diferente de la ahora famosa frase[114].

El argumento fundamental del episodio es de nuevo bastante sencillo, aunque esta vez sólo lo encontramos en Apuleyo. Empieza una noche a principios de la novela cuando Lucio, todavía con forma humana, está en una cena en la que corre el alcohol en abundancia con unos parientes de la ciudad en que se encuentra (Hípata, en Tesalia). Mencionan que al día siguiente van a celebrar una de sus festividades anuales, *sollemnis dies*[115]. Es un buen juego de palabras con el latín *sollemnis* (tanto «ritual establecido regular» como «solemne» en nuestro sentido), pues el dios al que se va a honrar es Risa, al que se propiciarán con el «ritual alegre y jovial» que corresponde.

Sin embargo, parecen olvidarse de ese festival casi al instante, después de que la historia dé un giro distinto.

---

[113] *Onos* 10 (antes de la transformación), 15 (rebuznos), 55 (para la implicación de la risa tras recuperar la forma humana).
[114] *Met.* 2.31-3.13.
[115] *Met.* 2.31.

Pues todo empieza a ir muy mal después de la cena, cuando Lucio vuelve a la casa en que se aloja y descubre que tres hombres están intentando entrar. Termina matándolos a todos. Por la mañana lo detienen por homicidio y lo llevan al Foro a ser juzgado. Lo desconcertante es que todos los espectadores se están riendo[116], y son tantos que tienen que trasladar el juicio al teatro. Allí Lucio hace un discurso en su defensa, temiéndose lo peor, hasta que finalmente los magistrados insisten en que destape los cadáveres de los tres hombres a los que ha matado para que se dé cuenta de su crimen. Cuando lo hace, descubre que no son cadáveres, sino tres pellejos de vino que rajó en pedazos en su estado de embriaguez creyendo que eran ladrones[117]. Vuelve a haber aún más risas, tan fuertes que algunos de los del público, desternillándose, tienen que «apretarse el estómago para aliviar el dolor».

Lucio queda perplejo y molesto, sin que lo alivie mucho que los magistrados le digan que es el festival de Risa, el cual siempre florece con alguna ingeniosidad nueva. En este caso, la ingeniosidad ha sido la broma a Lucio y su simulacro de juicio. Para librarse de más risas («que yo mismo había causado»)[118], se va a los baños antes de encontrarse con la esclava, que unas cuantas páginas después provocará accidentalmente su metamorfosis en burro.

Es un episodio memorable, que tanto interesó a Federico Fellini que incluyó una versión de él en su adaptación cinematográfica del *Satiricón* de Petronio. También ha interesado a generaciones de clasicistas, que han intentado

---

[116] *Met.* 3.2 («nemo prorsum qui non risu dirumperetur aderat»).
[117] La historia del «asesinato» y la revelación de lo que ocurrió «en realidad» son, por supuesto, más complicadas de como las estoy contando; para sus precedentes literarios y la confrontación entre realidad e ilusión que se representa aquí, véanse Milanezi 1992, Bajoni 1998 y R. May 2006, 195-198.
[118] *Met.* 3.13.

explicar en qué consiste ese extraño festival y su función en el argumento de Apuleyo. Ha habido cierto número de intentos demasiado optimistas de proponer que tiene claros vínculos con rituales religiosos reales y un dios de la risa auténtico (del que no tenemos ninguna prueba fidedigna en absoluto), o, lo que es bastante más convincente, de vincular lo que sucede en el texto con estructuras más generales del pensamiento y práctica religiosos de la antigüedad (en particular el ritual del chivo expiatorio, en el que Lucio estaría haciendo el papel de dicho chivo)[119]. Otros lo han interpretado en términos textuales más específicos, como recurso metaliterario que indica el género cómico de la novela en conjunto, y recientemente se ha argüido que el episodio está basado en un mimo romano[120].

Este festival (literario) de Risus tiene, sin embargo, unas implicaciones aún más importantes para nuestra comprensión del funcionamiento de la risa de la antigüedad, tanto dentro como fuera de esta novela. Varios críticos han señalado paralelismos (o inversiones) entre este episodio cómico, que justo precede a la transformación de Lucio en burro, y el episodio cómico de los cocineros y su amo que acabamos de examinar, que justo precede a la recuperación de su forma humana. En ambos casos, Lucio es el blanco de las risas, pero mientras que en el festival de Risus se siente avergonzado y humillado, en la cena se siente cada vez más complacido con las risas con que es recibido[121]. Sin duda Apule-

---

[119] De hecho, lo llaman «víctima» *(victimam)* en *Met.* 3.2.

[120] D. S. Robertson 1919 trata de encontrar similitudes con rituales antiguos auténticos (lo que incluye llevar un chivo expiatorio por la ciudad); seguido en parte por James 1987, 87-90. Habinck 1990, 53-55, subraya el papel (estructural) de Lucio como chivo expiatorio. Kirichenko 2010, 36-39, 45-58, identifica elementos de imitación (comparando la *risus mimicus* de Petronio). R. May 2006, 182-207, la mejor introducción al episodio y a los estudios previos de él, indica su teatralidad y aspectos metaliterarios.

[121] R. May 2006, 190-192; Zimmerman 2000, 25-26, 225-226 (para los ecos verbales en la descripción de la risa en los dos episodios).

yo está aprovechando el papel de la risa para señalar el frágil límite entre hombre y bestia.

Más allá de esto, el episodio también señala las ambigüedades de la risa de forma más general. Es en parte una cuestión de terminología (para el lector, una de las bromas del festival de Risus es que se ponga en primer plano el *cachinnare* tanto como el *ridere*)[122] y en parte se trata del viejo interrogante de cómo explicamos las causas de la risa (la narración del ritual está construida en torno al desconcierto de Lucio por las risas del público). Pero es la frase *auctor et actor* –que Winkler usó para subrayar la tensa relación en la novela entre Lucio como narrador y Lucio como personaje– la que ofrece la reflexión más perspicaz sobre la risa (incluso más de lo que reconoce Winkler). Pues aquí encontramos un resumen especialmente memorable de ese tema recurrente en las reflexiones de la antigüedad sobre la risa: la ambivalencia entre el que produce risa y el que es el blanco de ella.

La frase la usan los magistrados de Hípata cuando aseguran a Lucio que toda su terrible experiencia formaba parte del festival de Risus. Después de explicarle su celebración anual del divino Risa, insisten en que ahora Lucio está bajo la protección del dios: «Ese dios acompañará al hombre que es *auctorem et actorem suum*, con cariño y con su bendición, adondequiera que vaya, y nunca dejará que sientas pena, y constantemente iluminará tu expresión con un sereno placer»[123].

---

[122] *Cachinnus: Met* 3.7 (con Van der Paardt 1971, 67; Krabbe 1989, 162-163).
[123] *Met.* 3.11: «Iste deus auctorem et actorem suum propitius ubique comitabitur amanter, nec umquam patietur ut ex animo doleas, sed frontem tuam serena venustate lactabit assidue». O eso es lo que dice si aceptamos una enmienda de principios del siglo xx de la tradición manuscrita. *Auctorem et actorem* es una conjetura de Vollgraff (1904, 253) para el texto insatisfactorio o incomprensible del manuscrito: ya sea *auctorem* con el carente de sentido *et torem* escrito en el espacio interlinear de arriba o el alternativo y poco convincente *auctorem et tutorem*. Ahora se acepta por

¿A qué se refieren los magistrados con lo de que «el dios acompañará a su [*suum*, es decir, «suyo propio»] *auctorem et actorem*»? Ciertamente no se están refiriendo a la idea de Winkler de la compleja relación entre narrador y personaje o entre «la autorización del significado de un texto y la credibilidad de la narración egocéntrica»[124]. Pese a lo perspicaz de su interpretación –y, por supuesto, que se haga esa profecía optimista justo antes de que Lucio se transforme para su pesar en asno es un ejemplo de lo que tenía en mente–, las palabras de los magistrados significan en su contexto original algo bien distinto. Alexander Kirichenko, al argüir que existe un vínculo entre este episodio y el mimo, se centra en especial en la palabra *actorem*. Para él, eso es justo lo que es Lucio en esta escena: un actor de mimo[125]. Sin embargo, no deberíamos pasar por alto el vínculo explícito (subrayado por *suum*) con la propia Risa, sea una divinidad o no: a Lucio lo están nombrando productor y agente de la Risa. En otras palabras, por medio de la voz de los magistrados, que explican a este hombre a punto de convertirse en asno la naturaleza de este seudodiós tenemos de nuevo una lección sobre el aspecto dual de la risa y la estrecha relación entre su productor activo *(auctor)* y su vehículo, agente o, como diríamos, blanco *(actor)*[126].

---

lo general que *auctorem et actorem* es correcto, pero, habida cuenta de la celebridad que ha adquirido la frase, no está de más que recordemos que (sólo) es una conjetura. Tatum 2006 estudia extensamente esta conjetura de Vollgraff, además de los antecedentes de la frase en latín anterior, y llega a unas conclusiones difíciles (desde mi punto de vista) sobre los vínculos de Apuleyo con Cicerón, si bien La Bua 2013 toma asimismo una dirección ciceroniana al analizar el simulacro de juicio de Lucio.

[124] Winkler 1985, 13.

[125] Kirichenko 2010, 58, que también subraya el contraste entre el *actor* como «pasivo» («Lucio improvisa de acuerdo con un guion preestablecido») y el *auctor* como autor (Lucio «es el coautor creativo de toda la actuación»).

[126] Schlam 1992 trata de esta ambigüedad con un énfasis ligeramente distinto del mío: «En un sentido irónico, la promesa que le hacen los ma-

Como destacan las palabras del propio Lucio, al reflexionar poco después sobre la risa «que yo mismo había creado» *(quem ipse fabricaveram)*, hay una línea muy fina entre la persona que te hace reír y la persona de la que te ríes. Lucio es ambas.

---

gistrados resulta ser cierta. La risa acompaña al asno, pero éste es la víctima desdichada de la que otros se ríen, a menudo con malicia» (43).

Capítulo 8

EL AMANTE DE LA RISA

> Un lumbrera *[scholastikos]*, un calvo y un barbero
> que iban de viaje acamparon en un lugar solitario.
> Acordaron que cada uno de ellos se quedaría des-
> pierto en turnos de cuatro horas para proteger
> el equipaje. Cuando le tocó al barbero hacer la pri-
> mera guardia, para pasar el rato le afeitó la cabeza
> al *scholastikos* y, terminado su turno, lo despertó. El
> *scholastikos* se rascó la cabeza al despertar y se encon-
> tró con que no tenía pelo. «Pero qué idiota es el bar-
> bero –dijo–. Se ha equivocado y ha despertado al
> calvo en vez de a mí.»[1]

Éste es el chiste número 56 de la recopilación de la antigüedad, de un total de unos 265, que lleva el título de *Philogelos*, o «El amante de la risa»[2]. La colección, escrita en

---

[1] Σχολαστικὸς καὶ φαλακρὸς καὶ κουρεὺς συνοδεύοντες καὶ ἔν τινι ἐρημίᾳ
μείναντες συνέθεντο πρὸς τέσσαρας ὥρας ἀγρυπνῆσαι καὶ τὰ σκεύη ἕκαστος
τηρῆσαι. ὡς δὲ ἔλαχε τῷ κουρεῖ πρώτῳ φυλάξαι, μετεωρισθῆναι θέλων τὸν
σχολαστικὸν καθεύδοντα ἔξυρεν καὶ τῶν ὡρῶν πληρωθεισῶν διύπνισεν. ὁ
δὲ σχολαστικὸς ψήχων ὡς ἀπὸ ὕπνου τὴν κεφαλὴν καὶ εὑρὼν ἑαυτὸν ψιλόν· Μέγα
κάθαρμα, φησίν, ὁ κουρεύς· πλανηθεὶς γὰρ ἀντ᾽ ἐμοῦ τὸν φαλακρὸν ἐξύπνισεν.
Entre los distintos manuscritos del texto hay una versión de este chiste
más breve y expresada de forma ligeramente distinta, pero con la misma
historia e intención.

[2] Cito los chistes de la edición de A. Thierfelder (1968), que en general
es preferible a la edición más reciente de Teubner a cargo de R. D. Dawe
(2000), sobre la que véase la crítica importante y diversa de Jennings
2001. El *Philogelos* ha sido el tema de varios estudios recientes (tanto sobre su tradición textual como –aunque menos– sobre su importancia cul-

un griego muy poco elegante, se supone que es del Imperio Romano tardío (la estimación más aceptada es el siglo IV o V d. C.), e incluye una amplia variedad de chistes, que van de avaros ridículos («¿Sabes el del viejo tacaño que se nombró heredero en su propio testamento?») a ocurrencias sobre el mal aliento («¿Cómo se suicida un hombre con mal aliento? Se pone un saco en la cabeza y se asfixia») y advertencias cómicas sobre la miel barata («Yo no la vendería –terminó reconociendo el vendedor– aun en el caso de que ese ratón no se hubiera metido en ella y hubiese muerto»)[3].

El chiste del lumbrera, el calvo y el barbero es uno de los más largos de la recopilación y proporciona uno de los contextos narrativos más detallados (el viaje, el peligro del equipaje, el aburrimiento de hacer guardia, etc.). En él volvemos a encontrar a una de las figuras cómicas favoritas en Roma: el calvo. Y conocemos por primera vez a otro personaje fundamental del repertorio de los chistes antiguos, el *scholastikos* (que de momento traducimos como «lumbrera»), que es el protagonista de casi la mitad de los chistes del *Philogelos*. El que aquí forme parte de un trío junto con el barbero y el calvo nos recuerda a todos esos chistes modernos que también empiezan con tres personas: «Un francés, un inglés y un español entran en un bar...».

---

tural). Son de destacar Thierfelder 1968, Baldwin 1983 (aunque las traducciones son a veces engañosas) y Andreassi 2004 (la mejor introducción moderna); todos están detrás de lo que sigue y sólo son citados para destacar algún análisis especialmente significativo o para indicar desacuerdo. Entre los breves estudios culturales están Winkler 1985, 160-165; Bremmer 1997, 16-18; Hansen 1998, 272-275, y Schulten 2002. Además, hay varias traducciones modernas de carácter más o menos popular, dentro de la línea de «el libro de chistes más antiguo del mundo»: por ejemplo, Cataudella 1971, 89-154 (con una útil introducción académica); Löwe 1981; Zucker 2008, y Crompton 2010.

[3] Estos tres ejemplos están basados en 104, 231 y 173 (y reconozco que mis paráfrasis han adaptado los chistes antiguos al lenguaje cómico moderno).

Es un eco que probablemente nos ayude a entender por qué este chiste concreto es de los favoritos de muchos lectores modernos del *Philogelos*: porque parece encajar fácilmente en esa convención cómica de nuestra era[4]. Sin embargo, a todos los lectores, desde la antigüedad hasta nuestros días, no les ha hecho tanta gracia. A Samuel Johnson, que publicó una de las primeras traducciones al inglés de una selección de estos chistes, le costó mucho entender el remate y culpó a los copistas de los manuscritos de su falta de claridad[5].

Hay chistes que nos siguen pareciendo malos, o *frigidi,* como dirían los romanos. Al estudiar el *Philogelos* con mayor detalle, tendremos razones para sorprendernos una vez más del mucho ingenio, o justificación, que se necesita para conseguir (o forzar) que los chistes antiguos provoquen risitas modernas. Pero también vamos a ocuparnos de algunas cuestiones básicas sobre esta recopilación. ¿Quién la hizo, y cuándo? ¿Cuál era su fin, y *sobre* qué son los chistes? No cabe duda de que con los chistes del *Philogelos* se tenía la intención de hacer reír a los lectores u oyentes; eso ya lo deja claro el mismo título, «el amante de la risa». Pero ¿qué puede tal colección de chistes, o de temas de la risa, contarnos sobre la sociedad que los produjo o los transmitió, sobre sus prioridades, preocupaciones e intereses? ¿Qué papel jugó el *Philogelos* en la «fraternidad de rientes» de Roma? Y, lo que es más, ¿cuál era el

---

[4] Es decir, no es un caso de traducción creativa del griego a los tópicos cómicos modernos. Obsérvese, no obstante, que es el único chiste de la colección que empieza de ese modo; lo del trío de personajes no era por lo general algo habitual de los chistes antiguos como lo es de los modernos.

[5] Johnson 1741, 479. Su traducción reza: «El sabio se puso a rascarse la cabeza y, al no encontrar pelo, insultó al barbero por no llamar al filósofo en vez de a él, pues ¿no sabes –dijo– que yo, que soy el calvo, tenía que ser despertado el último?». Es un ejemplo útil de la variedad de reacciones que reciben los chistes conforme viajan en el tiempo.

propósito (y la historia) de un libro de chistes de este tipo? Voy a intentar demostrar que en la antigüedad clásica, el libro de chistes era algo característicamente romano, si bien no en exclusiva. Y al final estaré cerca de proponer –aunque me quedaré corta– que el chiste tal y como lo entendemos fue un invento romano.

La construcción del «Amante de la risa»

El texto del *Philogelos* –divertido, intrigante y a veces decepcionante– es más complicado de lo que pudiera parecer en un principio. Lo cierto es que el libro que conocemos como «El amante de la risa» nunca existió en el mundo antiguo, y desde luego no lo hizo en la forma en que ahora lo leemos. Nuestros textos impresos se remontan a media docena más o menos de manuscritos medievales y posteriores, que conservan una serie de chistes que coinciden en parte, pero no son idénticos. La mayoría son compartidos por varios manuscritos (y varios de ellos llevan el título de *Philogelos*), pero no hay dos que contengan exactamente la misma selección. La versión manuscrita más completa, que data del siglo XI, forma parte de una antología mucho más extensa de literatura antigua y bíblica (que también incluye cuentos populares y fábulas). Contiene 260 de los chistes del *Philogelos*, aunque hay varios casos en que el mismo chiste, casi palabra por palabra, aparece dos veces. La versión más corta y antigua, que se encuentra en un manuscrito del siglo X, es el último elemento de una colección más amplia de «literatura ligera»[6], que incluye la traducción al griego de una versión en árabe de un grupo de fábulas indias. La parte final del manuscrito se perdió. Seguramente habría más chistes, pero sólo

---

[6] Wilson 1996, 212.

han llegado siete hasta nosotros. El primero de ellos no aparece en ningún otro manuscrito de la colección; los otros seis sí se encuentran en otros, pero en un orden completamente distinto. Este patrón de supervivencia, pérdida, alteración y repetición explica mi vaguedad intencionada («unos 265») al referirme al número total de chistes[7].

El *Philogelos* impreso de la era moderna está construido fusionando estas distintas versiones manuscritas. En cierto sentido, podríamos decir lo mismo de toda la literatura clásica que ha «sobrevivido»: cada obra de Eurípides, cada libro de Tácito, es una reconstrucción académica moderna a partir de las versiones manuscritas, distintas y a veces contradictorias, que han llegado hasta nosotros. Pero el *Philogelos* es un caso especialmente extremo de eso. Pese a la gran pericia e ingenio de los expertos al tratar de entender y ver más allá de esta tradición manuscrita con tantas ramificaciones a la que nos enfrentamos, no tenemos ninguna idea clara sobre cómo era el arquetipo original. De lo único de lo que podemos estar más seguros es de que no era idéntico a nuestro texto impreso. Ni siquiera sabemos si es apropiado que pensemos en términos de un único arquetipo para una colección de chistes, los cuales, al igual que las colecciones tradicionales de recetas, consejos de

---

[7] Thierfelder 1968, 129-146, es la explicación más clara de toda la tradición manuscrita; también Perry 1943. Rochefort 1950 estudia el contenido completo del manuscrito principal (A = Par, Sup. Gr. 690). El primer chiste (ahora el 265) del manuscrito más antiguo (G = Cryptoferratensis A 33) trata de un tema parecido al de otros dos de la colección completa, pero es significativamente distinto en el lenguaje y los detalles. «A un *scholastikos* le preguntaron cuántos litros cabían en la jarra y él contestó: "¿De vino o de agua?"» Compárese con el número 92, en el que un *scholastikos* pregunta a su padre cuántos libros caben en un recipiente de tres litros, y con el 136, en el que un profesor de Sidón le pregunta a un alumno (aunque el texto no está claro) cuántos litros caben en un recipiente de tres litros, a lo que el otro contesta: «¿De vino o de aceite?».

jardinería o ejercicios de gimnasia, siempre podrían existir en múltiples versiones ligeramente distintas (aun en el caso de que afirmen remontarse a algún creador o compilador semimítico, como la señora Beeton, el romano Apicio o, ya puestos, Jane Fonda).

Hay al menos una indicación de que las versiones del *Philogelos* tal vez fueran aún más diversas de lo que podría parecer. En determinado momento de sus *Historias* (*Chiliades* o *Quilíadas*), Juan Tzetzes, erudito bizantino del siglo XII, cita un chiste que atribuye al «Amante de la risa»; es un juego de palabras sobre un hombre enfermo que intenta librarse de una visita inoportuna[8]. No sólo no se encuentra en ninguno de los manuscritos de los que disponemos (ni en las ediciones impresas modernas), sino que Tzetzes no trata el *Philogelos*, o «El amante de la risa», como el título de la colección, sino como su autor: según dice, «Philogelos escribió esto en alguna parte de su libro». Tal vez Tzetzes simplemente se confundiera o lo recordase mal[9]. O tal vez circulaba otra recopilación de chistes cuyo autor o compilador se llamaba Philogelos. Al fin y al cabo, «el amante de la risa» sería un seudónimo muy apropiado para el hombre que estuviese detrás de un libro de chistes[10].

Pero, para complicar aún más las cosas, hay más nombres firmemente asociados al *Philogelos*, ya sea como autores o como antólogos. Nuestro manuscrito más completo

---

[8] Tzetzes, *Chil*. 8.969-973 (Leone).

[9] Puede que sea relevante que en otro lugar Tzetzes cuente un chiste muy similar, que atribuye a una «historia» o «fábula»; véase *Epistulae* 50 (Leone).

[10] Estas y otras posibilidades son estudiadas por Baldwin 1986 y Andreassi 2004, 63-65. Deberíamos tener en cuenta que los títulos de los libros y sus autores pueden confundirse, como de hecho así sucede a veces; *la señora Beeton* se refiere tanto al libro como a la autora, como en muchos casos le ocurre a *Livio* (y hubo una confusión similar en el mundo medieval al efecto de si *Suda* era el título de una enciclopedia o el nombre de su recopilador).

atribuye la colección a «Hierocles y Filagrio, los *gram-matikos*» (tal vez «gramáticos», tal vez «profesores», tal vez «eruditos»); otros, que contienen selecciones de chistes más reducidas, sólo nombran a «Hierocles». No tenemos la menor idea de quiénes eran estos hombres, pese a algunos intentos modernos a la desesperada, habida cuenta de que no se tiene ninguna prueba aparte del nombre, de atribuir la autoría de la recopilación a algún filósofo pagano de Alejandría (probablemente sin mucho sentido del humor) del siglo v d. C.[11]. El diccionario enciclopédico bizantino que se conoce como el *Suda* (todo un depósito de información abstrusa que es tan reveladora, y engañosa, como la *Historia natural* de Plinio) ofrece una historia bien distinta. En él leemos que el *Philogelos* fue obra de un tal Filistión, que es el nombre, como hemos visto, de un famoso escritor de mimos de principios del Imperio, y posiblemente el seudónimo (o nombre artístico) de muchos más. El *Suda* añade el tentador detalle de que el libro fue dedicado a un hombre llamado Koureus, o a un hombre de Curio (Kourion), en Chipre, o que era la clase de libro que uno se llevaría al barbero (*koureus*); el griego tan irregular y las interpretaciones poco claras de los manuscritos son más o menos compatibles con cada una de las traducciones[12]. No tenemos la menor idea de cuál es la correcta

---

[11] Para el Hierocles alejandrino y otros homónimos, véase Andreassi 2004, 28-29. La autoría dual de Hierocles y Filagrio del manuscrito más largo, en contraste con las selecciones más cortas atribuidas sólo a Hierocles, ha dado pie, como era de esperar, a teorías sobre obras separadas de Hierocles y Filagrio que en algún momento se combinaron, una combinación que podría (o no) explicar algunas de las complejidades de la tradición manuscrita (analizada intrincadamente por Thierfelder 1968, 129-202, con diagrama en 202).

[12] *Suda* Φ 364 (Adler); el texto, tal y como aparece ahí, reza οὗτός [Filistión] ἐστιν ὁ γράψας τὸν Φιλόγελων, ἤγουν τὸ βιβλίον τὸ φερόμενον εἰς τὸν Κουρέα (pero una enmienda textual menor, o incluso sólo la sustitución de una K mayúscula por una minúscula, produciría significados muy dis-

ni de cómo interpretar la información (no hay señal alguna de semejante dedicatoria en ninguno de los manuscritos
que tenemos, así que cabe pensar si el *Suda* se estará refiriendo a otra obra del mismo nombre). De estar mencio-
nándose de verdad una barbería, eso podría vincular al
Philogelos con ese lugar tan importante de la cultura popular antigua, al que los hombres corrientes iban a afeitarse
y pelarse y a echarse unas risas[13].

La forma más económica de resolver todas estas eviden-
cias contradictorias es imaginarnos que una tradición fluida subyace a la colección: una que va creciendo y desarro-
llándose mientras hace ostentación de que tiene a distintos
autores y gurús populares como sus padres fundadores. El
Philogelos, en otras palabras, no era obra de un único autor,
sino el título genérico de un conjunto de textos que, aunque tenían fuertes similitudes, no seguían ningún arquetipo fijo u ortodoxia; era una tradición fluida, que constantemente se ajustaba y adaptaba, se abreviaba o expandía,
en las nuevas versiones y compilaciones.

Los contornos geográficos y cronológicos de la colección
ciertamente indican un origen mixto, pues los chistes hablan de una amplia variedad de lugares y culturas del Mediterráneo grecorromano. Hay personajes de las ciudades
de habla griega de Abdera, Cime y Sidón, pero también
hay algunas referencias de pasada a Roma, el río Rin y Sicilia[14]. De los únicos cuatro nombres propios que aparecen
–deidades y héroes mitológicos aparte–, dos son griegos
(«Drakontides» y «Demeas», un nombre habitual en la

---

tintos). Para otros posibles vínculos con Filistión, véanse Cataudella 1971,
xxv, y Reich 1903, 454-475 (que se fía de la atribución del *Suda*).

[13] *New Pauly*, s.v. «Philogelos»; Bremmer 1997, 16, con 25 n. 32. Para la
cultura de las barberías, véase S. Lewis 1995 (un estudio de material griego); Polibio 3.20; Plutarco, *Mor.* 508f-509c (= *De garr.* 13).

[14] Abdera: 110-127; Cime: 154-182; Sidón: 128-139; Roma: 62; Rin: 83;
Sicilia: 192.

comedia griega) y dos son romanos («Escribonia» y «Loliano»)[15]. Y, aunque los chistes se cuentan en griego, varios tienen lugar en un contexto cultural explícitamente romano, que va de la moneda (denarios) a las ceremonias en que se celebraba el milésimo aniversario de la propia Roma[16].

El chiste del aniversario nos proporciona la única referencia precisa para la datación del *Philogelos*. («Un *scholastikos*, en el festival que tuvo lugar en Roma en el milenio [21 de abril del 248 d. C.], vio a un atleta perdedor que lloraba y quiso animarle. "No estés triste –le dijo–. En los próximos juegos del milenio, serás el vencedor."»)[17] Pero la idea generalizada, a partir del lenguaje, es que el texto que tenemos es un par de siglos posterior, por más que también haya chistes en nuestra colección que se remontan a bastante antes del siglo III d. C., o que al menos indican personajes y hechos anteriores[18]. Algunos de ellos los encontramos también de forma más o menos idéntica en Plutarco, que escribió a finales del siglo I y principios del II d. C. Por ejemplo, un chiste destacado del *Philogelos* sobre

---

[15] Drakontides: 170; Demeas: 102; Scribonia: 73; Lollianus: 162.

[16] Denarios: 86, 124, 198, 213, 224, 225; aniversario: 62. Otras formas latinizantes del griego (en, por ejemplo, 135, 138) puede que también indiquen ese contexto cultural, además de ser un reflejo del uso del griego bizantino temprano.

[17] Se han extraído del texto otras indicaciones de un posible contexto del siglo III d. C.: el uso de *miríadas* como unidad monetaria en 80 y 97, y, en el 76, la posible referencia al templo de Serapis, en Alejandría (la destrucción de ese Serapeum en el 391 daría un *terminus ante quem* al origen del chiste, pero el problema es que no se llega a nombrar a Alejandría); véase Thierfelder 1968, 224 (que observa que el chiste implica «subir» al templo, pues el Serapeum alejandrino estaba en una colina).

[18] Lo de «la idea generalizada» es una forma de eludir muchos puntos de vista divergentes. Robert 1968, 289, es un caso excepcional, ya que usa la referencia a las celebraciones del milenio para señalar con (mayor o menor) exactitud la fecha principal de composición; Rapp 1950-1951, 318, en cambio, considera que muchos de los chistes son al menos de los siglos IX o X.

un barbero parlanchín («A un hombre ocurrente le preguntó un barbero parlanchín: "¿Cómo quiere que le corte el pelo?", y la respuesta fue: "En silencio"») aparece en *Máximas de reyes y generales*, de Plutarco, donde se atribuye al rey Arquelao de Macedonia, del siglo v a. C.[19], y Plutarco usa otro −acerca de (no) dejar un raspador en los baños a quienes no llevan uno− para ilustrar una forma jocosa y útil de no hacer un favor a quien te lo pide[20].

Detrás de unos cuantos de los demás chistes hasta podemos detectar una referencia velada a personajes famosos de finales de la República Romana o principios del Imperio. «Escribonia», cuya opulenta tumba es el tema de un chiste (por estar en «un lugar muy insalubre»), puede que sea la primera mujer del emperador Augusto[21]. Pero no puede haber ninguna duda de que una historia sobre Mumio, con fama de ignorante y destructor de la ciudad de Corinto en el 146 a. C., subyace a otro de los chistes, aunque no se lo nombre: «Un *scholastikos* que se llevaba unas pinturas antiguas de Corintio dijo a los capitanes mientras las subían a los barcos que las iban a transportar: "Si las perdéis, tendréis que sustituirlas por otras nuevas"»[22]. Hay una indi-

---

[19] 148; Plutarco, *Mor.* 177a (= *Regum et Imperatorum Apophth.*, Arquelao, 2); *Mor.* 509a (= *De garr.* 13).

[20] 150; Plutarco, *Mor.* 534b (= *De Vitioso Pudore* 14). Para otros paralelismos, véase 206 (con Ateneo, *Deipnosophistaie* 8.350b; Diógenes Laercio, *Vitae* 1.104); 264 (con Plutarco, *Mor.* 178f [= *Regum et Imperatorum Apophth.*, Filipo, 24]); Valerio Máximo, 6.2. ext. 1; Estobeo, *Anthologium* 3.13.49 (que atribuye la historia a «Sereno»).

[21] Para su posible identificación, véase Thierfelder 1968, 224. La divertida idea de que la gente se oponga a la ubicación insalubre de las tumbas (lo cual no puede perjudicar a los que ya están muertos) es también el tema de 26.

[22] 78: Σχολαστικὸς εἰκόνας ἀρχαῖα ζωγραφήματα ἐχούσας ἀπὸ Κορίνθου λαβὼν καὶ εἰς ναῦς ἐμβαλὼν τοῖς ναυκλήροις εἶπεν· Ἐὰν ταύτας ἀπολέσητε, καινὰς ὑμᾶς ἀπαιτήσω. Andreassi 2004, 71-80, es un buen análisis de los procesos por los que se hace anónimos a determinados personajes de estos chistes: «Dallo "storico" al "tipico" (e viceversa...)» (71).

cación de cuál era el blanco original en esa mención de Corinto, pero la referencia oculta a Mumio queda totalmente clara en un pasaje análogo de la *Historia de Roma* de Veleyo Patérculo en el que cita exactamente la misma ocurrencia para ejemplificar la proverbial zafiedad del general. Nadie que supiera algo de antigüedades pensaría que se pudiesen sustituir por otras nuevas[23]. ¿Cómo llegaron estos chistes anteriores al *Philogelos* en su forma atenuada, por medio de fuentes literarias ahora perdidas o de ese socorrido recurso de los estudiosos que es la «tradición oral»? Sólo cabe hacer conjeturas.

La búsqueda de un texto original, un autor original e incluso una fecha original (más allá de un vago «época romana») para el *Philogelos* es casi con toda seguridad una tarea inútil. No obstante, podemos detectar algunos principios básicos de organización, clasificación y estructura que sostienen nuestra colección y definen su forma global. Para empezar, casi todos los chistes tratan de un tipo de sujeto, y no de un individuo con nombre propio: el lumbrera, el hombre de Abdera, el tío ingenioso, el hombre (o a veces mujer) con mal aliento, el boxeador cobarde, etc. En la mayoría de ellos, ya la primera palabra identifica al tipo en cuestión (*scholastikos*, *Abderitēs* o el que sea) y presenta un chiste que por lo general no ocupa más de unas pocas líneas (y a veces menos). El equivalente moderno probablemente sería: «¿Han oído el del abderita que...?».

Los principales manuscritos dividen los chistes, de forma bastante sistemática, según esos tipos, como también hacen los textos modernos impresos (que añaden al final, a falta de otra cosa, una pequeña colección de varios más

---

[23] Veleyo Patérculo 1.13.4 (que termina con el remate del chiste: «[...] iuberet praedici conducentibus, si eas perdidissent, novas eos reddituros»). Deberíamos añadir a este par el 193, que repite un chiste contado por Cicerón (*De or.* 2.276) sobre el poeta Ennio y Escipión Nasica (y que veremos más adelante).

tomados de manuscritos divergentes, con lo que se altera el esquema fundamental)[24]. Los primeros 103 de nuestro texto tienen como héroe o antihéroe al *scholastikos*, una palabra que ha demostrado ser todo un reto para traductores e intérpretes. Hay con casi toda seguridad una relación entre esta figura y un personaje típico de la escena cómica antigua (de hecho, el único *scholastikos* que recibe nombre propio en el *Philogelos* es el muy «teatral» Demeas). Pero, según Plutarco, del joven Cicerón, cuando volvió a Roma después de estudiar en Grecia, también se burlaron llamándolo «griego y *scholastikos*». Entonces ¿es «profesor despistado», «zoquete» o (como he estado empleando con ciertas dudas) «lumbrera»? Ninguno de estos términos llega a recoger el significado totalmente[25].

La cuestión fundamental radica en que el *scholastikos* es alguien que es idiota por mor de su saber, que aplica la lógica más estricta para llegar a las conclusiones más ridículas y que representa la *reductio ad absurdum* (literalmente) de la inteligencia académica. La falsa analogía es su principal defecto, como podemos ver en este caso clásico del consejo que da un «médico lumbrera»: «"Doctor –dice el paciente–, siempre que me levanto de dormir, durante media hora me siento mareado, y luego me pongo bien". Y el médico dice: "Levántese media hora más tarde"»[26]. Sin embargo, lo que

---

[24] Por eso algunos de los chistes finales vuelven al tema del *scholastikos*, que sólo se encuentra en la primera mitad del libro, y el primer chiste del manuscrito más antiguo, que no figura en ningún otro, queda relegado a la entrada final del texto moderno, n.º 265.

[25] El mejor estudio sobre el *scholastikos*, que destaca las relaciones con la representación cómica, es Winkler 1985, 160-165, con Andreassi 2004, 43-51 (que incluye un repaso de las traducciones modernas), y Kirichenko 2010, 11-16. El personaje es uno de los temas de Conte 1997 (aunque no específicamente como aparece en el *Philogelos*). He tomado *lumbrera* de Baldwin 1983.

[26] Es el 3: Σχολαστικῷ τις ἰατρῷ προσελθὼν εἶπεν· Ἰατρέ, ὅταν ἀναστῶ ἐκ τοῦ ὕπνου, ἡμιώριον ἐσκότωμαι καὶ εἶθ' οὕτως ἀποκαθίσταμαι. καὶ ὁ ἰατρός· Μετὰ τὸ ἡμιώριον ἐγείρου.

aporta a algunos de estos chistes un valor añadido es que el *scholastikos* no es simplemente estúpido. A veces terminamos pensando que sus aparentes errores son más correctos de lo que parecen, o indican alguna verdad más interesante. Cuando el *scholastikos* rico se niega a enterrar a su *pequeño* hijo delante de una *gran* multitud, tiene toda la razón: los dolientes sólo han acudido para congraciarse con el padre[27]. Y cuando el lumbrera de buena salud evita encontrarse con su médico en la calle, ya que le da vergüenza llevar tanto tiempo sin ponerse enfermo, está siendo idiota, pero a la vez está indicando la rareza de nuestra relación con un hombre que vive de nuestras desgracias[28].

Tras los del *scholastikos*, hay dos chistes sobre avaros, y más adelante encontramos una serie de catorce sobre tíos ingeniosos, trece sobre gruñones *(duskoloi)*, diez sobre bobalicones, etc. Pero la segunda posición como figuras más destacadas después de los lumbreras la ocupan los ciudadanos de tres ciudades concretas del Imperio Romano, sitas en el Mediterráneo oriental: Abdera, Sidón y Cime. Con un total de unas sesenta entradas, leemos chiste tras chiste sobre su divertida idiotez (aunque, como en el caso del lumbrera, a veces también sea una idiotez mordaz). «Un hombre de Cime –por ejemplo– estaba nadando cuando empezó a llover, así que se sumergió a mucha profundidad para no mojarse», o «Un hombre de Abdera, al ver a un eunuco charlando con una mujer, preguntó a otro si era la mujer del eunuco. Cuando el otro hombre comentó que un eunuco no podía tener mujer, él dijo: "Entonces será su hija"»[29].

---

[27] 40; algunos manuscritos no incluyen el detalle de la posición del padre, con lo que sólo establecen el contraste humorístico entre el chico pequeño y la gran multitud.

[28] 6; con 253, una versión más breve. 174 («Un hombre de Cime») trata de un tema similar, y el 27 le da la vuelta.

[29] 164: Κυμαῖος ἐν τῷ κολυμβᾶν βροχῆς γενομένης διὰ τὸ μὴ βραχῆναι εἰς τὸ βάθος κατέδυ; 115: Ἀβδηρίτης εὐνοῦχον ἰδὼν γυναικὶ ὁμιλοῦντα ἠρώτα ἄλλον,

No podemos llegar a saber por qué estas gentes y lugares concretos se convirtieron en tales focos de risa, y quizá sea peligroso establecer una simple comparación con los chistes étnicos modernos (los ingleses que se ríen a expensas de los irlandeses o los franceses que lo hacen a expensas de los belgas, por ejemplo)[30]. Sin embargo, nos proporcionan otro atisbo de la geografía cultural de la risa romana. De hecho, en el caso de dos de las tres ciudades, hay claros retazos de pruebas que indican que los chistes del *Philogelos* reflejan una tradición humorística más amplia, sobre ellas o a sus expensas.

El geógrafo Estrabón, por ejemplo, habla de que la gente de Cime era «ridiculizada por su estupidez»; eso ocurría en parte, escribe, porque trescientos años después de la fundación de la ciudad «regalaron» sus derechos aduaneros e incluso antes de eso no los utilizaban para beneficio del Estado, de manera que la gente decía que a los de Cime les había llevado mucho tiempo darse cuenta de que vivían junto al mar[31]. Abdera estaba aún más estrechamente re-

---

εἰ ἄρα γυνὴ αὐτοῦ ἐστι. τοῦ δὲ εἰπόντος εὐνοῦχον γυναῖκα ἔχειν μὴ δύνασθαι ἔφη· Οὐκοῦν θυγάτηρ αὐτοῦ ἐστιν. El primero de estos chistes indica bien lo distinta que es el agua de un estanque de la que cae del cielo: al fin y al cabo, no pensamos que nadar sea «mojarse».

[30] Los orígenes de estas tradiciones modernas de hacer chistes sobre geopolítica nacional (y nacionalista) los apartan claramente de las tradiciones antiguas, pese a algunas similitudes superficiales que a menudo se observan (como, por ejemplo, Toner 2009, 98). Las ciudades del *Philogelos* son objetos de jocosidad más internos que extranjeros. Y probablemente los chistes estén más cerca del estilo humorístico inglés de chistes sobre Tunbridge Wells, en los que este lugar representa una ciudad cuyos habitantes son caricaturizados como de avanzada edad, conservadores y fuera de contacto con la modernidad (además de estar constantemente escribiendo a los periódicos para manifestar su indignación).

[31] Estrabón, *Geographica* 13.3.6; brevemente estudiado por Purcell 2005, 207-208 (que parece encontrar el pasaje, en sus detalles, tan desconcertante como me lo parece a mí). El que esta anécdota similar se refiera sin duda a la ciudad de Asia Menor hace que sea virtualmente seguro que los chistes sobre Cime del *Philogelos* no vayan dirigidos a ninguna de las

lacionada con la risa y los chistes. Un centro de atención obvio era la historia de Demócrito, el famoso filósofo de aquel lugar que no paraba de reír, pero la relación iba más allá de eso. Para Marcial, la ciudad era sinónimo de estupidez, mientras que Cicerón podía usar la frase «Esto es Abdera» para referirse a la locura y desconcierto del mundo senatorial de Roma[32]. No eran sólo los compiladores del *Philogelos* los que consideraban que esas ciudades y los bobos de sus habitantes eran buenos objetos de risa.

No obstante, hay diferencias, tan pequeñas como significativas, en la retórica de estos chistes sobre Abdera, Cime y Sidón que nos permiten tener una valiosa percepción de las diversas fuentes y estilos de chistes que deben de estar tras el *Philogelos*. Cierto es que la mayoría de los chistes resultan ser bastante intercambiables a lo largo de la colección: aunque los personajes arquetípicos están bastante definidos y diferenciados, las mininarraciones y los remates de los chistes parecen migrar con facilidad entre esos tipos distintos. Un chiste sobre un lumbrera con artículos robados («Un *scholastikos* que había comprado unas ropas robadas las manchó con brea para que no las reconocieran») se repite más o menos al pie de la letra en otro chiste sobre un hombre de Cime[33], y los chistes sobre el tema de si un litro de vino pesa lo mismo que uno de aceite o de agua se encuentran en distintas variantes unidos tanto a lumbreras como a un *grammatikos* (profesor) de Sidón[34]. Pero este tipo de intercambio general no debería ocultar que los

---

otras ciudades de la antigüedad cuyo nombre podía escribirse del mismo modo (en Eubea o nuestro Cumas, en el sur de Italia).

[32] Marcial, *Epigram.* 10.25 (véase también Juvenal 10.50); Cicerón, *Att.* 4.17.3 (SB 91), con 7.7.4 (SB 130). Véanse también Machón, frag. 11, 119-133 (Gow), y Luciano, *Hist. conscr.* 1.

[33] 35; 158.

[34] De vez en cuando también se combinan los personajes, como en el 131, que trata sobre un *scholastikos* de Sidón.

chistes dedicados a cada una de esas tres ciudades son en algunos sentidos —a menudo pasados por alto— bastante distintos.

En primer lugar, hay un claro contraste entre los chistes sobre Abdera y los que son sobre Sidón. Los abderitas casi siempre aparecen como sólo eso, «un hombre de Abdera», sin mayor definición. Los de Sidón siempre van matizados por un oficio, una profesión o alguna descripción similar. Cualquiera que sea la ocurrencia («"Déjame un cuchillo que llegue hasta Esmirna"; "No tengo ningún cuchillo que llegue tan lejos"»)[35], siempre va unida a «un pescador de Sidón», «un centurión de Sidón», etc. (o, en el ejemplo citado, a «un carnicero de Sidón»). De nuevo, los chistes sobre la gente de Cime son distintos. Ciertamente este grupo incluye muchos que podrían encajar fácilmente en otras categorías, o incluso son casi dobletes exactos de otros de la colección más amplia. Sin embargo, hay unos cuantos que se diferencian del resto por ocuparse específicamente de la comunidad política disfuncional de la ciudad o de sus instituciones políticas y magistrados, de un modo que recuerda mucho a la pulla de Estrabón sobre los derechos aduaneros. Así, por ejemplo, tenemos que «cuando la gente de Cime estaba fortificando su ciudad, uno de sus ciudadanos, llamado Loliano, costeó dos partes de las defensas. Cuando el enemigo amenazaba, los de Cime, enfadados [por los actos de Loliano], dijeron que sólo Loliano debía hacer guardia en su trozo de muralla». Es decir, resentidos por la intrusión de un mecenazgo individual en sus relaciones comunitarias, los de Cime reaccionan con una literalidad que está condenada a ser autodestructiva: ¡si la construyó solo, que la defienda solo![36]

---

[35] 137 (es en esencia el mismo chiste que el 99).

[36] Es el 162: Κυμαίων <τὴν> πόλιν τειχιζόντων εἷς τῶν πολιτῶν Λολλιανὸς καλούμενος δύο κορτίνας ἰδίοις ἐτείχισεν ἀναλώμασι. πολεμίων δὲ ἐπιστάντων ὀργισθέντες οἱ Κυμαῖοι συνεφώνησαν, ἵνα τὸ Λολλιανοῦ τεῖχος μηδεὶς φυλάξῃ ἀλλ᾽ ἐκεῖνος μόνος.

¿Qué puede explicar estas diferencias de estilo? Es de suponer que detrás de la colección de chistes que ahora tenemos (o hemos reconstruido) había tradiciones anteriores y compilaciones a más pequeña escala, que, con sutiles diferencias, tenían sus propios temas, tópicos y lenguajes humorísticos con los que creaban sus correspondientes expectativas cómicas[37]. Un «chiste de Sidón» no estaría completo sin un oficio o profesión. Si lo que venía era uno sobre Cime, ya casi estarías esperando ir a reírte de un caso de estupidez política. Aunque sean unos ejemplos minúsculos, nos ofrecen un raro atisbo de las reglas implícitas de los chistes antiguos: de lo que tal vez hiciera que un chiste sonara bien en la antigüedad[38].

Por supuesto, es muy discutible que los romanos antiguos llegaran a sentarse a leer o escuchar algo que se pareciese a nuestro *Philogelos*; a echarse unas risas con una docena de chistes sobre gente de Sidón, uno detrás de otro, y menos aún con más de cien chistes seguidos sobre *scholastikos*. Todo depende de *para* qué pensemos que era el texto, o sus antecesores. Casi con toda seguridad la respuesta a esa pregunta se nos escapa (y, en cualquier caso, el uso y la función podrían haber cambiado en el transcurso de la historia y prehistoria de nuestro texto). No obstante, hay distintas suposiciones sobre su origen, propósito y nivel social que llevan a muy distintas interpretaciones

---

[37] Partes del *Philogelos* muestran indicios de una lógica interna o un ordenamiento significativo dentro de la división en personajes arquetípicos: el 25, 26 y 27, por ejemplo, forman un trío que se ocupa de la muerte; el 52 es una ingeniosa inversión del chiste anterior. Por supuesto, es imposible saber con certeza si esos patrones se deben atribuir a los compiladores o a la fuente textual que estuviesen usando.

[38] Hay un rastro de otra línea humorística habitual en el grupo del *scholastikos*: en tres ocasiones (15, 43, 52), justo antes del remate del chiste (y como si fuese para indicarlo), el lumbrera dice algo del estilo de «Qué idiota soy» o «No me extraña que nos llamen idiotas» (μωροὶ καλούμεθα, μωροὶ νομιζόμεθα, μωρός εἰμι).

y juicios sobre la colección en conjunto y que es de utilidad que expongamos.

Podría ser que todo o parte del texto del que disponemos fuese una versión real de esos libros de chistes que eran la herramienta del parásito cómico romano y tenían su propio papel de comparsa como accesorios en la comedia romana. De ser así, nadie habría oído jamás estos chistes de la forma en que los leemos, uno detrás de otro. Cualquier colección de ese tipo habría sido usada como recordatorio por parte del bromista, que seleccionaría de ella los chistes que quisiera y los embellecería a su gusto. Tal vez a eso se deba la forma bastante telegráfica y sin adornos de la mayoría de los chistes (que he intentado reproducir en mis traducciones): eran meros esqueletos desnudos a los que el bufón añadía la chicha cómica en su actuación.

También es posible (además de perfectamente compatible con la idea de que fuese un manual para bromistas) que tengamos en el *Philogelos* algo que esté cerca de una tradición popular de la risa, en parte fuera de los protocolos y lenguajes de la élite que forzosamente han sido objeto de mi estudio hasta ahora. Eso encajaría bien con la posible referencia en el *Suda* a la «barbería» (siempre que podamos estar seguros de esa interpretación). También reflejaría la tradición más amplia de manuscritos medievales, que tiende a agrupar versiones de nuestro texto con fábulas populares y «literatura ligera». Y podría ayudar a explicar la prominencia del *scholastikos* en los chistes: sería un ejemplo mordaz de la gente pequeña burlándose de la inútil erudición de sus «superiores».

Sin embargo, sería difícil refutar la idea totalmente contraria de que, cualesquiera que sean las fuentes más profundas de este texto, la forma de «nuestro» *Philogelos* no se debe en su mayor parte a alguna tradición popular auténtica (por mucho que nos encantaría que ése fuera el caso), sino a alguna sistematización académica que se llevó a cabo en la antigüedad tardía. Si dejamos aparte la dudosa referencia a la «barbería», podríamos estar igual de bien ocupándonos de la obra de algún estudioso, clon de segunda de Macrobio, que en el mundo académico del Imperio tardío se arrogó la tarea de recopilar y clasificar lo que hacía reír a la gente. En ese caso, los chistes sobre *scholastikoi* podrían desempeñar un papel más sutil e interesante. Conviene que recordemos que en las culturas modernas los chistes sobre eruditos no tienden a proceder de los que carecen de erudición, sino de subgrupos contraculturales de los propios eruditos (estudiantes y radicales disidentes o profesores jocosos que ya no están en activo). Tal vez ocurriese algo parecido en la antigüedad. De hecho, tengo la leve sospecha de que en la Antigua Roma a nadie le gustarían más los chistes sobre lumbreras que a los propios lumbreras[39].

Dejando todas esas posibilidades abiertas (que es como tienen que quedar por fuerza), quisiera volver a reflexionar más específicamente sobre el carácter de estos algo más de 260 chistes del *Philogelos* y los temas e intereses que subyacen a ellos. ¿De qué formas podrían provocar risa? Y si miramos más allá de los personajes arquetípicos que dan a nuestra versión del libro su estructura formal, ¿sobre qué son los chistes? Pues, cualquiera que sea su origen, ésta es la mayor recopilación de chistes romanos con que contamos. ¿Son meramente una serie de chanzas ingeniosas contra hombres con mal aliento, lumbreras y los habitantes cortos de luces de Cime? ¿O «El amante de la risa» nos está indicando algunas cuestiones, preocupaciones y fallos más grandes de la cultura romana?

---

[39] West (1992, 268) se acerca a proponer una función académica del libro cuando escribe: «Pero creo que vale la pena plantear la pregunta de si de verdad se pretendía que fuese un libro de chistes, o si representa un intento de elaborar un índice de temas, que tal vez se recopilara para ayudar a llevar a cabo un análisis de diversas formas de ingenio e humor».

Coger el chiste

Aunque la mayoría sólo son de unas pocas líneas, los chistes del *Philogelos* presentan una variedad de estilos reconocibles. Algunos reflejan los temas de las fábulas, las comedias teatrales o los epigramas, y otros, el espíritu del mimo (aunque no encontramos mucha de la obscenidad del mimo: es en general una colección muy recatada)[40]. Muchos chistes se basan en juegos de palabras[41]. Algunos funcionan evocando una imagen visual sorprendente («Un *scholastikos* compró una casa y asomándose por la ventana le preguntó a un transeúnte si le quedaba bien», con lo que hemos de imaginar que se estaba probando la casa como se podría estar probando una capa)[42]. Uno, al menos parece casar con la observación de Cicerón de que añadir simplemente una cita apropiada e inesperada de alguna poesía podía ser divertido (en el *Philogelos*, un actor que es perseguido por dos mujeres –una con mal aliento, y la otra con un olor corporal horrible– cita un verso de una tragedia que reproduce bien su dilema)[43].

Algunos de ellos todavía dan risa, si bien puede que necesiten algo de ayuda por parte de las traducciones moder-

---

[40] Andreassi 2004, 37-43, estudia las diversas conexiones con otros géneros. Entre los chistes con posibles vínculos con la fábula están el 142 y el 180 (véase también Andreassi 2006, sobre el «codicioso» en el *Philogelos* y la *Vida de Esopo*). Kirichenko 2010 11-16, analiza los temas de la imitación en los chistes de *scholastikos*. Floridi 2012 estudia los vínculos entre el *Philogelos* y el epigrama escóptico; para puntos específicos de comparación, véase, por ejemplo, 97 y *AP* 11.170; 235 y *AP* 11.241. Entre los pocos chistes sexuales de la colección están el 45, 244, 245, 251. Si esto refleja el carácter del *Philogelos* desde sus fases iniciales, o bien es el resultado de una expurgación medieval, es algo que no sabemos.

[41] Por ejemplo, 4, 135, 184, 189.

[42] 14; el vocabulario y metáforas indican la influencia de las actuaciones cómicas y/o el mimo (véase Aristófanes, *Thesm.* 797; Herodas, *Mimiambi* 2.15).

[43] 239: «Οἴμοι, τί δράσω; δυσὶ κακοῖς μερίζομαι» («Ay, ¿qué he de hacer? Me debato entre dos males»).

nas. La mayoría de las versiones inglesas del *scholastikos*, por ejemplo –ya sea «lumbrera», «zoquete» o «profesor distraído»–, se eligen precisamente porque forman parte del lenguaje de la comedia moderna y nos predisponen a reír. En cambio, otros chistes ahora parecen mucho menos graciosos. Eso debe de ser a veces consecuencia del abismo casi insalvable que existe entre algunas de las convenciones cómicas de la antigüedad y las nuestras. La crucifixión, por ejemplo, no ocupa un gran papel en el repertorio cómico moderno, así que el chiste del *Philogelos* sobre un hombre de Abdera que vio que un contrabandista estaba siendo crucificado y dijo: «Ya no corre, sino que vuela», es probable que nos deje fríos, además de un tanto incómodos[44].

El ingenio y la pericia de los académicos pueden a veces rescatar a otros, o al menos proporcionar alguna excusa para su aparente falta de gracia. Los diversos editores del texto griego del *Philogelos* han echado en ocasiones la culpa a los descuidados copistas medievales por excluir el remate del chiste. Así, por ejemplo, Roger Dawe, al encontrarse con un chiste que simplemente reza: «Un lumbrera, que quería atrapar a un ratón que estaba todo el rato royendo sus libros, se sentó en la oscuridad masticando carne...», decidió que alguien, durante el proceso de transmisión, debía de haber dejado el chiste sin terminar (pues sin duda era mejor de lo que tenemos)[45]. Otros críticos han registrado minuciosamente los textos para desentrañar jue-

---

[44] 121: οὐκέτι τρέχει, ἀλλὰ πέτεται. Hay vínculos con *AP* 11.208; véase Floridi 2012, 652-653. Pero el epigrama es más sencillo y sólo se basa en un juego entre correr (a cenar) y volar. [En inglés «contrabandista» es, entre otros términos, *runner*, del verbo *run*, correr, con lo que el chiste tiene más sentido. *(N. del T.)*]

[45] 8: Σχολαστικὸς θέλων πιάσαι μῦν συνεχῶς τὰ βιβλία αὐτοῦ τρώγοντα κρέας δακὼν ἐν τῇ σκοτίᾳ ἐκάθισεν. «Sententiam non completam esse monuit Dawe» es su comentario en la edición para Teubner. Otros no se han mostrado tan abatidos. Quizá el chiste esté en que el *scholastikos* fingía ser un gato (Thierfelder 1968, 205).

---

gos de palabras escondidos, en el intento de recuperar las cosas graciosas que se nos escapan (muy en la línea del proyecto de Fontaine con Plauto).

Un ejemplo típico es el primer chiste de la colección moderna: «Un lumbrera le pidió a un orfebre que le hiciera una lámpara. Cuando el orfebre le preguntó cómo la quería de grande, el lumbrera replicó: "Para ocho personas"»[46]. Tal vez sea bastante bueno tal y como está: el *scholastikos* confunde las convenciones de medición, pues las lámparas no se venden de acuerdo con el número de personas a las que van a iluminar (aunque, considerado desde otra perspectiva, tal vez no fuese una mala forma de hacerlo). Sin embargo, un inteligente estudio reciente, convencido de que con esa interpretación habitual el chiste debe de ser «uno de los menos graciosos de este [...] libro», afirma que lo que ocurre simplemente es que no captamos el juego de palabras. La palabra griega para «lámpara» *(luknos)* también designa a un pez, y *poieō* (hacer) se emplea en muy contadas ocasiones en el sentido de «preparar» (como al cocinar). Así pues, tal vez se trate de un ingenioso juego de palabras con las lámparas y los peces y con hacer y cocinar. «¿Cómo quieres de grande la lámpara / pescado?» Que haya para ocho[47].

O tal vez no[48]. Aunque esta y otras ingeniosas reconstrucciones modernas de estos chistes puedan ser satisfac-

---

[46] Σχολαστικὸς ἀργυροκόπῳ ἐπέταξε λύχνον ποιῆσαι. τοῦ δὲ ἐξετάσαντος, πηλίκον ποιήσει, ἀπεκρίνατο· Ὡς πρὸς ὀκτὼ ἀνθρώπους.

[47] Felice 2013.

[48] A decir verdad, encuentro esta interpretación un tanto desconcertante. Pues, por considerarlo en mayor detalle del que probablemente se merezca el chiste, el *scholastikos* no puede haber confundido al orfebre con un vendedor de pescado, para empezar. ¿Hemos de suponer que es él el que explota con inteligencia el juego de palabras al contestar a la pregunta del orfebre con una respuesta que deja claro el doble sentido? Tampoco estoy convencida de que su uso «muy ocasional» sea suficiente para dar a ποιέω una clara resonancia a preparación de comida; hasta donde alcanzo a ver, se trata de un pasaje del Septuaginta (Génesis 18: 7).

torias[49], tenemos que tener cuidado con ese viejo riesgo de poner demasiada energía en el empeño de que sean divertidos para nosotros. De hecho, parece razonable suponer que algunos de los chistes de esta colección eran malos de todos modos y no sería muy probable que dieran risa ni siquiera a un público de la antigüedad. No se trata meramente de que los libros de chistes, para llenar páginas, tiendan a incluir chistes malos junto con los buenos, pues la triste verdad es que nunca se cuenta con todos los chistes chispeantes que se necesitan; lo que es más importante, se trata también de que las coordenadas culturales de los chistes hacen que los buenos y los malos sean simbióticos e inseparables. Necesitamos los malos para apreciar los buenos: nos proporcionan el acompañamiento que se necesita a los que de verdad nos harán reír.

De ese acompañamiento del *Philogelos* yo elegiría un chiste sin mucha gracia acerca de un aprendiz «bobalicón» (es de suponer que de un barbero que también corta uñas): «Un aprendiz bobalicón, al decirle su amo que le cortase las uñas a un caballero, se echó a llorar. Cuando el cliente le preguntó por qué lloraba, él dijo: "Estoy asustado, y por eso lloro, pues te voy a hacer daño, te dolerán los dedos y el amo me pegará"»[50]. Asimismo, tenemos uno aún más corto de un agarrado en una lavandería: «Un agarrado en-

---

[49] Encontramos diversos tipos de ingenio en Thiel 1972 (la enmienda del texto del 237, aceptada y desarrollada en el texto de Dawe para Teubner); Morgan 1981 (que intenta dar sentido al 216 traduciendo κυβερνήτης como «gobernador» en vez de «timonel»); Rougé 1987 (que aclara parte de la terminología náutica y de navegación); Lucaszewicz 1989 (que enmienda el texto del 76 para producir un chiste sobre la relación del *scholastikos* con los esclavos).

[50] 200: Ἀφυὴς μαθητὴς ὑπὸ τοῦ ἐπιστάτου κελευσθεὶς ὀνυχίσαι οἰκοδεσπότην ἐδάκρυσε. τοῦ δὲ τὴν αἰτίαν ἐρωτήσαντος ἔφη· Φοβοῦμαι καὶ κλαίω· μέλλω γὰρ τραυματίσαι σε, καὶ παρωνυχίδας ποιήσεις, καὶ τύψει με ὁ ἐπιστάτης. Thierfelder (1968, 261-262) hace lo que puede y señala los vínculos con el chiste anterior y con la confusión lógica de la queja del bobalicón; el fallo de traducción de Baldwin (1983, 38) no ayuda. No obstante, el chiste sirve

tró en una lavandería y, como no quería mear, se murió»[51]. Debe de haber alguna relación con el uso de la orina en las lavanderías de Roma. Posiblemente (y no se me ocurre otra explicación mejor), como el tacaño no quería bajo ningún concepto dar su valiosa orina gratis al lavandero, la retuvo hasta que le estalló la vejiga y murió[52].

Por supuesto, puede que algunos de estos chistes provocaran más risas por la forma de contarlos que al leerlos. Supongamos que los chistes tal y como están escritos en el *Philogelos* siempre tuvieran la intención de ser resúmenes telegráficos que luego el bufón embellecería aportando colorido cómico; en ese caso, en cualquier actuación se habría añadido el tipo de detalles circunstanciales que la escasa línea del agarrado en la lavandería parece necesitar desesperadamente. (¿Qué lo retenía allí, por ejemplo? ¿Por qué no se salió de la lavandería para ir a mear?) Sólo podemos hacer conjeturas sobre la relación entre el texto y la manera de contarlo, pero, en general, no me cabe mucha duda de que estamos yendo en contra de la esencia de esta colección o de cualquier otra similar si exigimos que todos sus chistes sean *buenos*, ya sea de acuerdo con las exigencias antiguas o con las modernas.

---

para recordarnos las dificultades (y dolor) del cortado de uñas en la antigüedad.

[51] Es el 214: Φθονερὸς εἰς γναφεῖον εἰσελθὼν καὶ μὴ θέλων οὐρῆσαι ἀπέθανεν.

[52] Para una idea actualizada (y bastante menos morbosa de lo habitual) del uso de la orina en las lavanderías, véanse Flohr y Wilson 2011, 150-154, y Flohr 2013, 103-104, 170-171 (aunque sin hacer referencia a este chiste). Para este chiste he contado con la ayuda de los comentarios de Istvan Bodnar en una versión radiofónica anterior sobre estas ideas. Aun así, sigue habiendo problemas, entre los que se incluye mi traducción de «agarrado» en el sentido de mezquino, con lo cual el hombre no quiere dar su orina gratis. Sin embargo, ése no es el sentido más obvio del griego φθονερὸς, que por lo general indica maldad (como en los demás chistes de esta categoría).

Ver el mundo torcido

Sean buenos o no, los chistes tienen mucho que contarnos sobre la cultura romana. Ya provocasen fuertes carcajadas, modestas risitas o un inexpresivo desconcierto, ofrecen una mirada de reojo a enigmas, problemas y debates de la antigüedad que de otro modo podrían seguir ocultos para nosotros.

Casi es una perogrullada (que he aprovechado en este libro) decir que la risa es un indicador de áreas de trastorno y ansiedad, ya sean sociales, culturales o psíquicas. Hemos visto, por ejemplo, que la risa romana sorteaba los límites controvertidos entre poder y estatus: entre animales y humanos o entre emperadores y súbditos. Y el simple cálculo de que alrededor de un 15 por ciento de los chistes del *Philogelos* trata de algún modo de la muerte (de ataúdes al suicidio o las herencias)[53] probablemente baste para animarnos a todos a elaborar teorías freudianas de aficionados.

No obstante, al reflexionar de forma más amplia sobre las implicaciones culturales de los chistes del *Philogelos*, de nuevo me ha sido de especial ayuda el análisis de Simon Critchley de las bromas y la risa. Para él, los chistes y el «humor» (según sus términos) funcionan en parte como mecanismos de distanciamiento que nos invitan a ver el mundo torcido. Nos gustan los chistes porque nos ayudan a ver nuestras vidas y supuestos «como si acabáramos de aterrizar de otro planeta» y a «relativizar las categorías» que solemos dar por sentadas. «El cómico es el antropólogo de nuestras monótonas vidas» que convierte a aquellos de nosotros que captamos el chiste, que lo *coge-*

---

[53] Incluyen chistes sobre parricidios: 13, 152; la muerte de un esclavo: 18; muertes mal entendidas o discutidas: 22, 29, 70; herencias: 24, 104, 139, 229; funerales: 38, 40, 123, 154, 247; ataúdes: 50, 97; infanticidio: 57; la muerte de un hijo: 69, 77; suicidios: 112, 231; crucifixión: 121; condena a muerte: 168; muerte súbita: 214; la muerte de la esposa: 227.

mos, también en antropólogos de andar por casa. Durante el proceso de la risa no sólo nos liberamos del «sentido común», sino que también reconocemos las distorsiones, atajos y oclusiones en que se basa el sentido común. Para Critchley, en otras palabras, los chistes son tanto mecanismos heurísticos e intelectuales como ventanas a las fuentes de nuestro inconsciente[54].

Ya hemos visto algunos aspectos de esa antropología de andar por casa. Cuando nos reímos del *scholastikos* que rehuía a su médico porque hacía tiempo que no se ponía enfermo, estábamos reconociendo al mismo tiempo la rareza de nuestra relación con un hombre cuya prosperidad depende de nuestra enfermedad. Hay asimismo algunos chistes del *Philogelos* que se centran en el peculiar estatus de los sueños y su relación con la realidad consciente. Por ejemplo: «Alguien se encontró con un *scholastikos* y le dijo: "Mi docto señor, lo vi en un sueño". "Santo cielo –contestó él–, estaba tan ocupado que no me di cuenta"» (o, en una variante ligeramente distinta: «"Miente –dijo–. Yo estaba en el campo"»)[55]. Otro lumbrera «soñó que pisaba un clavo, así que se vendó el pie. Un amigo lumbrera le preguntó el motivo y, cuando lo supo, dijo: "Nos merecemos que nos llamen idiotas. ¿Por qué diantres te acostaste sin llevar el calzado puesto?"». Incide en la misma cuestión el

---

[54] Critchley 2002, 65-66, que se basa en parte en el famoso ensayo de Mary Douglas sobre los chistes (1968) y compendia escuetamente los enfoques que subyacen a otras contribuciones más específicas a los estudios de los chistes (véase, por ejemplo, Kerman 1980, que analiza los de «bombillas» en términos en general similares). Resulta sorprendente que algunos chistes del *Philogelos* hagan de algunas cuestiones del relativismo (o de que no se llegue a entender la naturaleza de una perspectiva distinta) un tema chistoso; véase, por ejemplo, el 49, en el que un *scholastikos*, mientras contempla la luna, le pregunta a su padre si otras ciudades tendrán lunas como la suya.

[55] Es el 5: Σχολαστικῷ τις ἀπαντήσας ἔφη· Κύριε σχολαστικέ, καθ' ὕπνους σε εἶδον; ὁ δέ· Μὰ τοὺς θεούς, εἶπεν, ἀσχολῶν οὐ προσέσχον; la versión alternativa, el 102.

chiste sobre el cazador cobarde que soñó que era perseguido por un oso, por lo que se compró unos perros de caza
para que durmieran a su lado[56].

Muchos romanos, claro está, tendrían un interés más
acuciante en sus sueños que los soñadores modernos al
considerarlos mucho más directamente proféticos o diag-
nósticos de lo que cualquier teoría psicoanalítica reciente
concede ahora[57]. Quizá sea ésa la razón de que las cuestiones planteadas en estos chistes resulten ser más perspicaces
de lo que su sencilla forma cómica parece indicar. Se está
destacando más que la relación general entre el mundo de
los sueños y el mundo consciente: se está animando a los
lectores o al público a reflexionar sobre la temporalidad
relativa de los sueños y de la vida cotidiana, sobre la relación entre el que sueña y las otras personas que aparecen
en el sueño (¿qué efecto tiene que soñemos con otras personas en ellas?) y sobre la capacidad del mundo consciente para ejercer un impacto en el mundo del sueño (¿tan
seguros podemos estar de que los perros de caza junto a la
cama no mantendrán alejados a los osos de los sueños?).
Según Critchley, estos chistes –«al modo de pequeños
ensayos antropológicos»– servían para distanciar a los lectores u oyentes de la antigüedad de sus suposiciones irre-
flexivas y llenas de sentido común sobre la naturaleza del
acto de soñar. La recompensa del riente estaría en la satisfacción de reflexionar de forma distinta sobre los problemas del mundo de los sueños, así como de aprovechar la
capacidad del chiste para poner en evidencia los enigmas

---

[56] 15: Σχολαστικὸς καθ᾽ ὕπνους ἧλον πεπατηκέναι δόξας τὸν πόδα περιέδησεν.
ἑταῖρος δὲ αὐτοῦ πυθόμενος τὴν αἰτίαν καὶ γνούς· Δικαίως, ἔφη, μωροὶ
καλούμεθα. διὰ τί γὰρ ἀνυπόδητος κοιμᾶσαι; 207 (véanse también el 124 y
el 243). El tema de los sueños frente a la realidad también se encuentra
en los epigramas escópticos; véase Floridi 2012, 643.
[57] W. V. Harris 2009 es un estudio importante; Harris-McCoy 2012, 1-41,
es una útil introducción a las interpretaciones de los sueños de Artemidoro.

persistentes que por lo general están ocultos, o a los que no se da importancia. ¿Dónde exactamente, por ejemplo, tiene lugar un sueño?

Otros chistes de la colección, que encontramos a lo largo de las diversas categorías en que se suele dividir, buscan hacer reír cuestionando determinadas convenciones de la vida social o cultural romana que eran aún más fundamentales. Unos cuantos tienen en su punto de mira las normas de sucesión, el orden ortodoxo de la vida familiar y los tabúes que lo rodeaban, poniendo de manifiesto la relatividad escurridiza de las categorías «padre» e «hijo». Así, por ejemplo, tenemos que «un *scholastikos* se levantó una noche y se metió en la cama de su abuela. Mientras su padre le daba una paliza por eso, dijo: "Eh, tú, con la de tiempo que hace que te tiras a mi madre sin que yo te dé una paliza, ¿ahora te enfadas porque me has encontrado sólo una vez encima de la tuya?"»[58]. La cuestión es: ¿Cómo pueden las normas y prohibiciones reconocer las categorías cambiantes de las relaciones familiares? En este chiste, la consecuencia de que el hijo se defienda basándose en las leyes de la naturaleza –en que el padre de todos es el hijo de otra– es un caos sexual. Pero en otro chiste es precisamente eso lo que arregla las cosas, además de salvarle la vida a un niño pequeño. Pues en él se cuenta que un joven *scholastikos* ha tenido un hijo con una esclava y su padre le propone matarlo (una «solución» bastante típica para deshacerse de los hijos no deseados en el mundo antiguo). Y la respuesta del hijo es: «Entierra primero a tus hijos antes de hablar de librarte del mío»[59].

---

[58] 45: Σχολαστικὸς νυκτὸς ἐπανέστη τῇ μάμμῃ αὐτοῦ. πληγὰς δὲ διὰ τοῦτο ὑπὸ τοῦ πατρὸς λαβών· Σύ, εἶπεν, τοσοῦτος χρόνος ἐστὶν ἐξ οὗ τὴν μητέρα μου ὀχεύεις, μηδὲν ὑπ' ἐμοῦ παθών, καὶ νῦν ὀργίζῃ ἐπὶ τῇ μητρί σου ἅπαξ με εὑρών. Baldwin 1983, 65, detecta la influencia del mimo.
[59] Es el 57: Πρῶτον, ἔφη, σὺ τὰ τέκνα σου κατόρυξον, καὶ οὕτως ἐμοὶ συμβούλευε τὸν ἐμὸν ἀνελεῖν.

Una convención bastante más inesperada que se examina en el *Philogelos* es la de los números. Cabía predecir que las normas y descontentos de la familia y la vida sexual serían blancos obvios del bromista romano, pero creo que no nos habríamos imaginado que los símbolos convencionales de los números y su relación con las cantidades «reales» fuesen un tema aún más destacado. Y, sin embargo, en repetidas ocasiones encontramos chistes que juegan con lo que podríamos llamar tropos numéricos. En su forma más sencilla, estos chistes –que hemos de reconocer que al lector moderno no le resultan muy graciosos– se basan en el viejo recurso cómico de la confusión entre significante y significado. Así, un lumbrera que va en un barco que corre peligro de hundirse y lleva consigo un pagaré por una deuda de «un millón y medio» decide aligerar el peso simplemente borrando el medio millón. Mientras que los otros pasajeros han tirado el equipaje por la borda, el *scholastikos* anuncia con orgullo que ha reducido la carga del barco (y, por supuesto, a la vez parte de la carga de su deuda) simplemente borrando el 5[60].

Una cuestión muy similar subyace a otro chiste que a primera vista parece muy distinto. «A un *scholastikos* que se iba fuera, un amigo le pidió: "Por favor, cómprame dos esclavos, cada uno de quince años". Él contestó: "Bien, y si no encuentro la pareja, te compraré uno de treinta".» Aunque podríamos tener la tentación de pensar que el sexo es el principal tema del chiste (y ciertamente he oído unos cuantos chistes sexistas modernos que sopesan las ventajas de dos mujeres de veinte años frente a una de cuarenta), lo esencial aquí es el número y la brecha entre

---

[60] Es el 80: Σχολαστικοῦ πλέοντος ἐκινδύνευεν ὑπὸ χειμῶνος τὸ πλοῖον. τῶν δὲ συμπλεόντων ἀπορριπτούντων ἐκ τῶν σκευῶν, ἵνα κουφισθῇ τὸ πλοῖον, κἀκείνῳ τὸ αὐτὸ ποιεῖν παραινούντων, ὁ δὲ ἔχων χειρόγραφον ἑκατὸν πεντήκοντα μυριάδων, τὰς πεντήκοντα ἀπαλείψας· Ἴδε, φησίν, ὅσοις χρήμασιν ἐπεκούφισα τὴν ναῦν. Rougé 1987, 10-11, capta el chiste con mucha claridad.

el símbolo numérico y la realidad corporal. Explicándolo con detalle (más allá de la pizca de humor que pueda tener), aunque dos quinces ciertamente dan treinta, un esclavo de treinta años no puede sustituir a dos de quince. Y eso conlleva que caigamos en las convenciones cambiantes e inestables de los números y la contabilidad, pues, al fin y al cabo, un saco de harina de dos kilos sería lo mismo que dos sacos de un kilo cada uno[61].

Encontramos variaciones de este tema a lo largo de toda la colección, que de formas distintas y sutiles juegan con el espacio, el tamaño, el tiempo y el valor frente a los símbolos numéricos. Los protagonistas de estos chistes van del hombre de Cime que entra en casa de un prestamista para recuperar el pagaré más caro (y por lo tanto se lleva el expediente más pesado) al «lumbrera de Sidón» que tiene una finca y, como quiere que esté más cerca de la ciudad, simplemente quita siete de los mojones del recorrido; del *scholastikos* que se pregunta si una escalera de mano tiene tantos travesaños hacia abajo como hacia arriba al médico de Cime que cobra la mitad por tratar una fiebre terciana (con una reaparición de tres días) que por una semiterciana (que se repite en días alternos)[62]. Es otro ejemplo llamativo en el que los temas repetidos y subyacentes de los chistes nos proporcionan un atisbo inesperado de algunos de los debates, incertidumbres y disputas que estaban arraigados en el mundo romano: en este caso, cómo funciona la aritmética y cómo diantres se puede entender lo que es un número.

---

[61] Es el 12: Σχολαστικῷ ἀποδημοῦντι φίλος αὐτοῦ ἔλεγεν· Ἀξιῶ σε δύο παῖδας ἀγοράσαι μοι, ἑκ<άτερον> πεντεκαίδεκα ἐτῶν. ὁ δὲ εἶπεν· Ἐὰν τοιούτους μὴ εὕρω, ἀγοράσω σοι ἕνα τριάκοντα ἐτῶν. Incluyo la interpretación sexual en deferencia a mis alumnos de posgrado de Berkeley, que no tenían la menor duda de que ése era el sentido del chiste.

[62] Pagaré: 161; finca: 131 (doblete del 60; la traducción de 1983 de Baldwin es engañosa); travesaños de la escalera: 93; fiebre terciana: 175a. Entre otros chistes sobre temas relacionados están el 3, 62, 71, 84, 196 y los chistes sobre el vino y el agua del 7.

Esas incertidumbres se extienden en especial a la identidad personal. Una pregunta aparentemente sencilla («¿Cómo sé quién soy?») deja su vívida señal en el *Philogelos*. El chiste sobre el *scholastikos*, el calvo y el barbero con que empezamos este capítulo gira precisamente en torno a esa cuestión (¿Cómo conocer la diferencia entre «yo» y «otro»? ¿Es sólo por un pelo?). También lo hacen otros muchos chistes, entre ellos algunos de los más destacados de la colección. Preguntan en repetidas ocasiones dónde radican la autoridad y los derechos de identificación en las cuestiones de identidad personal. Una versión breve reza: «Un *scholastikos* se encontró con un amigo y le dijo: "Me dijeron que habías muerto". El otro contestó: "Pues ya ves que estoy vivo". Y el *scholastikos* replicó: "Pero el que me lo dijo es mucho más de fiar que tú"»[63].

Es básicamente la misma cuestión que encontramos en un chiste bastante más complejo sobre un «gruñón» que no quería recibir a un visitante inoportuno que se pasó por su casa. «Alguien buscaba a un gruñón, pero él contestó: "No estoy". Cuando el visitante se rio y dijo: "Estás mintiendo, he oído tu voz", él replicó: "Serás sinvergüenza, si hubiera hablado mi esclavo, a él lo habrías creído. ¿No te parezco más de fiar que él?»[64] Se trata, de hecho, de uno de los chistes del *Philogelos* con una venerable historia que se remonta a siglos atrás. Cicerón cita una anécdota similar, si bien más larga, en *Sobre el orador*[65]. Transcurre en el siglo II a. C. y en ella intervienen el poeta romano Ennio y

---

[63] Es el 22: Σχολαστικὸς ἀπαντήσας τινὶ φίλῳ αὐτοῦ εἶπεν· Ἤκουσα, ὅτι ἀπέθανες. ὁ δὲ ἀπεκρίνατο· Ἀλλ᾽ ὁρᾷς με ζῶντα. καὶ ὁ σχολαστικός· Καὶ μὴν ὁ εἰπών μοι κατὰ πολὺ σοῦ ἀξιοπιστότερος ἦν.

[64] Es el 193: Δύσκολόν τις ἐζήτει. ὁ δὲ ἀπεκρίνατο· Οὐκ εἰμὶ ὧδε. τοῦ δὲ γελάσαντος καὶ εἰπόντος· Ψεύδῃ· τῆς γὰρ φωνῆς σου ἀκούω–εἶπεν· Ὦ κάθαρμα, εἰ μὲν ὁ δοῦλός μου εἶπεν, εἶχες ἂν αὐτῷ πιστεῦσαι· ἐγὼ δέ σοι οὐ φαίνομαι ἀξιοπιστότερος ἐκείνου εἶναι.

[65] *De or.* 2.276.

Escipión Nasica, miembro destacado de una de las principales familias de la Roma republicana. La historia empieza cuando Nasica va a ver a Ennio, pero una criada le dice que ha salido. Pese a lo mucho que se lo asegura, Nasica está convencido de que ella sólo está obedeciendo órdenes y de que en realidad Ennio está en casa. Unos días después, se giran las tornas: «Cuando Ennio fue a ver a Nasica y preguntaba por él en la puerta, Nasica gritó que no estaba en casa. "¿Qué? –dijo Ennio–. ¿Acaso no he reconocido tu voz?" "Qué cara tienes –replicó Nasica–. Cuando fui a verte, creí a tu criada cuando me dijo que no estabas en casa. ¿Acaso no te fías de mí mismo?"».

Hay algunas diferencias significativas entre los dos relatos. Es éste otro caso en que el *Philogelos* incluye una versión anónima de un chiste que en otras partes se atribuye a personajes históricos famosos. La moraleja principal de la historia también es distinta: en *Sobre el orador*, lo que aparentemente ofende es la inteligente forma de Nasica de darle una lección a Ennio; en la colección de chistes, es simplemente un burdo engaño por parte del gruñón. Pero en ambos están presentes las cuestiones de identidad y autoridad, matizadas por otras de posición y esclavitud. En la versión más sencilla del *Philogelos*, la pregunta principal es en quién puedes confiar a la hora de responder de alguien o de su presencia o ausencia. La paradoja humorística señala el hecho de que es imposible que nadie responda de su propia ausencia.

Varios chistes más tocan estos temas y otros similares. «¿Eras tú o tu hermano gemelo el que murió?», le pregunta un lumbrera al que sigue vivo cuando se lo encuentra en la calle. Otro lumbrera decide darle a su hijo recién nacido su nombre, «y yo ya me apañaré sin él». En otras palabras, ¿cuál es la relación entre el nombre y el yo? En el taller de un embalsamador, un hombre de Cime intenta identificar el cadáver de su padre por medio de su rasgo más distintivo, que resulta ser su tos. Este chiste está preguntando hasta qué punto la identidad y sus indicadores sobreviven a la muerte. ¿Qué tiene de divertido que resulte que la afección que supuestamente definía al anciano y terminó por matarlo no sirva de nada a la hora de identificarlo entre un montón de otros cadáveres parecidos?[66]

Cualquiera que sea el origen social preciso del *Philogelos*, de sus variantes y de sus predecesores –es decir, ya lo imaginemos recién salido de la barbería o elaborado en el pupitre de la biblioteca–, aquí la risa nos está señalando los debates y ansiedades que debían de ocupar un lugar importante en un mundo en que las pruebas formales de la identidad de cada uno eran mínimas: no había pasaportes, ni carnés de identidad, ni tampoco mucho por lo que respecta a certificados de nacimiento o ninguno de esos otros documentos que ahora damos por descontado que podemos usar para demostrar quiénes somos[67]. En el mundo romano, la identidad era un problema: la gente se escondía, se reinventaba y se cambiaba el nombre, fingía ser quien no era o no conseguía convencer ni a su familia más cercana de que de verdad era quien afirmaba ser. Es de suponer que la antropología de andar por casa de estos chistes hacía reír (o al menos eso esperaba) al desenmascarar ante el público romano la naturaleza misma de sus incer-

---

[66] Gemelo: 29; nombre del niño: 95; cadáver: 171.

[67] No es que no existieran pruebas de identidad y estatus, incluidos los certificados de nacimiento, en el mundo romano; es de suponer que eran más habituales cuando estaban en juego cuestiones de posición y privilegio, y en algunas partes del Imperio más que en otras (aunque no está claro hasta qué punto los que han llegado hasta nosotros reflejan su distribución original). Schulz 1942 y 1943 siguen siendo útiles estudios de las pruebas con que contamos. Wallace-Hadrill 2011, 144-145, trata brevemente de un caso en Herculano en que los detalles del nacimiento de un individuo eran confusos (lo cual tengo mis fuertes sospechas de que debía de ser la norma).

tidumbres cotidianas sobre el yo. Cuando ese lumbrera se despertó, se rascó la cabeza y se preguntó si de pronto se había convertido en el calvo, estaba indicando –tal vez de forma hilarante– las preocupaciones compartidas sobre quién de hecho era quién. Del mismo modo, la historia del hombre que quería tener los perros junto a su cama para que asustasen a los osos de sus sueños concordaba con todo tipo de preguntas romanas sobre el estatus de lo que «veías» estando dormido.

Los libros de chistes romanos

El *Philogelos* es el único libro romano de chistes que ha llegado hasta nosotros. Aunque es una (re)construcción moderna, ciertamente proviene de una colección de chistes, o más probablemente de varias colecciones, que fueron recopiladas, configuradas y vueltas a configurar en el Imperio Romano. Independientemente de cuál sea el objeto o la gracia de cada uno de sus chistes, el *Philogelos* en conjunto plantea algunas cuestiones sobre el género del libro de chistes. ¿Dónde y cuándo empezaron tales antologías? ¿Qué nos dan a entender sobre el estatus de los chistes y las bromas? ¿Qué se esconde tras el hecho aparentemente sencillo de que los chistes podían llegar a convertirse en objeto de recopilación y clasificación?

Ya hemos visto referencias a diversas colecciones que tal vez fueran similares en cierto modo al *Philogelos*. Una serie de compiladores reunieron el ingenio y sabiduría de Cicerón en varios volúmenes. Es de suponer que éstos fueran la materia prima a partir de la cual Macrobio escribió sus capítulos sobre las bromas de Cicerón, y colecciones del mismo tipo bien pudieron ser la fuente fundamental para las numerosas bromas de Augusto y Julia que también se citan en las *Saturnales*. De hecho, las antologías de dichos ingeniosos acuñados por personas notables formaban claramente parte de la producción literaria de la antigüedad. Conservamos ejemplos en las diversas colecciones de *apophthegmata* recopiladas por Plutarco *(Máximas de reyes y generales, Máximas de espartanos, Máximas de espartanas),* y claros rastros de ellas en obras como la *Vida* del filósofo del siglo II d. C. Demónax que escribió Luciano, la cual consiste en buena medida en un listado de sus dichos ingeniosos o morales (a menudo llamados *chreiai*) que supuestamente sacó de una antología anterior[68]. Y en su momento hubo muchos más, que ahora sólo conocemos por alguna cita ocasional o breve referencia. Julio César, por ejemplo, se supone que recopiló sus propios *Dicta Collectanea* («Dichos reunidos»), que, según se cree, fueron eliminados tras su muerte por Augusto[69].

El ingenio bien podría haber sido el sello distintivo de estas colecciones. Sin embargo, cualesquiera que sean sus similitudes superficiales con el *Philogelos,* se diferencian en un aspecto fundamental. Son todas, como el título *Dicta* o *Apophthegmata* indica, compilaciones de dichos de personas concretas e identificadas que permanecen unidos a sus creadores, aunque a veces haya divergencias sobre quién dijo primero determinada agudeza. En ese sentido, están tan próximas a la tradición de la biografía como a la de los

---

[68] Luciano, *Demon.* 12-62. Schlapbach 2010, esp. 258-260, ofrece una lectura sofisticada de la relación entre estos dichos ingeniosos y la construcción de Luciano de la vida escrita de Demónax. El uso moderno de los términos antiguos *apophthegmata* y *chreiai* tiende a implicar una división demasiado clara entre las dos categorías: la primera se refiere a «dichos inteligentes», y la segunda, más específicamente, a «máximas morales» o parodias ingeniosas de ellas. En la práctica, las categorías se funden, igual que ocurre con los proverbios y los acertijos. Para su intercambiabilidad, véase McClure 2003, esp. 274.

[69] Suetonio, *Aug.* 56. Al parecer se trataba de una colección de juventud del dictador, y se supone que estaba compuesta por sus propios *dicta* (aunque eso no se afirma explícitamente), o, de lo contrario, ¿por qué querría Augusto mantenerla en secreto?

chistes[70]. Se diferencian claramente de los chistes sin atribuir, descontextualizados y generalizados del *Philogelos*.

El análogo más cercano a éstos posiblemente se encuentre en los 150 volúmenes de *Ineptiae* («Nimiedades»), luego conocidos como *Ioci* («Chistes»), que recopiló un bibliotecario llamado Meliso durante el reinado de Augusto. Sin embargo, aunque se trata obviamente de un enorme compendio de ingenio, no tenemos la menor pista sobre su foco o principios organizativos. Puede que también estuviera organizado biográficamente, como una serie de dichos ingeniosos de grandes hombres y unas pocas mujeres[71]. Análogos más claros, si bien ficticios, son los libros de chistes que formaban parte distintiva del equipamiento profesional de los parásitos en las comedias romanas. En *Estico*, de Plauto, encontramos al desafortunado Gelásimo intentando aprenderse chistes de sus *libri* (libros), que en un momento anterior de la obra ha intentado subastar entre el público a cambio de una cena (un ejemplo clásico de un hombre desesperado que vende su único medio de subsistencia tan sólo para asegurarse la siguiente comida)[72]. Saturión, el parásito del *Persa (El persa)*, tal vez tenga una idea más acertada del valor de sus libros. Para él, los chistes que contienen son una dote en potencia para su hija: «Mira, tengo una carretilla llena de libros [...] Seiscientos de los chistes que hay en ellos serán tuyos como dote»[73].

---

[70] Las compilaciones como *Máximas de los espartanos*, de Suetonio, también se clasifican según el hablante, aunque el libro en conjunto equivale a un retrato de carácter cultural o étnico.

[71] Suetonio, *Gram.* 21. El título probablemente vaya en contra de una recopilación de máximas, pero remacha cuál es su tema; la colección de Aristodemo (que veremos a continuación) parece haber sido mucho más biográfica de lo que su título indica.

[72] *Stich.* 454-455, 221-224.

[73] *Persa* 392-394: «Librorum eccillum habeo plenum soracum / ... / dabuntur dotis tibi inde sescenti logi».

Cualesquiera que fuesen sus modelos reales, los libros de chistes de Plauto son en última instancia un producto de su imaginación, y nunca llega a citar ninguno de sus chistes (imaginarios). Los términos que emplea para referirse a ellos –*verba, dicta, logi, cavillationes*, etc.– podían significar casi cualquier cosa en todo el repertorio del ingenio, los chistes y las bromas. No obstante, la lógica de la trama cómica exige que estas ocurrencias sean multiuso, que se puedan utilizar y adaptar a cualquier ocasión en que el parásito quiera hacer reír; exige que sean chistes genéricos más que específicos. Por esa razón algunos lectores modernos del *Philogelos* han puesto mucho empeño en ver en esa colección lo más parecido que tenemos al recordatorio práctico de un bufón de la antigüedad.

Sin embargo, eso significa perderse una señal más importante que nos ofrecen Gelásimo, Saturión y su equipamiento cómico. Pues, pese a la relación estrecha y formal entre la comedia romana y sus antecesores cómicos griegos, no hay ninguna indicación en absoluto de que los parásitos de la comedia griega salieran al escenario con sus libros de chistes, ni de que esos libros de chistes jamás fuesen un accesorio del repertorio cómico griego. Los vestigios de esas obras de que disponemos no dan ninguna indicación al respecto. Las argumentaciones procedentes del silencio siempre son, por supuesto, peligrosas, pero las pruebas con que contamos (y hay, como veremos, otros indicadores que apuntan en esa misma dirección) dan a entender que los libros de chistes de este tipo, ya sea dentro o fuera del escenario, son algo característicamente romano. Volviendo a algunos de los temas principales que abordamos en el capítulo 4, el libro de chistes –en contraste con los compendios de máximas o dichos ingeniosos que van unidos a personajes concretos– puede que sea uno de los rasgos que nos permite diferenciar un poco la «fraternidad de rientes» de Roma de la de Grecia.

No es eso lo que se suele decir. Por lo general, los estudiosos han dado por supuesto que debían de existir tales antologías generales de chistes en el mundo griego antiguo y han manipulado determinados fragmentos para que encajen en esa suposición. Robert Maltby, por ejemplo, toma la referencia de Saturión a los chistes «atenienses» y «sicilianos» al referirse a los que servirían de dote para su hija («Serán todos atenienses; no te daré ninguno que sea siciliano») como prueba de que existía una tradición de libros de chistes atenienses y sicilianos[74]. Sin embargo, no está captando la cuestión. Sin duda Saturión se está refiriendo a la jerarquía estereotípica de las bromas del mundo romano, en la que la «sal ática» ocupaba el primer puesto, mientras que el ingenio siciliano quedaba un poco por detrás. Sólo puede incluir chistes de primera en la dote, y ni siquiera los de sicilianos son lo bastante buenos.

Para otros, los títulos de las antologías griegas clásicas y helenísticas de ingenio y humor de que disponemos indican una tradición literaria muy en la línea del *Philogelos*. Sin embargo, eso también es muy difícil de respaldar cuando observamos lo poco que podemos reconstruir de los libros, más allá de sus títulos. A primera vista, por ejemplo, podríamos esperar que la colección de Aristodemo –*Geloia Apomnēmoneumata* («Historias divertidas» o «Memorias humorísticas»)– contuviese una mezcla heterogénea de chistes, y no simplemente los dichos de individuos concretos. Tal vez así fuera, pero las pocas citas que conservamos en

---

[74] Maltby 1999, refiriéndose a *Persa* 395 («atque Attici omnes; nullum Siculum acceperis»). Podríamos compararlo con la seguridad de Gow en que los *Chreiai* de Macón bien pudieran ser «un valioso vademécum» para los bufones de la antigüedad, similares al «libro moderno de chistes con el que el hablante o anecdotista público [...] se puede refrescar la memoria o abastecer su repertorio» (1965, 24). Como Kurke 2002 deja claro, fuera para lo que fuese ese desconcertante texto, desde luego no era para eso.

Ateneo (y eso es todo lo que tenemos) parecen indicar que se trata de una recopilación de ocurrencias de determinados autores[75].

Ni siquiera los supuestos restos de un auténtico libro de chistes helenístico –al que se suele aclamar como el único y valioso superviviente del género– se prestan a un examen minucioso. Los restos de texto de este papiro hecho jirones del siglo III a. C. son muy escasos. Parecen ser una serie de comentarios o preguntas breves, agrupados bajo diversos encabezamientos. *Eis purron* es el único encabezamiento que ha sobrevivido completo, pero los expertos no se ponen de acuerdo en si significa «a (o contra) un pelirrojo» o «a (o contra) Pyrrhos» (como nombre propio, con P mayúscula). Tampoco se ponen de acuerdo sobre el estatus de los dichos ingeniosos de debajo de los encabezamientos. En el caso de *eis purron*, hasta donde podemos descifrar las palabras, éstas parecen decir: «No tienes cara *[prosopon]*, pero...», lo cual se repite con distintas inserciones, igual de desconcertantes, después del *pero*: «el sol del atardecer», por ejemplo, o «las brasas del fuego», etcétera[76]. Se debe casi por entero a los esfuerzos de Rudolf Kassel que se conozca como un libro de chistes, pues éste in-

---

[75] Cuesta encontrarle mucho sentido a la obra (y su fecha es, en cualquier caso, pura conjetura: siglo II d. C. o posterior, pero ¿cuánto tiempo posterior?). Las citas de Ateneo son todas chistes atribuidos a personajes concretos: reyes, glotones, parásitos y prostitutas; véase, por ejemplo, 6.244f (en que se da el *terminus post quem*), 6.246d-e, 8.345b-c, 13.585a. Puede que tengan cierta semejanza con los personajes del *Philogelos*, pero no estoy segura de hasta qué punto.

[76] El texto se encuentra de forma muy conveniente en Siegmann 1956, 27-37, que analiza en detalle las distintas lecturas e interpretaciones hasta esa fecha. Casi todo lo de este texto es refutado. No está claro, por ejemplo, si *Pyrrhos*, entendido como un nombre propio, es un nombre «real» o un apodo (como *Pelirrojo*). Aparte de éste, el único encabezamiento más o menos comprensible, aunque está muy restaurado, parece ser εἰ[ς] φα[λ]ακρόν (muy pocas letras están totalmente claras, y una vez más está la controversia de si se refiere a un calvo o es algún tipo de nombre propio).

tentó con valentía relacionar algunos de sus modismos con las bromas de los *scurrae* en la *Sátira* de Horacio sobre el viaje a Bríndisi y otras formas cómicas latinas[77]. Como era de esperar, otros críticos lo ven de forma distinta y detectan en su lugar los restos de una antología de epigramas o incluso algún tipo de texto sobre fisonomía[78]. Lo cierto es que el papiro está tan incompleto que no es posible extraer ninguna conclusión segura, salvo que no hay nada, más allá de alguna posible forma de clasificación según el tipo de personaje, que lo vincule con la clase de material que encontramos en el *Philogelos*.

Nunca podemos afirmar con absoluta seguridad que alguna forma cultural o género literario concretos no existieron o bien en el mundo griego o en el romano (de hecho, algunos de los chistes del *Philogelos* nos recuerdan claramente lo peligroso de autentificar lo que está ausente). Sin duda la cultura literaria de la Grecia clásica y helenística produjo colecciones de toda índole (entre ellas de máximas ingeniosas, epigramas, acertijos y dichos), y podríamos debatir hasta la saciedad dónde están los límites entre un tipo y otro, cuáles eran sus diversas funciones y lo que podríamos considerar que es un libro de «chistes». Sin embargo, todo indica que los libros de chistes, del tipo que hemos estudiado en este capítulo, no formaban parte significativa del panorama griego clásico; eran mucho más un producto romano (ya fuese del mundo latino de Plauto o de la cultura más amplia y mixta del Mediterráneo de la Roma imperial). De ser así, nuestra siguiente y última pregunta debe ser: ¿qué implica eso acerca del papel, estatus y función del chiste romano? O, por decirlo de otra forma,

---

[77] Kassel 1956. Su idea es aceptada por, entre otros, Maltby 1999; Andreassi 2004, 22-23 («ha convincentemente sostenuto che il papiro costituisse una sorta di *Witzbuch*»).

[78] Véase Siegmann 1956; más brevemente Andreassi 2004, 23.

¿qué diferencia supone para la idea de bromear el que un chiste pudiera convertirse en un «coleccionable» de libre circulación?

¿El chiste romano?

No podemos hablar del primer chiste del mundo (o ni tan siquiera del mundo occidental). Cualquier afirmación sobre dónde empezó «el chiste» rápidamente se viene abajo por cuestiones de definición. ¿Qué distingue a los chistes de todas las otras formas verbales para provocar risa? ¿Cuentan un epigrama ingenioso, una fábula o un juego de palabras como chistes? Si la risa es tan vieja como la humanidad, ¿podemos imaginarnos un tiempo en la historia de la comunicación humana en que el lenguaje no se usara para hacer reír?

Aun así, cuando Gelásimo sale a escena y amenaza con vender sus chistes y sus libros a cambio de una buena cena, nos encontramos en un mundo de bromas concreto y reconocible, en el que los chistes son un tipo de mercancía. Aunque la escena en sí pretende ser chistosa, se considera que los chistes de Gelásimo tienen un valor. Son objetos que desempeñan un papel en un sistema de intercambios. Tienen una existencia independiente del bromista; en el caso de Saturión, incluso se pueden ir legando de generación en generación. También son objetos que tienen su propia historia; de hecho, vimos en la broma de Trasón sobre el joven de Rodas, en *El eunuco* de Terencio, que la historia de un chiste podía ser parte de su gracia y de lo que hacía reír. Pese a su claro sesgo cómico romano, hay algo en todo esto que nos resulta familiar. También en el mundo moderno los chistes forman parte a menudo de un sistema de intercambios. Nos intercambiamos chistes. Los contamos con ánimo competitivo. También para nosotros pueden ser mercancías con una genealogía y un valor. Algunos incluso se ganan la vida vendiendo chistes a la radio y la televisión.

Hay muchos menos indicios de ese tipo de mercantilización en el mundo de la Grecia clásica y helenística. Por supuesto, existían todo tipo de formas por medio de las cuales el lenguaje y la literatura de ese periodo hacían reír; había muchos dichos ingeniosos y divertidos que se atribuían a figuras famosas, que iban de estadistas a filósofos, y había diversas ocasiones en que se esperaba que se contasen chistes (la idea del gorrón que consigue que le den de comer haciendo el bufón no era un invento romano). También hay algunas indicaciones de un estilo de chistes más generalizados y anónimos que nos recuerdan al *Philogelos*. Lo más parecido que tenemos se encuentra en la comedia de Aristófanes *Las avispas*, en la que, en el lío del final de la obra, el anciano Filocleón intenta infructuosamente que se calmen las cosas de un modo que se ha llamado caballeroso y sofisticado: contando una «historia sibarita»: «Un hombre de Sibaris se cayó de su cuadriga y se dio un golpe muy fuerte en la cabeza. Pues lo cierto es que no era un conductor muy hábil. Entonces un amigo suyo se inclinó sobre él y dijo: "Cada uno debería dedicarse a aquello que sabe hacer"»[79]. Las historias sibaritas son un curioso subgénero de dichos ingeniosos y moralizantes de la antigüedad que se centran en la supuesta estupidez de los habitantes de la ciudad de Sibaris, en el sur de Italia, que, antes de su destrucción a finales del siglo VI a. C., era famosa por ser excesivamente rica. Las historias las conocemos principalmente por fragmentos de citas que encontramos en escritores de época romana, y se suelen agrupar junto con las fábulas, como hace el propio Aristófanes en un momento anterior de la obra («algo divertido

---

[79] Aristófanes, *Vesp.* 1427-1431.

de Esopo o una historia de Sibaris»). Es inevitable que el sibarita estúpido y anónimo nos recuerde a los lerdos habitantes de Abdera, Cime y Sidón del *Philogelos*[80].

Sin embargo, no parece que en la Grecia clásica y helenística los chistes fueran tratados como mercancías coleccionables del mismo modo que en Roma o el mundo romano. Esa diferencia queda muy bien captada en una historia sobre el rey Filipo de Macedonia que relata Ateneo en su extraordinaria enciclopedia y antología de literatura y cultura, en varios volúmenes, que es *El banquete de los eruditos*. Escrita en griego por un hombre de la provincia romana de Egipto hacia finales del siglo II o principios del III d. C., pretende ser la transcripción de un banquete que da un rico mecenas romano en la que figuran varios eruditos que intercambian citas y una deslumbrante (y, seamos sinceros, a veces aburrida) cháchara académica. Los chistes y las bromas están entre los temas de Ateneo, y ya nos hemos aprovechado en páginas anteriores de parte del material poco convencional que preservó en su libro, como es el caso de la curiosa historia de Parmenisco y su incapacidad de reír. Un personaje de ese banquete, un romano llamado Ulpiano, cuenta una historia especialmente reveladora sobre un intento de Filipo de comprar unos chistes[81].

---

[80] Vínculos con la fábula: Aristófanes, *Vesp.* 1259. El estudio más reciente de las historias sibaritas es Bowie 2013, 252-255. No estoy tan segura como Bowie (252) de que el género de estas historias deba de alguna forma remontarse a antes de la destrucción de Sibaris (ya que el lugar tenía tan proverbial fama), pero me llama la atención que llegue a la conclusión de que la *colección* de estas historias es justo anterior a Ovidio (255); Eliano, *VH* 14.20 (a finales del siglo II o principios del III d. C.), da a entender que había leído una colección. Véase también, para la tradición de Sibaris, Gorman y Gorman 2007 (que muestra de forma muy útil cuánto «contribuye» Ateneo a los fragmentos que cita).

[81] El contexto y los personajes del *Deipnosophistae* están bien estudiados en varios ensayos de Braund y Wilkins 2000, especialmente Milanezi 2000, para la sección sobre las bromas, y Braund 2000, para el contexto romano (lo que incluye la identidad de Ulpiano: véase esp. 17).

Ulpiano explica que, en la Atenas del siglo IV a. C., había un grupo de hombres ingeniosos que se solían reunir en un santuario que estaba a las afueras de la ciudad. Conocidos como Los Sesenta, por mor de su número, tenían especial habilidad *(sophia)* para hacer reír. Cuando Filipo oyó hablar del grupo, ofreció una gran cantidad de dinero a cambio de sus chistes *(geloia)*: «Les envió un talento de plata para que escribiesen sus chistes y se los mandaran»[82]. Esta historia se ha tomado a menudo como otra prueba de la existencia de colecciones de chistes en la Grecia del siglo IV (este grupo de bromistas sería simplemente «del tipo que podrían haber transformado su repertorio oral en libros escritos de chistes», como ha dicho un crítico)[83]. Y eso podría parecer a primera vista.

Sin embargo, mientras escribía este capítulo, me he dado cuenta de que es mucho más probable que la historia –y la moraleja que encierra– apunte en la dirección contraria. Aunque el resumen que ofrece Ateneo es muy breve, le siguen a continuación unas anécdotas relacionadas con la afición a la risa de un par de autócratas famosos por ser muy desagradables, Demetrio Poliorcetes y Sila. En el contexto ateniense original, con casi toda seguridad la historia de Los Sesenta no se veía como un ejemplo positivo de espíritu emprendedor de recopilación literaria, sino como uno negativo de mercantilización transgresora y autocrática: Filipo, el monarca rico y poderoso, pensó equivocadamente que podía comprar el ingenio de Los Sesenta en una práctica forma escrita para llevar (no se nos cuenta si llegaron a enviarle los chistes)[84].

---

[82] Ateneo, *Deipnosophistae* 14.614d-e: τοσαύτη δ' αὐτῶν δόξα τῆς ῥᾳθυμίας ἐγένετο ὡς καὶ Φίλιππον ἀκούσαντα τὸν Μακεδόνα πέμψαι αὐτοῖς τάλαντον, ἵν' ἐκγραφόμενοι τὰ γελοῖα πέμπωσιν αὐτῷ. Una versión similar, aunque más breve, de la historia se encuentra en 6.260a-b, citando a Hegesandro de Delfos, del siglo II d. C., como su fuente inmediata.
[83] La cita es de Hansen 1998, 273; véase también Andreassi 2004, 18-19.
[84] Como Hansen 1998, 273, reconoce con prudencia.

El mundo romano era distinto. La mercantilización del humor (en forma de chistes que eran intercambiados, transmitidos de unos a otros, recopilados o comprados y vendidos) no era ninguna señal de la voluntad transgresora de un autócrata; parece mucho más una norma cultural romana. Ésa es la implicación no sólo de las bromas de Gelásimo y de sus compañeros los parásitos cómicos romanos, o del lenguaje del *Philogelos*; la llamativa disparidad de vocabulario entre el latín y el griego que destaqué en el capítulo 4 nos empuja en la misma dirección. El latín tiene una enorme y–casi innecesaria– rica variedad de palabras para las bromas y los chistes, mientras que la lengua griega parece dar prioridad al vocabulario del hecho de reír y la risa, en el que se estiran al máximo *geloion* y *skōmma* (a los que posiblemente podríamos añadir *chreia*) para que se refieran a chistes de diversos tipos.

Sería una peligrosa simplificación que estableciéramos contrastes marcados y fijos entre las culturas humorísticas de «Grecia» y «Roma» a partir de estas reveladoras pistas. Sin embargo, también sería irresponsable y poco imaginativo que siguiéramos ciegos a las distintas coordenadas culturales sobre los chistes y las bromas que nos indican: en particular, la idea de que en el mundo romano el chiste no sólo funcionaba como un modo de interacción, sino que también existía como un objeto cultural o un artículo. El estudioso más reacio a los riesgos podría interpretarlo en términos de una diferencia de énfasis, tal vez complicado por los patrones de indicios y su supervivencia. El más osado tendría la tentación de hacer afirmaciones mucho más radicales, y localizaría los orígenes del «chiste», tal y como lo entendemos ahora, dentro de la cultura romana y lo consideraría uno de los legados más importantes de los romanos a la historia de Occidente, muy por encima de la construcción de puentes y carreteras. Conforme llego al final de este libro, como un cómico mientras el espectáculo toca a su fin, me inclino por la osadía.

Pero, sea cual sea la línea que decidamos seguir, la cuestión de cómo explicar exactamente la naturaleza concreta del chiste del mundo romano sigue desconcertando. Y nos devuelve a todos esos problemas sobre cómo podríamos escribir una historia de la risa que incluyera sus cambios en el tiempo (y lugar), tal y como planteé en el capítulo 3. Diversos factores parecen relevantes en este sentido. Podríamos señalar la naturaleza de la teoría y práctica retóricas romanas y el modo en que cosificaron distintas formas de habla. Podríamos centrarnos en las relaciones sociales entre Gelásimo y sus mecenas (ya sea en el escenario o en el público) que presenta la comedia romana. ¿Hasta qué punto estaba la idea del chiste como mercancía vinculada con las mordaces relaciones transactivas del mundo romano entre mecenas y cliente, entre rico y pobre? ¿Fue en ese contexto en el que las bromas quedaron definidas como un objeto de intercambio (tanto como un modo de interacción cultural)? También podríamos, de forma más cínica, llegar a la conclusión de que uno de los rasgos distintivos del dominio de la Roma imperial fue la mercantilización de la cultura, ya fuera la del resto del Mediterráneo o la suya propia. Todo en el Imperio Romano tenía un precio. Lo mismo que los conquistadores imperiales hicieron con sus compras, confiscaciones, reproducciones, intercambios, clasificaciones y valoraciones de obras de arte, lo hicieron con el ingenio, los chistes y las bromas. No es de extrañar, por tanto, que «el modelo del rey Filipo» se convirtiese en una fuerte corriente de la «fraternidad de rientes» de Roma.

Puede que todos estos factores intervengan. Pero, como siempre, bien vale la pena que prestemos cuidadosa atención a lo que los propios habitantes del Imperio Romano tenían que decir al respecto y, en este caso, que volvamos por última vez a Ateneo. Justo antes de que cuente el interés de Filipo por Los Sesenta, Ulpiano ya está ocupándose del tema de los chistes, y aborda la cuestión (por muy loca que nos pueda parecer ahora) de quién inventó «el chiste». El texto principal que emplea está formado por unas pocas líneas de una obra *(Locura de viejos)* de Anaxándrides, dramaturgo cómico del siglo IV a. C.: «Radamantis y Palamedes tuvieron la idea de hacer que la persona que fuera al banquete sin aportar nada *[asymbolos]* contara chistes». Sabemos muy poco o nada sobre el contexto de este comentario en la obra, de la que sólo han sobrevivido unas cuantas citas y referencias desperdigadas. No obstante, es especialmente revelador para la historia de la risa el modo en que Ulpiano introduce y malinterpreta constructivamente las líneas que cita: «En *Locura de viejos* –dice–, Anaxándrides afirma que Radamantis y Palamedes fueron los inventores *[heuretai]* de los chistes»[85]. Eso no es en absoluto lo que escribió Anaxándrides: hasta donde sabemos, sólo dijo que esos dos personajes mitológicos fueron los primeros que tuvieron la brillante idea de hacer que los gorrones se pagaran la cena por medio de la risa.

Estas pocas líneas condensan mucho más sobre la risa griega y romana de lo que pudiera parecer. Ateneo, que escribía a finales del siglo II d. C., da una nueva interpretación –quizá inconscientemente– a la afirmación de Anaxándrides sobre una práctica social (el papel del parásito en los banquetes) transformándola en una afirmación sobre los propios chistes. Ciertamente la mayoría de los escritores modernos han seguido a Ateneo al proponer que Anaxándrides atribuyó la invención de los *geloia* (chistes) a Radamantis y Palameles, dos inventores e intelectuales

---

[85] *Deipnosophistae* 14.614c. Ateneo glosa: Ἀναξανδρίδης δ' ἐν Γεροντομανίᾳ καὶ εὑρετὰς τῶν γελοίων φησὶ γενέσθαι Ῥαδάμανθυν καὶ Παλαμήδην, λέγων οὕτως; seguido de la cita en sí: καίτοι πολλοί γε πονοῦμεν. / τὸ δ' ἀσύμβολον εὗρε γελοῖα λέγειν Ῥαδάμανθυς / καὶ Παλαμήδης.

bien conocidos de la tradición mitológica griega[86]. Pero Anaxándrides no hizo nada de eso. De hecho, este pasaje aparentemente simple marca el cambio que he estado indicando de la *práctica de las bromas* al *chiste* mercantilizado. El dramaturgo griego del siglo IV estaba hablando de lo primero, pero el autor del periodo romano supone lo segundo, y refleja el estatus del chiste en su mundo como un objeto de estudio y teorización por derecho propio, como un objeto con su propio valor e historia y como un objeto que se podía inventar o descubrir.

Éste es el sentido en el que podríamos llegar a la conclusión de que ciertamente fueron «los romanos» los que inventaron «el chiste»[87].

---

[86] Por ejemplo, Milanezi 2000, 402, aunque el capítulo es, en general, un útil estudio de esta sección de la obra de Ateneo. Para Palamedes como inventor y héroe cultural mitológico, véase Gera 2003, 122-127; ya vimos en el capítulo 7 otra aparición de Radamantis; para la pareja, véase Ceccarelli 2013, 69 (que es ligeramente más cuidadoso que la mayoría en lo que atribuye exactamente a Anaxándrides).

[87] Por supuesto, puede que hubiera afirmaciones anteriores, ahora perdidas, sobre el papel de Palamedes y Radamantis como inventores del chiste, pero lo cierto es que éste es el único testimonio que tenemos, y, existieran los paralelismos que existiesen en su momento (o no), el fallo de Ateneo y su eficaz nueva interpretación de la afirmación de Anaxándrides son muy llamativos.

EPÍLOGO

Hacia el final de mi estancia en Berkeley, tuve una larga charla en el café Free Speech Movement del campus con Erich Gruen, renombrado historiador de la antigüedad de Berkeley cuya obra he leído, debatido y a veces refutado desde que era estudiante universitaria en los años setenta.

Reflexionamos sobre los temas de mis conferencias Sather y sobre los rasgos distintivos, y a veces la rareza, de la risa romana. Hablamos sobre muchas de las cuestiones que ahora ya he dejado escritas en este libro: el lugar de la risa en el límite entre humano y animal, emperador y súbdito o dioses y hombres; la ausencia de la sonrisa como significante cultural; la variedad de extrañas (para nosotros) especulaciones de los romanos sobre los orígenes de la risa. ¿Cómo podíamos imaginarnos un mundo en el que se pensara que los labios eran la parte del cuerpo humano con más cosquillas en vez de las plantas de los pies? ¿Podríamos llegar alguna vez a encontrarle la gracia a un chiste de crucifixiones? ¿Creíamos de verdad que había algunas sustancias químicas en el mundo antiguo –o, ya puestos, manantiales mágicos– que hacían reír a la gente? Además, ¿cómo sería una historia de la risa de la antigüedad (o posterior) y cómo encajaría en ella la romana?

El enfoque de Erich era otro. Para él, lo sorprendente de la risa romana no era su rareza; ciertamente podía parecer desconcertante a veces, o incluso incomprensible, de muchas de las formas que yo había indicado; pero no era menos sorprendente el simple hecho de que dos mil años después, en un mundo radicalmente distinto, todavía pudiéramos reírnos de algunos de los chistes que al parecer hacían que los romanos se partieran de risa. ¿No era el principal problema, preguntó, la *comprensibilidad* de la risa romana y no lo contrario?

Hablamos un rato más mientras nos preguntábamos qué podría explicar nuestra capacidad para entender los chistes romanos, o al menos algunos de ellos. Obviamente sería peligroso oponerse por entero a los universales de la neurociencia. Puede que los estímulos para reír que se dan en el cerebro humano trasciendan de algunas formas las diferencias culturales. Sería igual de peligroso no querer ver los patrones de la cultura popular mundial que, lo expliquemos como lo expliquemos, presentan temas e historias muy similares en los cuentos populares, fábulas y dichos de todo el orbe. De hecho, hay chistes árabes tradicionales que se parecen mucho a algunos de los del *Philogelos*[1]. Aun así, buena parte de aquello sobre lo que yo había hablado en las conferencias indicaba que, en general, las diferencias culturales en la práctica de la risa vencen a cualquier universal cultural o biológico al que siempre podría ser tranquilizador recurrir.

En los más de cinco años que han transcurrido desde esa conversación, me he convencido cada vez más de que la razón de que podamos reírnos junto con los antiguos romanos es porque es de ellos –al menos en parte– de los que hemos aprendido *cómo* reírnos y *de qué*. Sigo pensando que hay un elemento de sugestión en las risitas que algunos chistes del *Philogelos* pueden provocar en un público

---

[1] Marzolph 1987 analiza las similitudes con las tradiciones árabes. Andreassi 2004, 81-124, recopila más paralelismos humorísticos en distintas culturas.

moderno (nos reímos porque estamos decididos a hacerlo y porque es divertido de por sí reírse de chistes que existen desde hace dos milenios y que, en cualquier caso, se traducen y cuentan teniendo muy en cuenta el lenguaje de los chistes modernos). Pero hay más.

Por muy tentativa que tenga que ser siempre la afirmación de que los romanos inventaron los chistes (y, por supuesto, lo digo hasta cierto punto a modo de provocación), hay algo que es totalmente seguro: los ingenios y estudiosos del Renacimiento en adelante, que ayudaron a definir los principales contornos de la cultura europea de la risa con sus eruditos debates y colecciones de enorme éxito de chistes y «cuentos divertidos», tenían a la Antigua Roma como su antecesora directa e inspiración. *Sobre el orador*, de Cicerón, no sólo les proporcionó lo más parecido que tenían a una teoría de la risa, sino también una colección de bromas que podían tomar –tal y como estaban, o bien enmendadas con aportaciones modernas– para sus propias antologías de *facetiae*, y también tenían para saquear las *Saturnales* de Macrobio, donde podían encontrar las agudezas del propio Cicerón[2]. En el siglo XVIII algunas partes del *Philogelos* ya estaban muy difundidas. De hecho, se suele decir que el gran clasicista de Cambridge, Richard Porson (1759-1808), planeó escribir una edición académica del libro de chistes más conocido de su época, *Las chanzas de Joe Miller*, con el fin de demostrar que cada chiste que contenía provenía del «Amante de la risa» de la antigüedad. Se habría equivocado, pero no tanto como se pueda pensar[3].

---

[2] La obra de Barbara Bowen ha abierto el mundo de los libros de chistes renacentistas. Véase, por ejemplo, Bowen 1984; 1986a; 1986b; 1998. Para un periodo anterior (las bromas de Cicerón en la cultura de la corte inglesa del siglo XII), véase J. M. Martin 1990.

[3] Esta historia se remonta al menos al siglo XIX. Deja bien claro su sentido (tanto sobre Porson como sobre *Joe Miller*), aunque tal vez no sea estrictamente cierta; véase Baldwin 1983, xii.

Ha habido, por supuesto, todo tipo de otras influencias en la risa moderna. Sería ridículo afirmar que nuestra cultura de la risa desciende sin adulterar de la romana, y no menos ridículo suponer que existe una única cultura homogénea de risa occidental moderna, traspase o no límites lingüísticos y étnicos (la larga tradición de chistes judíos es una más de otras muchas). Y, por supuesto, los saqueos que nuestros antepasados hicieron en las colecciones de chistes clásicas fueron muy selectivos. A los humanistas del Renacimiento y los bromistas eruditos del siglo XVIII les debió de resultar parte de lo que leían en sus fuentes antiguas tan desconcertante como a nosotros, y a veces incluso más; como ya hemos visto, al doctor Johnson le costó mucho entender el del lumbrera, el calvo y el barbero. No obstante, los chistes que escogieron, reescribieron, adaptaron y se fueron pasando de esos modelos romanos están en la base de nuestro lenguaje cómico moderno, por lo que no es de extrañar que aún nos riamos con ellos, ni que exijan (y se merezcan) el tipo de atención que les he prestado en este libro, así como a la más amplia «fraternidad de rientes» de Roma.

De hecho, todavía seguimos contando chistes romanos casi al pie de la letra, a sabiendas o, lo que es más habitual, sin saberlo.

Una de las ocurrencias que se atribuyen a Enoch Powell –conocido político del siglo XX de ingenio sardónico, además de experto clasicista– es su réplica a un barbero parlanchín. «¿Cómo le corto el pelo, señor?» «En silencio», contestó Powell. La anécdota está muy difundida en colecciones de humor moderno y hasta se gana la admiración a regañadientes de los que detestan la labor política de Powell. Tengo la impresión de que éste era perfectamente consciente de que había tomado su ingeniosa réplica del chiste del barbero parlanchín del *Philogelos*, o, en todo caso, de la misma salida tal y como la cuenta Plutarco atribuyéndola al rey Arquelao de Macedonia. No me sorprendería que para Powell parte de la broma estuviese en el hecho de que sabía exactamente de dónde procedía, mientras que los que la repetían tan admirados no tenían ni la menor idea[4].

Otros chistes clásicos pueden estar aún más arraigados en nuestra cultura. Fue pura serendipia que, para leer de noche al principio de mi estancia en Berkeley, eligiera la novela de Iris Murdoch *El mar, el mar*. Es una historia típica de Murdoch de angustia e intriga sexual entre las clases privilegiadas, en la que, en este caso, un actor retirado, Charles Arrowby, espera (en vano) huir de los difíciles enredos amorosos que tiene en Londres mudándose a una casita de la costa. Casi a mitad de novela, pasa una velada con su amigo y rival Peregrine, que quiere seguir bebiendo toda la noche. «No te vayas –le ruega a Charles cuando éste finalmente se decide a irse–. Te voy a contar el chiste favorito de Freud, si consigo recordarlo. El rey se encuentra con su doble y le dice: "¿Trabajaba tu madre en palacio?", y el doble contesta: "No, pero mi padre sí". ¡Ja, ja, ja, qué chiste más bueno!» Luego, borracho, lo repite pensando que Charles no lo ha cogido: «[...] por el amor de

---

[4] La broma es menos apócrifa de lo que pudiera parecer. Se cuenta en el diario del compañero de política de Powell, Woodrow Wyatt (Wyatt 1998, 282-283, entrada del 31 de enero de 1987): «Hay un barbero muy parlanchín en la Cámara de los Comunes que nunca para de hablar de política a los parlamentarios mientras les corta el pelo y de explicarles sus ideas sobre el mundo. Un día Enoch Powell fue a que le cortase el pelo y, al sentarse, el barbero le dijo: "¿Cómo quiere que le corte el pelo, señor?". "En silencio", contestó Powell». Wyatt deja claro que el barbero era conocido por ser muy parlanchín, así que Powell habría tenido tiempo para preparar su réplica clásica. Después de empezar a investigar esta historia, pude acceder a una entrevista con el propio barbero, Stephen Silverne, gracias a Gloria Tyler, de la Biblioteca de la Cámara de los Comunes (British Library, Sound and Moving Image Collection, C1135/14), y en ella Silverne cuenta la historia de forma muy similar. Para otra versión moderna de esta chanza, véase Andreassi 2004, 75-76.

Dios, no te vayas, aquí tengo otra botella. "*¡No, pero mi padre sí!*"»[5].

No sabemos si de verdad era el chiste favorito de Freud, pero ciertamente éste lo utilizó como ejemplo en su libro sobre los chistes. En él, es un miembro de la familia real que está de gira por provincias el que «se fijó en un hombre de la multitud que tenía un parecido sorprendente con su exaltada persona. Lo llamó y le preguntó: "¿Trabajó tu madre alguna vez en palacio?". "No, alteza –contestó el otro–, pero mi padre sí"»[6]. El chiste de Murdoch me llamó mucho la atención; claro, era el que había leído ese mismo día en la biblioteca. Pero ni Murdoch ni Freud parecen haberse dado cuenta de que «el chiste favorito de Freud» tenía casi dos mil años de antigüedad. Macrobio lo citó como un gran ejemplo de la paciencia con que Augusto soportaba las pullas hechas a sus expensas, como ya vimos, y Valerio Máximo cita una broma muy parecida al narrar un encuentro entre un gobernador romano de Sicilia y un habitante del lugar que era idéntico a él. El gobernador quedó asombrado por el parecido, «ya que su padre nunca había estado en la provincia. "Pero mi padre estuvo en Roma", indicó su doble».

Y es que, como se suele decir, los viejos son los mejores.

Cambridge
1 de diciembre de 2013

---

[5] Murdoch 1999 [1978], 182; la cursiva es mía. Su afirmación de que era el chiste favorito de Freud tiene en parte la intención de encajar con las complejas intrigas sexuales y ansiedades de la novela.
[6] Freud 1960 [1905], 107.

AGRADECIMIENTOS

Llegué a la Universidad de Berkeley en septiembre de 2008 con un lío de ideas sobre la risa en la cabeza y absolutamente nada escrito todavía. Estoy enormemente agradecida a todos los clasicistas e historiadores de la antigüedad de allí (tanto profesores como estudiantes de posgrado) por brindarme el apoyo y confianza para dar forma a todo ese lío y por hacer que me sintiera como en casa. Nunca olvidaré ir de compras con Leslie Kurke, recorrer las bodegas del lugar y tener mi primer Día de Acción de Gracias norteamericano con Andy Stewart y Darlis, aprender sobre «propuestas» electorales con Kathy McCarthy y volver a entablar contacto con Ron Stroud al cabo de más de treinta años. Los estudiantes de posgrado se hicieron cargo de mí, decididos a que no me perdiera nada de la agitación de una campaña electoral estadounidense. Me llevo una gran alegría cuando me encuentro con muchos de ellos en congresos de distintas partes del mundo y compruebo que todo les va tan bien. Son la mejor publicidad que pueda tener Berkeley.

En el largo proceso de convertir las conferencias en este libro, he contado con la generosa ayuda de algunos compañeros de Cambridge y de otras partes, que leyeron fragmentos del borrador y me contestaron a todo tipo de preguntas: Colin Annis, Franco Basso, James Clackson, Roy

Gibson, Ingo Gildenhard, Simon Goldhill, Richard Hunter, Val Knight, Ismene Lada-Richards, Robin Osborne, Michael Reeve, Malcolm Schofield, Ruth Scurr, Michael Silk, Caterina Turroni, Gloria Tyler, Carrie Vout, Andrew Wallace-Hadrill y Tim Whitmarsh. Joyce Reynolds leyó todo el manuscrito e hizo algunos comentarios interesantes (y es para mí un gran privilegio estar a punto de cumplir sesenta años y todavía poder hablar de mi obra con mi antigua profesora).

Muchas otras personas también han hecho aportaciones a este proyecto. Debbie Whittaker buscó innumerables referencias y con su agudísima vista tuvo controlada toda la bibliografía. Lyn Bailey y todo el personal de la Biblioteca de la Facultad de Estudios Clásicos de Cambridge se desvivieron para ayudarme a encontrar libros y comprobar referencias en las fases finales del libro. Ha sido un placer trabajar con mis contactos en UC Press (especialmente con Cindy Fulton y Eric Schmidt), como también lo ha sido trabajar con Juliana Froggatt, que es una gran correctora. Los versados comentaristas que han participado en mi blog (http://timesonline.typepad.com/dons_life/) han aportado todo tipo de perspicaces indicaciones, que van de la bibliografía a las interpretaciones de chistes; uno de ellos hasta se dio cuenta de que el subtítulo de este libro era un claro eco –aunque inconsciente– del gran libro de Adam Phillips que se titula *De besar, hacer cosquillas y aburrirse*.

Debo mostrar un agradecimiento especial a mis compañeros en el estudio de la risa antigua: a Stephen Halliwell, que leyó dos capítulos clave sobre los que hablamos extensamente (además de darme más confianza cuando ésta empezaba a flaquearme), y a Catherine Conybeare, que hizo lo mismo y tuvo la amabilidad de compartir conmigo una versión preliminar de su nuevo libro, *La risa de Sarah* (que dio la casualidad de llegar a mi mesa en forma impresa justo cuando estaba escribiendo el epílogo). Y, sobre todo, a

Peter Stothard, que vino en mi ayuda varias veces cuando me sentía derrotada por lo que intentaba escribir; tuvo la maravillosa habilidad de entender lo que yo quería decir y de ver mejor que yo la forma más efectiva de escribirlo.

Mi familia, Robin, Zoe y Raphael, me ha ayudado de todas las formas en que ayudan las familias e incluso más, lo que incluye (en el caso de Raphael) su abnegación filial a la hora de echarme una mano para comprobar referencias y traducciones. Se han ganado un merecido descanso después de *La risa en la Antigua Roma*.

TEXTOS Y ABREVIATURAS

En las notas he seguido las convenciones de *L'Année philologique* para abreviar los títulos de publicaciones. En los títulos de obras antiguas he dado la versión completa o bien usado las abreviaturas del *Oxford Classical Dictionary* (tercera edición). En unos pocos casos en los que es la práctica habitual y no puede haber confusión (por ejemplo, Catulo o Livio), mis referencias omiten el título por completo. Todas las traducciones son mías, salvo donde se especifica en sentido contrario. He usado ediciones clásicas de textos antiguos –Oxford Classical Texts, Teubners o Loebs recientes–, pero señalando diferentes interpretaciones de manuscritos donde era relevante. Para obras modernas con una discrepancia que puede inducir a confusión entre la fecha de la edición que cito y la fecha en que se publicó por primera vez, indico ambas de esta forma: Hobbes 1996 [1651].

Otras abreviaturas son las siguientes:

AE	*L'Année épigraphique: Revue des publications épigraphiques relatives à l'antiquité romaine.* París, 1888.
AL	*Anthologia Latina*, ed. A. Riese *et al.* Leipzig, 1894-1926.
Anec. Graeca	*Anecdota Graeca*, ed. I. Bekker. Berlín, 1814-1821.

AP	*Anthologia Palatina*, en *The Greek Anthology*, Loeb Classical Library, ed. W. R. Paton. Londres, 1916-1918.
CGL	*Corpus Glossariorum Latinorum*, ed. G. Goetz *et al.* Leipzig, 1888-1923.
CIL	*Corpus Inscriptionum Latinarum*. Berlín, 1863.
DK	*Die Fragmente der Vorsokratiker griechisch und deutsch*, 11 ed., ed. H. Diels y W. Kranz. Zúrich y Berlín, 1964.
GCN	*Groningen Colloquia on the Novel*. Groningen, 1988.
GLK	*Grammatici Latini*, ed. H. Keil. Leipzig, 1855-1880.
IDelos	*Inscriptions de Délos*. París, 1923.
ILS	*Inscriptiones Latinae Selectae*, ed. H. Dessau. Berlín, 1892-1916.
Jacoby, *FGrHist*	*Die Fragmente der griechischen Historiker*. Berlín, Leiden, 1923.
L&S	*A Latin Dictionary*, ed. C. T. Lewis y C. Short. Oxford, 1879.
LGPN	*A Lexicon of Greek Personal Names*, ed. P. M. Fraser *et al.* Oxford, 1987.
LIMC	*Lexicon Iconographicum Mythologiae Classicae*. Zúrich, 1981.
New Pauly	*Brill's New Pauly*, ed. H. Cancik, H. Schneider y M. Landfester. Leiden, 2002-2010.
OLD	*Oxford Latin Dictionary*, ed. P. Glare. Oxford, 1982 (rev. 2012).
PLM	*Poetae Latini Minores*, ed. A. Baehrens. Leipzig, 1879-1883 (rev. F. Vollmer).
P.Oxy.	*Oxyrhynchus Papyri*. Egypt Exploration Society. Londres, 1898.
PPM	*Pompei, pitture e mosaici*, ed. G. Pugliese Carratelli. Roma, 1990-1999.

Rerum
memorandarum Lib.   F. Petrarca, *Rerum memorandarum Libri*, ed.
G. Billanovich. Florencia, 1945.
ROL   *Remains of Old Latin*, Loeb Classical Library,
ed. E. H. Warmington. Londres y Cambrid-
ge, MA, 1935-1940.

REFERENCIAS

Alpers, P. (1979): *The Singer of the «Eclogues» A Study in Virgilian Pastoral*. Berkeley y Londres.

Andersen, O., y J. Haarberg (2001): *Making Sense of Aristotle: Essays in Poetics*. Londres.

Andre, J. (1972): *Pline l'Ancien, «Histoire Naturelle», Livre XXIV*. París.

Andreassi, M. (2004): *Le facezie del «Philogelos»: Barzellette antiche e umorismo moderno*. Lecce.

— (2006): «Il λιμόξηρος nella Vita Aesopi e nel Philogelos». *ZPE* 158: 95-103.

Arndt, E. (1904): *De ridiculi doctrina rhetorica*. Diss., Kirchain.

Arnott, W. G. (1972): «Targets, Techniques and Tradition in Plautus' Stichus». *BICS* 19: 54-79.

— (1985): «Review of Janko» (1984). *CR* 35: 304-306.

Atkinson, R. F. (1993): «Humour in Philosophy». En *Humour and History*, ed. K. Cameron, pp. 10-20. Oxford.

Attardo, S. (1994): *Linguistic Theories of Humor*. Berlín y Nueva York.

Attardo, S., y V. Raskin (1991): «Script Theory Revis(it)ed: Joke Similarity and Joke Representation Model». *Humor* 4: 293-347.

Bailey, J. F., M. Henneberg, I. B. Colson, A. Ciarallo, R. E. M. Hedges y B. C. Sykes (1999): «Monkey Business in Pompeii: Unique Find of a Juvenile Barbary Macaque Skeleton». *Molecular Biology and Evolution* 16: 1410-1414.

Bajoni, M. G. (1998): «Lucius Utricida: Per un'interpretazione di Apul. Met. 2,32 pp. 51-52 Helm». *RhM* 141: 197-203.

Bajtin Bakhtin, M. (1968): *Rabelais and His World*. Trad. H. Iswolsky. Cambridge, MA. Publicado originalmente en ruso en 1965.

— (1981): «Forms of Time and Chronotope in the Novel». En *The Dialogic Imagination*, ed. M. Holquist, trad. C. Emerson y Holquist, pp. 84-259. Austin. Publicado originalmente en ruso en 1937-1938.

— (1986): *Speech Genres and Other Late Essays*. Trad. V. W. McGee. Austin. Publicado originalmente en ruso en 1979.

Baldwin, B. (1983): *The Philogelos or Laughter-Lover*. London Studies in Classical Philology 10. Ámsterdam.

— (1986): «John Tzetzes and the Philogelos». *Byzantion* 56: 339-341. Reimpreso en *Roman and Byzantine Papers*, 329-331 (1989). Ámsterdam.

Ballard, C. (2006): «Strange Alliance: Pygmies in the Colonial Imaginary». *World Archaeology* 38: 133-151.

Barbet, A., y P. Miniero (1999): *La Villa San Marco a Stabia*, 3 vols. Nápoles y Roma.

Barchiesi, A. (2005): *Ovidio Metamorfosi*, vol. 1, lib. 1-2. Milán y Roma.

Barnes, J. (2003): *Porphyry, Introduction*. Oxford.

Barsby, J. (1999): *Terence: Eunuchus*. Cambridge.

— (2000): «Donatus on Terence: The Eunuchus Commentary». En *Dramatische Wäldchen: Festschrift für Eckhard Lefèvre zum 65. Geburtstag*, ed. E. Stark y G. Vogt-Spira, pp. 491-513. Hildesheim.

— (2001): *Terence: The Woman of Andros, The Self-Tormentor, The Eunuch*. Cambridge, MA, y Londres.

Barton, C. A. (1993): *The Sorrows of the Ancient Romans*. Princeton, NJ.

Bataille, G. (1997): «Laughter». En *The Bataille Reader*, ed. F. Botting y S. Wilson, pp. 59-63. Oxford y Malden, MA. Reimpresión de «Two Fragments on Laughter» (1988). En *Guilty*, trad. B. Boone, 139-143. Venice, CA. Publicado originalmente en francés en 1944.

Baudelaire, C. (1981): «Of the Essence of Laughter: And Generally of the Comic in the Plastic Arts». En *Baudelaire: Selected Writings on Art and Artists*, trad. P. E. Charvet, pp. 140-161. Cambridge. Publicado originalmente en francés en 1855.

Beacham, R. C. (1991): *The Roman Theatre and Its Audience*. Cambridge, MA.

Beard, M. (1996): «The Roman and the Foreign: The Cult of the "Great Mother" in Imperial Rome». En *Shamanism, History and the State*, ed. N. Thomas y C. Humphrey, pp. 164-190. Ann Arbor, MI.

— (2007): *The Roman Triumph*. Cambridge, MA.

Beard, M., J. North y S. R. F. Price (1998): *Religions of Rome*, 2 vols. Cambridge.

Beckett, S. (1963): *Murphy*. Londres. Publicado originalmente en 1938.

Berger, P. L. (1997): *Redeeming Laughter: The Comic Dimension of Human Experience*. Berlín y Nueva York.

Bergmann, B., y C. Kondoleon (eds.) (1999): *The Art of Ancient Spectacle*. Studies in the History of Art 56. National Gallery of Art, Washington DC.

Bergson, H. (1911): *Laughter: An Essay on the Meaning of the Comic*. Trad C. Brereton y F. Rothwell. Londres. Publicado originalmente como tres artículos en francés en 1900.

Bernays, J. (1853): «Erganzung zu Aristoteles Poetik». *RhM* 8: 561-596.

Bernstein, F. H. (1998): *Ludi Publici: Untersuchungen zur Entstehung und Entwicklung der öffentlichen Spiele im republikanischen Rom*. Stuttgart.

— (2011): «Complex Rituals: Games and Processions in Republican Rome». En *A Companion to Roman Religion*, ed. J. Rupke, pp. 222-234. Malden, MA, y Oxford.

Bernstein, M. A. (1992): *Bitter Carnival: Ressentiment and the Abject Hero*. Princeton, NJ.

Bettini, M. (1981): «Introduzione». En *Plauto, Mostellaria, Persa*, pp. 9-31. Milán.

— (1991): *Verso un'antropologia dell'intreccio e altri studi su Plauto*. Urbino.

— (2000): «Il Witz di Gelasimus». En *Dramatische Wäldchen: Festschrift für Eckhard Lefèvre zum 65. Geburtstag*, ed. E. Stark y G. Vogt-Spira, pp. 461-474. Hildesheim.

Bhabha, H. (1994): *The Location of Culture*. Londres.

Bianco, G. (1971): *La fonte greca delle «Metamorfosi» di Apuleio*. Brescia.

Billig, M. (2005): *Laughter and Ridicule: Towards a Social Critique of Humour*. Londres.

Bloomer, W. M. (2007): «Roman Declamation: The Elder Seneca and Quintilian». En *A Companion to Roman Rhetoric*, ed. W. Dominik y J. Hall, pp. 297-306. Malden, MA, y Oxford.

Bonaria, M. (1955-1956): *Mimorum Romanorum Fragmenta*. Génova.

Bonner, S. F. (1949): *Roman Declamation in the Late Republic and Early Empire*. Liverpool.

Bowen, B. C. (1984): «Roman Jokes and the Renaissance Prince, 1455-1528». *ICS* 9: 137-148.

— (1986a). «Renaissance Collections of *facetiae*, 1344-1490: A New Listing». *Renaissance Quarterly* 39: 1-15.

— (1986b). «Renaissance Collections of *facetiae*, 1499-1528: A New Listing». *Renaissance Quarterly* 39: 263-275.

— (1998): «Ciceronian Wit and Renaissance Rhetoric». *Rhetorica* 16: 409-429.

Bowersock, G. W. (2006): *Mosaics as History: The Near East from Late Antiquity to Islam*. Cambridge, MA.

Bowie, E. (2013): «Milesian Tales». En *The Romance between Greece and the East*, ed. T. Whitmarsh y S. Thomson, pp. 243-257. Cambridge.

Boyer, P. (1989): «Pourquoi les Pygmees n'ont pas de culture?». *Gradhiva* 7: 3-17.

Branham, R. B. (ed.) (2002): *Bakhtin and the Classics*. Evanston, IL.

— (2005): «The Poetics of Genre: Bakhtin, Menippus, Petronius». En *Defining Genre and Gender in Latin Literature: Essays Presented to William S. Anderson on his Seventy-Fifth Birthday*, ed. W. W. Batstone y G. Tissol, pp. 113-138. Nueva York.

Branham, R. B., y D. Kinney (1996): *Petronius: Satyrica*. Londres.

Braund, D. (2000): «Learning, Luxury and Empire: Athenaeus' Roman Patron». En *Athenaeus and His World: Reading Greek Culture in the Roman Empire*, ed. Braund y J. Wilkins, pp. 3-22. Exeter.

Braund, D., y J. Wilkins (eds.) (2000): *Athenaeus and His World: Reading Greek Culture in the Roman Empire*. Exeter.

Bremmer, J. (1997): «Jokes, Jokers and Jokebooks in Ancient Greek Culture». En *A Cultural History of Humour*, ed. Bremmer y H. Roodenburg, pp. 11-28. Cambridge.

Bremmer, J., y H. Roodenburg (eds.) (1997): *A Cultural History of Humour*. Cambridge.

Brendel, O. (1953): «Der Affen-Aeneas». *RM* 60: 153-159.

Briscoe, J. (2008): *A Commentary on Livy, Books 38-40*. Oxford.

Brothers, A. J. (2000): *Terence: The Eunuch*. Warminster.

Brown, P. G. McC. (1992): «Menander, Fragments 745 and 746 K-T, Menander's Kolax, and Parasites and Flatterers in Greek Comedy». *ZPE* 92: 91-107.

Brugnola, V. (1896): *Le facezie di Cicerone*. Castello.

Burke, P. (1988): «Bakhtin for Historians». *Social History* 13: 85-90.

Cairns, D. (ed.) (2005): *Body Language in the Greek and Roman Worlds*. Swansea.

Cameron, A. (2011): *The Last Pagans of Rome*. Oxford.

Cameron, K. (ed.) (1993): *Humour and History*. Oxford.

Cantarella, R. (1975): «I "libri" della Poetica di Aristotele». *Rendiconti della Classe di scienze morali, storiche e filologiche dell'Accademia dei Lincei* 30: 289-297.

Carey, C. (1981): *A Commentary on Five Odes of Pindar*. Nueva York.

Carey, S. (2003): *Pliny's Catalogue of Culture: Art and Empire in the «Natural History»*. Oxford.

Carter, A. (1992): «Alison's Giggle». En *Nothing Sacred: Selected Writings*, pp. 189-204. Ed. rev. Londres. Publicado originalmente en 1983.

Cassin, B., J.-L. Labarriere y G. R. Dherbey (eds.) (1997): *L'animal dans l'antiquité*. París.

Cataudella, Q. (1971): *La facezia in Grecia e a Roma*. Florencia.

Cèbe, J.-P. (1966): *La caricature et la parodie dans le monde romain antique des origines à Juvénal*. París.

Ceccarelli, P. (2013): *Ancient Greek Letter Writing*. Oxford.

Champlin, E. (2003): *Nero*. Cambridge, MA.

Chartier, R. (1987): «Ritual and Print, Discipline and Invention: The Fête in France from the Middle Ages to the Revolution». En *The Cultural Uses of Print in Early Modern France*, trad. L. G. Cochrane, pp. 13-31. Princeton, NJ. Publicado originalmente en francés en 1980.

Chesterfield, conde de [Philip Dormer Stanhope] (1774): *Letters Written by the Late Right Honourable Philip Dormer Stanhope, Earl of Chesterfield, to His Son, Philip Stanhope*, 4 vols. Londres.

— (1890): *Letters of Philip Dormer, Fourth Earl of Chesterfield, to His Godson and Successor*. Oxford.

Christenson, D. M. (2000): *Plautus: Amphitruo*. Cambridge.

Cioffi, F. (1998): *Wittgenstein on Freud and Frazer*. Cambridge.

Cixous, H. (1976): «The Laugh of the Medusa». Trad. K. Cohen y P. Cohen. *Signs* 1: 875-893. Publicado originalmente en francés en 1975.

Cixous, H., y C. Clement (1986): *The Newly Born Woman*. Trad. B. Wing. Manchester. Publicado originalmente en francés en 1975.

Clarke, J. R. (2003): *Art in the Lives of Ordinary Romans: Visual Representation and Non-elite Viewers in Roman Italy, 100 B.C.-A.D. 315*. Berkeley y Londres.

— (2007): *Looking at Laughter: Humor, Power, and Transgression in Roman Visual Culture, 100 B.C.-A.D. 250*. Berkeley y Londres.

Clarke, M. (2005): «On the Semantics of Ancient Greek Smiles». En *Body Language in the Greek and Roman Worlds*, ed. D. Cairns, pp. 37-53. Swansea.

Clausen, W. (1994): *Virgil Eclogues, Edited with an Introduction and Commentary*. Oxford.

Cohen, A. (2008): «Response: Why Is Laughter Almost Non-existent in Ancient Greek Sculpture?». *Cogito* (Atenas) 8: 20.

Coleiro, E. (1979): *An Introduction to Vergil's «Bucolics», with a Critical Edition of the Text.* Ámsterdam.

Coleman, R. (1977): *Vergil, Eclogues.* Cambridge.

Connolly, J. (2007): *The State of Speech: Rhetoric and Political Thought in Ancient Rome.* Princeton, NJ.

Connors, C. (2004): «Monkey Business: Imitation, Authenticity, and Identity from Pithekoussai to Plautus». *ClAnt* 23: 179-207.

Conte, G. B. (1997): *The Hidden Author: An Interpretation of Petronius's «Satyricon».* Berkeley.

Conybeare, C. (2002): «The Ambiguous Laughter of Saint Laurence». *JECS* 10: 175-202.

— (2013): *The Laughter of Sarah: Biblical Exegesis, Feminist Theory, and the Concept of Delight.* Nueva York y Basingstoke.

Corbeill, A. (1996): *Controlling Laughter: Political Humor in the Late Roman Republic.* Princeton, NJ.

Corbett, P. (1986): *The Scurra.* Edimburgo.

Cordero, N.-L. (2000): «Democrite riait-il?». En *Le rire des Grecs: Anthropologie du rire en Grèce ancienne,* ed. M.-L. Desclos, pp. 227-239. Grenoble.

Cristante, L. (1990): «Un verso fantasma di Ovidio». *Prometheus* 16: 181-186.

Critchley, S. (2002): *On Humour.* Londres y Nueva York.

— (2005): «Very Funny: An Interview with Simon Critchley», by Brian Dillon. *Cabinet* 17: 78-81.

Crompton, D. (2010): *A Funny Thing Happened on the Way to the Forum.* Londres.

Crusius, O. (1896): «Excurse zu Virgil». *RhM* 51: 544-559.

Csapo, E. (2002): «Kallipides on the Floor-Sweepings: The Limits of Realism in Classical Acting and Performance Styles». En *Greek and Roman Actors: Aspects of an Ancient Profession,* ed. P. Easterling y E. Hall, pp. 126-147. Cambridge.

Cumont, F. (1897): «Les Actes de S. Dasius». *AB* 16: 5-15.

Cunningham, I. C. (1987): *Herodas, Mimiambi cum appendice fragmentorum mimorum papyraceorum.* Leipzig.

D'Agostino, V. (1969): «Sugli antichi Saturnali». *Rivista di Studi Classici* 17: 180-187.

Damon, C. (1997): *Mask of the Parasite: A Pathology of Roman Patronage.* Ann Arbor, MI.

D'Arms, J. H. (1990): «The Roman Convivium and the Ideal of Equality». En *Sympotica: A Symposium on the «Symposion»,* ed. O. Murray, pp. 308-320. Oxford.

Darwin, C. (1872): *The Expression of the Emotions in Man and Animals*. Londres.

David, E. (1989): «Laughter in Spartan Society». En *Classical Sparta: Techniques behind Her Success*, ed. A. Powell, pp. 1-25. Londres.

Davila-Ross, M., B. Allcock, C. Thomas y K. Bard (2011): «Aping Expressions? Chimpanzees Produce Distinct Laugh Types When Responding to Laughter of Others». *Emotion* 11: 1013-1020.

Davis, N. Z. (1975): *Society and Culture in Early Modern France: Eight Essays*. Stanford, CA.

Dawe, R. D. (ed.) (2000): *Philogelos*. Múnich.

Deckers, L. (1993): «On the Validity for a Weight-Judging Paradigm for the Study of Humor». *Humor* 6: 43-56.

Deckers, L., y P. Kizer (1974): «A Note on Weight Discrepancy and Humor». *Journal of Psychology* 86: 309-312.

— (1975): «Humor and the Incongruity Hypothesis». *Journal of Psychology* 90: 215-218.

Della Corte, F. (1985): *Le Bucoliche di Virgilio, commentate e tradotte*. Génova.

Della Corte, M. (1954): *Case ed abitanti di Pompei*. 2.ª ed. Roma.

Demont, P. (1997): «Aristophane, le citoyen tranquille et les singeries». En *Aristophane: La langue, la scène, la cité*, ed. P. Thiercy y M. Menu, pp. 457-479. Bari.

Dench, E. (2005): *Romulus' Asylum: Roman Identities from the Age of Alexander to the Age of Hadrian*. Oxford.

Desclos, M.-L. (ed.) (2000): *Le rire des Grecs: Anthropologie du rire en Grèce ancienne*. Grenoble.

De Waal, F. B. M. (2001): *The Ape and the Sushi Master: Cultural Reflections of a Primatologist*. Nueva York.

Dickie, S. (2011): *Cruelty and Laughter: Forgotten Comic Literature and the Unsentimental Eighteenth Century*. Chicago.

Dolansky, F. (2011): «Celebrating the Saturnalia: Religious Ritual and Roman Domestic Life». En *A Companion to Families in the Greek and Roman Worlds*, ed. B. Rawson, pp. 488-503. Oxford.

Dominik, W., y J. Hall (eds.) (2007): *A Companion to Roman Rhetoric*. Malden, MA, y Oxford.

Doody, A. (2010): *Pliny's Encyclopaedia: The Reception of the «Natural History»*. Cambridge.

Douglas, M. (1968): «The Social Control of Cognition: Some Factors in Joke Perception». *Man* 3: 361-376. Reimpreso en Douglas 1975, 90-114.

— (1971): «Do Dogs Laugh? A Cross-cultural Approach to Body Symbolism». *Journal of Psychosomatic Research* 15: 387-390. Reimpreso en Douglas 1975, 83-89.

— (1975): *Implicit Meanings: Essays in Anthropology*. Londres y Boston.

Dugan, J. (2005): *Making a New Man: Ciceronian Self-Fashioning in the Rhetorical Works*. Oxford.

Dunbabin, K. (2008): «Nec grave nec infacetum: The Imagery of Convivial Entertainment». En *Das römische Bankett im Spiegel der Altertumswissenschaften*, ed. K. Vossing, pp. 13-26. Stuttgart.

Dunkle, R. (2008): *Gladiators: Violence and Spectacle in Ancient Rome*. Harlow, Essex.

Dupont, F. (1985): *L'Acteur roi: Le théâtre à Rome*. París.

— (2000): *L'orateur sans visage: Essai sur l'acteur romain et son masque*. París.

Du Quesnay, I. M. LeM. (1977): «Vergil's Fourth Eclogue». *PLLS* (1976) 1: 25-99.

Dyck, A. R. (2003): *Cicero: De Natura Deorum, Book I*. Cambridge.

Easterling, P., y E. Hall (eds.) (2002): *Greek and Roman Actors: Aspects of an Ancient Profession*. Cambridge.

Eco, U. (1983): *The Name of the Rose*. Trad. W. Weaver. Londres.

Edwards, C. (1993): *The Politics of Immorality in Ancient Rome*. Cambridge.

Ekman, P. (1992): «Facial Expressions of Emotion: New Findings, New Questions». *Psychological Science* 3: 34-38.

— (1999): «Facial Expressions». En *Handbook of Cognition and Emotion*, ed. T. Dalgleish y M. Power, pp. 301-320. Nueva York.

Elias, N. (1978): *The Civilising Process. Vol. 1, The History of Manners*. Oxford. Publicado originalmente en alemán en 1939.

Elsner, J. (1995): *Art and the Roman Viewer: The Transformation of Art from the Pagan World to Christianity*. Cambridge.

Enk, P. J. (1953): *Plauti Truculentus*, 2 vols. Leiden.

Fairer, D. W. (2003): *English Poetry of the Eighteenth Century, 1700-1789*. Londres.

Fantham, E. (1972): *Comparative Studies in Republican Latin Imagery*. Toronto.

— (1988): «Mime: The Missing Link in Roman Literary History». *CW* 82: 153-163.

— (1998): *Ovid: Fasti, Book IV*. Cambridge.

— (2002): «Orator and/et Actor». En *Greek and Roman Actors: Aspects of an Ancient Profession*, ed. P. Easterling y E. Hall, pp. 362-376. Cambridge.

— (2004): *The Roman World of Cicero's «De Oratore»*. Oxford.

— (2006): *Julia Augusti: The Emperor's Daughter*. Londres y Nueva York.

Feeney, D. (1998): *Literature and Religion at Rome: Cultures, Contexts and Beliefs*. Cambridge.

Felice, E. M. (2013): «Putting the 'E7SE Back in Philogelos 1». *CPh* 108: 155-158.

Fernández López, J. (2007): «Quintilian as Rhetorician and Teacher». En *A Companion to Roman Rhetoric*, ed. W. Dominik y J. Hall, pp. 307-322. Malden, MA, y Oxford.

Fick-Michel, N. (1991): *Art et Mystique dans les «Métamorphoses» d'Apulée*. París.

Fitzgerald, W. (1995): *Catullan Provocations: Lyric Poetry and the Drama of Position*. Berkeley y Londres.

— (2000): *Slavery and the Roman Literary Imagination*. Cambridge.

Flohr, M. (2013): *The World of the Fullo: Work, Economy, and Society in Roman Italy*. Oxford.

Flohr, M., y A. Wilson (2011): «The Economy of Ordure». En *Roman Toilets: Their Archaeology and Cultural History*, ed. G. C. M. Jansen, A. O. Koloski-Ostrow y E. M. Moormann, pp. 147-156. Leuven.

Floridi, L. (2012): «Greek Skoptic Epigram and "Popular" Literature: Anth. Gr. XI and the Philogelos». *GRBS* 52: 632-660.

Fontaine, M. (2010): *Funny Words in Plautine Comedy*. Oxford.

Fortenbaugh, W. W. (2000): «Une analyse du rire chez Aristote et Theophraste». En *Le rire des Grecs: Anthropologie du rire en Grèce ancienne*, ed. M.-L. Desclos, pp. 333-354. Grenoble.

— (2002): *Aristotle on Emotion: A Contribution to Philosophical Psychology, Rhetoric, Poetics, Politics, and Ethics*. 2.ª ed. Londres.

Fortenbaugh, W. W., P. M. Huby, R. W. Sharples y D. Gutas (eds.) (1992): *Theophrastus of Eresus: Sources for His Life, Writings, Thought and Influence. Pt. 1*. Leiden.

Fowler, D. (1987): «Brief Reviews: Roman Literature». *G&R* 34: 89-94.

Fox, R. (2001): «Anthropology as It Should Be». *London Review of Books* 23 (9 agosto): 25-26.

Fraenkel, E. (1922): *Plautinisches im Plautus*. Berlín.

— (1961): «Two Poems of Catullus». *JRS* 51: 46-53. Reimpreso parcialmente en Gaisser 2007, 356-368.

— (2007): *Plautine Elements in Plautus*. Trad. de Fraenkel 1922 por T. Drevikovsky y F. Muecke. Oxford.

Frangoulidis, S. (1994): «The Soldier as a Storyteller in Terence's *Eunuchus*». *Mnemosyne* 47: 586-595.

Frazer, J. G. (1913): *The Golden Bough: A Study in Magic and Religion. Pt. 6, The Scapegoat*. 3.ª ed. Londres y Basingstoke.

Freedberg, D. (2007): «Empathy, Motion and Emotion». En *Wie sich Gefühle Ausdruck verschaffen: Emotionen in Nahsicht*, ed. K. Herding y A. Krause-Wahl, pp. 17-51. Taunusstein.

Freud, S. (1960): *Jokes and Their Relation to the Unconscious*. Trad. J. Strachey. Londres. Publicado originalmente en alemán en 1905.

Freudenburg, K. (1993): *The Walking Muse: Horace and the Theory of Satire*. Princeton, NJ.

— (ed.) (2005): *The Cambridge Companion to Roman Satire*. Cambridge.

Fried, I., C. L. Wilson, K. A. MacDonald y E. J. Behnke (1998). «Electric Current Stimulates Laughter». *Nature* 391: 650.

Frischer, B. (1991): *Shifting Paradigms: New Approaches to Horace's «Ars Poetica»*. Atlanta.

Gaisser, J. H. (ed.) (2007): *Catullus*. Oxford Readings in Classical Studies. Oxford.

Garelli, M.-H. (2007): *Danser le mythe: La pantomime et sa réception dans la culture antique*. Leuven.

Garfitt, T., E. McMorran y J. Taylor (eds.) (2005): *The Anatomy of Laughter*. Londres.

Gatrell, V. (2006): *City of Laughter: Sex and Satire in Eighteenth-Century London*. Londres.

Geffcken, K. A. (1973): *Comedy in the «Pro Caelio»*. Mnemosyne, supl. 30. Leiden.

Gera, D. L. (2003): *Ancient Greek Ideas on Speech, Language and Civilization*. Oxford.

Gibson, R. (2003): *Ovid: Ars Amatoria 3*. Cambridge.

Gildenhard, I. (2012): *Virgil, Aeneid, 4.1-299: Latin Text, Study Questions, Commentary and Interpretative Essays*. Cambridge.

Giuliani, L. (1986): *Bildnis und Botschaft: Hermeneutische Untersuchungen zur Bildniskunst der römischen Republik*. Frankfurt.

Glinister, F., y C. Woods (eds.) (2007): *Verrius, Festus and Paul*. Londres.

Godwin, J. (1999): *Catullus: The Shorter Poems*. Warminster.

Golahny, A. (2003): *Rembrandt's Reading: The Artist's Bookshelf of Ancient Poetry and History*. Ámsterdam.

Goldberg, S. M. (1998): «Plautus on the Palatine». *JRS* 88: 1-20.

— (2000): «Catullus 42 and the Comic Legacy». En *Dramatische Wäldchen: Festschrift für Eckhard Lefèvre zum 65. Geburtstag*, ed. E. Stark y G. Vogt-Spira, pp. 475-489. Hildesheim.

— (2005): *Constructing Literature in the Roman Republic*. Cambridge.

Goldhill, S. (1995): *Foucault's Virginity: Ancient Erotic Fiction and the History of Sexuality*. Cambridge.

— (ed.) (2001): *Being Greek under Rome: Cultural Identity, the Second Sophistic and the Development of Empire*. Cambridge.

— (2006): «The Thrill of Misplaced Laughter». En *Kômôidotragôidia: Intersezioni del tragico e del comico nel teatro del v secolo a. C.*, ed. E. Medda, M. S. Mirto y M. P. Pattoni, pp. 83-102. Pisa.

— (2008): «Response: Why Is Laughter Almost Non-existent in Ancient Greek Sculpture?». *Cogito* (Atenas) 8: 19.

Gomme, A. W., y F. H. Sandbach (1973): *Menander: A Commentary*. Oxford.

Gorman, R. J., y V. B. Gorman (2007): «The Tryphe of the Sybarites: A Historiographical. Problem in Athenaeus». *JHS* 127: 38-60.

Gow, A. S. F. (1965): *Machon: The Fragments*. Cambridge.

Gowers, E. (1993): *The Loaded Table: Representations of Food in Roman Literature*. Cambridge.

— (2005): «The Restless Companion: Horace, Satires 1 and 2». En *The Cambridge Companion to Roman Satire*, ed. K. Freudenburg, pp. 48-61. Cambridge.

— (2012): *Horace: Satires, Book 1*. Cambridge.

Gowing, A. M. (1990): «Dio's Name». *CPh* 85: 49-54.

Graf, F. (1992): «Romische Aitia und ihre Riten: Das Beispiel von Saturnalia und Parilia». *MH* 49: 13-25.

— (1997): «Cicero, Plautus and Roman Laughter». En *A Cultural History of Humour*, ed. J. Bremmer y H. Roodenburg, pp. 29-39. Cambridge.

— (2005): «Satire in a Ritual Context». En *The Cambridge Companion to Roman Satire*, ed. K. Freudenburg, pp. 192-206. Cambridge.

Grant, M. A. (1924): *The Ancient Rhetorical Theories of the Laughable: The Greek Rhetoricians and Cicero*. University of Wisconsin Studies in Language and Literature 21. Madison.

Green, P. (2006): *Diodorus Siculus, Books 11-12.37.1*. Austin.

Greenblatt, S. (2007): *Learning to Curse: Essays in Early Modern Culture*. Ed. rev. Nueva York y Londres.

Grewing, F. (1997): *Martial, Buch VI: Ein Kommentar*. Gottingen.

Griffin, M. T. (1995): «Philosophical Badinage in Cicero's Letters to his Friends». En *Cicero the Philosopher*, ed. J. G. F. Powell, pp. 325-346. Oxford.

Griffith, M. (2006): «Horsepower and Donkeywork: Equids and the Ancient Greek Imagination». *CPh* 101: 185-246, 307-358.

Griffith, R. D. (2008): «Response: Why Is Laughter Almost Non-existent in Ancient Greek Sculpture?». *Cogito* (Atenas) 8: 22.

Gruen, E. S. (1990): *Studies in Greek Culture and Roman Policy*. Leiden y Nueva York.

Gruner, C. R. (1978): *Understanding Laughter: The Workings of Wit and Humor*. Chicago.

— (1997): *The Game of Humor: A Comprehensive Theory of Why We Laugh*. New Brunswick, NJ, y Londres.

Guerin, C. (2011): *Persona: L'élaboration d'une notion rhétorique au 1er siècle av. J.-C.*, vol. 2. París.

Gunderson, E. (2000): *Staging Masculinity: The Rhetoric of Performance in the Roman World*. Ann Arbor, MI.

— (2003): *Declamation, Paternity and Roman Identity: Authority and the Rhetorical Self*. Cambridge.

Habinek, T. (1990): «Lucius' Rite of Passage». *MD* 25: 49-69.

— (2005): «Satire as Aristocratic Play». En *The Cambridge Companion to Roman Satire*, ed. K. Freudenburg, pp. 177-191. Cambridge.

Hall, E. (2008): «Introduction: Pantomime, a Lost Chord in Ancient Culture». En *New Directions in Ancient Pantomime*, ed. Hall y R. Wyles, pp. 1-40. Oxford.

Hall, E., y R. Wyles (eds.) (2008): *New Directions in Ancient Pantomime*. Oxford.

Hall, N. J. (1983): *The Letters of Anthony Trollope*, 2 vols. Stanford, CA.

Halliwell, S. (1986): *Aristotle's Poetics*. Londres.

— (2008): *Greek Laughter: A Study in Cultural Psychology from Homer to Early Christianity*. Cambridge.

— (2013): «Having a Laugh». *TLS*, 26 abril, 23.

Hambartsumian, A. (2001): «The Armenian Parable "Zoroaster's Laughter" and the Plot of Zoroaster's Birth in the Literary Traditions». *Iran and the Caucasus* 5: 27-36.

Hankinson, R. J. (1997): «Le phénomène et l'obscur: Galien et les animaux». En *L'animal dans l'antiquité*, ed. B. Cassin, J.-L. Labarriere y G. R. Dherbey, pp. 75-93. París.

— (2000): «La pathologie du rire: Réflexions sur le rôle du rire chez les médecins grecs». En *Le rire des Grecs: Anthropologie du rire en Grèce ancienne*, ed. M.-L. Desclos, pp. 191-200. Grenoble.

Hannerz, U. (1987): «The World in Creolisation». *Africa* 57: 546-559.

Hansen, W. (ed.) (1998): *Anthology of Ancient Greek Popular Literature*. Bloomington, IL.

Haraway, D. (1989): *Primate Visions: Gender, Race and Nature in the World of Modern Science*. Nueva York y Londres.

Hardie, P. (2012): «Virgil's Catullan Plots». En *Catullus: Poems, Books, Readers*, ed. I. M. LeM. DuQuesnay y A. J. Woodman, pp. 212-238. Cambridge.

Harris, C. R., y N. Alvarado (2005): «Facial Expressions, Smile Types, and Self-Report during Humour, Tickle and Pain». *Cognition and Emotion* 19: 655-669.

Harris, C. R., y N. Christenfeld (1997): «Humour, Tickle and the Darwin-Hecker Hypothesis». *Cognition and Emotion* 11: 103-310.

Harris, W. V. (2009): *Dreams and Experience in Classical Antiquity*. Cambridge, MA.

Harris-McCoy, D. E. (2012): *Artemidorus' «Oneirocritica»: Text, Translation, and Commentary*. Oxford.

Harrison, S. J. (ed.) (1999): *Oxford Readings in the Roman Novel*. Oxford.

Haury, A. (1955): *L'ironie et l'humour chez Cicéron*. Leiden.

Heath, J. R. (1982): «Narration and Nutrition in Apuleius' Metamorphoses». *Ramus* 11: 57-77.

Heath, M. (1989): «Aristotelian Comedy». *CQ* 39: 344-354.

Hekster, O. (2002): *Commodus: An Emperor at the Crossroads*. Ámsterdam.

Henderson, Jeffrey (1991): *The Maculate Muse: Obscene Language in Attic Comedy*. Ed. rev. Oxford.

Henderson, John (1999): *Writing Down Rome: Satire, Comedy, and Other Offences in Latin Poetry*. Oxford.

— (2001): *Telling Tales on Caesar: Roman Stories from Phaedrus*. Oxford.

Herrenschmidt, C. (2000): «Le rire de Zarathustra, l'Iranien». En *Le rire des Grecs: Anthropologie du rire en Grèce ancienne*, ed. M.-L. Desclos, pp. 497-511. Grenoble.

Hersch, K. K. (2010): *The Roman Wedding: Ritual and Meaning in Antiquity*. Cambridge.

Herzen, A. (2012): «A Letter Criticizing The Bell». En *A Herzen Reader*, ed. K. Parthe, pp. 67-69. Evanston, IL. Publicado originalmente en ruso en 1858.

Hill, J. D. (2001): «Romanisation, Gender and Class: Recent Approaches to Identity in Britain and Their Possible Consequences». En *Britons and Romans: Advancing an Archaeological Agenda*, CBA Research Report 125, ed. S. James y M. Millett, pp. 12-18. York.

Hirschkop, K., y D. Shepherd (eds.) (2001): *Bakhtin and Cultural Theory*. 2.ª ed. Manchester.

Hobbes, T. (1969): *The Elements of Law Natural and Politic.* 2.ª ed. Ed. F. Tonnies. Londres. Publicado originalmente en 1640.

— (1996): *Leviathan.* Ed. R. Tuck. Ed. rev. Cambridge. Publicado originalmente en 1651.

Hopkins, K. (1983): *Death and Renewal.* Cambridge.

— (1993): «Novel Evidence for Roman Slavery». *P&P* 138: 3-27.

Hopkins, K., y M. Beard (2005): *The Colosseum.* Cambridge, MA.

Horsfall, N. (1996): «The Cultural Horizons of the Plebs Romana». *MAAR* 41: 101-119.

Hunter, R. L. (1985): *The New Comedy of Greece and Rome.* Cambridge.

— (2002): «"Acting Down": The Ideology of Hellenistic Performance». En *Greek and Roman Actors: Aspects of an Ancient Profession*, ed. P. Easterling y E. Hall, pp. 189-206. Cambridge.

Huss, B. (1999): *Xenophons Symposion: Ein Kommentar.* Stuttgart.

Hutchinson, G. O. (1998): *Cicero's Correspondence: A Literary Study.* Oxford.

James, P. (1987): *Unity in Diversity: A Study of Apuleius' «Metamorphoses.»* Hildesheim.

Janko, R. (1984): *Aristotle on Comedy: Towards a Reconstruction of «Poetics» II.* Londres.

— (2001): «Aristotle on Comedy, Aristophanes and Some New Evidence from Herculaneum». En *Making Sense of Aristotle: Essays in Poetics*, ed. O. Andersen y J. Haarberg, pp. 51-71. Londres.

Janson, H. W. (1952): *Apes and Ape Lore in the Middle Ages and Renaissance.* Warburg Institute Studies 20. Londres.

Janus, A. (2009): «From "Ha he hi ho hu. Mummum" to "Haw! Hell! Haw!": Listening to Laughter in Joyce and Beckett». *Journal of Modern Literature* 32: 144-166.

Jennings, V. (2001): *Review of Philogelos*, ed. R. D. Dawe (Múnich y Leipzig, 2000). *BMCR* (publicación en línea) 2001.04.05: http://bmcr.brynmawr.edu/2001/2001-04-05.html.

Johnson, S. (1741): «The Pedants, or Jests of Hierocles». *Gentleman's Magazine* 11: 477-479.

Jones, C. P. (1991): «Dinner Theater». En *Dining in a Classical Context*, ed. W. J. Slater, pp. 185-198. Ann Arbor, MI.

Jones, R. E. (1939): «Cicero's Accuracy of Characterization in His Dialogues». *AJPh* 60: 307-325.

Jouanno, C. (2006): *Vie d'Ésope.* París.

Joubert, L. (1980): *Treatise on Laughter.* Trad. G. D. de Rocher. Tuscaloosa, AL. Publicado originalmente en francés en 1579.

Kant, I. (1952): *The Critique of Judgement.* Trad. J. C. Meredith. Oxford. Publicado originalmente en alemán en 1790.

Kassel, R. (1956): «Reste eines hellenistischen Spassmacherbuches auf einem Heidelberger Papyrus». *RhM* 99: 242-245.

— (ed.) (1976): *Aristotelis Ars Rhetorica*. Berlín y Nueva York.

Kaster, R. (1980): «Macrobius and Servius: Verecundia and the Grammarian's Function». *HSCP* 84: 219-262.

Kawakami, K., K. Takai-Kawakami, M. Tomonaga, J. Suzuki, F. Kusaka y T. Okai (2007): «Spontaneous Smile and Spontaneous Laugh: An Intensive Longitudinal Case Study». *Infant Behaviour and Development* 30: 146-152.

Kerman, J. B. (1980): «The Light-Bulb Jokes: Americans Look at Social Action Processes». *Journal of American Folklore* 93: 454-458.

Kidd, S. (2011): «Laughter Interjections in Greek Comedy». *CQ* 61: 445-459.

Kindt, J. (2010): «Parmeniscus' Journey: Tracing Religious Visuality in Word and Wood». *CPh* 105: 252-264.

— (2012): *Rethinking Greek Religion*. Cambridge.

King, A. (2002): «Mammals: Evidence from Wall Paintings, Sculpture, Mosaics, Faunal Remains, and Ancient Literary Sources». En *The Natural History of Pompeii*, ed. W. F. Jashemski y F. G. Meyer, pp. 401-450. Cambridge.

King, H. (1986): «Agnodike and the Profession of Medicine». *PCPhS* 32: 53-77.

Kipper, S., y D. Todt (2005): «The Sound of Laughter: Recent Concepts and Findings in Research into Laughter Vocalizations». En *The Anatomy of Laughter*, ed. T. Garfitt, E. McMorran y J. Taylor, pp. 24-33. Londres.

Kirichenko, A. (2010): *A Comedy of Storytelling: Theatricality and Narrative in Apuleius' «Golden Ass»*. Heidelberg.

Kirkpatrick, J. Dunn (2002): «Heracles, Cercopes, and Paracomedy». *TAPhA* 132: 29-61.

Klein, L. E. (1994): *Shaftesbury and the Culture of Politeness: Moral Discourse and Cultural Politics in Early Eighteenth-Century England*. Cambridge.

Konig, J. (2012): *Saints and Symposiasts: The Literature of Food and the Symposium in Greco-Roman and Early Christian Culture*. Cambridge.

Konstan, D. (1986): «Venus's Enigmatic Smile». *Vergilius* 32: 18-25.

Konstan, D., y S. Said (eds.) (2006): *Greeks on Greekness: Viewing the Greek Past under the Roman Empire*. Cambridge Philological Society, sup. vol. 29. Cambridge.

Krabbe, J. K. (1989): *The Metamorphoses of Apuleius*. Nueva York.

Kristeva, J. (1980): *Desire in Language: A Semiotic Approach to Literature and Art*. Nueva York y Oxford. Publicado originalmente en francés en 1969; reimpreso en 1977.

Kroll, W. M. (1913): *M. Tulli Ciceronis Orator*. Berlín.

Krostenko, B. A. (2001): *Cicero, Catullus, and the Language of Social Performance*. Chicago.

Kurke, L. (2002): «Gender, Politics and Subversion in the Chreiai of Machon». *PCPhS* 48: 20-65.

— (2011): *Aesopic Conversations: Popular Tradition, Cultural Dialogue, and the Invention of Greek Prose*. Princeton, NJ.

Labarriere, J.-L. (2000): «Comment et pourquoi la célèbre formule d'Aristote: "Le rire est le propre de l'homme", se trouve-t-elle dans un traité de physiologie (Partie des Animaux, III, 10, 63 a 8)?». En *Le rire des Grecs: Anthropologie du rire en Grèce ancienne*, ed. M.-L. Desclos, pp. 181-189. Grenoble.

La Bua, G. (2013): «Mastering Oratory: The Mock-Trial in Apuleius' Metamorphoses 3.3.1-71». *AJPh* 134: 675-701.

Laes, C. (2011): «Silent Witnesses: Deaf-Mutes in Graeco-Roman Antiquity». *CW* 104: 451-473.

Lateiner, D. (1995): *Sardonic Smile: Nonverbal Behaviour in Homeric Epic*. Ann Arbor, MI.

Laurence, R., y J. Paterson (1999): «Power and Laughter: Imperial Dicta». *PBSR* 67: 183-197.

Lautréamont, conde de (1965): *Les Chants de Maldoror*. Trad. G. Wernham. Nueva York. Publicado originalmente en francés en 1869.

Lavin, D., y D. W. Maynard (2001): «Standardization vs. Rapport: Respondent Laughter and Interviewer Reaction during Telephone Surveys». *American Sociological Review* 66: 453-479.

Lee, G. (1990): *The Poems of Catullus: Edited with Introduction, Translation and Brief Notes*. Oxford.

Leeman, A. D. (1963): *Orationis Ratio: Stylistic Theories and Practice in the Roman Orators, Historians and Philosophers*. Ámsterdam.

Leeman, A. D., H. Pinkster y E. Rabbie (1981): *M. Tullius Cicero, De Oratore Libri III, 1 Band: Buch I*. Heidelberg.

— (1989): *M. Tullius Cicero, De Oratore Libri III, 3 Band: Buch II, 99-290*. Heidelberg.

Lefèvre, E. (2003): *Terenz' und Menanders Eunuchus*. Múnich.

Le Goff, J. (1989): «Rire au Moyen Âge». *Cahiers du Centre de recherches historiques* 3: 1-14.

— (1992): «Jesus a-t-il ri?». *L'histoire* 158: 72-74.

— (1993): «Le Roi dans l'Occident médiéval». En *Kings and Kingship in Medieval Europe*, King's College London Medieval Studies 10, ed. A. J. Duggan, pp. 1-40. Londres.

— (1997): «Laughter in the Middle Ages». En *A Cultural History of Humour*, ed. J. Bremmer y H. Roodenburg, pp. 40-53. Cambridge. Versión editada de Le Goff 1989.

Leigh, M. (2004): «The Pro Caelio and Comedy». *CPh* 99: 300-335.

Leon, M. (2009): *Molière, the French Revolution, and the Theatrical Afterlife*. Iowa City.

Le Roux, P. (2004): «La Romanisation en question». *Annales, histoire, sciences sociales* 59: 287-311.

Le Roy Ladurie, E. (1979): *Carnival in Romans*. Trad. M. Feeney. Nueva York.

Lessing, D. (1962): *The Golden Notebook*. Londres.

Levine, D. (1982): «Homeric Laughter and the Unsmiling Suitors». *CJ* 78: 97-104.

— (1984): «Odysseus' Smiles». *TAPhA* 114: 1-9.

Lévi-Strauss, C. (1997): «The Culinary Triangle». En *Food and Culture: A Reader*, ed. C. Counihan y P. van Esterik, pp. 26-35. Nueva York y Londres. Publicado originalmente en francés en 1965.

Lewis, S. (1995): «Barbers' Shops and Perfume Shops: "Symposia without Wine"». En *The Greek World*, ed. A. D. Powell, pp. 432-441. Londres y Nueva York.

Lewis, W., E. Wadsworth, E. Pound, W. Roberts, H. Saunders, L. Atkinson, J. Dismorr y H. Gaudier-Brzeska (1914): «Manifesto 1 and 2». *Blast* 1: 11-43.

Lichacev, D. S., y A. M. Pancenko (1991): *Die Lachwelt des alten Russland*. Trad. R. Lachmann. Múnich. Publicado originalmente en ruso en 1976.

Lilja, S. (1980): «The Ape in Ancient Comedy». *Arctos* 14: 31-38.

Ling, R. (2009): «Roman Laughter». Reseña de J. R. Clarke 2007. *JRA* 22: 508-510.

Lippitt, J. (1994): «Humour and Incongruity». *Cogito* (Atenas) 8: 147-153.

— (1995a): «Humour and Superiority». *Cogito* (Atenas) 9: 54-61.

— (1995b): «Humour and Release». *Cogito* (Atenas) 9: 169-176.

Lissarrague, F. (1997): «L'homme, le singe et le satyre». En *L'animal dans l'antiquité*, ed. B. Cassin, J.-L. Labarriere y G. R. Dherbey, pp. 455-469. París.

Long, J. (2000): «Julia-Jokes at Macrobius's Saturnalia: Subversive Decorum in Late Antique Reception of Augustan Political Humor». *IJCT* 6: 337-355.

Lonsdale, R. (2009): *Samuel Johnson: The Lives of the Poets, a Selection*. Oxford.

Lowe, G. (1981): *Philogelos oder der Lach-Fan, von Hierokles und Philagrius*. Leipzig.

Lowe, J. C. B. (1989): «Plautus' Parasites and the Atellana». En *Studien zur vorliterarischen Periode im frühen Rom*, ed. G. Vogt-Spira, pp. 161-169. Tubinga.

Lowe, N. (2007): *Comedy: Greece and Rome*. New Surveys in the Classics 37. Cambridge.

Lucaszewicz, A. (1989): «Sarapis and a Free Man». *Eos* 77: 251-255.

Ludovici, A. M. (1932): *The Secret of Laughter*. Londres.

Malineau, V. (2005): «L'apport de *l'Apologie de mimes* de Chorikios de Gaza à la connaissance du théâtre du VIe siècle». En *Gaza dans l'Antiquité Tardive: Archéologie, rhétorique et histoire*, ed. C. Saliou, pp. 149-169. Salerno.

Maltby, R. (1999): «The Language of Plautus' Parasites». http://www2.open.ac.uk/ClassicalStudies/GreekPlays/Conf99/Maltby.htm.

Manuwald, G. (2011): *Roman Republican Theatre*. Cambridge.

Marchesi, I. (2008): *The Art of Pliny's Letters: A Poetics of Allusion in the Private Correspondence*. Cambridge.

Marconi, C. (2007): *Temple Decoration and Cultural Identity in the Archaic Greek World: The Metopes of Selinus*. Cambridge.

Marshall, C. W. (2006): *The Stagecraft and Performance of Roman Comedy*. Cambridge.

Martin, J. M. (1990): «Cicero's Jokes at the Court of Henry II of England». *Modern Language Quarterly* 51: 144-166.

Martin, R. A. (2007): *The Psychology of Humor: An Integrative Approach*. Burlington, MA.

Marzolph, U. (1987): «Philogelos arabikos: Zum Nachleben der antiken Witzesammlung in der mittelalterlichen arabischen Literatur». *Der Islam* 64: 185-230.

Mason, H. J. (1999a): «The Metamorphoses of Apuleius and Its Greek Sources». En *Latin Fiction: The Latin Novel in Context*, ed. H. Hoffmann, pp. 103-112. Londres.

— 1999b. «Fabula Graecanica: Apuleius and His Greek Sources». En *Oxford Readings in the Roman Novel*, ed. S. J. Harrison, pp. 217-236. Oxford.

Mattingly, D. J. (2011): *Imperialism, Power, and Identity: Experiencing the Roman Empire*. Princeton, NJ.

May, J., y J. Wisse (2001): *Cicero, On the Ideal Orator*. Oxford.

May, R. (1998): «Koche und Parasit: Elemente der Komodie in den Metamorphosen des Apuleius». *GCN* 9: 131-155.

— (2006): *Apuleius and Drama: The Ass on Stage*. Oxford.

McCarthy, K. (2000): *Slaves, Masters, and the Art of Authority in Plautine Comedy*. Princeton, NJ.

McClure, L. (2003): «The Sayings of Courtesans in Book 13 of Athenaeus' Deipnosophistae». *AJPh*. 124: 259-294.

McDermott, W. C. (1935): «The Ape in Greek Literature». *TAPhA* 66: 165-176.

— (1936): «The Ape in Roman Literature». *TAPhA* 67: 148-167.

— (1938): *The Ape in Antiquity*. Baltimore.

McDonald, M., y J. M. Walton (eds.) (2007): *The Cambridge Companion to Greek and Roman Theatre*. Cambridge.

McGettigan, C., E. Walsh, R. Jessop, Z. K. Agnew, D. Sauter, J. E. Warren y S. K. Scott (2013): «Individual Differences in Language Perception Reveal Roles for Mentalizing and Sensorimotor Systems in the Evaluation of Emotional Authenticity». *Cerebral cortex* (publicación en línea): http://cercor.oxfordjournals.org/content/early/2013/08/21/cercor.bht227.full.pdf+html.

McGrath, E. (1997): *Corpus Rubenianum Ludwig Burchard*, pt. 13. 2 vols. Londres.

McKeown, J. C. (1979): «Augustan Elegy and Mime». *PCPhS* 25: 71-84.

McMahon, A. P. (1917): «On the Second Book of Aristotle's Poetics and the Source of Theophrastus' Definition of Tragedy». *HSCP* 28: 1-46.

Menager, D. (1995): *La Renaissance et le rire*. París.

Milanezi, S. (1992): «Outres enflées de rire: À propos de la fête du dieu Risus dans les "Métamorphoses" d'Apulée». *RHR* 209: 125-147.

— (2000): «Laughter as Dessert». En *Athenaeus and His World: Reading Greek Culture in the Roman Empire,* ed. D. Braund y J. Wilkins, pp. 400-412. Exeter.

Millar, F. G. B. (1964): *A Study of Cassius Dio*. Oxford.

— (1977): *The Emperor in the Roman World*. Londres.

Miller, S. A. (2010): *Medieval Monstrosity and the Female Body*. Nueva York y Londres.

Millett, M. (1990): *The Romanization of Britain: An Essay in Archaeological Interpretation*. Cambridge.

Minois, G. (2000): *Histoire du rire et de la dérision*. París.

Mitchell, T. N. (1991): *Cicero: The Senior Statesman*. New Haven, CT, y Londres.

Moellendorff, P. von (1995): *Grundlagen einer Ästhetik der alten Komödie: Untersuchungen zu Aristophanes und Michail Bachtin*. Tubinga.

Monaco, G. (1967): *Quintiliano: Il capitolo de risu («Inst. Or.» VI 3)*. Palermo.

— (1974): *Cicerone: L'excursus de ridiculis («De Or.» II 216-290)*. 3.ª ed. Palermo.

Morales, H. (1996): «The Torturer's Apprentice». En *Art and Text in Roman Culture*, ed. J. Elsner, pp. 182-209. Cambridge.

Morgan, G. (1981): «Philogelos 216». *JHS* 101: 141.

Morreall, J. (1983): *Taking Laughter Seriously*. Albany, NY.

Murdoch, I. (1999): *The Sea, the Sea*. Londres. Publicado originalmente en 1978.

Murgia, C. (1991): «Notes on Quintilian». *CQ* 41: 183-212.

Murphy, T. (2004): *Pliny the Elder's «Natural History»: The Empire in the Encyclopaedia*. Oxford.

Musurillo, H. (1972): *The Acts of the Christian Martyrs*. Oxford.

Nauta, R. R. (1987): «Seneca's "Apocolocyntosis" as Saturnalian Literature». *Mnemosyne* 40: 69-96.

— (2002): *Poetry for Patrons: Literary Communication in the Age of Domitian*. *Mnemosyne*, supl. 206. Leiden.

Neil, R. A. (1901): *The «Knights» of Aristophanes*. Cambridge.

Nerhardt, G. (1976): «Incongruity and Funniness: Towards a New Descriptive Model». En *Humor and Laughter: Theory, Research, and Applications*, ed. A. J. Chapman y H. C. Foot, pp. 55-62. Londres.

Nesselrath, H.-G. (1985): *Lukians Parasitendialog: Untersuchungen und Kommentar*. Berlín y Nueva York.

— (1990): *Die attische mittlere Komödie: Ihre Stellung in der antiken Literaturkritik und Literaturgeschichte*. Berlín y Nueva York.

Nicholl, A. (1931): *Masks, Mimes and Miracles: Studies in the Popular Theatre*. Londres.

Nietzsche, F. W. (1986): *Human, All Too Human: A Book for Free Spirits*. Trad. R. J. Hollingdale. Cambridge. Publicado originalmente en alemán en 1878.

— (1990): *Beyond Good and Evil: Prelude to a Philosophy of the Future*. Trad. R. J. Hollingdale. Harmondsworth. Publicado originalmente en alemán en 1886.

Nimmo Smith, J. (2001): *A Christian's Guide to Greek Culture: The Pseudo-Nonnus Commentaries on Sermons 4, 5, 39 and 43 by Gregory of Nazianzus*. Liverpool.

Nisbet, R. G. M. (1978): «Virgil's Fourth Eclogue: Easterners and Westerners». *BICS* 25: 59-78. Reimpreso en *Vergil's «Eclogues»*, ed. K. Volk, pp. 155-188. 2007. Oxford.

Nixon, P. (1916-1938): *Plautus*, 5 vols. Cambridge, MA.

Norden, E. (1958): *Die Geburt des Kindes: Geschichte einer religiösen Idee*. 2.ª ed. Stuttgart.

Nutton, V. (2011): *Galen: On Problematical Movements*. Con G. Bos. Cambridge.

Oakley, S. P. (1997): *Commentary on Livy: Books VI-X. Vol. 2, Books VII-VIII*. Oxford.

O'Higgins, D. M. (2001): «Women's Cultic Joking and Mockery: Some Perspectives». En *Making Silence Speak: Women's Voices in Greek Literature and Society*, ed. A. Lardinois y L. McClure, pp. 136-160. Princeton, NJ.

Olender, M. (1990): «Aspects of Baubo: Ancient Texts and Contexts». En *Before Sexuality: The Construction of Erotic Experience in the Ancient Greek World*, ed. D. M. Halperin, J. J. Winkler y F. I. Zeitlin, pp. 83-113. Princeton, NJ. Publicado originalmente en francés en 1985.

Oliensis, E. (1998): *Horace and the Rhetoric of Authority*. Cambridge.

Pagels, E., y K. King (2007): *Reading Judas: The Gospel of Judas and the Shaping of Christianity*. Nueva York y Londres.

Palmer, A.-M. (1989): *Prudentius on the Martyrs*. Oxford.

Panayotakis, C. (1994): «Quartilla's Histrionics in Petronius' "Satyrica" 16.1-26.6». *Mnemosyne* 47: 319-336.

— (1995): *Theatrum Arbitri: Theatrical Elements in the Satyrica of Petronius*. Leiden.

— (2006): «Women in the Greco-Roman Mime of the Roman Republic and the Early Empire». *Ordia Prima* 5: 121-138.

— (2008): «Virgil on the Popular Stage». En *New Directions in Ancient Pantomime*, ed. E. Hall y R. Wyles, pp. 185-197. Oxford.

— (2010): *Decimus Laberius: The Fragments*. Cambridge.

Pan'kov, N. (2001): «"Everything Else Depends on How This Business Turns Out...": Mikhail Bahktin's Dissertation Defence as Real Event, as High Drama and as Academic Comedy». En *Bakhtin and Cultural Theory*, 2.ª ed., ed. K. Hirschkop y D. Shepherd, pp. 26-61. Manchester.

Panksepp, J. (2000): «The Riddle of Laughter: Neural and Psychoevolutionary Underpinnings of Joy». *Current Directions in Psychological Science* 9: 183-186.

Panksepp, J., y J. Burgdorf (1999): «Laughing Rats? Playful Tickling Arouses High Frequency Ultrasonic Chirping in Young Rodents».

En *Toward a Science of Consciousness III: The Third Tucson Discussions and Debates*, ed. S. Hameroff, D. Chalmers y A. Kaszniak, pp. 231-244. Cambridge, MA.

Parkin, T. (2003): *Old Age in the Roman World: A Cultural and Social History*. Baltimore.

Parvulescu, A. (2010): *Laughter: Notes on a Passion*. Cambridge, MA.

Pelliccia, H. N. (2012): «Where Does His Wit Come From?». *New York Review of Books* 59 (8 noviembre): 36-40.

Pernerstorfer, M. J. (2006): «Zu Menanders Kolax». *WS* 119: 39-61.

— (2009): *Menanders «Kolax»: Ein Beitrag zu Rekonstruktion und Interpretation der Komödie*. Berlín.

Perret, J. (1970): *Virgile, Les Bucoliques: Édition, introduction et commentaire*. París.

Perry, B. E. (1943): «On the Manuscripts of the Philogelos». En *Classical Studies in Honor of William Abbott Oldfather*, pp. 157-166. Urbana, IL.

— (1952): *Aesopica: A Series of Texts Relating to Aesop or Ascribed to Him or Closely Connected to the Literary Tradition That Bears His Name*, vol. 1. Urbana, IL.

Plaza, M. (2000): *Laughter and Derision in Petronius' «Satyrica»: A Literary Study*. Studia Latina Stockholmiensia 46. Estocolmo.

Provine, R. R. (2000): *Laughter: A Scientific Investigation*. Londres.

Purcell, N. (1999): «Does Caesar Mime?». En *The Art of Ancient Spectacle, Studies in the History of Art* 56, ed. B. Bergmann y C. Kondoleon, pp. 181-193. National Gallery of Art, Washington DC.

— (2005): «The Ancient Mediterranean: The View from the Customs House». En *Rethinking the Mediterranean*, ed. W. V. Harris, pp. 200-232. Oxford.

Putnam, M. C. J. (1970): *Virgil's Pastoral Art*. Princeton, NJ.

Quinn, K. (1970): *Catullus: The Poems*. Londres y Basingstoke.

Rabbie, E. (2007): «Wit and Humor in Roman Rhetoric». En *A Companion to Roman Rhetoric*, ed. W. Dominik y J. Hall, pp. 207-217. Malden, MA, y Oxford.

Radice, B. (1976): *Terence: The Comedies*. Ed. rev. Londres.

Ramage, E. S. (1973): *«Urbanitas»: Ancient Sophistication and Refinement*. Norman, OK.

Ramsay, W. (1897): *Cities and Bishoprics of Phrygia: Being an Essay of the Local History of Phrygia from the Earliest Times to the Turkish Conquest*, vol. 1, pt. 2. Oxford.

Ramsey, J. T. (2003): *Cicero, «Philippics» I-II*. Cambridge.

Rapp, A. (1950-1951): «A Greek "Joe Miller"». *CJ* 46: 236-290, 318.

— (1951): *The Origins of Wit and Humor*. Nueva York.

Raskin, V. (1985): *Semantic Mechanisms of Humor*. Dordrecht y Boston.

Rawson, E. D. (1975): *Cicero: A Portrait*. Londres.

Reich, H. (1903): *Der Mimus*. Berlín.

Richlin, A. (1992a): *The Garden of Priapus: Sexuality and Aggression in Roman Humor*. Ed. rev. Oxford.

— (1992b): «Julia's Jokes, Galla Placidia and the Roman Use of Women as Political Icons». En *Stereotypes of Women in Power: Historical Perspectives and Revisionist Views*, ed. B. Garlick, S. Dixon y P. Allen, pp. 65-91. Nueva York.

Richter, G. (1913): «Grotesques and the Mime». *AJA* 17: 149-156.

Riggsby, A. M. (1999): *Crime and Community in Ciceronian Rome*. Austin.

Ritschl, F. (1868): *Opuscula Philologica*, vol. 2. Leipzig.

Robert, L. (1968): «Les épigrammes satiriques de Lucillius sur les athlètes: Parodie et réalités». En *L'épigramme grecque*, Entretiens sur l'Antiquité Classique 14, 181-295. Ginebra.

Roberts, D. (ed.) (1992): *Lord Chesterfield's Letters*. Oxford.

Roberts, M. (1993): *Poetry and the Cult of the Martyrs: The «Liber Peristephanon» of Prudentius*. Ann Arbor, MI.

Robertson, D. S. (1919): «A Greek Carnival». *JHS* 29: 110-115.

Robertson, M. (1975): *A History of Greek Art*, 2 vols. Cambridge.

Rochefort, G. (1950): «Une anthologie grecque du xie siècle: Le Parisinus Suppl. Gr. 690». *Scriptorium* 4: 3-17.

Roller, M. B. (2001): *Constructing Autocracy: Aristocrats and Emperors in Julio-Claudian Rome*. Princeton, NJ.

— (2006): *Dining Posture in Ancient Rome*. Princeton, NJ.

Rouge, J. (1987): «Le Philogélôs et la navigation». *JS*: 3-12.

Roxan, M. M. (1985): *Roman Military Diplomas, 1978 to 1984*. Londres.

Ruch, W., y P. Ekman (2001): «The Expressive Pattern of Laughter». En *Emotions, Qualia, and Consciousness*, ed. A. W. Kaszniak, pp. 426-443. Tokio.

Rutherford, I. (2000): «Theoria and Darsan: Pilgrimage and Vision in Greece and India». *CQ* 50: 133-146.

Saint-Denis, E. de (1965): *Essais sur le rire et le sourire des Latins*. París.

Sanders, B. (1995): *Sudden Glory: Laughter as Subversive History*. Boston.

Schlam, C. C. (1992): *The Metamorphoses of Apuleius: On Making an Ass of Oneself*. Londres.

Schlapbach, K. (2010): «The Logoi of Philosophers in Lucian of Samosata». *ClAnt* 29: 250-277.

Schlee, F. (1893): *Scholia Terentiana*. Leipzig.

Schmeling, G. (2011): *A Commentary on the «Satyrica» of Petronius*. Oxford.

Schneider, R. M. (2004): «Nachwort». En J. Le Goff, *Das Lachen im Mittelalter*, pp. 79-128. Stuttgart.

Schulten, P. (2002): «Ancient Humour». En *After the Past: Essays in Ancient History in Honour of H. W. Pleket*, ed. W. Jongman y M. Kleijwegt, pp. 209-234. Leiden.

Schulz, F. (1942): «Roman Registers of Births and Birth Certificates». *JRS* 32: 78-91.

— (1943): «Roman Registers of Births and Birth Certificates, Part II». *JRS* 33: 55-64.

Scott, J. C. (1990): *Domination and the Arts of Resistance: Hidden Transcripts*. New Haven, CT, y Londres.

Scott, S. (2013): «Laughter-the Ordinary and the Extraordinary». *Psychologist* 26: 264-269.

Screech, M. A. (1997): *Laughter at the Foot of the Cross*. Londres.

Scruton, R., y P. Jones (1982): «Laughter». *Proceedings of the Aristotelian Society, Supplementary Volumes 56*: 197-228.

Scullard, H. H. (1981): *Festivals and Ceremonies of the Roman Republic*. Londres.

Scurr, R. (2003): «The Laughter of Breakdown». *TLS*, 24 octubre, 23.

Segal, E. (1968): *Roman Laughter: The Comedy of Plautus*. Cambridge, MA.

— (2001): *The Death of Comedy*. Cambridge, MA.

Selden, D. L. (2007): «Ceveat lector: Catullus and the Rhetoric of Performance». En *Catullus*, Oxford Readings in Classical Studies, ed. J. H. Gaisser, pp. 490-559. Oxford. Versión ampliada de *Innovations of Antiquity*, ed. R. Hexter y D. L. Selden, pp. 461-512. 1992. Nueva York y Londres.

Self, W. (1997): *Great Apes*. Londres.

Shackleton Bailey, D. R. (1977): *Cicero: Epistulae ad Familiares*, 2 vols. Cambridge.

— (1978): «Corrections and Explanations of Martial». *CPh* 73: 273-296.

Sharland, S. (2010): *Horace in Dialogue: Bakhtinian Readings in the Satires*. Oxford.

Sharrock, A. (2009): *Reading Roman Comedy: Poetics and Playfulness in Plautus and Terence*. Cambridge.

— (2011): Reseña de Fontaine 2010. *AJPh* 132: 510-513.

Shaw, B. D. (2001): *Spartacus and the Slave Wars: A Brief History with Documents*. Boston y Nueva York.

Sherwin-White, A. N. (1966): *The Letters of Pliny: A Historical and Social Commentary*. Oxford.

Siegmann, E. (1956): *Literarische griechische Texte der Heidelberger Papyrussammlung*. Heidelberg.

Silk, M. S. (2000): *Aristophanes and the Definition of Comedy*. Oxford.

— (2001): «Aristotle, Rapin, Brecht». En *Making Sense of Aristotle: Essays in Poetics*, ed. O. Andersen y J. Haarberg, pp. 173-195. Londres.

Silk, M. S., I. Gildenhard y R. Barrow (2014): *The Classical Tradition: Art, Literature and Thought*. Malden, MA, y Oxford.

Skinner, Q. (2001): «Why Laughing Mattered in the Renaissance». *History of Political Thought* 22: 418-447.

— (2002): «Hobbes and the Classical Theory of Laughter». En *Hobbes and Civil Science*, vol. 3 de *Visions of Politics*, pp. 142-176. Cambridge.

— (2004): «Hobbes and the Classical Theory of Laughter». En *Leviathan after 350 Years*, ed. T. Sorell y L. Foisneau, pp. 139-166. Oxford.

— (2008): «Response: Why Is Laughter Almost Non-existent in Ancient Greek Sculpture?». *Cogito* (Atenas) 8: 22.

Smallwood, E. M. (1970): *Philonis Alexandrini Legatio ad Gaium*. 2.ª ed. Leiden.

Smith, M. (2008): «Laughter: Nature or Culture?». https://scholarworks.iu.edu/dspace/bitstream/handle/2022/3162/Laughter%20nature%20culture1.pdf?sequence=1.

Smith, W. D. (1990): *Hippocrates: Pseudoepigraphic Writings*. Leiden.

Sommerstein, A. (1981): *Aristophanes: «Knights»*. Warminster.

— (2009): «Talking about Laughter in Aristophanes». En *Talking about Laughter and Other Studies in Greek Comedy*, pp. 104-115. Oxford. Publicado originalmente en francés en 2000, en *Le rire des Grecs: Anthropologie du rire en Grèce ancienne*, ed. M.-L. Desclos, pp. 65-75. Grenoble.

Sonnabend, H. (2002): *Geschichte der antiken Biographie: Von Isokrates bis zur Historia Augusta*. Stuttgart.

Spawforth, A. J. S. (2012): *Greece and the Augustan Cultural Revolution*. Cambridge.

Spencer, H. (1860): «On the Physiology of Laughter». *Macmillan's Magazine* 1: 395-402. Reimpreso en *Essays on Education and Kindred Subjects*, pp. 298-309. 1911. Londres.

Spengel, L. (ed.) (1867): *Aristotelis Ars Rhetorica*. Leipzig.

Stackelberg, K. T. von (2009): *The Roman Garden: Space, Sense, and Society*. Londres y Nueva York.

Stallybrass, P., y A. White (1986): *The Politics and Poetics of Transgression*. Londres.

Stark, E., y G. Vogt-Spira (eds.) (2000): *Dramatische Wäldchen: Festschrift für Eckhard Lefèvre zum 65. Geburtstag*. Hildesheim.

Steel, C. (2005): *Reading Cicero: Genre and Performance in Late Republican Rome*. Londres.

Stein, E. A. (2006): «Colonial Theatres of Proof: Representations of Laughter in 1930s Rockefeller Foundation Hygiene Cinema in Java». *Health and History* 8: 14-44.

Steiner, G. (1996): «Tragedy, Pure and Simple». En *Tragedy and the Tragic: Greek Theatre and Beyond*, ed. M. S. Silk, pp. 534-546. Oxford.

Stern, H. (1953): *Le calendrier de 354: Étude sur son texte et ses illustrations*. París.

Stewart, A. (2008): «Response: Why Is Laughter Almost Non-existent in Ancient Greek Sculpture?». *Cogito* (Atenas) 8: 19.

Stylianou, P. J. (1998): *A Historical Commentary on Diodorus Siculus, Book 15*. Oxford.

Sullivan, J. P. (1968): *The Satyricon of Petronius: A Literary Study*. Londres.

Swain, S. (1996): *Hellenism and Empire: Language, Classicism, and Power in the Greek World, AD 50-250*. Oxford.

Tatum, J. (2006): «Marcus Tullius Cicero, Author of the Metamorphoses». En *Lectiones Scrupulosae: Essays on the Text and Interpretation of Apuleius' «Metamorphoses» in Honour of M. Zimmerman*, ed. W. H. Keulen, R. R. Nauta y S. Panayotakis, pp. 4-14. Groningen.

Taylor, J. (2005): «Introduction». En *The Anatomy of Laughter*, ed. T. Garfitt, E. McMorran y J. Taylor, pp. 1-10. Londres.

Taylor, W. S., y J. H. Pringle (eds.) (1838-1840). *Correspondence of William Pitt, Earl of Chatham*, 4 vols. Londres.

Thiel, H. van (1971): *Der Eselroman*, 2 vols. Múnich.

— (1972): «Philogelos 237». *Hermes* 100: 509.

Thierfelder, A. (1968): *Philogelos der Lachfreund von Hierocles und Philagrios*. Múnich.

Thomas, K. (1977): «The Place of Laughter in Tudor and Stuart England». *TLS*, 21 enero, 77-81.

Tilg, S. (2008): «Eloquentia ludens-Apuleius' Apology and the Cheerful Side of Standing Trial». En *Paideia at Play: Learning and Wit in Apuleius*, ed. W. Riess, pp. 105-132. Groningen.

Toner, J. P. (2009): *Popular Culture in Ancient Rome*. Cambridge.

Trumble, A. (2004): *A Brief History of the Smile*. Nueva York.

Turnbull, C. (1961): *The Forest People*. Londres.

— (1973): *The Mountain People*. Londres.

Twain, M. (1889): *A Connecticut Yankee in King Arthur's Court*. Nueva York.

Tylawsky, E. I. (2002): *Saturio's Inheritance: The Greek Ancestry of the Roman Comic Parasite*. Nueva York.

Van der Paardt, R. T. (1971): *L. Apuleius Madaurensis, The Metamorphoses: A Commentary on Book III, with Text and Introduction*. Ámsterdam.

Van Dommelen, P. (1997): «Colonial Constructs: Colonialism and Archaeology in the Mediterranean». *World Archaeology* 28: 305-323.

Vasaly, A. (2013): «The Political Impact of Cicero's Speeches». En *The Cambridge Companion to Cicero*, ed. C. Steel, pp. 141-159. Cambridge.

Vasey, G. (1875): *The Philosophy of Laughter and Smiling*. Londres.

Verberckmoes, J. (1999): *Laughter, Jestbooks and Society in the Spanish Netherlands*. Basingstoke.

Versnel, H. S. (1993): *Inconsistencies in Greek and Roman Religion: Transition and Reversal in Myth and Ritual*. Leiden y Nueva York.

Victor, B. (2013): «History of the Text and Scholia». En *A Companion to Terence*, ed. A. Augoustakis y A. Traill, pp. 343-362. Malden, MA, y Oxford.

Vollgraff, C. G. (1904): «Apuleiana». *Mnemosyne* 32: 252-254.

Vos, M. de (1991): «La fuga di Enea in pitture del I secolo d.C.». *Kölner Jahrbuch* 24: 113-123.

Vout, C. (2007): *Power and Eroticism in Imperial Rome*. Cambridge.

Wallace Collection (1928): *Pictures and Drawings: Text with Historical Notes and Illustrations*. Londres.

Wallace-Hadrill, A. (1983): *Suetonius: The Scholar and His Caesars*. Londres.

— (1998): «To Be Roman, Go Greek». En *Modus Operandi: Essays in Honour of Geoffrey Rickman, BICS*, supl. 71, ed. M. Austin, J. Harries y C. Smith, pp. 79-91. Londres.

— (2008): *Rome's Cultural Revolution*. Cambridge.

— (2011): *Herculaneum, Past and Future*. Londres.

Wallis, S. T. (1853): *Spain, Her Institutions, Politics and Public Men: A Sketch*. Boston.

Walsh, P. G. (1974): «Bridging the Asses». *CR* 24: 215-218.

— (1996): *Petronius: The Satyricon, Translated with Introduction and Explanatory Notes*. Oxford.

Walton, J. M. (2007): «Commodity: Asking the Wrong Questions». En *The Cambridge Companion to Greek and Roman Theatre*, ed. M. McDonald y J. M. Walton, pp. 286-302. Cambridge.

Warner, M. (1994): *From the Beast to the Blonde: On Fairy Tales and Their Tellers*. Londres.

— (1998): *No Go the Bogeyman: Scaring, Lulling and Making Mock*. Londres.

Watson, W. (2012): *The Lost Second Book of Aristotle's Poetics*. Chicago.

Webb, R. (2002): «Female Performers in Late Antiquity». En *Greek and Roman Actors: Aspects of an Ancient Profession*, ed. P. Easterling y E. Hall, pp. 282-303. Cambridge.

— (2008): *Demons and Dancers: Performance in Late Antiquity*. Cambridge, MA.

Webster, J. (2001): «Creolizing the Roman Provinces». *AJA* 105: 209-225.

West, S. (1992): «Not at Home: Nasica's Witticism and Other Stories». *CQ* 42: 287-288.

Whigham, P. (1996): *The Poems of Catullus*. Harmondsworth.

Whitehead, A. N. (1979): *Process and Reality*. Ed. rev. Nueva York. Publicado originalmente en 1929.

Whitmarsh, T. (2000): «The Politics and Poetics of Parasitism: Athenaeus on Parasites and Flatterers». En *Athenaeus and His World: Reading Greek Culture in the Roman Empire*, ed. D. Braund y J. Wilkins, pp. 304-315. Exeter.

— (2001): *Greek Literature and the Roman Empire*. Oxford.

Wilkins, A. S. (1890): *Ciceronis De Oratore, Liber II*. Oxford.

Wilkins, J. (2000): *The Boastful Chef: The Discourse of Food in Ancient Greek Comedy*. Oxford.

Williams, C. (2004): *Martial: Epigrams, Book Two*. Oxford.

Williams, R. D. (1976): «Virgil Eclogues 4.60-63». *CPh* 71: 119-121.

Wilson, N. G. (1996): *Scholars of Byzantium*. Ed. rev. Londres.

Winkler, J. J. (1985): *Auctor & Actor: A Narratological Reading of Apuleius' «The Golden Ass»*. Berkeley y Los Ángeles.

Winterbottom, M. (1970): *Problems in Quintilian. BICS*, supl. 25. Londres.

Wiseman, T. P. (1985): *Catullus and His World: A Reappraisal*. Cambridge.

— (2008): «"Mime" and "Pantomime": Some Problematic Texts». En *New Directions in Ancient Pantomime*, ed. E. Hall y R. Wyles, pp. 146-153. Oxford.

Woodford, S. (1992): «Kerkopes». En *LIMC*, vol. 6, pt. 1, pp. 32-35.

Woolf, G. (1994): «Becoming Roman, Staying Greek: Culture, Identity and the Civilizing Process in the Roman East». *PCPhS* 40: 116-143.

— (1998): *Becoming Roman: The Origins of Provincial Civilization in Gaul*. Cambridge.

Wright, J. (1974): *Dancing in Chains: The Stylistic Unity of the Comoedia Palliata*. Roma.

Wyatt, W. (1998): *The Journals of Woodrow Wyatt*, ed. S. Curtis, vol. 1. Basingstoke y Oxford.

Yalouris, N. (1986): «Das archaische "Lacheln" und die Geleontes». *Antike Kunst* 29: 3-5.

Zeitlin, F. I. (1982): «Cultic Models of the Female: Rites of Dionysus and Demeter». *Arethusa* 15: 129-157.

Zimmerman, M. (2000): *Apuleius Madaurensis, Metamorphoses, Book X: Text, Introduction and Commentary*. Groningen Commentaries on Apuleius. Groningen.

Zinn, E. (1960): «Elemente des Humors in augusteischer Dichtung». *Gymnasium* 67: 41-56, 152-155.

Žižek, S. (1989): *The Sublime Object of Ideology*. Londres.

Zucker, A. (2008): *Va te marrer chez les Grecques (Philogelos): Recueil de blagues grecques anciennes*. París.

ILUSTRACIONES

ÍNDICE ANALÍTICO

456

ÍNDICE